高等学校教材

电气化铁道概论

王　勋　主　编
倪　勇　吴文辉　程宏波　副主编

中国铁道出版社
2017年·北京

内 容 简 介

全书共分十章，内容包括：铁路基本知识；电气化轨道交通；电力系统基本知识；牵引供电系统；牵引变电所；牵引变电所的继电保护；接触网基础；电力牵引供电远动及综合监控系统；电力机车与动车组；电气化铁路的运营管理等。全书概括了电气化铁道的概况，内容全面，实用性强，每章有复习思考题，便于复习提高。

本书可作为高等学校电气工程及机车、车辆专业及其他电气化铁道相关专业学生用书。也可作为从事电气化铁道的工程技术人员的参考书。

图书在版编目(CIP)数据

电气化铁道概论/王勋主编. —北京：中国铁道出版社，2009.2 (2017.12 重印)

高等学校教材

ISBN 978-7-113-09646-5

Ⅰ.电… Ⅱ.王… Ⅲ.电气化铁道—高等学校—教材 Ⅳ.U22

中国版本图书馆 CIP 数据核字(2009)第 017009 号

书　　名：电气化铁道概论

作　　者：王　勋　主编

责任编辑：阚济存　　电话：010-51873133　　电子信箱：td51873133@163.com

封面设计：崔丽芳

责任校对：孙　玫

责任印制：陆　宁

出版发行：中国铁道出版社（100054，北京市西城区右安门西街 8 号）

网　　址：http://www.tdpress.com

印　　刷：三河市宏盛印务有限公司

版　　次：2009 年 2 月第 1 版　　2017 年 12 月第 5 次印刷

开　　本：787mm×1092mm　1/16　印张：16.5　字数：415 千

印　　数：10 001~13 000 册

书　　号：ISBN　978-7-113-09646-5

定　　价：38.00 元

前　言

我国第一条电气化铁路宝（鸡）—成（都）线宝（鸡）—凤（洲）段1961年8月15日通车，标志着我国电气化铁路的开始。改革开放以来，随着国民经济的高速发展和人民生活水平的不断提高，我国电气化铁路蓬勃发展，实现了包括（北）京—广（州）、（北）京—沪（上海）、（北）京—哈（尔滨）主要干线铁路的电气化；地铁和轻轨的城市轨道交通在北京、上海、广州等大城市中迅速发展；通车的广（州）—深（圳）准高速铁路、秦（皇岛）—沈（阳）客运专线、（北）京—（天）津城际高速铁路，正在建设的京—沪高速铁路，标志着我国电气化铁路发展进入了新时期。

电气化铁路是以电力作为牵引动力。电力牵引包括电力牵引供电系统和电力机车/动车组。电力牵引具有高效节能、运输成本低、运输能力强、运输速度高等特点。电气化铁路直接产生重大国民经济效益和社会效益。

我国铁路事业的高速发展，需要大量的相关高级专业技术人才。本书为高等学校电气工程（铁道电气化、城市轨道交通、电力牵引、电力系统及其自动化）专业和车辆工程（铁道与城市轨道交通）专业教材，也可作为从事电气化铁道的工程技术人员的参考书。希望本书的出版能为培养我国电气化铁道高级人才发挥一些作用。

在教材的编写过程中，力求做到通俗易懂，便于学生阅读和自学。在精选内容方面，力求适合电气化铁路的需要，着重介绍本领域的基础知识，并对近年来电气化铁路的新发展，如动车组等方面的内容都有介绍，每章的复习思考题利于启发读者思考和帮助读者总结。

本书由华东交通大学王勋教授主编，华东交通大学倪勇、吴文辉、程宏波副主编；华东交通大学程宏波、彭春华、罗杰、邱荣光、屈志坚；西南石油大学姜志玲以及湖南铁路科技职业技术学院王向东参加编写；全书由吴文辉、倪勇统稿，西南交通大学李群湛教授审查了本书写作计划并提出了宝贵意见，在此表示诚挚的谢意。

本书列入华东交通大学本科生规划教材并受到资助，同时得到中国铁道出版社的大力支持，在此一并表示感谢！

限于编者的水平和经验，书中难免有不当或错漏之处，诚恳地希望读者批评指正，并请您发送邮件至 x. wang@ecjtu. jx. cn 或 wwh7@ecjtu. jx. cn。

编　者

2008年11月

目　　录

第一章　铁路基本知识

铁路由蒸汽牵引方式开始，发展到内燃牵引方式和电力牵引方式，构成铁路系统的主要组成部分有：线路、车辆、机车、车站和信号与通信设备。

第一节　线　　路

铁路线路是机车车辆和列车运行的基础。它直接承受机车车辆轮对传来的压力，为了保证列车能按规定的最高速度安全、平稳和不间断地运行，使铁路运输部门能够质量良好地完成客货运输任务，铁路线路必须经常保持完好状态。

铁路线路是由路基、桥隧建筑物和轨道组成的一个整体工程结构。

一、路　　基

铁路路基是为了满足轨道铺设和运营条件而修建的土木构筑物。路基必须保证轨顶设计标高，并与桥梁隧道连接组成完整贯通的铁路线路。

在铁路线路工程中，路基常见的两种基本形式是路堤和路堑。

当铺设轨道的路基面高于天然地面时，路基以填筑方式构成，这种路基称为路堤，如图 1-1(a)所示。

当铺设轨道的路基面低于天然地面时，路基以开挖方式构成，这种路基称为路堑，如图 1-1(b)所示。

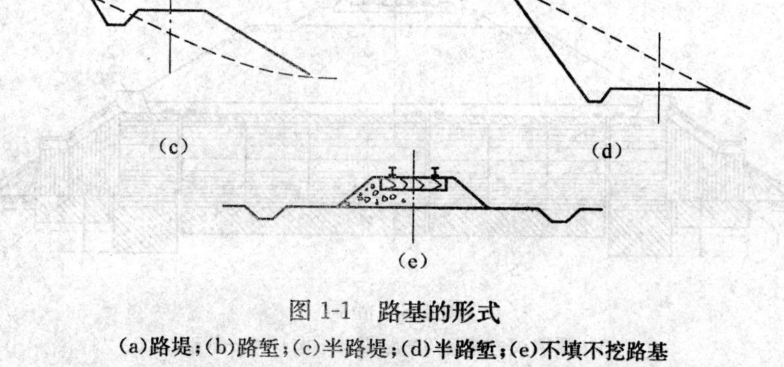

图 1-1　路基的形式

(a)路堤；(b)路堑；(c)半路堤；(d)半路堑；(e)不填不挖路基

此外，还有半路堤、半路堑或不填不挖路基，如图 1-1(c)、(d)、(e)所示。

二、桥隧建筑物

当铁路线路要通过江河、溪沟、谷地以及山岭等天然障碍，或要跨越公路、铁路时，就需要修建桥隧建筑物，以便铁路线路得以继续向前延伸。桥隧建筑物包括桥梁、涵洞、明渠、隧道等。

(一)桥　梁

桥梁主要由桥面、桥跨结构、墩台及基础三部分组成，如图 1-2 所示。

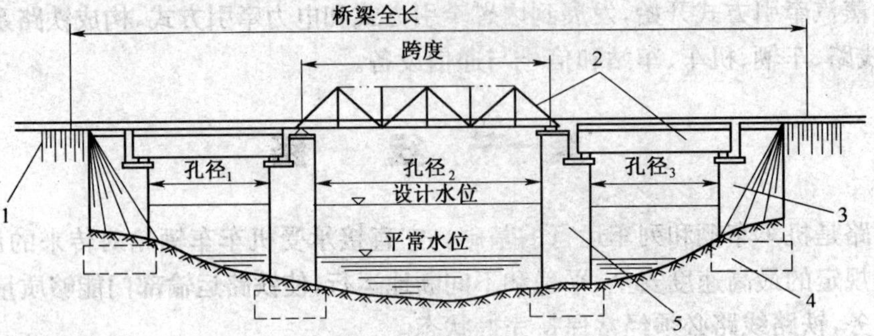

图 1-2　桥梁的组成

1—路基；2—桥跨；3—墩台；4—基础；5—桥墩

桥面是桥梁上铺设的轨道部分；桥墩结构是桥梁承受荷载、跨越障碍的部分；墩台是支承桥墩结构的部分，包括桥墩和桥台，设于桥梁中部的支座称为桥墩，设于桥梁两端的支座叫做桥台。桥墩与桥台的底部为墩台的基础。

两个相邻墩台之间的空间叫桥孔。每个桥孔在设计水位处的距离叫做孔径。从桥墩结构底部到设计水位的高度以及相邻两墩台之间的限界空间，叫做桥下净空。桥梁的孔径和桥下净空应能满足排泄洪水、泥石流、流水或船舶通航的要求。每一桥跨两端支座间的距离，叫做跨度。整个桥梁包括墩台在内的总长度，是桥梁的全长。

桥梁按建造材料分为钢桥、钢筋混凝土桥、石桥等；按桥梁长度(L)分为小桥($L<20$ m)、中桥(20 m$\leqslant L<$100 m)、大桥(100 m$\leqslant L<$500 m)、特大桥($L\geqslant$500 m)等；按桥梁外形分为梁桥、拱桥、斜拉桥等。

(二)涵　洞

涵洞设在路堤下部的填土中，是用以通过水流的一种建筑物。

涵洞主要由洞身(由若干管节所组成)、基础、端墙和翼墙所组成，如图 1-3 所示。管节埋在路基之中，它具有一定的纵向坡度(从进口向出口)，以便排水。端墙和翼端的作用，是便于水流进出涵洞，同时还可以保护路堤边坡，使它不受水流的冲刷。

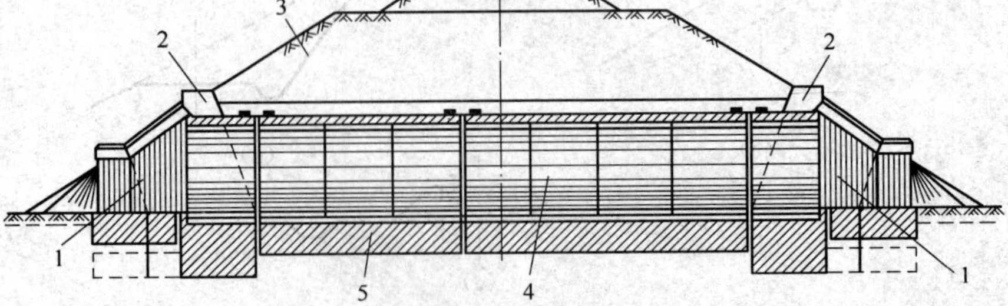

图 1-3　涵洞

1—翼墙；2—端墙；3—路堤；4—洞身；5—基础

按照建筑材料的不同，涵洞有石涵、混凝土涵、钢筋混凝土涵、铁涵等多种。涵洞的截面有矩形、圆形、拱形等不同形式。

（三）隧　　道

铁路隧道大多建筑在山中，用以避免开挖很深的路堑，或修建很长的迂回线。此外，还有建筑在河床、海底或湖底以下的水底隧道和建筑在大城市地下的地下铁道。

在隧道口应修筑洞门，以便保持洞口上方的仰坡和两侧边坡的稳定；洞顶要修建筑截水沟，用以拦截从山坡下来的流水以保护洞口。在隧道内，除了通过特别坚硬的石层以外，一般还要用砖、石、混凝土或钢筋混凝土等材料作内部衬砌，以便防止四周岩石层塌落、变形和渗水。

三、轨　　道

在路基、桥隧建筑物修建成之后，就可以在上面铺设轨道。轨道由钢轨、轨枕、连接零件、道床、防爬设备和道岔等主要部件组成，如图 1-4 所示。它起着机车车辆运行的导向作用，直接承受由车轮传来的巨大压力，并将其传递给路基或桥隧建筑物。

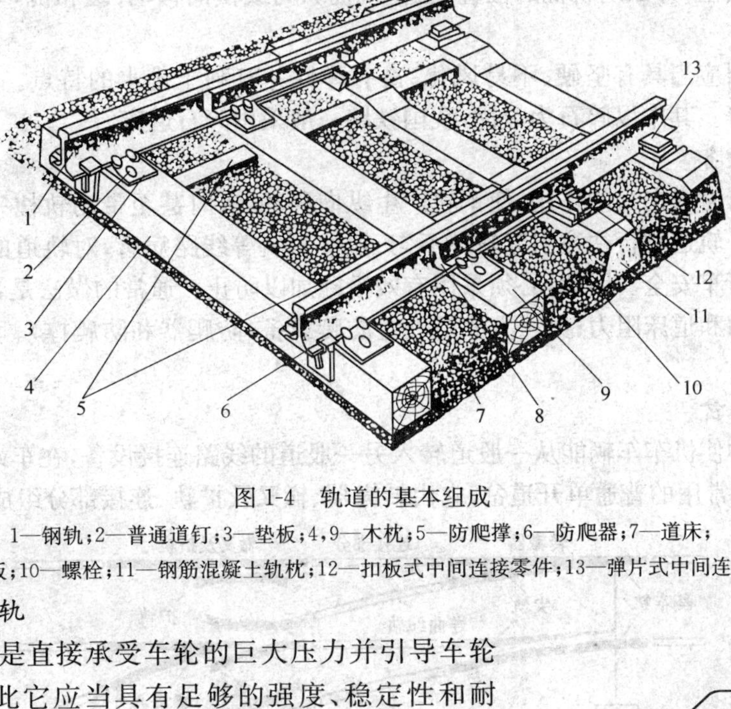

图 1-4　轨道的基本组成

1—钢轨；2—普通道钉；3—垫板；4，9—木枕；5—防爬撑；6—防爬器；7—道床；8—双头夹板；10—螺栓；11—钢筋混凝土轨枕；12—扣板式中间连接零件；13—弹片式中间连接零件

（一）钢　　轨

钢轨的作用是直接承受车轮的巨大压力并引导车轮的运行方向，因此它应当具有足够的强度、稳定性和耐磨性。

为了使钢轨具有最佳的抗弯性能，钢轨的断面形状采用“工”字形，如图 1-5 所示，由轨头、轨腰和轨底组成。

在我国，钢轨的类型或强度以每米长度的大致质量（千克数）表示，现行的标准钢轨类型有：75 kg/m、60 kg/m、50 kg/m。

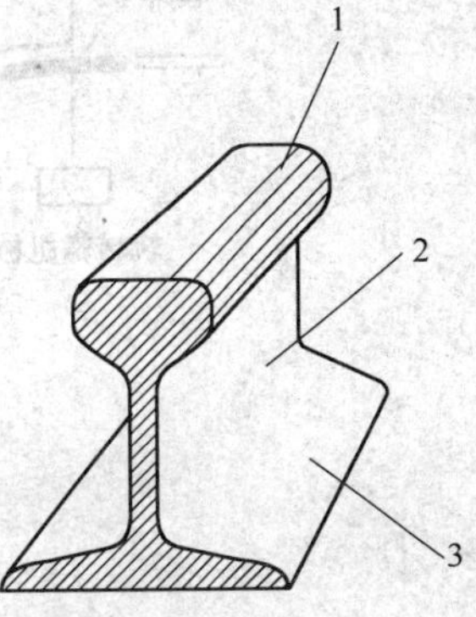

图 1-5　钢轨断面形式

1—轨头；2—轨腰；3—轨底

钢轨的长度长一些好，这样可以减少接头的数量，列车运行平稳并可节省接头零件和线路的维修费用，但是由于加工条件和运输条件的限制，一根钢轨的轧制长度是有

限的。

(二)轨　　枕

轨枕的作用是支承钢轨，并将钢轨传来的压力传递给道床，同时可保持钢轨的位置和距离。

轨枕按照制作材料分，主要有钢筋混凝土枕和木枕两种。

(三)连接零件

连接零件包括接头连接零件和中间连接零件两类。

接头连接零件是用来连接钢轨与钢轨间的接头的，它包括双头夹板、螺栓、螺帽和弹性垫圈等。钢轨接头处必须保持一定的缝隙，这一缝隙叫做轨缝。当气温发生变化时，轨缝可满足钢轨的自由伸缩。

中间连接零件(又称扣件)的作用是将钢轨紧固在轨枕上。

(四)道　　床

道床是铺设在路基面上的石砟(道砟)垫层。主要作用是支承轨枕，把从轨枕上部的压力均匀地传递给路基；并固定轨枕的位置，阻止轨枕纵向或横向移动；缓和机车车辆轮对对钢轨的冲击。

道床的材料应当具有坚硬、不易风化、富有弹性并有利于排水的特点。常用的材料有碎石、卵石、粗砂等。其中以碎石为最优，我国铁路一般采用碎石道床。

(五)防爬设备

因列车运行时纵向力的作用，使钢轨产生纵向移动，有时甚至带动轨枕一起移动，这种现象叫轨道爬行。轨道爬行往往引起轨缝不匀、轨枕歪斜等线路病害，对轨道的破坏性极大，严重时还会危及行车安全。因此，必须采用有效措施加以防止。通常的做法是，一方面加强钢轨与轨枕的扣压力和道床阻力；另一方面是设置防爬设备(防爬器和防爬撑)。常用的防爬器为穿销式防爬器。

(六)道　　岔

道岔是一种使机车车辆能从一股道转入另一股道的线路连接设备，在车站上大量铺设。图 1-6 为最常用的普通单开道岔，它由转辙器、辙叉及护轨、连接部分组成。

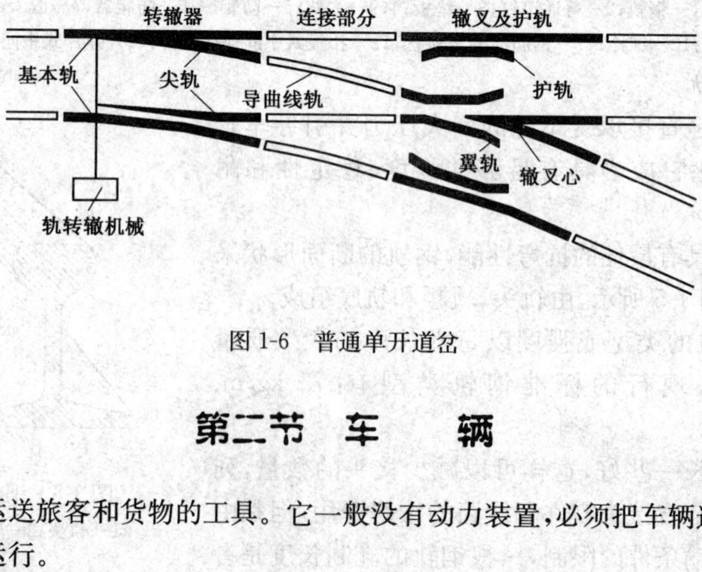

图 1-6　普通单开道岔

第二节　车　　辆

铁路车辆是运送旅客和货物的工具。它一般没有动力装置，必须把车辆连挂成列，由机车牵引才能沿线路运行。

铁路车辆按用途可分为客车和货车两大类。常见的客车有硬座车、软座车、硬卧车、软卧车、餐车、行李车、邮政车等数种。为了运送各种不同的货物，货车有平车、敞车、棚车、保温车、罐车等不同的类型。

按轴数分，车辆有四轴车、六轴车和多轴车。四轴车的四根轴分别组成两个相同的转向架，能相对于车底架作自由转动，因此，缩短了车辆的固定轴距，使之能顺利通过曲线。我国铁路上的大部分车辆均采用这种形式。对于载重量较大的车辆，为使每一车辆加在线路上的重量不超过线路强度所规定的吨数（称为轴重），可以做成六轴车或多轴车。

按载重量分，货车有 50 t、60 t、75 t、90 t 等多种。

铁路车辆一般由车体、车底架、走行部、车钩缓冲装置和制动装置五个基本部分组成。

一、车　体

车体是旅客乘坐或装载货物的部分，车体一般和车底架构成一个整体，其结构与车辆的用途有关。图 1-7 中示出了敞车、棚车的图片。

图 1-7　车体照片

二、车 底 架

车底架是车体的基础。它承受车体和所装货物的重量，并通过上、下心盘将重量传给走形部。在列车运行时，它还承受机车牵引力和列车运行中所引起的各种冲击力，所以必须具有足够的强度和刚度。

货车车底架由中梁、侧梁、枕梁、横梁及端梁等组成，如图 1-8 所示。

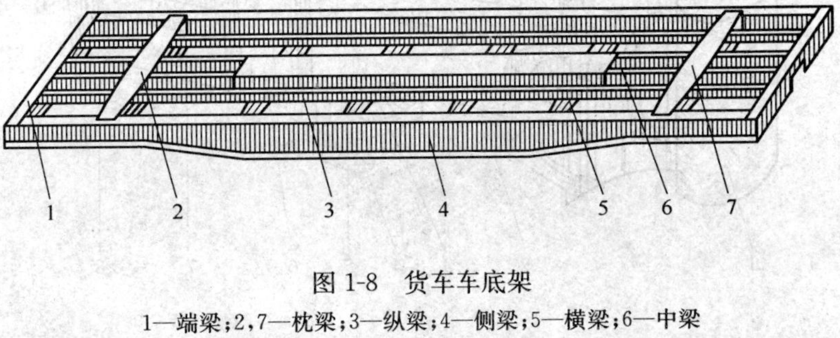

图 1-8　货车车底架

1—端梁；2，7—枕梁；3—纵梁；4—侧梁；5—横梁；6—中梁

中梁位于车底架的中央，为车底架的骨干，两端是安装车钩缓冲装置的地方，是主要承受

垂直载荷和纵向作用力的杆件。

枕梁是车底架和转向架摇枕衔接的地方。在枕梁下部安装的上旁承和上心盘,分别于转向架摇枕上的下旁承和下心盘相对并将重量传给走行部。

客车车底架构造和货车车底架相似。客车两端必须设置通过台,所以它的两端各有一个通过台架。

三、走 行 部

走行部可以引导车辆沿轨道运行,并把车辆的重量和货物载重传给钢轨,它应保证车辆以最小的阻力在轨道上运行,并顺利地通过曲线。

在四轴货车上,四组轮对分成相同的两个部分,组成转向架,如图 1-9 所示。转向架是由两组轮对和轴箱油润装置、侧架、摇枕、弹簧减振装置等组成的一个整体。

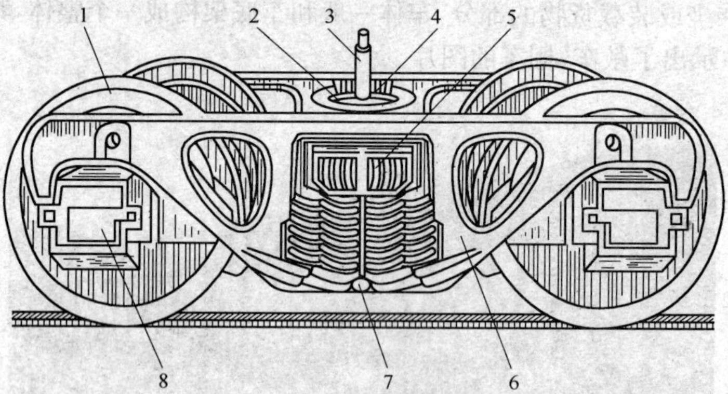

图 1-9　铸钢侧架式转向架

1—轮对;2—下心盘;3—中心销;4—旁承;5—摇枕;6—侧架;7—摇枕弹簧;8—轴箱

四、车钩缓冲装置

车钩缓冲装置的作用是使机车和车辆或车辆之间连挂在一起,并且传递牵引力和制动力,缓和列车运行或调度作业时产生的冲击力。

车钩缓冲装置包括车钩、缓冲器两部分,安装在车底架中梁的两端。图 1-10 为货车车钩缓冲装置。

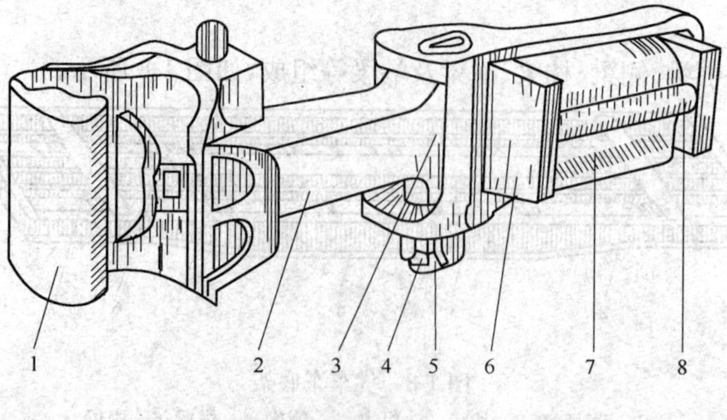

图 1-10　车钩缓冲装置

1—钩舌;2—钩身;3—钩尾;4—钩尾销;5—钩尾框;6,8—从板;7—缓冲器

五、制动装置

制动装置是用外力迫使运行中的机车车辆减速或停车的一种设备。它不仅是列车安全、正点运行的重要保证，而且也是提高列车重量和运行速度的前提条件。因此，制动装置的性能好坏，对铁路的运输能力和行车安全都有重要作用。

我国机车车辆上安装的制动机主要有空气制动机和手制动机。空气制动机又叫自动制动机，是利用压缩空气产生制动力的，一般用作列车制动。手制动机是用人力进行制动，一般只在调车时对个别车辆或车组实行制动用。

第三节 机 车

机车是铁路运输的牵引动力。由于铁路车辆大都不具备动力装置，需要把客车或货车连挂成车列，由机车牵引沿着钢轨运行。

铁路采用的机车类型很多。从运用上分，有客运机车、货运机车和调度机车。客运机车要求速度高，货运机车需要牵引力大，调度机车要有机动灵活的特点。

按牵引动力分，可分为蒸汽机车、内燃机车和电力机车。

一、蒸汽机车

蒸汽机车是通过蒸汽机，把燃料的热能转换成机械能，用来牵引列车的一种机车。它主要由锅炉、汽机、走行部、车架、煤水车、车钩缓冲装置以及制动装置等部分组成。锅炉是供给机车动力的能源，装在两侧的两套汽机则是把蒸汽的热能转换成机械能，以驱动机车运行。铁路是从蒸汽机车的发明开始的，但蒸汽机车的总效率一般只有5%～9%，煤水消耗量大，在现代铁路运输中已被其他新型机车所取代。

二、内燃机车

内燃机车是以内燃机作为原动力的一种机车。内燃机车的热效率可达30%，是各类机车中效率较高的一种。机车整备时间短，持续工作的时间长，适用于长交道路；用水量少，适用于缺水地区；初期投资比电力机车少，而且机车乘务员劳动条件好，便于多机牵引。但内燃机车最大的缺点是对大气和环境有污染。

内燃机车按传动方式的不同可分为电力传动内燃机车和液力传动内燃机车两种类型。

电力传动内燃机车的能量传输过程是由柴油机驱动主发电机发电，然后向牵引电动机供电使其旋转，并通过牵引齿轮传动驱动机车轮对旋转。根据电机型式不同，可分为直-直流电力传动、交-直流电力传动、交-直-交电力传动和交-交流电力传动等类型内燃机车。

液力传动内燃机车的原动力仍是柴油机，在柴油机和机车动轮之间，装有一套液力传动装置，利用工作油改变柴油机的外特性，以适合列车运行的要求。液力传动内燃机车与电力传动内燃机车相比，除传动装置不同外，其余部分都是相似的。

三、电力机车

电力机车的牵引动力是电能，但机车本身没有原动力，而是依靠外部供电系统供应电力，并通过机车上的牵引电动机驱动机车前进。

电力机车具有功率大、热效率高、速度快、过载能力强和运行可靠的特点。因此,电力机车必将成为铁路的主要牵引动力。

电力机车主要由车体、车底架、走行部、车钩缓冲装置和一套电气设备等组成。有关电力机车的内容将在第九章叙述。

第四节 车 站

车站既是铁路办理客、货运输的基地,又是铁路系统的一个基层生产单位。在车站上,除办理旅客和货物运输的各项作业以外,还办理和列车运行有关的各项工作。为了完成上述作业,车站上设有客货运输设备及与列车运行有关的各项技术设备,还配置了客运、货运、行车、装卸等方面的工作人员。

目前,我国铁路上有大小车站几千个。根据它们所担负的任务量和国家政治上、经济上的地位,共分为六个等级,即:特等站、一、二、三、四、五等站。车站按技术作业的不同可分为中间站、区段站和编组站。编组站和区段站总称为技术站。按业务性质又分为货运站、客运站和客货运站等。

中间站是为沿线城乡人民及工农业生产服务,提高铁路区段通过能力,保证行车安全而设的车站。它主要办理列车的到发、会让和越行,以及客货运业务。中间站设备规模小,但数量很多,它遍布全国铁路沿线中、小城镇和农村,在发展地方工农业生产,沟通城乡物资交流中起着很重要的作用。

区段站多设在中等城市和铁路网上牵引区段的起点和终点。区段站的主要任务是为邻接的铁路区段供应及整备机车,为无改编中转货物列车办理规定的技术作业,并办理一定数量的列车解编作业和客货运业务。

编组站是铁路网上办理大量货物列车解体和编组作业,并设有比较完善调车设备的车站。

铁路枢纽是铁路网的一个组成部分。在铁路网交汇点或终端地区,由各种铁路线路、专业车站以及其他为运输服务的有关设备组成的总体,称为铁路枢纽。铁路枢纽是客货流从一条铁路转运到各接轨铁路的中转地区,也是所在城市客货到发及联运的地区。除枢纽内各种车站办理的有关作业外,在货物运转方面,有各铁路方向之间的无改编列车和改编列车的转线以及担当枢纽地区车流交换的小运转列车的作业。在旅客运转方面有直通、管内和市郊旅客的作业。在货运业务方面,办理各种货物的承运、装卸、发送、保管等作业;此外,还要供应运输动力、进行机车车辆的检修等作业。铁路枢纽对于工农业生产的发展,城市和国防建设以及各种交通运输工具之间的分工与协作,都有密切的关系。

第五节 信号与通信设备

铁路信号设备是铁路信号、联锁、闭塞等设备的总称。它的主要作用是保证列车运行、利于调车工作的安全和提高铁路通过能力。同时对增加铁路运输经济效益、改善铁路职工劳动条件也起着重要作用。

铁路信号是向有关行车和调车人员发出的指示和命令。铁路信号按感官可分为视觉信号和听觉信号两大类。视觉信号是以物体或灯光的颜色、形状、位置、数目或数码显示等特征表示的信号,例如用信号机、机车信号、信号旗、信号牌、火炬等表示;听觉信号是以不同声响设备发出音响的强度、频率、音响长短和数目等特征表示的信号，如号角、口笛、响墩发出的音响及机车、轨道车鸣笛等发出信号。我国规定三种基本颜色表示铁路信号，即红色表示停车，黄色表示注意或减速行驶，绿色表示按规定速度行驶。

联锁设备，用于保证站内行车和调车工作的安全和提高车站的通过能力。列车的进、出站和站内的调车工作通常是根据防护每一进路信号机的显示状况进行的，而被防护的进路又是靠操纵道岔来排列，因此，有关信号机和道岔之间，以及信号机与信号机之间应建立起一种相互制约的关系，才能保证车站的安全，我们把这种制约关系叫做联锁。为完成这种联锁关系而安装的技术设备叫联锁设备。

闭塞设备，用于保证列车在区间内运行的安全和提高区间的通过能力。在单线铁路上，为防止一个区间同时进入两列对向运行的列车而发生正面冲突，以及避免两列同向运行的列车（包括复线区段）发生追尾事故，铁路上规定区间两端车站值班员在向区间发车前必须办理的行车联络手续，叫做行车闭塞（简称闭塞）手续。用于办理行车闭塞的设备叫闭塞设备。闭塞设备必须保证一个区间内，在同一时间里只能允许一个列车占用这一基本原则的实现。闭塞方式有半自动闭塞和全自动闭塞两种。半自动闭塞需要人工办理闭塞手续，列车凭出站信号机的进行显示发车，但列车出发后，出站信号机能自动关闭；自动闭塞是通过列车运行及闭塞分区的情况，通过信号机可以自动变换显示，列车凭信号机的显示行车，这种闭塞方法完全是自动进行的。

铁路信号技术向着微机化、综合化、集成化和智能化方向发展。

复习思考题

1. 铁路线路是由哪几部分构成的？各组成部分的作用是什么？
2. 铁路车辆一般由哪些基本部分构成？各基本组成部分的作用是什么？
3. 简述铁路机车的作用和类型。
4. 我国铁路的车站按技术作业可分为哪几类车站？各有什么特点？
5. 简述铁路信号的主要作用和类型。

第二章　电气化轨道交通

第一节　电气化轨道交通的起源

电气化轨道交通是利用电能作为牵引原动力的轨道运输的总称。世界上第一条真正意义的电气化轨道诞生于1879年。当年5月31日，西门子公司和哈尔斯克公司在德国柏林举办的世贸会上联合推出了一条轨距1 m、全长300 m的椭圆形“电气化轨道”，电力机车采用2.2 kW串励式二级直流电机驱动，总重945 kg；由150 V外部直流电源经铺设在两轨道中间的第三轨供电，走行轨作为电流回路；“列车”由3节敞开式“客车车厢”组成，每节“车厢”可乘坐6人；最高运行时速13 km。

这条现在看起来非常小的“电气化铁路”，在4个月的展览期间实现了平均每天运送乘客700多人次，共运送乘客8万多人的骄人业绩，它是现代电气化轨道交通的先驱。

经过130多年的发展，从最原始的电气化轨道交通现已发展成地铁、轻轨、磁浮等多种形式。

第二节　地铁与轻轨

一、地铁的发展

地下铁道是大城市中主要在地下修建隧道，铺设轨道，以电动列车运送乘客的城市轨道交通系统，简称地铁。它单向输送能力在每小时3万人次以上、轴重相对较重。世界上第一条地铁于1863年诞生在英国首都伦敦。19世纪末，相继有芝加哥、布达佩斯、格拉斯哥、维也纳和巴黎5座城市修建地铁。20世纪上半叶，柏林、纽约、东京、莫斯科等12座城市也先后修建地铁。20世纪80年代中期，全世界地铁营运里程总计超过3 000 km。中国于1965年开始修建北京地下铁道。天津和上海也分别于20世纪70年代初和80年代末开始修建地铁。

早期的地铁为蒸汽机车牵引，线路采用随挖随填的办法施工，为了把烟雾排出，车站没有顶棚，虽然当时的地铁设施简陋，而且污染严重，但却受到了广大市民的普遍欢迎。1890年第一条电气化地下铁道开通，地铁进入发展时期，显示出强大的生命力。尤其是20世纪60年代以来，人们开始认识到地下铁道不仅是大城市重要的交通工具，而且它的发展会对城市的结构和布局产生极大的影响，地铁逐步走上科学化、正规化的发展道路。

严格地讲，地下铁道是一个历史名词，如今其内涵与外延均已有相当大的扩展，并不局限于运行线在地下隧道中这一种形式，而是泛指高峰小时单向运输能力在30 000～70 000人的大容量轨道交通系统。其运行线路呈现多样化，地下、地面、高架三者有机结合。纽约、旧金山以及香港也称其为“大容量铁路交通”(Mass Transit Rail)或“快速交通系统”(Rapid Transit System)。这种轨道交通系统通常的建造规律是在市中心为隧道线，市区以外为地面线或架空线，如首尔在1978～1984年建造的地铁2、3、4号线总长105.8 km，其中地下线路83.5 km，高架部分长22.3 km，占全长的21%。

二、地铁系统的构成

地下铁道由于大部分线路在地下或高架通行，因此技术水平要求较高，可靠性和安全性要求也高。地铁系统与国家铁路干线一样，主要由线网、轨道、车站、供电、通信信号、车辆等设备构成，要求各部分能够有机结合，协同动作，最大限度地完成输送任务。

（一）地铁线网

城市化初期，大都市的地铁线路一般只有 1～2 条，尚没有形成网络，随着城市范围的扩展，城市人口急剧增加，城市既有交通设施已远远不能满足居民出行的需求，要求建设地铁的呼声越来越高。世界性的大都市开始加快建设地铁的步伐，地铁线路由原先的少数几条相互不甚关联的线路发展成纵横交错、错落有致的地铁网络，由整个网络共同承担繁重的城市客运任务。譬如莫斯科地铁从 1933 年开始修建，迄今为止已有 9 条地铁线路，8 条是放射线，一条是环线，环线把所有地铁线连成一个整体，在城市公共交通中发挥着巨大的作用，据 1988 年统计，地铁年客运量达 26.02 亿人次，占莫斯科公共交通总客运量的 40.19%，而且由于地铁线网与城市总体布局有机结合，莫斯科地铁的运营效率与世界各大城市相比是最高的。

城市地铁线网的基本类型有很多种，其主要包括：中心放射型、一点集中型、中心地区集中型、中心地区环线型、Petersen 型、Cauer 型、Schimpff 型、Turner 型、五角星形、菱形等。在 Petersen 型、Cauer 型、Schimpff 型、Turner 型的形式中还有若干种变形的形式。

（二）轨道与线路

考虑到乘客出行方便、土地充分利用、节约建设费用等因素，地铁线路的走向一般选择易于施工和客流相对比较集中的地区。地铁线路按其在运营中的地位和作用划分为正线、辅助线和车场线。正线是车辆载客运营线路，行车速度高、密度大，要保证行车安全和乘坐舒适，线路标准要求高；辅助线是为了保证正线运营而配置的线路，速度要求低，标准也低；车场线是车辆检修作业用的线路，行车速度较低，线路标准只要满足场区作业即可。有时地铁线路间也设置联络线，用以满足车辆调配和转线运行的需要。

地铁轨道与地面铁路轨道基本相似，我国采用标准轨距 1 435 mm，以便与铁路相互配合，更好利用我国铁路的技术、设备。地铁钢轨采用重型钢轨，道床为碎石道床或混凝土道床。碎石道床绝缘性和抗震性好，但养护和维修工作量大。混凝土道床维修方便，但需用弹性扣件和橡胶垫板等来改善轨道的弹性。例如，华盛顿地铁在铁轨下垫放厚 38 mm 的橡胶垫板，并在混凝土道床和隧道结构底板间加铺弹性毡，以减少地铁振动对地面建筑物的影响。为了提高轨道弹性，有少数国家的地铁采用钢筋混凝土纵向连续轨枕。

（三）车　　站

车站是旅客乘降的场所，也是地铁面向公众开放的窗口，车站的规模大小、设施先进程度、服务水平，从某种程度上也反映了城市的综合实力、科技发展水平以及精神文明程度。因此，世界各国大都市都比较重视地铁车站的建设，例如莫斯科地铁车站富丽堂皇，艺术价值和观赏性相当强；蒙特利尔地铁车站与周围环境有机融为一体，环境优美，令人流连忘返；华盛顿地铁车站朴实大方，极具实用性；东京地铁车站则多设于都市繁华闹市区，既吸引客流，也进一步促进商务中心的繁荣。

地铁车站按运营性质可分为中间站、尽头站、换乘站和折返站；按结构形式可分为地下车站、地面车站和高架车站；按机能分为郊外站、市内站、联络站和待避站；按车站与轨道的相对位置又可分为岛式站台车站和侧式站台车站两种。

地铁车站出入口的数目、通道和楼梯的宽度、自动扶梯的条数、检售票设备数量以及站台面积等都要能满足高峰客流量的需要。车站内还应有各种标志、指示图表、广播设备和问讯处等，以保证车站为乘客提供优质服务。

(四)供电系统(地铁与轻轨)

电能是地铁系统必需的能源，地铁负荷是电力系统的一级负荷，几乎所有的地铁设备都离不开电力供应，一旦供电中断，整个地铁运输将陷入瘫痪状况，因此高度安全、可靠的供电系统是地铁正常运营的重要条件和保证。其变电所是双路电源，互为热备用。

地铁与轻轨的供电系统分为主变电所、牵引变电所、变配电系统三部分。主变电所、牵引变电所供给地铁车辆运行需要的电能；变配电系统中的动力照明系统提供车站和区间各类照明、风机、水泵等动力机械设备电源和通信、信号、自动化等设备电源，它由降压变电所和动力照明配电线路组成；高压电源系统视各城市具体情况而定，可以是市电直接供给地铁各变电所，也可由城市高压供电线路集中供给地铁线路，然后由电源变压器再分配给地铁沿线各变电所，还可以是这两种情况的综合，如图 2-1 所示。

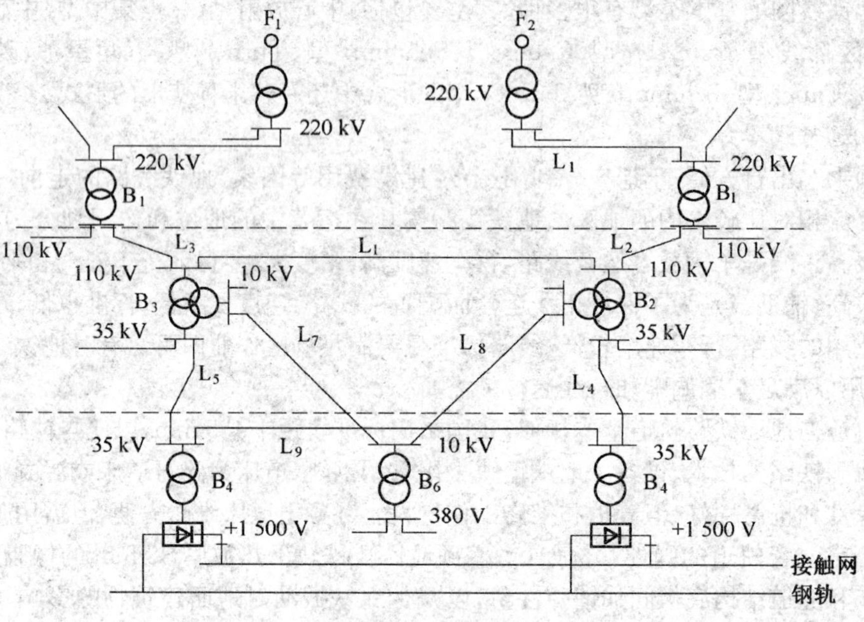

图 2-1　地铁及轻轨供电系统示意图

F_1、F_2—城市电网发电厂；L_1～L_9—传输线；B_1～B_3—主变电所；

B_4、B_5—牵引变电所；B_6—降压变电所

1. 地铁(轻轨)主变电所

地铁(轻轨)主变电所对城市电网是用户，对地铁(轻轨)供电系统是电源，它担负着将城市电网高压电变成牵引供电系统和变配电系统所需要的电压，并向地铁和轻轨供电的任务。主变电所的主接线如图 2-2 所示。

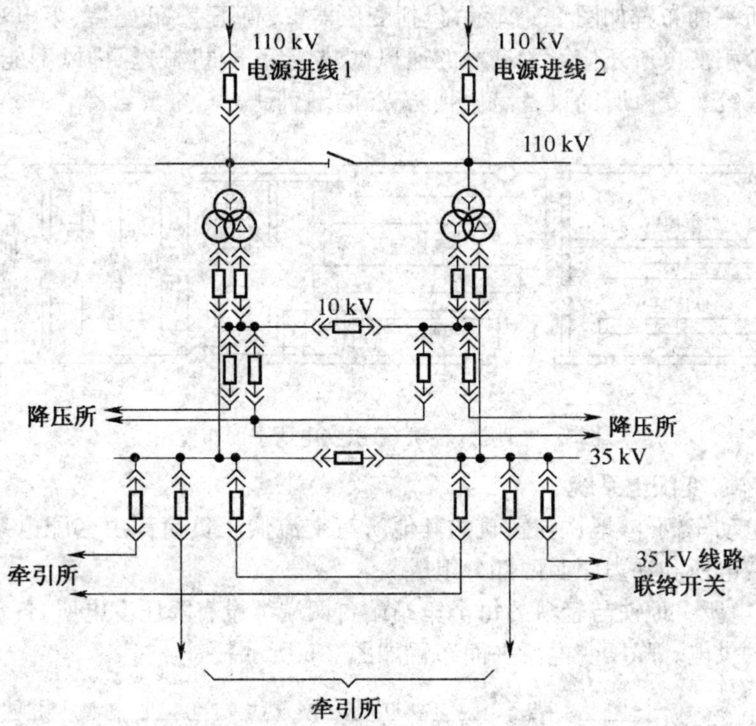

图 2-2　地铁主变电所主接线图

2. 地铁(轻轨)牵引变电所

牵引变电所设有两路独立电源,两套整流机组。一般将牵引变电所和降压变电所合建于地下车站的站台端,形成牵引/降压混合变电所。相邻牵引变电所之间的距离一般为 2～4 km。牵引变电所的主接线如图 2-3 所示。

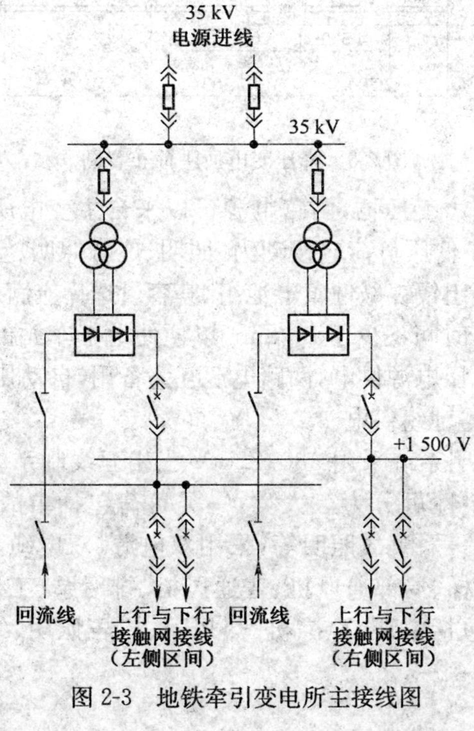

图 2-3　地铁牵引变电所主接线图

牵引变电所平面布置如图 2-4 所示，包括变压器室、高压室、低压室、蓄电池室、集控室、值班室等。地下牵引变电所还应设置良好的通风散热装置，当机械送/排风不能满足要求时，应设冷风再循环系统。变电所的设备需做到防火、防潮、低噪声、空气自冷。

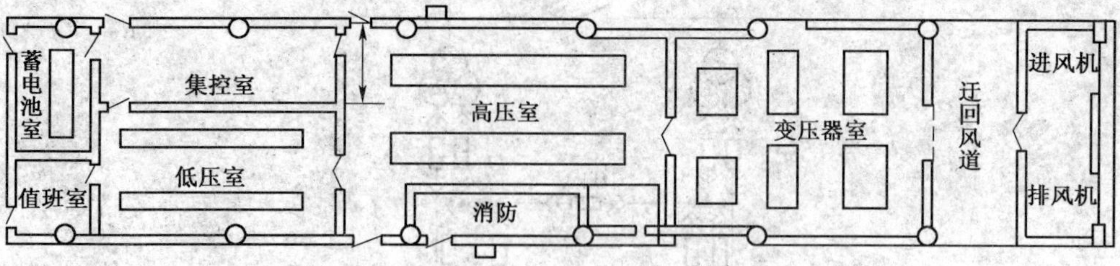

图 2-4　地铁(轻轨)牵引变电所平面布置图

3. 地铁(轻轨)变配电系统

除了直流电动车辆外，地铁与轻轨的其他所有交流低压负荷都由变配电系统供电。变配电系统由降压变电所和动力照明两部分组成。

(1)降压变电所。地铁与轻轨的每个车站站台两端都设有降压变电所，各负责半个车站和相邻半个区间的供电。降压变电所平面布置如图 2-5 所示。

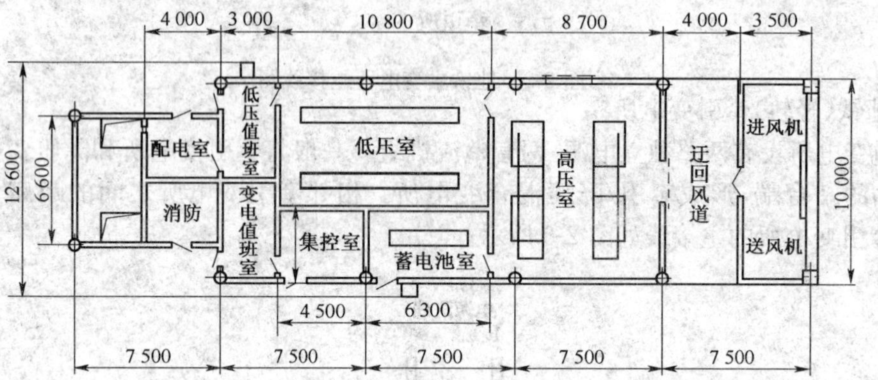

图 2-5　降压变电所平面布置图

降压变电所内设两台电力变压器，两路电源可以来自主变电所，也可来自相邻牵引变电所，其主接线如图 2-6 所示。低压负荷应按动力、照明、广告照明、空调分别计量，以便进行用电考核。在站台两端各设一组镉镍碱性蓄电池组，其容量选择应满足变电所双路失电时，供给车站、区间 220 V 事故照明，时间不少于 30 min，以便使地下车站的旅客能安全撤出到地面。事故照明电源正常由两路低压电源供电，两路电源互为备用，自动切换。只有当变电所双路电源失电时，才自动切换到蓄电池组供电。

(2)动力照明。动力照明系统采用 380/220 V 三相五线制系统(TN—S 系统)配电。地铁低压负荷按其用途和重要性可分为三大类：一类负荷包括事故风机、消防泵、主排水泵、售检票机、防灾报警、通信信号、事故照明等，采用双电源、双电缆、供电末端自动切换，来电自复；二类负荷包括自动扶梯、局部通风机、普通风机、排污泵、工作照明、节电照明等，采用双电源、单电缆；三类负荷包括空调、冷冻机、热风幕、广告照明、维修电源等，采用单电源、单电缆。

为便于运营管理，在车站两端的站台层和站厅层各设 1 个配电室，以便对本层用电设备供电和管理。动力照明基本上采用放射式供电，个别负荷可采用树干式供电，大容量的动力设备和主要用户应由变电所直接供电，如车站风机、冷冻机组、消防泵、区间排水泵、通信、信号等用电设备。区间每隔 100 m 设 1 个动力插座箱，内设三相漏电开关、三相插座和单相插座各 1 个，容量为 15 kW。每一回路只考虑一组使用，箱体应为防潮、防溅型。在站台层和站厅层每隔 30 m 应设单相安全插座，单独回路供电；车站附属房间的单相插座应单独回路供电，并装设漏电开关保护。

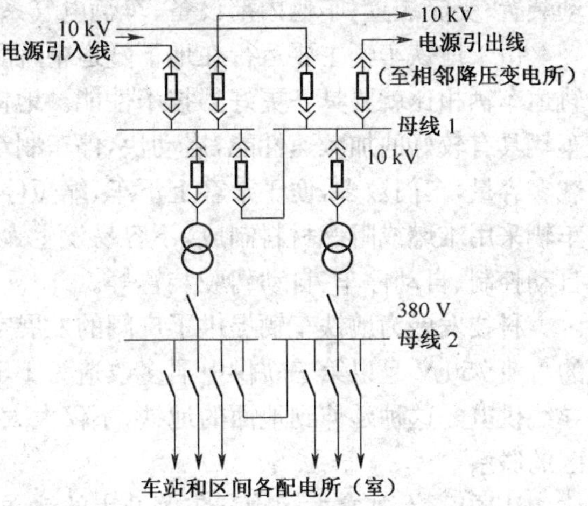

图 2-6 降压变电所主接线图

地下隧道的区间照明设于行车方向左侧墙上，分工作照明和事故照明，每隔 10 m 设 1 个灯具，两种照明灯具相间布置，照明灯具应具有遮光性能。

（五）通信信号系统

通信信号系统在地铁中的作用相当重要，既要确保行车安全，指挥列车运行，又要提高运营效率，充分利用通过能力。因此，目前国内外有关科研机构都在进一步加紧研制更加先进的通信信号设备。

根据地铁高速度、高密度、短间隔的特点，地铁信号系统从传统的以地面信号为主发展到自动监控列车速度和自动调整列车追踪间隔的方式。地铁信号系统按其功能可分为以下几部分：自动闭塞、联锁、列车自动监视系统、列车自动监控系统、列车自动防护系统、列车自动运行系统。

为了迅速、准确、可靠地传递和交换语音、图像、数据信息，地铁通信系统建成一个自成体系的独立完整的内部通信网。通信网由光纤数字传输系统、数字电话交换系统、闭路电视监视系统、无线调度系统以及车站广播系统等组成。

（六）环控系统

地铁环境控制系统是地铁的重要组成部分，关系到乘客旅行安全和旅途心情，影响着地铁对广大市民的吸引力。早期地铁较少考虑环境问题，以致乘客乘坐地铁必须忍受高温、高湿及污浊的空气。随着经济和社会发展水平的提高，乘客对乘车环境有了更高的要求，不少城市开始在地铁系统中增设环境控制系统以满足乘客要求。

环境控制系统主要包括地铁通风、空调和采暖等设备。

（七）车　辆

地铁车辆作为旅客运载工具，不仅要保证运行的安全、可靠、快速，而且应考虑乘客的舒适和方便以及公共交通所需的大容量。

地铁车辆不管采取何种模式，都是电动车组编组，即装有牵引电机能自行行走的电动客车，通常把无驾驶室的车辆称为中间车，没有牵引电机但有驾驶室的车辆称为控制车，牵引电机和驾驶室都没有的车辆称为拖车。在编组运行时，带驾驶室的控制车始终在列车的两端，其他车型在列车中的位置可以互换，一般编组辆数为 4～8 节，最多为 11 节。编组辆数由预测客流量以及行车间隔时间决定，如上海地铁 1 号线远期采取 8 节编组，近期采取 6 节编组。

无论是动车还是拖车，地铁车辆主要由以下几部分组成：车体、转向架、牵引缓冲装置、制动装置、受流装置、车辆内部设备、车辆电气系统。

由于地铁车辆主要运行在地下隧道中，而且地铁线路曲线半径小，坡度大，站距短，与地面轨道车辆相比就要具备更好的技术性能。地铁车辆不同于其他轨道车辆的主要特征在于地铁车辆具有较好的加减速性能，启动快，停车制动距离短，平均运行速度高；地铁车辆具有较大的载客容量，车门数多，便于乘客上下车，缩短停站时分；地铁车辆车型小，适合隧道内运行，而且车辆采用难燃或阻燃材料制成，不容易发生火灾；地铁车辆技术含量较高，一般都安装有列车自动控制、自动停车、自动驾驶装置等。

科技发展为地铁车辆提供了广阔的发展空间。为了提高速度，地铁车辆供电电压由以往的直流 750 V 且以第三轨供电居多改造为 1 500 V，且为了把地铁延伸到地面，采用架空接触导线供电。这种延伸到地面的地铁，不仅大大降低了造价、缩短了工期，而且加强了城市与郊区的联系。

法国巴黎、加拿大蒙特利尔等城市的地铁采用空气橡胶轮胎车辆。这种地铁车辆的特点是噪声小、黏着力大、乘坐舒适性好，适于坡度大、延伸到地面的地铁使用。

电动车组也在不断改进。目标是提高其加速和减速性能，并实现轻量化。为增加行车密度，保证安全，地铁已广泛使用列车自动控制系统(ATC)。

最近有一种新型地铁值得注意。这就是东京地铁 12 号线所使用的线性电机车辆。这是加拿大在 20 世纪 80 年代开发成功并投入运营的新型城市轨道交通车辆。它采用线性电机牵引，径向转向架和自动控制等高新技术。由于线性电机相当于把旋转电机的定子和转子剖开展平，因此，相同功率的线性电机要比旋转电机缩小 3/4 的高度，这样就能缩小地铁隧道的横断面；加之这种车辆不是靠轮轨间的黏着力，而是靠电机上定子与地面上转子(导轨)之间的电磁力驱动，具有较大的爬坡能力，因而地铁隧道的纵断面也容许有较大的限制坡度。这种“小断面地铁”可大大降低地铁工程的造价。另一方面，由于线性电机车具有车身矮、重量轻、噪声低、通过小半径曲线和爬坡能力强等优点，因此，它可以“轻而易举”地跑出地面、跃上高架，它是地铁与高架轻轨接轨的理想车型。以线性电机车辆作动力，其深远的意义还在于它引起了轨道车辆牵引动力的变革。

三、地铁的适应范围

地下铁道之所以在世界范围内得到广泛的发展，一个很重要的原因就在于它具备城市道路交通不可比拟的优势。首先，地铁是一种大容量的城市轨道交通系统，单向每小时运送能力可以达到 30 000～70 000 人次，而公共汽电车单向每小时运送能力只在 8 000 人次左右，远远小于地铁，因而在客流密集的城市中心地带建设地铁可以明显疏散公交客流，分担绝大部分城市公共交通流量；其次，地铁具有可信赖的准时性和速达性，地铁线路与道路交通隔绝，有自己的专用线路，不受气候、时间和其他交通工具的干扰，不会出现交通阻塞而延误时间，因而在保证准时到达目的地方面得到乘客的信赖，对居民出行具有很大的吸引力；第三，由于地铁大多在地下或高架，因而与其他交通方式无相互干扰，安全性高，在当今世界汽车泛滥，交通事故居高不下的情况下，地铁如果不发生意外或自然灾害，乘客安全总可以得到保障，这也是地铁吸引人的地方之一；第四是地铁噪声小，污染少，对城市环境不造成破坏。此外，在城市发展空间日益狭小的今天，地铁充分利用了地下空间，节约出地面宝贵的土地资源为人类所用，这在一定程度上也刺激了地铁的发展。

虽然地铁具有很多其他交通方式并不具备的优势，但其缺点也相当突出，制约着地铁的进一步发展。地铁的绝大部分线路和设备处于地下，而城市地下由于各种管线纵横交错，极大增加了施工工作量，而且在建设中还涉及隧道开挖、线路施工、供电、通信信号、水质、通风照明、振动噪声等一系列技术问题以及考虑防灾、救灾系统的设置等，都需要大量的资金投入，因此，地铁的建设费用相当高。在日本，每千米地铁建设费要超过 200 亿日元，我国每千米地铁造价达 8 亿元人民币。即使对于工业发达国家来说，大量建设地铁所需的建设费用也是难以承担的。地铁不仅建设费用比较高，而且建设周期长，见效慢。地铁还有一个致命的弱点在于一旦发生火灾或其他自然灾害，乘客疏散比较困难，容易造成人员伤亡和财产损失，对社会造成不良影响。

乘客选择交通方式，主要考虑的是速达性、准时性、便利性、舒适性、安全性和经济性。国外专家的研究表明：人口超过 100 万的特大城市建设地铁是比较合适的，但如果在特定线路上，由于城市的特殊交通需求，人口在 50 万～100 万的城市也可考虑建设地铁；有关文献也指出，如果设计线路日客流量大于 15 万人次或单向高峰每小时客流量为 3 万～4 万人次，修建地铁也是比较合适的。当然随着科学技术的发展，地铁车辆日益小型化、轻量化，建设费用不断降低，地铁的适应范围会不断扩展，为更多的城市所接受。

四、轻轨的发展

城市轨道交通中线路和车辆具备和公路汽车以及非机动车混行能力的系统称为轻轨，不具备的称为地铁。地铁实际上与普通长途铁路技术上是一致的，只是服务重点不同，轻轨由于需要具备混行特点（适应小曲线＝车体窄；适应路面交通和无闭塞行车＝高加减速，车体轻便；适应路面乘降＝低地板或者低入口），所以导致一般输送能力较低。轻轨的轴重和运输量都小于地铁，它是在有轨电车基础上发展起来的。1886 年美国开始出现有轨电车系统，但因旧式有轨电车存在速度慢、噪声大、占用城市街道、舒适度差的缺点，在汽车交通的冲击下，到 1970 年，全世界仅有 8 个城市还有有轨电车。当汽车交通的弊端（交通堵塞、空气污染、噪声扰民、能源危机）显现出来之后，国际上一些大城市便利用现代化技术改造旧式有轨电车，建成了现代化技术很高的轻轨交通。

当今世界上投入商业运营、技术最先进的轻轨交通系统是 1986 年建成的加拿大温哥华市的轻轨交通系统，其线路全长 22.51 km，其中有 13 km 为高架结构，共设车站 16 座，车辆总数 114 辆，行车间距 3～5 min，信号系统由计算机控制，全部列车以无人驾驶全自动控制方式运行。

发展公共交通成为人们的共识，但是在实践中发现地铁虽有许多长处，却造价高、工期长、见效慢，而公共汽车又运量小，速度慢，根本不能满足城市交通需求，于是人们开始寻求一种可以介于公共汽车与地铁之间，而又兼具两者优点的新型交通系统。轻轨交通适应这种需要，应运而生，并在短短的几十年里蓬勃发展，成为公共交通系统中的一支生力军。

（一）概　　述

轻轨交通是个比较广泛的概念，包括准地铁（运量略小于地铁）和现代有轨电车（铰接式）两种形式。目前，无论是发达国家，还是发展中国家，轻轨交通方兴未艾。各国纷纷根据自己的国情，制定相应的轻轨交通发展战略和模式。

1. 改造旧式有轨电车为现代化的轻轨交通

这种模式以德国、前苏联以及东欧各国为典型代表。德国国内共有 35 个城市运营着有轨电车,线路总长 3 200 km,有轨电车 5 200 辆,是城市公共交通运输的重要组成部分。为了改造成轻轨交通系统,德国首先对有轨电车网进行了整顿,使其趋于合理,有的线路设为专用车道,有的线路改建到地下,从根本上改变了有轨电车与其他交通的混杂运行情况;其次,还对有轨电车车辆进行现代化改造,研制出先进的轻轨车辆以供使用。即使在日本的一些大中城市,尽管它们有完善的轨道交通系统和交通结构,却仍然花大力气改造有轨电车,生产新型的轻轨车辆应用在广岛、长崎、熊本等城市。

2. 利用废弃铁路线路改建成轻轨线路

这种方式以美国圣迭戈轻轨交通为代表。那里轻轨交通只有一条线路,全长 25.6 km,早先是从市区圣太飞火车站到墨西哥边境的铁路线路,后来被飓风破坏,圣迭戈市于是就将其改造成为轻轨线路,为城市公共交通服务,现在这条线路运营状况良好。圣迭戈市也因此成为美国修建轻轨的第一座城市。类似情况在欧洲也屡见不鲜,瑞典的哥德堡、德国的卡尔·马克思州也都采用这一方式。目前我国上海市轨道交通明珠线一期工程也是利用原有城市内部铁路改造为轻轨线路。

3. 建设轻轨交通新线路

对于第三世界国家的大城市而言,修建轻轨交通要比修建地铁更经济实惠,因此,诸如马尼拉、鹿特丹、香港等城市都相继新建了轻轨交通。

(二)国外城市轻轨交通概况

目前,世界拥有城市轨道交通系统的 320 个城市中,仅拥有地铁的城市占 5%,拥有地铁和轻轨的占 11%,拥有轻轨和有轨电车的占 84%。在轻轨交通中,前苏联占 40%,东、西欧各占 20%,其余分布在美国、日本、澳大利亚、加拿大等国。第三世界国家也开始认识到轻轨交通的作用,非洲第一届城市公交会议明确指出,在非洲城市中要用轻轨交通来取代拥挤不堪的公共汽车。扎伊尔、突尼斯、泰国、菲律宾、新加坡等国家的城市已建或在建轻轨交通系统。轻轨交通系统正发挥着越来越重要的作用。

下面列举几个有代表性的城市,简要介绍它们的轻轨交通系统。

美国萨克拉门托市,市区人口约 92 万,1987 年 3 月建成一条穿越市中心的轻轨交通线路,全长 29.4 km,共有 27 个车站,轨距为 1 435 mm,采用直流 750 V 电压制,架空接触网供电。运行间隔 1.5 min,采用六轴单铰接车辆,并按单一票制进行管理,建成后至 1987 年 9 月已运送乘客达百万人次。

法国南特市,市区人口约 45 万,1984 年建成一条自东向西穿过市区的轻轨交通线路,它也是法国首次建成的第一条现代化轻轨交通系统。线路全长 10.6 km,共设 22 个车站,轨距为 1 435 mm,采用直流 750 V 架空接触网供电,选用车型为六轴单铰接车辆。行车间隔 3 min,平均运行速度 24 km/h,目前年客运量接近 2 000 万人次。

菲律宾马尼拉市,城市总人口 800 万,1985 年建成一条规模较大的现代化轻轨交通系统,线路全长 15 km,为全高架式轨线,共设 18 个车站,轨距为 1 435 mm,采用直流 750 V 架空接触网供电,选用车型为八轴双铰式车辆。高峰时行车间隔 2.5 min,平时 3～5 min,并设有信号系统和列车自动防护装置。平均旅行速度为 39 km/h,采用单一票价制管理,全部车站出入口设自动开闭门,配有检查员管理。

加拿大温哥华市,市区人口约 120 万,1986 年建成世界上第一条全自动化、线性电机牵引的轻轨交通系统,线路全长 22.5 km,其中有 13 km 为高架,共设车站 16 座,轨距 1 435 mm,采用直流 600 V 侧轨供电方式,行车间隔 3～5 min,信号系统由计算机集中控制,全部列车以无人驾驶全自动控制方式运行。这是当今世界上投入运营的技术最先进的轻轨交通系统。

我国的轻轨交通建设刚刚起步，但随着经济发展和城市道路交通压力的日益加大，我国一些大城市都纷纷开始考虑建设现代化的轻轨交通，轻轨交通在我国前景广阔。

（三）主要技术指标

目前蓬勃发展的轻轨交通集各种先进技术于一身，无论是轨道、车辆，还是通信信号、供电、环控系统，都采用了现代化程度较高的技术设备，因而可以快速、安全、便捷地完成中等客运量的旅客运输任务。

轻轨交通是中等运量客运交通系统。以现代有轨电车为例，其单向高峰小时客运量在10 000～30 000 人次之间，是地铁的1/3～1/2，比公共汽电车的每小时8000 人次高出数倍，而轻轨交通的工程造价却要比地铁减少 2/3 还多，为广大经济实力并不太强的城市所接受，因此这种中等运量的"客运走廊"受到人们的普遍欢迎。

1. 轻轨交通系统的类型

轻轨交通系统由于其不同的使用范围和技术特点，各国的分类大不相同。例如，日本将其分为有轨电车型、市郊有轨电车型、地下铁道型、铁路电车型、新交通系统型等 5 种类型，其中有轨电车型系指在旧式有轨电车基础上改造而成的新型交通工具，一般采用专用车道，以德国和欧洲为典型代表；市郊有轨电车型基本采用路面交通，只是在技术上要比旧式有轨电车更先进、安全、可靠，主要应用在人口密度较低的市郊住宅区，波士顿、斯德哥尔摩以及日本的镰仓属于这种类型；由于地铁工程造价昂贵，不易负担，于是人们采用部分地下、部分地面，以及小断面、小曲线、陡坡道等办法节省投资，建造地下铁道型轻轨交通系统，英国纽卡斯尔、比利时布鲁塞尔也称其为"半地铁"或"准地铁"。日本的这种分类方法，有其合理的方面，也有不确切的地方，即把新交通系统、独轨系统等与轻轨导向方式不同的轨道交通系统也包括在轻轨交通系统之中。

德国将轻轨交通划分为四级，按照有轨电车改造的不同阶段作为标准，一级相当于有轨电车的现代化，线路全部在地面上，只是新建线路采取有隔离带的专用车道；二级在人口密集的闹市区修建少量的高架或隧道线，而在郊外则采用路堑或路堤形式，车站根据运营要求和城市具体情况采用高站台或低站台；三级轻轨交通，隧道部分增加，全部为专用行车道，与公路没有共行线路，广泛采用列车速度控制和计算机控制运行的指挥系统；四级轻轨交通只用于特大城市，系统自动化程度高，运量最大可达到单向高峰小时 40 000 人次。

轻轨交通按路权分，又可分成初级、中级、高级三个等级。初级轻轨交通的线路以地面线为主，采用半封闭行车专用道，主要道口为立交，次要道口为平交，列车 2～3 辆编组，运送能力为(0.8 万～1.5 万)人次/h；中级和高级地面线路全部采用封闭式行车道，以隧道和高架为主，中级轻轨运送能力在(1.6 万～2.8 万)人次/h，高级轻轨运送能力在(2.8 万～3.8 万)人次/h。

2. 轻轨交通系统(现代有轨电车)的主要技术参数

(1)客运量。轻轨交通是介于公共汽车和地铁之间的中运量交通系统，客运量适应范围为单向高峰小时 10 000～30 000 人次，最大不宜超过 40 000 人次。

(2)线路。轻轨线路有地下、地面和高架 3 种形式，具体采用何种形式应结合城市总体布局，充分考虑城市用地、客流方向、环境保护等因素。

线路要与现有交通系统衔接良好，把住宅区、商业区、办公区有机联系在一起，为乘客出行提供方便。

线路最小曲线半径，正线不小于 100 m，地面线困难时不小于 50 m，车场线不小于 25 m。

线路正线最大坡度为 60‰，为了保证曲线线路运行平顺，还应设缓和曲线和曲线间的夹直线。

(3)轨道。轻轨系统的轨道结构一般应采用国家标准，维护方便，而且远期还可以考虑与其他轨道交通方式统一管理，充分发挥网络功能。

正线钢轨一般采用 50 kg/m，除小半径曲线地段外，均可铺设无缝线路，以提高行车质量，减少噪声污染。

(4)车辆。轻轨交通车辆基本上可分为四轴车、六轴单铰接式车和八轴双铰接式车 3 种。每种车还可以分为双司机室、单司机室和无司机室车，均为动车。它们既可单节运行，也可编组运行。

我国目前一般选择两端设司机室，六轴单铰接直流电动车辆为基本车型，最多可 4 辆连挂。

(5)供电系统。安全、可靠的供电系统是保证正常运输秩序和乘客人身安全的先决条件，因此，轻轨的供电系统属国家一级负荷，由双路电源供电，而且其中一路必须是专用线路，保证电能安全、连续供给轻轨系统。

新建轻轨交通电压制应按国际标准 DC 750 V 电压制选用，并采用架空线接触网的馈电方式。

(6)通信信号系统。通信信号起着保证行车安全与提高运输效率的作用，一般应满足如下原则：系统必须具有确保行车安全，提高运输效率，为乘客提供安全、可靠、舒适服务的能力；系统必须结合实际，采用先进技术，在经济合理条件下充分利用高科技，提高现代化水平；系统必须符合功能综合、设备一体化的要求，能适应远期发展需要。

3. 环境保护

随着经济和社会发展，城市居民对生活质量的要求相应提高，更加重视人与环境的相互协调、相互依赖的发展关系，因此轻轨交通产生的噪声问题就成为部分城市对轻轨望而却步的主要原因。

采用先进技术，减少噪声污染是轻轨技术发展的重要原动力，而且现在在轨道和车辆的研制上已取得明显效果。在技术上改善的同时，城市规划部门应尽量避免在轻轨线路周围设置住宅区，以使居民避开噪声影响。

(四)轻轨交通在我国的前景展望

城市化进程的加速，给我国大中城市带来严重的交通问题，而经济基础薄弱又是制约交通建设的主要因素，选择经济合理而且符合我国人口众多这一国情的交通模式是当务之急。轻轨交通既免除了地铁的昂贵投资，又具有中运量的特点，因此，选择轻轨交通作为城市公共交通的主要发展目标是极为适当和势在必行的。

我国的轻轨交通建设，必须从国情出发，既要采用先进技术，向国际先进水平靠近，也要考虑实际，充分利用我国现有的技术条件和科技能力，走自力更生发展轻轨交通的道路。

第三节　电气化铁路

一、电气化铁路的发展

由于两次世界大战的影响，电气化铁路在 20 世纪的上半叶没有多大发展。20 世纪 50 年代后，随着工业发达国家急剧增长的运输任务的需要，各国开始了大规模的铁路运输现代化建设，电气化铁路的建设速度不断加快。电气化铁路发展最快的时期是20世纪60～70年代，平均每年修建5 000 km以上。到20世纪70年代末，工业发达的西欧各国、日本、前苏联以及东欧各国的主要干线铁路都实现了电气化。现在这些国家正集中精力修建时速200 km以上的高速电气化铁路。20世纪80年代以后，一些发展中国家也加快了电气化铁路的建设步伐，其中以南非和我国的电气化铁路发展最快。南非在1997、1998两年间就修建了7 898 km电气化铁路，平均每年建成约4 000 km，创造了世界电气化铁路建设速度的历史记录。

我国第一条干线电气化铁路是宝成铁路。1961年8月15日，宝鸡至风州段建成通车。该段全长93 km，以三个马蹄形和一个螺旋形盘旋于秦岭的崇山峻岭之中，最小曲线半径300 m，最长隧道达2 360 m，30‰的大坡道长达20 km，行车条件十分困难。

20世纪80年代，我国新建电气化铁路总里程达5 000 km以上。此间，我国电气化铁路建设有以下特点：

(1)建设速度明显加快，年建设里程由不足100 km提高到500 km以上；

(2)利用外资引入国际先进技术，京秦线AT供电技术就是这一时期的典型，它标志着我国电气化铁路技术已向世界先进水平迈进；

(3)建设对象除运煤通道外已开始向运输主干线(陇海、京广)及沿海经济特区发展；

(4)开始万吨级重载单元列车建设；

(5)通过技、工、贸相结合的原则引进具有国际先进水平的技术和设备，使我国电气化铁路的技术装备达到或接近国际先进水平。

20世纪90年代，我国电气化铁路建设进入了高速发展时期，分别建成了鹰厦、川黔、汀黔、兰琥、大秦线东段、郑武、宝中、侯月、包兰、丰准共10条电气化铁路，总里程达3 088.1 km。1998年，我国第一条时速200 km的高速电气化铁路——广深线建成通车。2003年，我国第一条高速客运专线-秦沈客运专线建成通车，最高试验速度达325 km/h。

目前，我国电气化铁路总里程已有20 000 km以上，电气化率超过35%，完成总运量的45%以上，预计到2020年，我国电气化铁路总里程将超过50 000 km，电气化率超过50%。

二、电气化铁路的组成

电气化铁路是以电能作为牵引动力的一种轨道交通运输形式，具有牵引功率大、能源综合利用率高、劳动生产率高、污染环境小、便于实现自动控制、能促进沿线地区电力工业发展的优点，已成为铁路运输现代化的标志。

电气化铁路由牵引供电系统和电力机车及其机务系统组成。牵引供电系统包括牵引变电所和牵引网两大部分。牵引变电所、牵引网、电力机车三者一起构成一个闭合的牵引供电回路。

1. 牵引变电所

牵引变电所由牵引变压器、高压断路器等一次设备和用于监控的二次设备组成，其主要作用是将地方电力网送来的三相高压电变换为适合电力机车使用的电能，并降低电力牵引负荷对电力系统的不良影响。

2. 牵引网

牵引网包括馈电线、接触网、钢轨、回流线、大地回路。馈电线是连接牵引变电所和接触网的电力供给线，多为铜绞线；钢轨在电气化铁路中有三大作用：列车导轨、牵引电流的电气回路、信号系统的信号回路；回流线是连接钢轨和牵引变电所的电连接线，主要为回流提供电气通路。接触网是牵引网的核心，是电气化铁道的主要供电设施，其功能是全天候不间断地向电力机车供电。

3. 电力机车

电力机车由机械系统、空气管路系统和电气系统三大系统组成。机械系统主要包括机车车体和走行部，空气管路系统主要包括制动气路系统、控制气路系统和辅助气路系统，电气系统主要包括受电弓、主断路器、牵引变压器、转换硅机组、调压开关、整流硅机组、平波电抗器、牵引电动机和制动电阻柜等。为了保证电力机车的正常运行，机车上还安装了诸如电动压缩机组、电动通风机组、电动油泵等辅助电气设备和司机控制器、按钮开关、接触器等控制电器。

除电力机车外，目前，国外高速电气化铁路也采用电动车组牵引方式。电动车组由带有牵引电动机的动车和载乘旅客的附挂车组成。动车的主要电器都装设于车体下部的两转向架间。

第四节 磁浮交通

磁浮列车是一种与传统机车车辆不同的新型交通工具。传统机车车辆依靠车轮与地面轨道的机械接触来克服车辆重力和产生车辆过弯道时的导向力，它的牵引力是通过轮轨接触的黏着力，即摩擦力来实现的。磁浮列车是用电磁吸力或电动斥力来克服车辆重力和产生过弯道时的导向力，它没有机械接触，其驱动力是由线性电动机产生的。线性电动机产生的电磁推力就是车辆的牵引力，这种牵引力没有轮轨接触黏着力限制的问题，因此车辆可以达到很高的速度。目前日本电动斥力型超导磁浮列车的速度可达 550 km/h，德国电磁吸力型磁浮列车的速度可达 450 km/h。从理论上讲，磁浮列车可以达到更高的速度，但由于能量消耗随着速度的增加而迅速增大，所以作为地面陆上交通工具的最佳合理速度是 500 km/h 左右。

一、国内外磁浮列车发展概况

1922 年，德国人 Hermann Kemper 首先提出了磁浮列车的设想，但真正得到发展是近 20 年。这是由于电力电子技术、低温超导技术和计算机与信息技术迅速发展的结果。日本和德国从 20 世纪 60 年代初开始研究磁浮技术，是磁浮列车技术最先进的两个国家。

目前，日本建有 18.4 km 高速超导长定子型磁浮列车试验线，试验时速已达到 550 km/h。另外还建有数公里长的中、低速常导短定子型磁浮列车试验线。在这两种形式中，前者用于大城市之间的干线交通，后者用于城市或城郊的交通运输。

目前，德国建有 31.5 km 高速常导长定子型磁浮列车试验线，其技术比较成熟，原计划修建的柏林—汉堡 292 km 磁浮列车线，因经济效益不佳，已于 2000 年 2 月宣布搁浅。

英国于 1985 年建成一条 600 m 长的低速常导短定子型磁浮列车线，但目前已停运。

其他国家，如前苏联和韩国都建有数百米长的低速常导短定子型磁浮列车试验线。美国、意大利和加拿大对磁浮列车也有研究，但没有实际的试验线路。

我国在 20 世纪 80 年代初由国防科技大学首先开始研究磁浮列车；西南交通大学于 1986 年开始研究，并于 1990 年成功地完成悬浮 15 kg 磁浮小车的研制工作。1994 年 10 月，西南交通大学建成我国首条 43 m 长 4 t 磁浮车试验线。2000 年，我国上海全资从德国引进一条超过 40 km 的磁浮列车线路，目前已正式投入商业运营。

二、磁浮列车的分类与基本原理

1. 电磁吸力型磁浮列车原理

电磁吸力型悬浮原理(EMS)可以用图 2-7 所示的钢球悬浮试验来说明。当一个电磁铁线圈中有直流电流流过时,就会在它的周围产生直流磁场,这个磁场可用磁力线来表示。磁力线对铁磁体作用并产生吸引力。例如将一个钢球靠近电磁铁时,就会产生电磁吸力。这是因为磁力线经过导磁物质时,产生吸引力,如图 2-7 所示。若电磁吸力大于钢球重力,即 $F>G$,钢球就会被吸向电磁铁,直到吸死,使电磁铁与钢球间气隙为零;反之,若电磁吸力小于钢球重力,即 $F<G$,则钢球就会落地,气隙将很大。这两种情况都没有达到悬浮钢球的目的。为了悬浮钢球并保持钢球与电磁铁之间的气隙为常数,必须调节电磁铁线圈中电流的大小,改变电磁吸力,使电磁吸力 F 等于重力 G。为此,必须检测气隙的大小。当气隙偏离给定大小时,应及时调节线圈中的电流。检测气隙大小的方法很多,图中是采用光通量来检测气隙的大小。它由可见光光源和光敏二极管组成,当气隙变化时,通过气隙的光通量发生变化,使光敏二极管的光敏电阻变化,以此作为信号去控制电磁铁线圈中电流的大小。具体就是当钢球稍有下落时,气隙变大,光敏二极管接收的光通量增加,输出控制信号,使电磁铁线圈中电流增加,磁力线增加,电磁吸力相应增加,阻止钢球下落;反之,当由于某种偶然原因使气隙变小时,光通量减小,表示电磁吸力大于钢球重力,此时输出控制信号使电磁铁线圈中电流下降。通过这种快速闭环控制,可将钢球稳定地悬浮于空中,并保持一定的气隙。这就是常导吸力型悬浮原理。

上述悬浮系统比较简单,因为球体的重心与电磁吸力作用在一条垂直线上,且重力与电磁吸力的方向相反,在控制上只要保证电磁吸力始终平衡重力即可。而磁浮列车是由多节磁浮车辆组成的,要使每节磁浮车辆都能独立地悬浮,并把重达数十吨的车厢悬浮于空中,且保持悬浮气隙大小不随载客量大小而改变,问题就比较复杂。因为车厢在空间有多个自由度,如点头、蛇行、滚动等,为了乘客的舒适性,必须解决多自由度的控制问题。

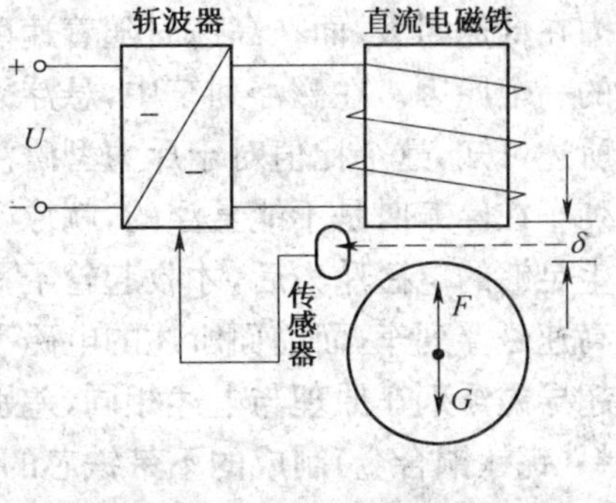

图 2-7　钢球吸力悬浮原理(EMS)示意图

2. 电动斥力型磁浮列车原理

如上所述,直流电磁铁产生直流磁场,对铁磁物质会产生电磁吸力。如果在直流磁场内有非磁性导电物质,例如铜,则对电磁铁的原有磁场不会产生任何的影响,也不会产生电磁力。但是,当电磁铁相对于导电物体(铜)有相对运动时,就会在导电体内产生感应电流。感应电流产生自己的磁场,根据楞茨定律可知,感应电流所产生的磁力线与原有直流磁场的磁力线在方向上必然相反,这样在磁力线之间就会形成电动斥力。所以电动斥力形成的条件是有"电"而且有"运动",没有相对运动是不会有电动斥力的,如图 2-8 所示。图 2-8(a)表示速度为零时,没有悬浮力,也没有磁阻力;图 2-8(b)表示低速时,开始产生悬浮力,而磁阻力很大;图 2-8(c)表示中速时,悬浮力继续增加,磁阻力开始减小;图 2-8(d)表示高速时磁阻力很小,而悬浮斥力很大。

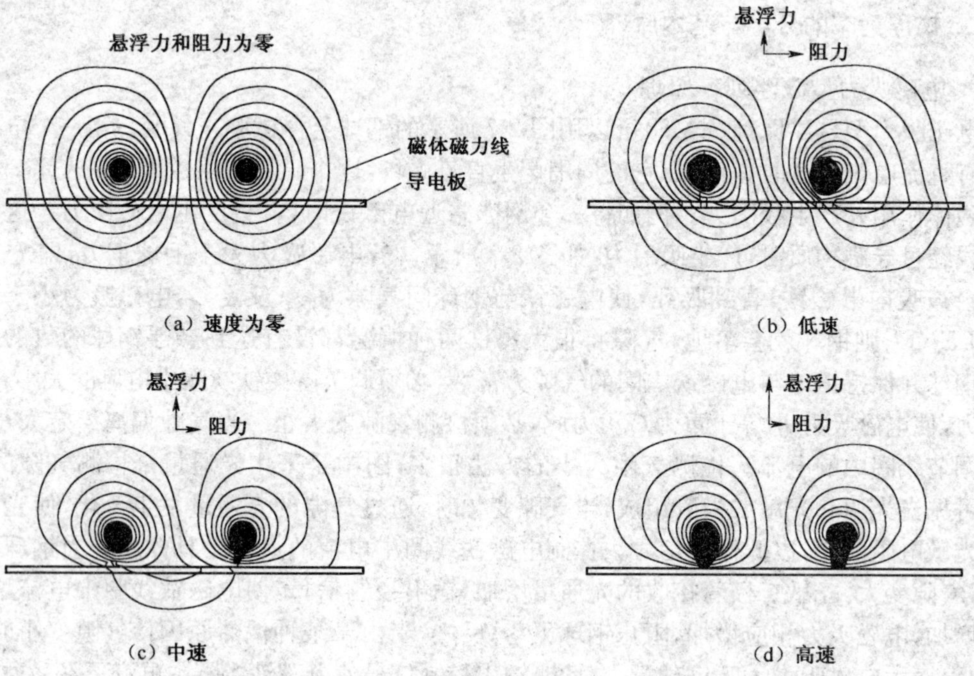

图 2-8　斥力型磁悬浮原理图

对于磁浮列车，车辆与线路有磁场耦合，在运动时必然会产生磁阻力。斥力型磁浮列车的磁阻力在低速时大，而在高速时随着速度增大而下降，这也可以说是斥力型磁浮列车适于高速运行的一个原因。在磁浮列车中，悬浮力或导向力与运行磁阻力的比值是一个重要指标。从上面所述可知，这个比值对于斥力型磁浮列车是随着速度的提高而增大的。因此，电动斥力型磁浮列车在停车时是不能悬浮的，就像飞机一样，在起跑阶段用轮子支撑，只有达到一定速度并产生足够的电磁斥力后，才收起轮子，达到悬浮的目的。可见，电动斥力型原理(EDS)只能用于高速磁浮列车，而前面所述的电磁吸力型原理既可用于高速、也可用于低速磁浮列车。

超导磁浮列车原理与上述相同，差别是直流电磁铁被超导磁体所替代。超导磁体，是用超导材料(铌钛铜合金)制成的不带铁芯的电磁线圈，这种材料在－269℃(4 K)温度下导线电阻为零。由于没有电阻，导线允许的电流密度取得很大，故可获得十分强大的直流磁场。同样道理，当这种安装在车辆上的超导磁体相对于地面上的非磁性导电体(如铜板或短路线圈)运行时，就会在导体内产生感应电流，其磁力线与超导磁体所产生的磁力线相互排斥，形成强大的电动斥力，从而可将车辆斥浮于空中。由于超导磁体的磁场强度十分强大，所以超导磁浮列车的悬浮气隙一般要比常导吸力型大得多。常导磁浮列车悬浮气隙约为 8～10 mm，而超导磁浮列车一般为 100～200 mm。

三、磁浮列车的驱动和制动

1. 线性电机驱动原理

磁浮列车采用线性电机产生驱动列车前进的牵引力，这是它的另一大特点。传统的电力机车、电动车和地铁车辆都是采用旋转电机。旋转电机产生的电磁力矩要转变为驱动列车前进的牵引力，一般要经过齿轮箱传递到轮轴，再通过车轮与轨道之间的黏着现象，产生牵引力。所以牵引力受到轮轨黏着系数大小的影响，这是轮轨机车的一大缺陷。磁浮列车采用线性电机就不存在这个问题。

如图 2-9 所示，线性电机可以理解为将电机纵向剖开，拉直放平，而且将电机的定子和转子分别置于车上或地面上。如果将电机定子绕组置于车上，转子置于地面线路上，则称为短定子型磁浮列车；反之，如果将电机定子绕组置于地面线路上，转子置于车上，则称为长定子型磁浮列车。这两种磁浮列车在运行性能上有很大区别。由于长定子型磁浮列车的电机定子绕组布置在地面线路上，所以控制电机运行的动力电源可在地面变电所内，车辆内仅需功率较小的辅助电源，这部分能源可以通过无机械接触的线性感应发电机供给。所以长定子型磁浮列车无需受流器，完全可以实现无机械接触的运行，使列车运行速度既不受轮轨黏着的限制，又不受弓网受流的限制，从而可以达到传统轮轨机车车辆无法达到的高速度，例如 500 km/h。日本超导斥力型和德国常导吸力型高速磁浮列车都是采用这种长定子型方式。

短定子型磁浮列车，由于供给电机定子绕组的大功率动力电源设置在车上，这不但使列车质量增加，而且必须有受流器将地面电能输送到车上，所以这种磁浮列车尽管没有轮轨机械接触，但仍然存在传输电能的弓网之间的机械接触，因此它一般用于中、低速度为宜。我国正在研制的磁浮列车就属于这种短定子型，而且采用常导吸力型悬浮技术，这种磁浮列车适用于城市交通。由于它没有轮轨机械接触的噪声，又采用高架线路，因此可在市中心使用。

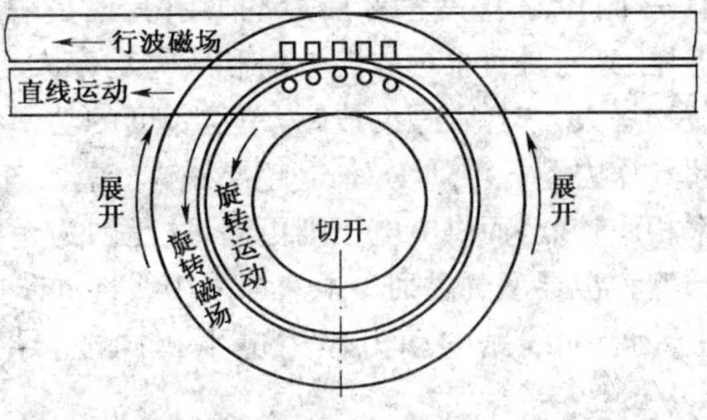

图 2-9 线性电机原理

2. 磁浮列车制动

与传统牵引电机一样，异步或同步交流线性电机利用电机可逆原理，可以进行再生制动或反接制动。再生制动时，向电网反馈电能，提高效益；反接制动只适用于低速工况，以免过大的电流冲击。为了确保安全，磁浮列车还采用其他的制动方式。例如，日本超导斥力型磁浮列车(MLX)在一定速度以下来用盘形制动，因为这种类型的磁浮列车静止或低速时不能悬浮，在启动或停车过程中，与传统轮轨机车一样需要轮对支撑，所以可以在轮对轴上安装盘形制动装置。而德国吸力型磁浮列车(TR)静止时可以悬浮，无需轮对，因此不可能采用盘形制动。TR型磁浮列车采用了涡流制动。低速时，涡流制动效果下降、电磁吸力增加，所以涡流制动只适用于中、高速。德国 TR 型磁浮列车从 110 km/h 开始，线性地减小涡流制动的励磁电流；当速度降到 10 km/h 时完全停止涡流制动；10 km/h 以下到停止，仍然采用再生制动。TR 型磁浮列车不悬浮时支撑在滑块上，该支撑滑块可作紧急制动时落地摩擦制动之用。

常导短定子型磁浮列车，如日本的 HSST，以及我国正在研制的 CFC 城市用磁浮列车，除采用电机再生制动和反接制动外，还采用专门的液压制动装置，并在紧急时采用落地滑块制动。

四、磁浮列车线路与供电系统

磁浮列车线路与传统轮轨机车车辆的线路有很大区别，目前常导吸力型磁浮列车采用外抱线路的结构形式，而超导斥力型磁浮列车采用槽形的结构形式，这两种结构形式都要求采用比较复杂的道岔结构及其移动装置。因此，磁浮列车线路与传统铁道线路不能兼用，不能直接接轨联网，这是推广应用磁浮列车最大的困难之一。常导吸力型磁浮列车线路可以采用钢梁或预应力混凝土箱形梁，由于悬浮气隙为8～10 mm，故对梁的技术要求是刚度大，一般高速磁浮列车要求梁的刚度为1/4 000，低速磁浮列车可以要求低些。超导斥力型磁浮列车的槽形线路不能采用导磁的钢结构材料，因为超导磁体的强磁场在运动时会产生有害的阻力和损耗，所以线路应采用非磁性不锈钢钢筋的混凝土槽形梁。

用于长大干线的高速磁浮列车采用线性同步电机，而且电机的三相绕组沿线路布置，形成长定子供电方式。常导吸力型供电电压为0～7 kV，供电频率范围为0～250 Hz，同步电机速度$v=2\pi f\tau$，其中τ为同步电机的极距，所以列车速度v与供电频率f和电机极距τ有着固定的关系。变电所间距为10～50 km，其大小根据车流密度而定。为了提高效益，变电所间距内，根据所需功率大小，按300～2 000 m线路长度分段供电，并由布置在沿线的真空开关进行切换。只有列车所在位置的线路分段受电，而不在列车位置的其余线路是不受电的。这样做有三个优点：其一是减少线路损耗；其二是增加安全性，列车前后的线路分段不带电，避免列车追尾；其三是可根据线路坡道和所需功率大小，选取分段供电距离长短。在坡道区段，所需爬坡功率大，选择较短的段距，单位长度的功率相应增加，这是滋浮列车重要的优点之一。对于超导斥力型磁浮列车，车上超导磁体布置在车的两端，每个超导磁体的极距较大，因而供电频率相应较低，而供电电压则更高，这是因为超导磁体产生的磁场强度要比常导磁体大得多。超导型和常导型磁浮列车虽然都采用线性同步电机，但是它们的设计方法和技术特征有很大差别，而且对线路的动力作用也不相同，超导型是集中负荷，而常导型为分布负荷，约为20 kN/m。

城市用短定子型磁浮列车，采用1 500 V直流供电，在车上有受流器，经车载逆变器输出调频调压三相电，供给车上的线性异步电机。与上述高速磁浮列车长定子线性同步电机牵引相比，短定子线性异步电机牵引的主要缺点是功率因数低和需要受流器。当然，从造价来看，长定子线路要比短定子线路贵得多，因为短定子线路上铺设异步电机的次级反应铜板或铝板，其结构远比同步电机三相绕组简单。

五、磁浮列车的控制系统

对列车的控制实质上就是速度控制，也就是电机转速或速度的控制。为此，必须检测电机的转速或速度。传统轮轨机车采用旋转电机，电机转速检测技术比较成熟。磁浮列车采用线性电机，要测量其线性速度和确定列车的瞬时位置并非易事。由于没有轮轨接触的轨导电路，列车沿线运行时的信号系统必须采用无接触的数据传输方式。尤其是高速长定子线性同步电机牵引，决定列车工况和速度的动力控制是在地面上完成的，即使在车上有司机人工操作，也必须将控制信号用无接触方式(如感应方式或天线雷达方式)传递到地面控制中心。再由控制中心根据全线各列车运行情况，发出指令给沿线各变电所的分控制中心，各分控制中心再对本供电区内的各电分段(300～2 000 m)转换开关或道岔驱动机构进行控制。而这些控制结果应实时地反馈给中央控制中心。与此同时，车上司机或控制设备也必须获得地面控制中心的有关信息，以确定列车是否需要投入制动装置。列车运行状态(包括电气设备故障情况)必须实时地传递到地面控制中心，控制中心再将这些信息传送给维修中心，准备好对列车的故障部分进行处理。所以这是一套完整的地面与车上相结合的分层多级自动控制系统。由于速度很快，人的反应已经难以跟上，所以必须采用自动控制系统即ATC系统。

城市用磁浮列车采用短定子线性异步电机牵引，必须精确检测列车的运行速度，根据实测速度，通过闭环控制，实现恒定滑差频率控制，使线性异步电机的法向力尽可能为最小，以减小对列车悬浮稳定性的不利影响。

复习思考题

1. 现代化交通运输方式有哪几种？
2. 电气化铁路运输有何优越性？
3. 简述磁浮列车的分类及其基本原理。

第三章　电力系统基本知识

第一节　电力系统的构成、特点及其表征参数

一、电力系统的构成

电力系统是由发电机、变压器、电力输电线路、用户等组成的三相交流系统，它包含了从发电、变电、输配电直到用电的一个全过程，组成结构如图 3-1 所示。发电厂的发电机产生电能；升压变压器把发电机发出的低压电能转换为高压电能；输电线路输送电能；降压变压器把网络中的高压电能变换为低压电能；用户使用电能。

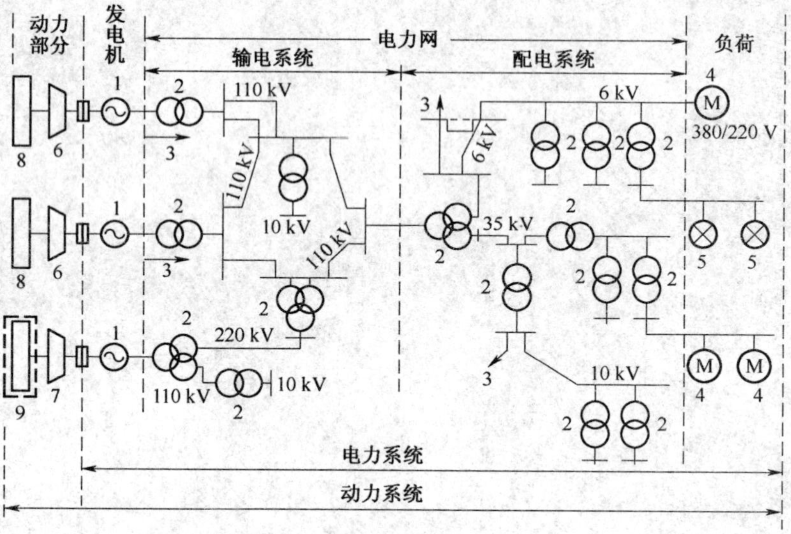

图 3-1　复杂电力系统构成示意图

1—发电机；2—变压器；3—负荷；4—电动机；5—灯；6—汽轮机；7—水轮机；8—锅炉；9—水库

电力系统是由发电机、变压器、电力输电线路、用户等在电气上相互连接所组成的整体。

电力网是由各种电压等级的输电、配电线路以及它们所连接起来的各类变电所所组成的网络。由电源向电力负荷输送电能的线路，称为输电线路，包含输电线路的电力网称为输电网；担负分配电能任务的线路称为配电线路，包含配电线路的电力网称为配电网。电力网按其本身结构可以分为开式电力网和闭式电力网。凡是用户只能从单个方向获得电能的网络，称为开式电力网；凡用户可以从两个或两个以上方向获得电能的电力网，称为闭式电力网。

动力系统是动力部分与电力系统组成的整体。动力部分主要指发电厂的锅炉、汽轮机、供电网络、水库、水轮机、核反应堆等。

由上述论述可知，电力网是电力系统的一个组成部分，而电力系统又是动力系统的一个组

成部分。

二、电力系统运行的特点

1. 电能不能大量存储

电能生产是一种能量形态的转变,要求生产与消费同时完成,即每时每刻电力系统中电能的生产、输送、分配和消费实际上同时进行,发电厂任何时刻生产的功率等于该时刻用电设备消耗功率和电网损失功率之和。

2. 电力系统暂态过程非常迅速

电是以光速传播的,所以电力系统从一种运行方式过渡到另外一种运行方式所引起的电磁过程和机电过渡过程是非常迅速的。通常情况下,电磁波的变化过程只有千分之几秒,甚至百万分之几秒,即为微秒级;电磁暂态过程为几毫秒到几百毫秒,即为毫秒级;机电暂态过程为几秒到几百秒,即为秒级。

3. 电力系统的发展和国民经济的发展密切相关

电能供应不足或中断供应,将直接影响国民经济各个部门的生产和运行,也将影响人们正常生活,在某些情况下甚至造成政治上的损失或极其严重的社会性灾难。

三、电力系统的运行要求

1. 保证可靠持续运行的基本要求

按电能用户(也称负荷)对供电可靠性的要求不同可以将负荷分为三级。

第一级负荷,对这一级负荷中断供电,将造成人身事故、设备损坏,将产生废品,使生产秩序长期不能恢复,人民生活发生混乱。

第二级负荷,对这类负荷中断供电,将造成大量减产,将使人民生活受到影响。

第三级负荷,所有不属于第一、二级的负荷,如非连续生产的车间及辅助车间和小城镇用电等。

对第一级负荷要保证由两个独立电源供电;对第三级负荷,不需要备用电源;对第二级负荷,是否需要备用电源,要进行技术经济比较后确定。

2. 保证良好的电能质量

电能质量包括电压质量、频率质量和波形质量三个方面。例如给定的允许电压偏移为额定值的±5%,给定的允许频率偏移为±(0.2～0.5) Hz 的供电电压(或电流)波形为较为严格的正弦波形。

3. 保证系统运行的经济性

电力系统运行有三个主要经济指标,即生产每千瓦时能量消耗称为煤耗率(或油耗率、水耗率)等;生产每千瓦时电能的自用电称为自用电率;供配每千瓦时电能时在电力网中的电能损耗称为线损率。保证系统运行的经济性就是使以上三个指标最小。

四、电力系统的表征参数

表征电力系统的基本参数有:总装机容量、年发电量、最大负荷、额定频率、最高电压等级、地理接线图、电气接线图。

(1)总装机容量。电力系统的总装机容量指该系统中实际安装的发电机组额定有功功率的总和,以千瓦(kW)、兆瓦(MW)、吉瓦(GW)计,它们的换算关系为:1 MW=10^3 kW;1GW=

10^3 MW＝10^6 kW。

(2)年发电量。指该系统所有发电机组全年实际发出电能的总和，以兆瓦时(MW·h)、吉瓦时(GW·h)、太瓦时(TW·h)计，它们的换算关系为：1 GW·h＝10^3 MW·h；1 TW·h＝10^3 GW·h＝10^6 MW·h。

(3)最大负荷。指规定时间，如一天、一月或一年内，电力系统总有功功率负荷的最大值，以千瓦(kW)、兆瓦(MW)、吉瓦(GW)计。

(4)额定频率。按国家标准规定，我国所有交流电力系统的额定频率均为 50 Hz，日本交流电力系统的额定频率则为 60 Hz。

(5)最高电压等级。同一电力系统中电力线路往往有几种不同电压等级。所谓最高电压等级，是指该系统中最高电压等级电力线路的额定电压，以千伏(kV)计，如常见电力线路的额定电压有 750 kV、500 kV、330 kV、220 kV、110 kV、35 kV、10 kV、6 kV、3 kV 等。

(6)地理接线图。电力系统的地理接线图主要显示该系统中发电厂、变电所的地理位置，电力线路的路径以及它们相互间的连接。

(7)电气接线图。电力系统的电气接线图主要显示该系统中发电机、变压器、母线、断路器、电力线路之间的电气接线。

第二节　高压电气设备

一、概　　述

发电厂和变电站中除电机设备等少数几种电力设备外的所有高压电器，通称高压电气设备，它包括高压开关电器(高压开关电器按其功能的不同，分为断路器、隔离开关、负荷开关和接地开关)、高压熔断器、高压接触器、柱上配电开关设备(除了柱上断路器、负荷开关外，还有自动重合器、分段器、配电自动化开关)、开关柜(包括断路器柜、高压接触器—熔断器组合电器即 F-C 回路开关柜、负荷开关柜、负荷开关—熔断器组合柜、环网供电单元等)、组合电器、SF_6 气体绝缘金属封闭开关设备(GIS)、预装式变电站等。电器的发展趋势：高可靠、高性能、小型化，模块化和组合化，电子化和智能化。

断路器：能关合、承载、开断运行回路正常电流，也能在规定时间内关合、承载及开断规定的过载电流(包括短路电流)的开关设备。

隔离开关：在分位置时，触头间有符合规定要求的绝缘距离和明显的断开标志；在合位置时，能承载正常线路条件下的电流及在规定时间内异常条件(例如短路)下的电流。

负荷开关：能关合、开断及承载运行线路正常电流(包括规定的过载电流)，也能在规定的时间内承载规定的异常电流(如短路电流)。

接地开关：用于将回路接地的一种机械式开关装置。在异常条件(如短路)下，可在规定时间内承载规定的异常电流。但在正常回路条件下，不要求承载电流。

熔断器：当电流超过规定值一定时间后，以它本身产生的热量使熔体熔化而开断电路的开关装置

接触器：手动操作除外，只有一个休止位置，能关合、承载及开断正常电流及规定的过载电流的开断和关合装置。

重合器：能够按照预定的顺序，在导电回路中进行开断和重合操作，并在其后自动复位、分闸闭锁或合闸闭锁的自具(不需外加能源)控制保护功能的开关设备。

分段器：一种能够自动判断线路故障和记忆线路故障电流开断的次数，并在达到确定的次数后在无电压或无电流下自动分闸的开关设备。

开关柜：除进出线外，其余部分被接地金属外壳封闭的开关设备。

组合电器：将两种或两种以上的单个电器按电力系统主接线要求组成一个有机的整体而各电器仍保持原规定功能的装置。

气体绝缘金属封闭开关设备(GIS)：至少有一部分采用高于大气压的气体作为绝缘介质的金属封闭开关设备。

预装式变电站：其主要元件是变压器、高压开关设备和控制设备、低压开关设备和控制设备、相应的内部连接线(电缆、母线等)和辅助设备。

二、开关电器的电弧问题

当断路器的动、静触头刚刚分开瞬间，或是连接有电源的两个触头闭合之前，如触头两端电压不低于10～20 V、电流不小于80～100 mA就会出现电弧。电弧使分开的触头两端有电气连接，即有电流流通，只有在极短的时间内使电弧熄灭而不再重燃，电路才被切断。

电弧的产生和维持是触头间中性质点(分子和原子)被游离的结果，游离过程主要有以下5种方式。

(1)强电场发射：当触头间距离很小，在很强的电场强度作用下，阴极表面的电子会被强电场力拉出而形成触头空间的自由电子，这是在弧隙间最初出现电子的原因。

(2)热电子发射：在常温下，金属触头内部有大量运动着的自由电子，随着温度的升高，自由电子能量增加，运动加剧，有的电子就会跑出触头表面，形成热电子发射。

(3)碰撞游离：在电场作用下，带电的质点(电子或离子)得到加速，并与气体分子相碰撞，当其能量足够时，可使气体分子游离，变成带电的正离子和自由电子。

(4)光游离：光辐射引起气体分子游离的过程称光游离。光是频率不同的电磁辐射，也具有粒子性，可视为质点，称为光子。光子之速度为光速($c=3\times10^{10}$ cm/s)。导致气体光游离的光子可由紫外线等供给，或来自气体放电过程本身的辐射。

(5)热游离：热游离是指由气体热状态引起的游离过程，一般是在高温下(如电弧放电的数千摄氏度高温下)发生的。

电弧中发生游离的同时，还进行着使带电质点减少的去游离过程，去游离的主要形式为复合和扩散，具体如下：

(1)复合：正负带电质点相遇，电荷彼此中和变为中性分子的过程称复合。复合过程中也会发生光辐射，并在一定条件下会导致光游离。

(2)扩散：当气体中带电质点分布不均匀时，在热作用下，由其浓度高处向浓度低处的移动。

三、熄灭交流电弧的基本方法

要迅速熄灭电弧，必须加强弧柱的去游离过程，使介质恢复强度很快上升。在高压开关电器中，广泛应用液流和气流来熄灭电弧。

(1)增加电弧的长度：提高断路器的分闸速度，使电弧迅速被拉长；采用多断口结构，使长电弧分成一系列短弧。这对加大弧隙电阻，增大介质恢复速度十分有利。

(2)吹弧：利用气体(空气、氢气、SF_6或在高温下固体绝缘材料分解出的气体等)或磁场吹弧,使电弧拉长、冷却,实现强烈的去游离,吹弧的基本方式有横吹和纵吹两种。

(3)弧隙并联电阻:主要用来降低暂态恢复电压的恢复速度与幅值,提高断路器的熄弧能力。通常在220 kV及以上线路侧断路器上使用。

(4)提高弧隙介质压力:有利于加强复合,减小游离。

(5)在真空中灭弧。

(6)采用特殊金属材料做灭弧触头:采用铜钨合金和银钨合金作触头材料。

四、断路器的基本参数

断路器的特性和工作性能,可用它的基本参数来表征,它们是:

(1)额定电压 U_N:断路器可以在1.1～1.15倍额定线电压下正常工作。额定电压决定着断路器的绝缘尺寸,同时也决定断路器的熄弧条件。

(2)额定电流 I_N:在环境温度不超过40℃的条件下,断路器容许长期通过的最大工作电流。额定电流决定了断路器导电回路的几何尺寸。

(3)额定开断电流 I_{brN}:在某个指定电压下能正常开断的最大电流为开断电流。在额定电压下开断的电流称为额定开断电流,它表征断路器的开断能力。在低于额定电压下,开断电流可以提高,但由于受灭弧装置结构及机械强度的限制,开断电流存在一极限值,称为极限开断电流。

(4)额定断流容量 S_{brN}:由于开断能力既和开断电流有关,也和额定电压有关,所以开断能力可用它们的综合值,即额定断流容量来表示:$S_{brN}=\sqrt{3}U_N I_{brN}$。

(5)热稳定电流 I_{th}:表示断路器能承受短路电流热效应的能力。我国规定4 s所能承受的热稳定电流为额定热稳定电流。通常断路器的热稳定电流在数值上等于它的额定开断电流。

(6)动稳定电流 i_{em}:它表明断路器能承受短路电流电动力作用的能力。取短路电流的最大瞬时值,称为极限通过电流。

(7)分闸时间:断路器从得到分闸命令(跳闸线圈通电)起,到电弧熄灭止的一段时间称为分闸时间。它是断路器固有分闸时间和燃弧时间之和。

(8)合闸时间:断路器从接到合闸命令(合闸线圈通电)起,到主触头刚接触止的一段时间称为合闸时间。

五、断路器的类型及其结构

高压断路器按照安装地点可分为户内式、户外式。按灭弧介质来划分,有真空断路器、六氟化硫断路器、油断路器和空气断路器等,油断路器又可分为少油式和多油式两类。按操纵机构分为手动式、电磁式、液压式、弹簧式和液压弹簧式等类型。高压断路器种类较多,但其主要结构是相近的,包括导电回路、灭弧室、外壳、绝缘支架、操作和传动机构等部分。

1. 六氟化硫断路器

六氟化硫(SF_6)断路器是利用 SF_6 气体作为灭弧介质的断路器。SF_6 气体在常温下是一种无色、无味、无毒、不可燃的惰性气体,分子量为空气的5.1倍,具有良好的绝缘性能和灭弧性能。开断电流时,在电弧作用下,SF_6 分解成氟原子和低氟化物等,能迅速地吸附电子和吸收大量能量,形成活动性不强的负离子并使电弧迅速冷却,使电弧很快熄灭。在电弧过零瞬间,迅速地去游离,再结合成 SF_6 分子,从而弧隙破坏性放电电压恢复极快。因此,SF_6 断路器在开断过程中气体损耗甚微,可以在封闭系统中反复使用。这种断路器具有优良的绝缘性能和灭弧性能,具有动作快,性能好,体积小,维护工作量小等特点,被广泛用于高压、超高压和特高压。

SF_6 断路器按外形结构可分为两类：瓷柱式和落地罐式。

LW36-126 型户外 SF_6 断路器是自能瓷柱式，其结构如图 3-2 所示，三相瓷柱安装在同一基座上，三相配用一台弹簧机构，安装在一个整体式铸铝外壳内。该型断路器具有系列性好、单端口电压高、开断电流大、操作可靠性高和检修维护工作量小等优点，但不能内附电流互感器，抗地震能力较差。

落地罐式 SF_6 断路器是在瓷柱式的基础上发展起来的，具有瓷柱式 SF_6 断路器的优点，而且能内附电流互感器，抗地震能力相对提高，但造价较高。

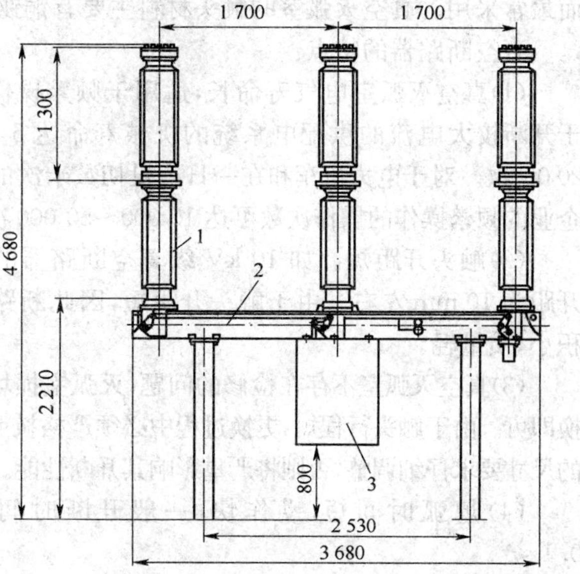

图 3-2　LW36-126 型户外自能瓷柱式 SF_6 断路器结构图

1—瓷柱；2—基座；3—控制箱

SF_6 断路器的灭弧室结构可分为三种类型：压气式、自能式和混合式。

压气式是利用开断过程中活塞和气缸相对运动压缩 SF_6 气体形成气吹而熄弧。压气式开断电流大，对所配操动机构的分闸功率要求较大。有定开距和变开距两种。

自能式压力室内可提供灭弧压力所需的能量，操作机构只需要提供触头动作所需的能量，故可以配置简单可靠的弹簧操作机构，可靠性较高。自能式灭弧室包括旋弧式和热膨胀式两种，旋弧式是利用被开断电流流过驱弧线圈产生磁场，驱动电弧沿跑弧筒电极高速旋转，电弧不断接触新鲜 SF_6 气体，受到冷却而迅速熄灭。热膨胀式是利用电弧本身膨胀的作用为灭弧提供所需的能量。

混合式是两种或三种原理的组合，主要是为了增强灭弧性能，增大开断电流，同时又能减少操作功。

LW36-126 型户外 SF_6 断路器采用自能式灭弧原理，在断路器运动系统中进行了优化设计，有效地提高了机械效率，最大限度地降低了操作功，机械寿命达 6 000 次。如图 3-3 所示为其外形图。

2. 真空断路器

真空断路器是将触头装在一个真空容器中来开断电流并灭弧的断路器。由于真空中不存在气体游离的问题，触头断开时不会产生电弧，或者说触头一断开，电弧就熄灭，真空开关中的真空度应保持在 10^{-8}～10^{-2} Pa 范围内。由于真空中存在的带电粒子很少，虽然电极开距只有几毫米，也能使电弧熄灭。在大多数情况下，电极开距约为 10 mm 左右，此时电弧中的带电粒子主要是触头逸出的金属粒子。

图 3-3　LW36-126 型户外自能瓷柱式 SF_6 断路器外形图

大多数真空灭弧室的原理结构，如图 3-4 所示。动触头 2 和静触头 1 等都封闭在抽为真空的外壳 6 内，外壳由玻璃或陶瓷做成并承担两金属端盖之间的绝缘，由于绝缘材料和金属材料的膨胀系数相差很大，为了消除焊接应力，在玻璃或陶瓷和金属端盖之间插入由铁镍铬合金制作的可伐环。触头周围是金属屏蔽罩 3，其作用是防止金属蒸气抵达和凝结在壳体的主绝缘上，屏蔽罩的材料可以是不锈钢、镍、镍钴铁合金和铜。波纹管 4 的一端与外壳端面焊接，在动触头运动时利用波纹管 4 的弹性保持灭弧室的真空，波纹管是最容易损坏的元件，波纹管的疲劳寿命就决定了真空灭弧室的机械寿命，波纹管的制造材料有不锈钢、磷青铜和黄铜等，其中不锈钢由于不易氧化，受热不易失去弹性和耐腐蚀等优点而最常采用。真空灭弧室的触头材料主要有铜铋材料和铜铬材料。

真空断路器的特点：

(1)真空灭弧室电气寿命长，适用于频繁操作。对于开断较大电流的供配电系统的机械寿命达 5 000～20 000次。对于电力机车和在一日内投切数十次的冶金企业的频繁操作的操作次数可达 10 000～50 000 次。

(2)触头开距短。如 10 kV 级真空断路器的触头开距为 10 mm 左右。由于触头开距短，因此断路器体积小，质量轻。

(3)真空灭弧室不存在检修的问题，灭弧室损坏后更换即可。由于触头行程短，更换过程中必须严格按照规定的尺寸要求仔细调整，否则将严重影响其开断性能。

(4)熄弧时间短，动作快，一般开断时间小于 0.1 s。

(5)真空灭弧室没有火灾或爆炸的危险。

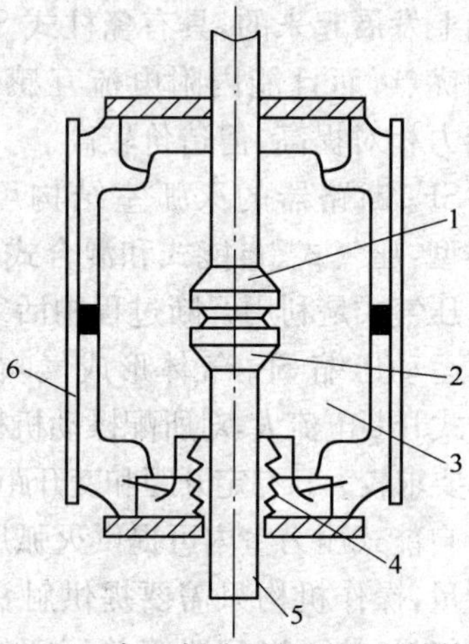

图 3-4　真空断路器的灭弧室结构

1—静触头；2—动触头；3—屏蔽罩；4—波纹管；5—导电杆；6—外壳

由于真空断路器熄弧能力强，而在电流过零前截断电流(简称截流)，会引起截流过电压，特别是当电动机堵转和启动时开断，会引起相当高的过电压。目前限制过电压的方法有两种：一种是加装过电压吸收装置，如氧化锌避雷器和阻容吸收装置等；另一种是采用低过电压触头材料，如钴银硒(Co-Ag-Se)等材料。

真空断路器的型号很多，常用的真空断路器有 ZN_{54}-12 系列、ZN_{63}-12(VSI)系列和 ZW_8-12 系列等。

六、隔离开关

隔离开关的主要功用是：

(1)隔离电压，分闸后在电路中构成明显的断开点，建立可靠的绝缘间隙，保证检修人员及设备的安全。

(2)根据运行需要，配合断路器，进行电路的正常倒闸操作。

(3)用来分、合小电流电路，如电压互感器、避雷器、空载母线，激磁电流不超过 2 A 的空载变压器、电容电流不超过 5 A 的空载线路等。

(4)在某些终端变电所，快分隔离开关与接地开关配合使用，用来代替断路器，从而节省投资。

隔离开关的分类有：

(1)按装设地点分为屋内式和屋外式。

(2)按绝缘支柱数目分为单柱式、双柱式、三柱式。

(3)按闸刀运动方式分为水平旋转式、垂直旋转式、摆动式、插入式。

(4)按有无接地闸刀分为单接地闸刀、双接地闸刀和无接地闸刀。

(5)按操动机构类别分为手动、气动、电动、液压传动。

对隔离开关的基本要求：

(1)有明显的断开点。

(2)断口应有足够可靠的绝缘强度。

(3)具有足够的动、热稳定性。

(4)结构简单，分、合闸动作灵活可靠。

(5)隔离开关与断路器配合使用时，应具有机械的或电气的连锁装置，或者是微机防误装置，以保证正常的操作顺序。

(6)主闸刀与接地闸刀之间设有机械的或电气的连锁装置，保证二者之间的动作顺序。

GN_{19}-10 C型隔离开关(图3-5)为一种常用的屋内式高压隔离开关。GW_4-110型(图3-6)隔离开关是一种常用的双柱式户外隔离开关。

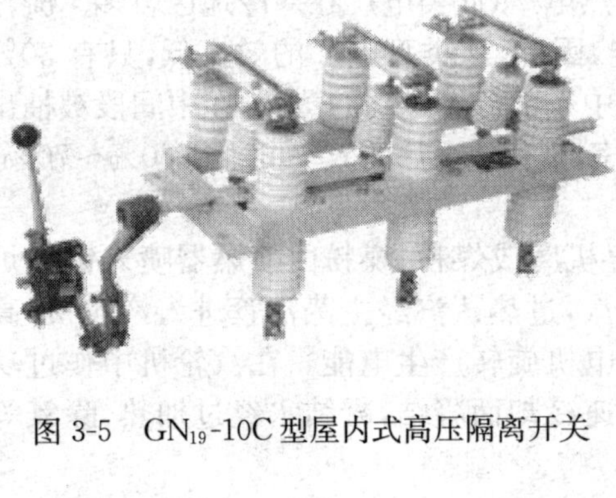

图3-5　GN_{19}-10C型屋内式高压隔离开关

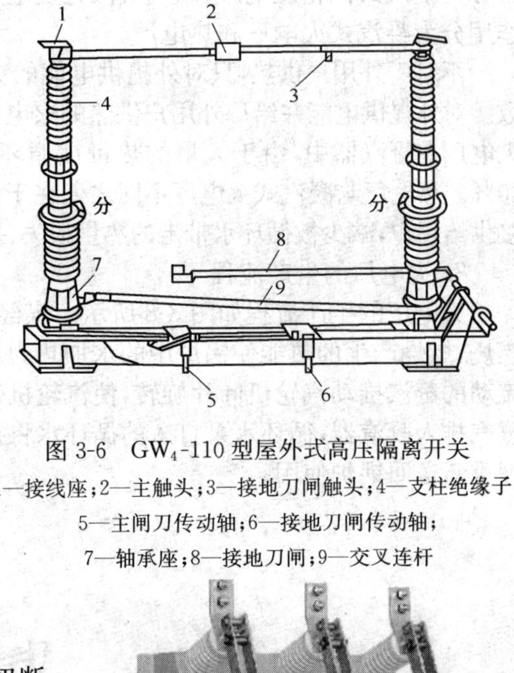

图3-6　GW_4-110型屋外式高压隔离开关

1—接线座；2—主触头；3—接地刀闸触头；4—支柱绝缘子；5—主闸刀传动轴；6—接地刀闸传动轴；7—轴承座；8—接地刀闸；9—交叉连杆

七、高压负荷开关

高压负荷开关的作用：主要用于配电网中切断与关合线路负荷电流以及关合过载电流。高压负荷开关不能作为电路中的保护开关，必须与具有开断短路电流能力的开关设备配合使用，最常用的是高压负荷开关与熔断器配合，正常的负荷电流操作由负荷开关来完成，故障电流由熔断器来实现分断。

高压负荷开关分户外式和户内式两大类。按灭弧方式来划分，有真空负荷开关、SF_6负荷开关、产气式负荷开关、压气式负荷开关等。如图3-7所示为FZN-12型户内高压真空负荷开关。

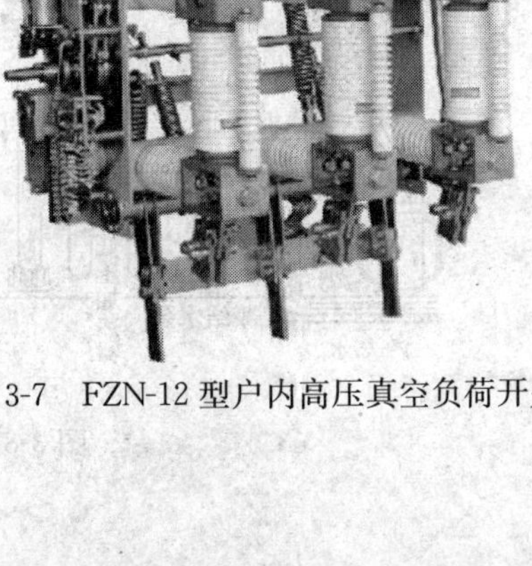

图3-7　FZN-12型户内高压真空负荷开关

第三节　发电厂的分类与生产流程

一、发电厂的分类

发电厂是将各种形式的一次能源转换成电能的工厂，按照一次能源形式的不同，发电厂可以分为火力发电厂（简称火电厂）、水力发电厂（简称水电厂）、核能电厂（简称核电厂）、风力发电厂、地热发电厂和其他形式能源的发电厂。

二、火 电 厂

1. 火电厂的分类

火电厂是将煤、天然气、石油及其制品等燃料的化学能转换为电能的工厂，其中以燃煤为主。目前在我国电力系统中，火电厂的装机容量约占总装机容量的 70%。火电厂按原动机可以分为凝汽式汽轮发电厂、燃气式汽轮发电厂、内燃机发电厂和蒸汽-燃气式汽轮机发电厂；按作用分为凝汽式火电厂和热电厂。

不对厂外用户供热，只对外提供电能的火电厂称为凝汽式火电厂，在电力系统中占绝大多数。对外提供电能并给厂外用户供热的火电厂称为热电厂，此类电厂在寒冷地区较多。凝汽式火电厂在凝汽器中，由于大量的热量被循环水带走，因此，该类型电厂的效率低，只有 30%～40%。热电厂与凝汽式火电厂不同之处在于汽轮机中一部分做过功的蒸汽，在中间段被抽出直接供给用户，减少被循环水带走的热量损失，提高效率，现代热电厂的效率可达到 60%～70%。

2. 火电厂的生产流程

火电厂的生产流程如图 3-8 所示。煤经过磨煤机磨成煤粉，煤粉由喷燃器喷入锅炉炉膛燃烧，燃烧产生的热能使锅炉中的水加热为过热蒸汽，过热蒸汽经主蒸汽管进入汽轮机，高速流动的蒸汽推动汽轮机叶片旋转，使汽轮机带动发电机旋转产生电能。在汽轮机中作过功的蒸汽排入凝汽器，循环水泵打入的循环水将排气迅速冷却而凝结，凝结水经过加热、除氧等处理重新送回锅炉使用。

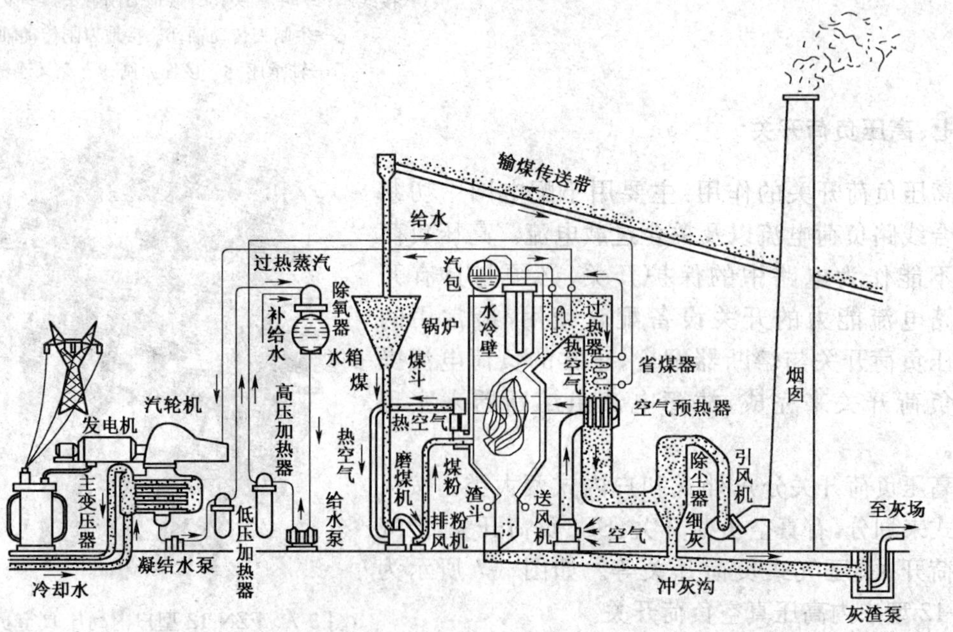

图 3-8　凝汽式火电厂生产流程示意图

3. 火电厂的特点

火电厂与其他类型电厂相比有以下特点：

(1)火电厂布局灵活，装机容量大小可以按需要决定。

(2)火电厂的一次性建造投资少，建造工期短，发电设备年利用小时数较高。

(3)火电厂煤耗量大，单位发电成本比水电厂高 3～4 倍。

(4)火电厂动力设备繁多，控制操作复杂。

(5)火电厂机组启、停缓慢。

(6)火电厂机组发电有最低负荷限制。

(7)火电厂对空气、环境污染大。

三、水 电 厂

水电厂是将水的位能和动能装换为电能的工厂。根据水力枢纽布置的不同，水电厂可以分为坝式水电厂、引水式水电厂、抽水蓄能水电厂等。

1. 坝式水电厂

坝式水电厂是在河流上落差较大的适宜地段拦河建坝，形成水库，抬高上游的水位，利用上下游形成水位差进行发电的水电站。根据水电厂厂房位置的不同，可以分为坝后式和河床式两种形式。

(1)坝后式。发电厂房在坝后，全部水头压力由坝体承担，水库的水由压力水管引入水轮机涡壳，推动水轮机转子，水轮机带动发电机发电，图 3-9 为坝后式水电厂结构。如三门峡、刘家峡、丹江口、三峡水电站均属于坝后式水电厂。

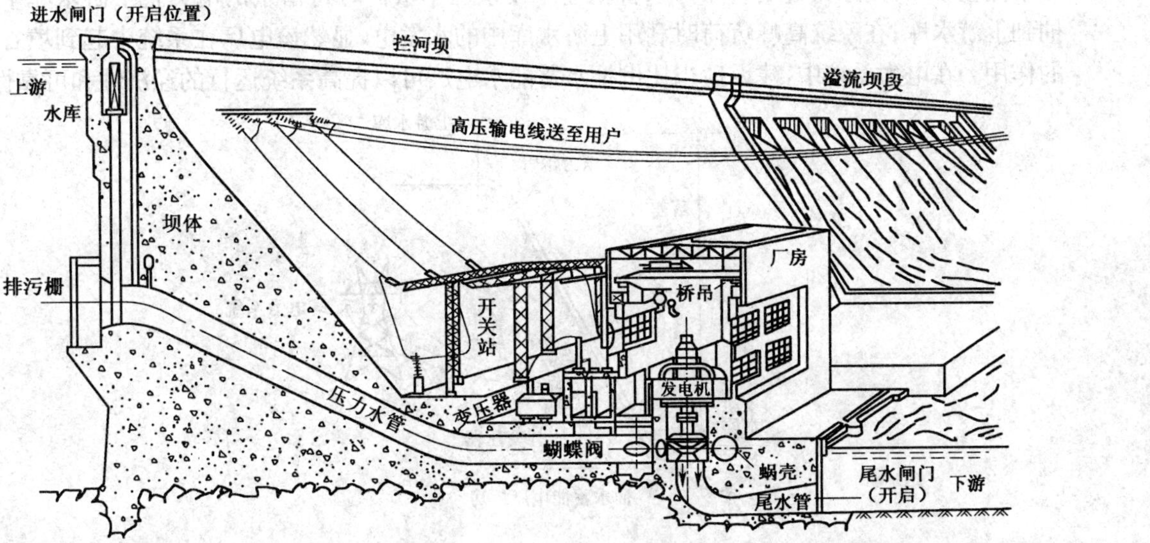

图 3-9 坝后式水电厂结构示意图

(2)河床式。发电厂房在坝侧的河床上，厂房与拦河连接，成为坝体的一部分，厂房承受水的压力，适用于水头小于 50 m 的水电厂，如图 3-10 所示为河床式水电厂结构。如葛洲坝水电站属于河床式水电厂。

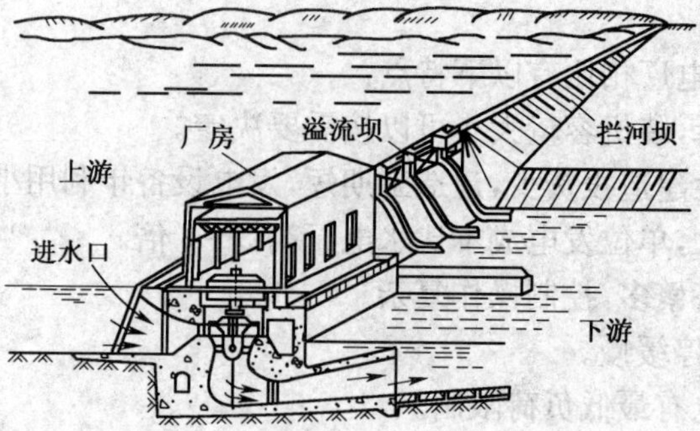

图 3-10　河床式水电厂结构示意图

2. 引水式水电厂

引水式水电厂是利用天然河道的落差集中进行发电的水电厂，一般不需要修建坝或只需修低堰。如图 3-11 所示为引水式水电厂结构。

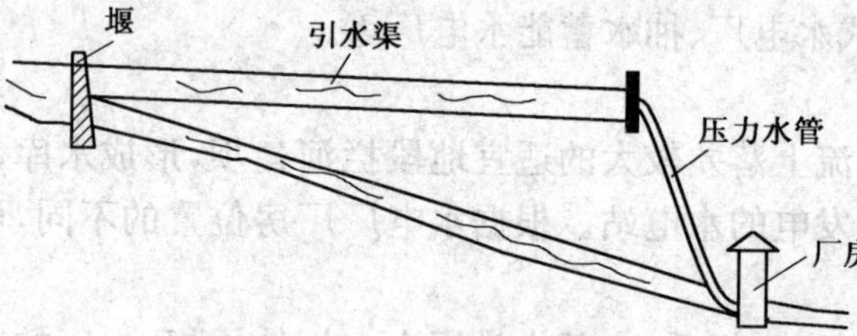

图 3-11　引水式水电厂结构示意图

3. 抽水蓄能水电厂

抽水蓄能水电厂是一种特殊形式的水电厂，如图 3-12 所示为抽水蓄能水电厂结构。它设有上下两座水库，用压力隧洞或压力水管相连。在系统小负荷时将富余的电力把下游水库中的水抽到上游水库；在系统高峰负荷时利用上游水库中的水发电，显然该电厂在系统中起到填谷调峰的作用。在电力系统中，建设适当比例抽水蓄能水电厂可以提高系统运行的经济性和可靠性。

图 3-12　抽水蓄能水电厂结构示意图

4. 水电厂的生产流程

引水系统把发电用水从水库或上游河道经引水口进入压力管道下泄，形成高速水流进入主厂房推动水轮机转动，然后经尾水管流出厂房，排入下游河道或下一级水库。

发电系统水轮机与发电机构成水轮发电机组，是水电厂发电的主要设备，另外还有进口阀门、水轮机调速装置、油压装置、励磁装置等，发电机出口电压经主变压器升压后送入电网。

5. 水电厂的特点

水电厂与其他类型电厂相比有以下特点：

(1)水电厂可以综合利用水力资源。

(2)水电厂不用燃料，发电成本低，仅为同容量火电厂的25%～35%，效率高。

(3)水电厂运行灵活，启停迅速，无最低负荷限制，适于承担调峰、调频、事故备用。

(4)水电厂设备简单，意外停机概率小、时间短。

(5)水能可存储和调节。

(6)水能发电不污染环境。

(7)水电厂投资较大，工期较长。

(8)水电厂受水文条件制约，枯水期发电功率只有丰水期的30%，全年最大负荷利用小时数低。

(9)由于水库的兴建，造成淹没土地，影响生态环境。

四、核 电 厂

核电厂也称为核电站，是利用原子核裂变时产生的核能转变为电能，即原子反应堆中核燃料(如铀等)裂变放出热能产生蒸汽(代替火电厂中的锅炉)，驱动汽轮机，带动发电机旋转发电。核电厂根据核反应堆的类型可分为压水堆式、沸水堆式、气冷堆式、重水堆式等。

1. 核电厂的生产流程

核电厂包含两个部分，即一回路系统和二回路系统，常见的压水堆式核电厂如图3-13所示。

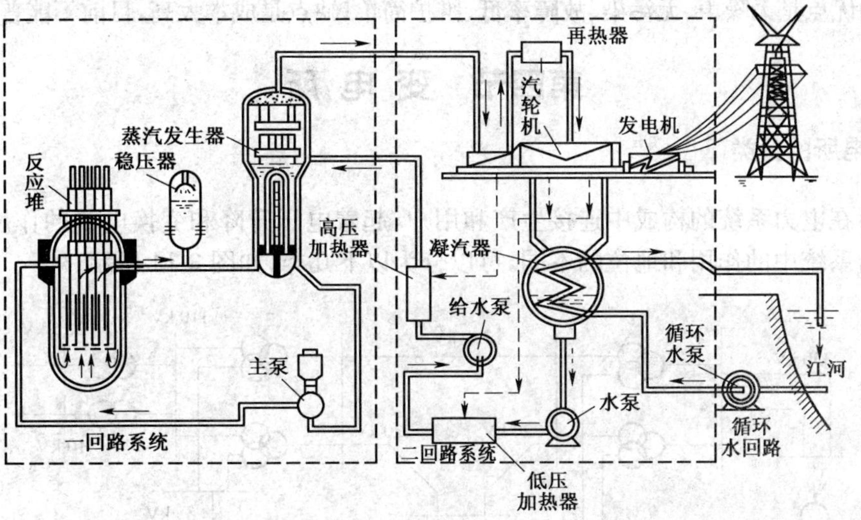

图3-13　压水堆式核电厂结构示意图

一回路系统中的冷却剂轻水(H_2O)，少数用重水(D_2O)在主泵作用下送入核反应堆，经反应堆加热吸收大量热量，途经蒸汽发生器时，把热量传递给二次回路系统的水，产生蒸汽进入汽轮机，汽轮机旋转带动发电机发电。

蒸汽发生器与核反应堆相当于一般火电厂的锅炉，于是，核电厂的二回路系统与火电厂的蒸汽动力循环系统类似，在此不再介绍。

2. 核电厂的特点

(1)核电厂建设费用高，燃料费用便宜。

(2)带固定负荷运行。

(3)为保证核反应堆的安全,不参与电力系统的调节。

五、其他能源电厂

为保护自然环境,保持人类可持续发展,全世界都在大力发展用可再生的清洁能源发电,常见的有风力发电、太阳能发电等。

1. 风力发电厂

将风能转换为电能的发电厂,称为风力发电厂。风力发电机利用其浆叶吸收风能发电,一般3~24 m/s为风机的工作速度,理想风机风速在12~24 m/s范围内可保持输出功率的恒定。由于异步发电机转子无励磁系统,因此结构简单,运行可靠,目前已在风力发电中普遍采用。

风力发电机的单机容量不大,一般为1~3 MW,因此需在一个区域建有一群风力发电机组,称为风力发电厂。

2. 太阳能发电厂

将太阳能转换为电能的发电厂称为太阳能发电厂,又叫太阳能电站。

太阳能发电厂的最小器件是太阳能电池单体,单体的工作电压为0.45~0.5 V,工作电流为20~25 mA/cm^2,将多个电池单体串、并联封装后构成太阳能电池组件,其功率可达到几百瓦。将多个电池组件串、并联后构成太阳能电池方阵。将多个电池方阵并联后构成太阳能电站。

太阳能电池最早用于太空飞行系统,20世纪70年代后,利用太阳能发电解决边远地区供电问题。它的优点是无噪声、无污染、故障率低、维护简单;缺点是成本太高,目前不能普遍推广。

第四节 变电所

一、变电所的分类

变电所在电力系统的构成中连接生产和用户,起着电压升降和变换电能的作用。按照变电所在电力系统中的作用和地位的不同,可以分为以下几类,如图3-14所示。

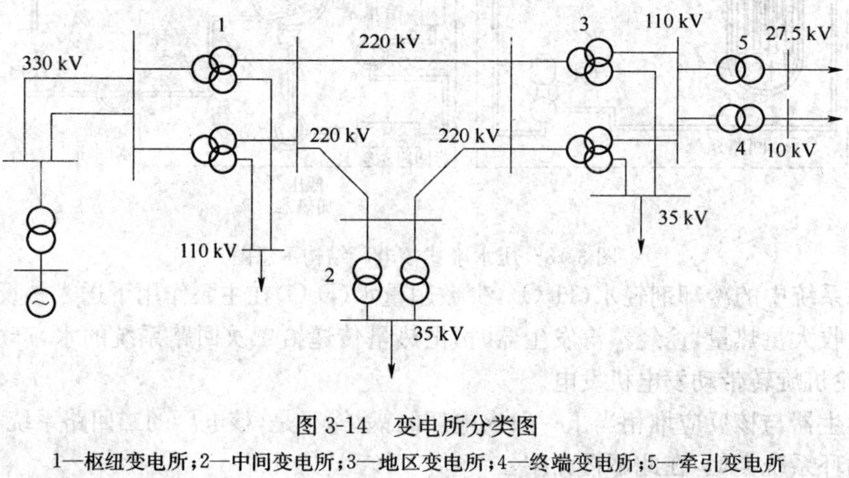

图3-14 变电所分类图

1—枢纽变电所;2—中间变电所;3—地区变电所;4—终端变电所;5—牵引变电所

1. 枢纽变电所

枢纽变电所位于电力系统的枢纽点,它连接电力系统的高、中压的几个部分,汇集有多个电源(发电厂)和多回大容量联络线(其他电力网),该变电所容量大,电压等级高,如 330～500 kV 等,在电力系统中具有极为重要的地位。若枢纽变电所发生事故出现全所停电,将导致系统解列,甚至出现电力系统崩溃的灾难性局面。

2. 中间变电所

中间变电所一般位于系统的主要环路或系统主要干线的接口处,汇集有 2～3 个电源,电压等级多为 220～330 kV,高压侧以穿越功率为主,在系统中起交换功率的作用或使高压长距离输电线路分段,同时降压供给所在地区用户用电。当全所停电时,将引起区域网络解列,影响较大。

3. 地区变电所

地区变电所以对地区用户供电为主,是一个地区或城市的主要变电所,高压侧电压等级一般为 110 kV 或 220 kV,低压侧电压等级一般为 110 kV 或 35 kV。该变电所停电时,仅该地区或城市停电。

4. 终端变电所

终端变电所位于输电线路的末端,接近负荷点,高压侧电压多为 110 kV 及以下电压等级,由 1～2 条线路受电,接线比较简单,经降压后直接向用户供电。全所停电时,仅使由该变电所供电的用户停电。

5. 牵引变电所

牵引变电所是一种特殊的终端变电所,其高压侧电压为 110 kV 或 220 kV,低压侧为 27.5 kV 或 55 kV,用于向电气化铁路的电力牵引网和电力机车供电。全所停电时,仅使由该变电所供电的电力牵引网停电。

二、变电所的主要电气设备

为满足电力生产和电力系统安全、经济运行的需要,发电厂和变电所中配置了各种高压电气设备,其主要任务是生产和输送分配电能、启停机组、调整负荷、切换设备和线路、监视主要设备的工作、迅速消除故障等。

变电所主要电气设备根据所起的作用不同可分为一次设备和二次设备。

1. 一次设备

一次设备是指高压侧的设备,用于直接生产、转换和输配电能,主要有以下几种:

(1)电能生产和转换设备。如将机械能转换为电能的发电机;将电压升高或降低的电力变压器;电能转换为机械能的电动机。

(2)接通和断开电路的高压开关设备。如用于正常或事故时的断路器、隔离开关、熔断器、接触器等。

(3)限制过电流和过电压的设备。如用于限制故障电流的限流电抗器;限制过电压的避雷器等。

(4)载流导体及其绝缘设备。如裸导体母线、架空线、电缆、绝缘子、穿墙套管等。

(5)互感器。如将电路中高电压变成低电压的电压互感器;电路中大电流变成小电流的电流互感器。

(6)接地装置。如用来保证电力系统正常工作或保护人身安全的各种接地装置。

2. 二次设备

二次设备是对一次设备和系统运行状态进行监控、调度、测量、保护的设备。主要有以下几种:

(1)继电保护及自动化装置。用来迅速反应故障或不正常工作状态,作用于开关电器跳闸，切除故障，或作用于信号装置发出警报信号。

(2)测量表计，如电压表、电流表、功率表和电能表，用于监视、测量电路的电压、电流、功率和电能等。

(3)控制与信号装置，如实现配电装置中断路器合闸、跳闸的按钮等操作电器，断路器的位置信号灯、主控制室中用于反映电气设备状态的中央信号装置等。

三、变电所电气主接线基本形式

电气主接线是指用规定的设备文字和图形符号并按电气设备的实际功用顺序排列，详细地表示电气设备或成套装置的全部基本组成和连接关系的单线接线电路图。

(一)电气主接线的基本要求

(1)运行可靠性。保证连续供电，在事故状态下尽量缩小停电范围和停电时间，在设备检修时尽可能不停电，因此要求接线可靠。

(2)灵活性。在满足可靠性的条件下，主要体现在操作、调度和扩建的方便性上。

(3)经济性。在满足可靠性和灵活性的前提下要注意节省一次投资，减少占地面积，减少电能损耗。

(二)倒闸操作的基本原则

倒闸操作是指将电气设备由一种状态转变为另一种状态的操作，如拉开或合上某些断路器、隔离开关，拆除或装设临时接地线等。倒闸操作是电力系统方式切换的重要环节，它的正确与否会直接影响到电网的安全运行，故要遵守严格的倒闸操作基本原则：

(1)停电操作按照“拉开断路器→拉开线路侧隔离开关→拉开母线侧隔离开关”进行，送电顺序与停电顺序刚好相反，即“合上母线侧隔离开关→合上线路侧隔离开关→合上断路器”。

(2)合上隔离开关之前，必须检查对应的断路器是否在断开位置，防止隔离开关带负荷合闸或拉闸。

(3)起用母线或旁路母线时，应先充电检查，判断是否有故障存在，然后再接入使用。

(三)变电所主接线基本形式

变电所电气主接线基本形式可分为：有汇流母线(第1～4种接线形式)与无汇流母线(第5～6种接线形式)两大类，前者又可概括为单母线接线和双母线接线，后者主要有桥形接线、角形接线和单元接线。

1. 单母线接线

(1)结构。单母线接线如图3-15所示。设置一组母线，所有进线和出线经一台断路器和一组隔离开关接入母线，紧靠母线的隔离开关称为母线隔离开关(如QS2)，紧靠线路的隔离开关称为出线隔离开关(如QS3)。在正常运行时，所有工作支路的断路器和隔离开关均处于闭合状态。

(2)基本操作原则。隔离开关的操作顺序：隔离开关“先合后断”，原因是隔离开关没有灭弧装置，不能接通和切断负荷电流或短路电流。

(3)接线优点。接线简单清晰、设备少、操作方便、经济性好、便于扩建和采用成套配电装置。

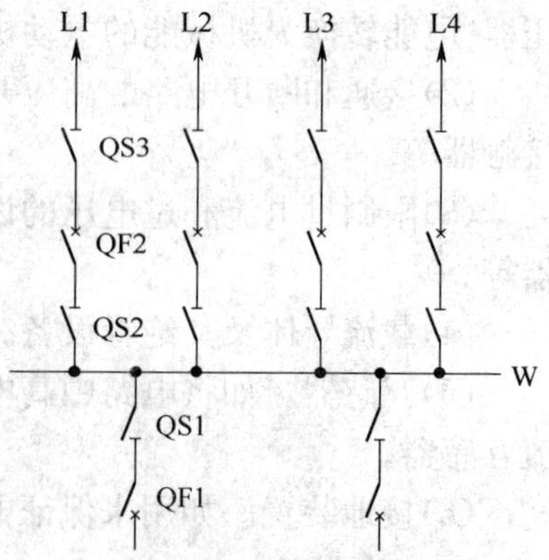

图3-15　单母线接线

QF—断路器；QS—隔离开关；W—母线；L—线路

(4)接线缺点。不够灵活可靠，当母线或母线隔离开关检修或故障时，所有回路都要停止工作，造成全所长时间停电。

(5)应用场合。用于出线回路数目少、电压低、容量小的变电所。

2. 单母线分段接线

(1)结构。单母线分段接线如图 3-16 所示。在单母线的基础上，母线上增设了分段断路器 QF1。正常运行时全部断路器和隔离开关均闭合。在可靠性要求不高时，也可以用隔离开关 QS1 代替 QF1，任一分段发生故障时全部回路短时停电，拉开分段隔离开关后，非故障段即可恢复供电。

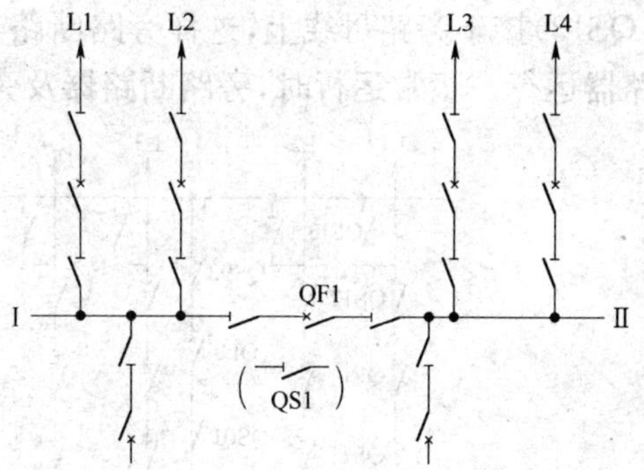

图 3-16　单母线分段接线

(2)接线优点。具有单母线接线的优点，任一分段母线检修时停电范围减少一半，即可靠性有一定程度提高。

(3)接线缺点。当某一段母线或母线隔离开关检修或故障时，连接在该段母线上的回路都要长时间停电。

(4)应用场合。110 kV 及以下中、小容量的变电所、发电厂。如 6～10 kV 配电装置总出线回路 6 回及以上，每一分段容量不超过 25 MW；35～60 kV 配电装置总出线回路 4～8 回。

3. 双母线接线

(1)结构。双母线接线如图 3-17 所示，设置两组母线和母联断路器(QF)，每条支路经一台断路器和两组隔离开关分别接入Ⅰ、Ⅱ两组母线。

(2)倒闸操作的步骤。检修任一母线，不会中断供电，以检修Ⅰ母线为例说明。①先合上母联断路器 QF 两侧的隔离开关；②合上母联断路器 QF；③根据先通后断的顺序，先合上Ⅱ母线上的所有隔离开关，再拉开Ⅰ母线上的所有隔离开关；④最后断开母联断路器(QF)和其两侧隔离开关；⑤Ⅰ母线退出运行，验明无电后，用接地刀闸接地，进行检修。

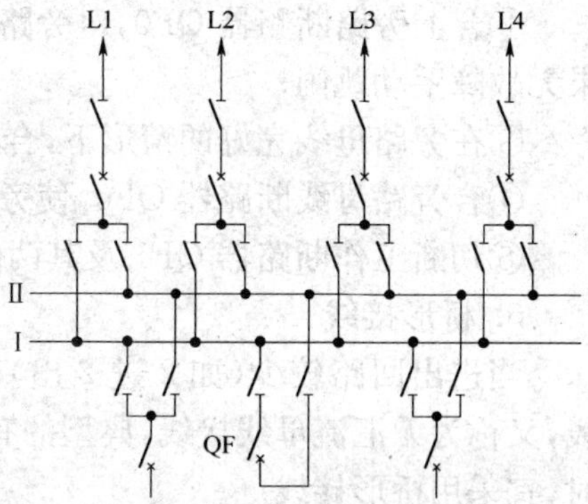

图 3-17　双母线接线

(3)接线优点。供电可靠，检修任一母线，不会中断供电。例如检修母线Ⅰ时，可以利用母联断路器把全部电源和出线倒换到母线Ⅱ。运行方式灵活，各个电源和各回路负荷可以任意分配到某一组母线上，能灵活地适应电力系统中各种运行方式调度和潮流变化的需要。扩建方便，可向双母线的任一端扩建，均不影响两组母线的电源和负荷自由分配，施工中不会造成原有回路停电。

(4)接线缺点。在母线检修或故障时，需利用母线隔离开关进行复杂的倒闸操作，容易出现误操作。检修任一回路断路器时，该回路仍需停电。所用设备多(特别是隔离开关)，配电装置结构复杂，占地面积与投资大。

(5)应用场合。由于双母线接线具有较高的可靠性，适用于母线上回路数目或电源较多的 220 kV 及以下的变电所或发电厂。

4. 带旁路母线接线

上述三种形式接线，支路断路器检修时都引起该支路停电，为了解决支路断路器检修不停电的问题，可加设旁路母线。

(1)结构。带旁路母线接线如图 3-18 所示，旁路断路器(QF0)一端接于各工作母线上，另一端接于增设的旁路母线(P)上，每条支路在线路隔离开关(QS12)外侧经一组旁路隔离开关(QS13)接于旁路母线上，这样旁路断路器可以和任意一条支路断路器并联，以代替该支路断路器运行。正常运行时，旁路断路器及旁路隔离开关均不投入运行。

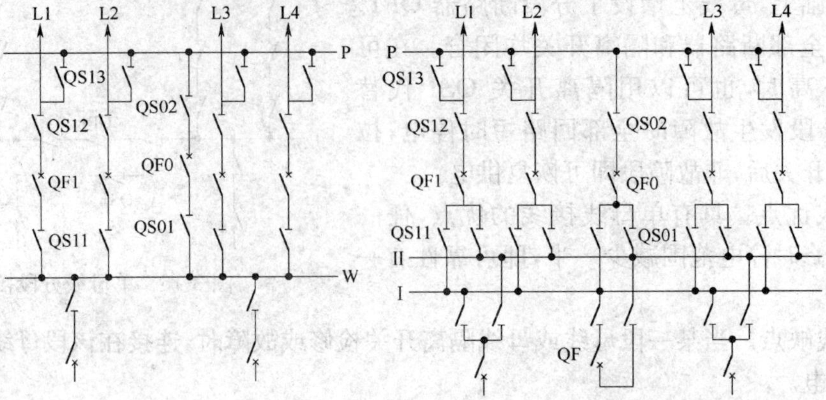

(a) 单母线带旁路母线结线　　(b) 双母线带旁路母线结线

图 3-18　带旁路母线接线

(2)投旁路断路器的倒闸操作步骤。以检修支路 L1 上的断路器 QF1 为例说明，旁路断路器的倒闸操作步骤如下：

①合上旁路断路器的母线隔离开关 QS01，合上旁路断路器的线路隔离开关 QS02；

②合上旁路断路器 QF0，对旁路母线充电，检查其是否完好，如有故障，将会立刻跳闸，如果无故障手动跳闸；

③在旁路母线完好的情形下，合检修断路器的旁路隔离开关 QS13；

④合旁路母线断路器 QF0，使旁路断路器与 QF1 并联运行；

⑤切断工作断路器 QF1 及其两侧隔离开关 QS11 和 QS12。

5. 桥形接线

当进出回路较少(如 2 进 2 出)，经常采用简易接线，接线中没有专用于连接各支路的母线，又称为无汇流母线接线，典型的有桥形接线、角形接线等。当只有两台变压器和两条线路时，宜采用桥形接线。

(1)结构。桥形接线是由单母线分段接线演变的一种更为简单、经济并相当可靠的接线形式，结构如图 3-19 所示，用一组横向导线(包括断路器和隔离开关)将两回线路和两台变压器横向连接起来，横向导线称为“跨桥”。

内桥接线的“跨桥”靠近变压器侧，省掉变压器回路的断路器，只装隔离开关，如图 3-19(a)所示。外桥接线的“跨桥”靠近线路侧，省掉线路的断路器，只装隔离开关，如图 3-19(b)所示。

(2)接线优点。接线简单清晰，每个回路平均装设的断路器台数最少，可节省投资，也易于发展过渡为单母线分段接线或双母线接线。

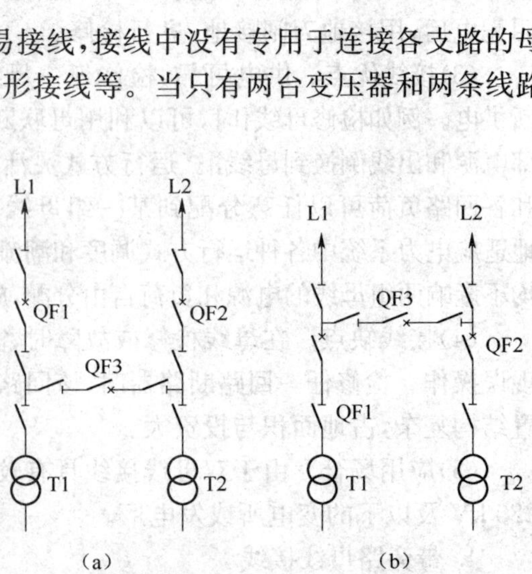

(a)　　(b)

图 3-19　桥形接线

(a)内桥接线；(b)外桥接线

内桥接线当检修任一回路电源或线路断路器时，另一线路和两台变压器仍可以继续供电；当任一回线路故障时，仅断开该故障线路，而其他回路继续正常供电。

(3)接线缺点。对于内桥接线，变压器正常投切与故障切除时会影响线路的运行；对于外桥接线，线路正常投切与故障切除时会影响变压器的运行，且更改运行方式时需要利用隔离开关作为操作电器，故工作可靠性和灵活性不高。

(4)应用场合。桥形接线一般适用于中小型发电厂、牵引变电所，或作为发电厂、变电所建设初期的过渡性接线。

通常，内桥接线适用于变压器不需要经常切换、输电线路长、故障断开机会较多、穿越功率小的场合。外桥接线适用于变压器按照经济运行要求需要经常切换、输电线路短、故障概率小、较大穿越功率通过跨桥的场合。

6. 角形接线

(1)结构。角形接线的结构如图 3-20 所示，每个边中含有一台断路器和两台隔离开关，各个边相互连接成闭合的环形，各进出线回路中只装设隔离开关，分别接到角形的各个定点上。

(2)接线优点。经济性好，所用断路器数目少，平均每回路仅需装设一台断路器，断路器数目等于进出线回路数；工作可靠，灵活性高，易于实现远动操作；每回路均可由两台断路器供电，任一断路器检修或故障不影响其他回路运行；隔离开关不作为操作电器，故误操作可能性小。

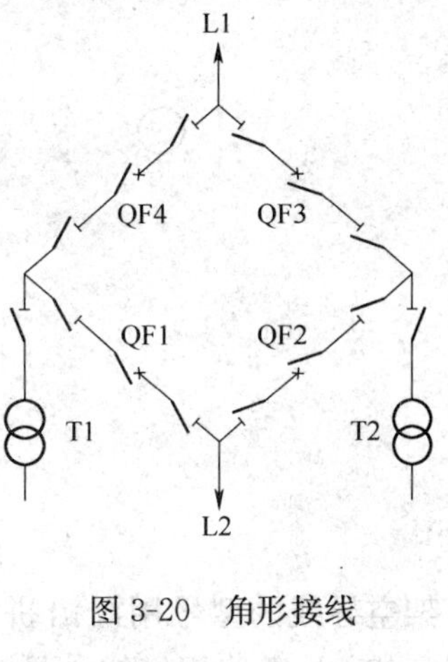

图 3-20　角形接线

(3)接线缺点。检修任一断路器时，角形接线变成开环运行，可靠性显著降低；运行方式改变时，各支路的工作电流变化较大，造成继电保护整定和控制困难；角形接线闭合成环状形式，扩建困难。

(4)应用场合。基于角形接线的上述特点，在 110 kV 及以上配电装置中，当出线回数不多，发展规模明确时，可采用角形接线，特别是在水电厂中应用较多，但一般以三角形、四角形为主，不超过六角形。

第五节　电力输电线路

电力线路按结构可分为架空线路和电缆线路两大类。

一、架空线路

架空线路由导线、避雷线(架空地线)、杆塔、绝缘子和金具等主要部件组成，如图 3-21 所示，它们的作用分别是：

(1)导线用来传导电流，担任传送电能的任务；

(2)避雷线用来将雷电流引入大地，以保护电力线路免遭直击雷的破坏；

(3)杆塔用来支撑导线和避雷线，使导线与导线、导线与大地之间保持一定的安全距离；

(4)绝缘子用来使导线和杆塔之间保持足够的绝缘距离；

(5)金具是用以固定、悬挂、连接和保护架空线路各主要元件的金属器件的总称。

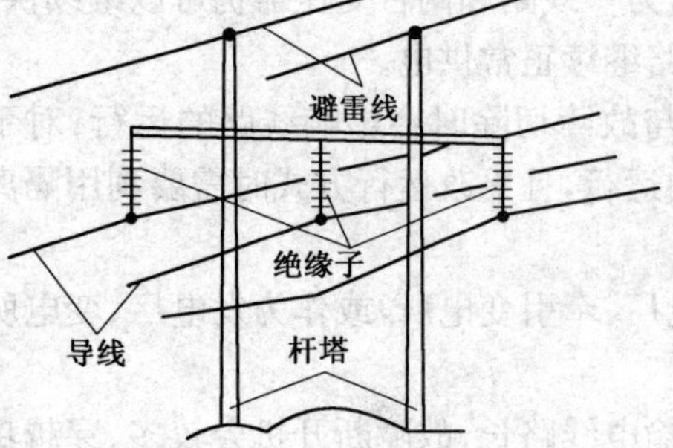

图 3-21　架空线路的主要元件

1. 导线和避雷线

架空导线和避雷线都是架设在空中，在露天条件下运行，它们不仅要承受自重、风载、冰雪荷载等机械力的作用，而且还会受到气温变化的影响，以及空气中各种有害气体的化学侵蚀。因此，导线和避雷线除了要有良好的导电性能外，还必须有足够的机械强度和抗腐蚀能力。

目前常用的导线材料有铜、铝、铝合金，铜的导电性能较好，但因铜的用途较广，产量有限，除耐腐蚀等特殊需要外，架空线路一般不用铜线；钢线的机械强度高，但导电性能差，一般不单独作导线材料，用作避雷线或作铝绞线的钢芯，为防止氧化和腐蚀，钢线需镀锌处理。

由于多股线优于单股线，架空线路多采用多股绞线，档距较小的 10 kV 及以下线路广泛采用铝绞线，10 kV 及以上输电线路广泛采用由钢导线和铝导线制成的钢芯铝绞线，如图 3-22 所示。

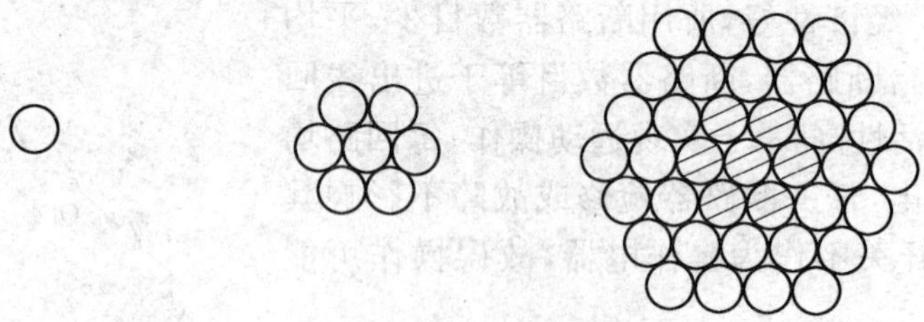

图 3-22　常用导线的断面图
(a)单股线；(b)多股绞线；(c)钢芯铝绞线

架空导线的型号用汉语拼音字母表示，型号后面的数字表示载流额定截面积，单位是 mm^2。如 LJ-35 为铝绞线，标称截面积为 35 mm^2；TJ-25 为铜绞线，标称截面积为 25 mm^2；GJ-35 为钢绞线，标称截面积为 35 mm^2；LGJ-240 为钢芯铝绞线，标称截面积为 240 mm^2；LGJ-400/50 为钢芯铝绞线，铝线部分的标称截面积为 400 mm^2，钢线部分的截面积为 50 mm^2。

此外，为了减小电晕损耗和线路电抗，220 kV 及以上输电线路还常采用分裂导线、空心导线和扩径导线。

分裂导线是将每相导线分裂成 2～6 根，并按一定的规则分散排列所构成的导线，分裂导线的子导线之间的距离为 400～450 mm，子导线间用金属材料或绝缘材料制作的间隔棒支撑。分裂导线使导线周围的电磁场发生很大变化，等效地增大导线的半径，有效地减小线路的电抗，被广泛采用。空心导线和扩径导线是人为地扩大导线直径，但又不增大导线载流部分截面的导线，它们和普通导线的区别在于支撑层并不为铝线所填满，由于空心导线和扩径导线不易制造，安装困难，故较少采用。

2. 杆塔

按所用材料，杆塔可分为木杆、钢筋混凝土杆（简称水泥杆）和铁塔三种。钢筋混凝土杆是目前使用最广泛的电杆，常用的 π 形杆和单杆如图 3-23 所示。

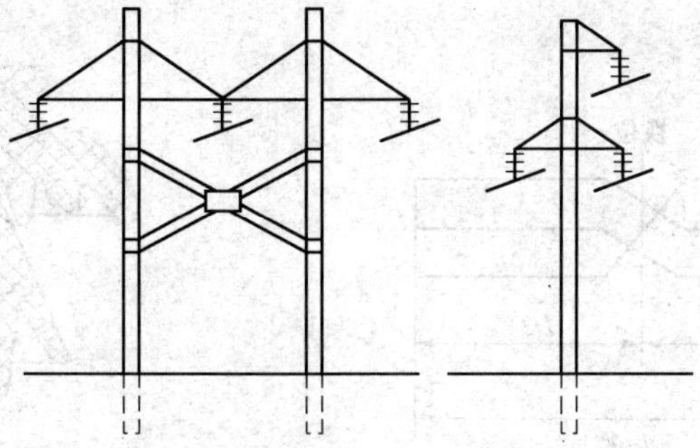

图 3-23　钢筋混凝土杆

按不同的用途，杆塔可分为直线杆塔（又称中间杆塔）、耐张杆塔（又称承力杆塔）、转角杆塔、终端杆塔、跨越杆塔和换位杆塔。直线杆塔主要用于线路的直线走向段内，约占杆塔总数的80％，耐张杆塔要承受导线和避雷线的水平张力，普通线路一个耐张段的杆塔布置如图3-24所示。转角杆塔位于线路转角处，其受力如图3-25所示。终端杆塔用来承受终端一个耐张档距导线的单侧拉力。跨越杆塔用于线路跨越河流、山谷、铁路、公路、居民区等地方，其高度较一般杆塔高。

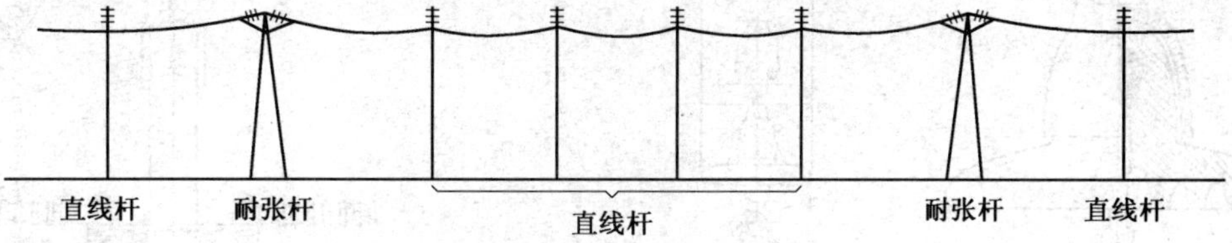

图 3-24　一个耐张段的杆塔布置示意图

杆塔的形式不同，导线的排列方式也有不同，单回路杆塔上导线的排列主要有三角形排列和水平排列两种，两回路有伞形、鼓形和双三角形排列等。导线和避雷线在杆塔上的排列如图3-26所示。

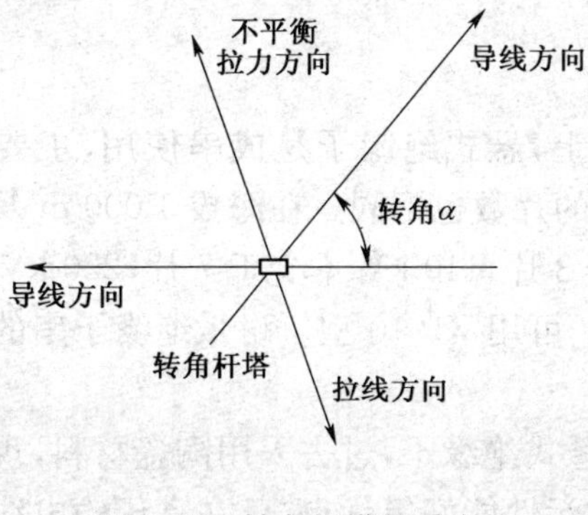

图 3-25　转角杆塔的受力

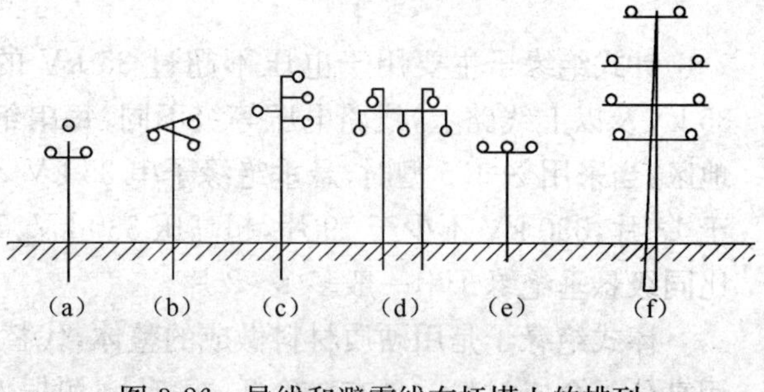

图 3-26　导线和避雷线在杆塔上的排列

(a)、(b)、(c)三角形排列；(d)、(e)水平排列；(f)伞形排列

换位杆塔是使三相导线在空间进行换位的特种杆塔。由于三相导线在杆塔上的排列导致三相间和每相对地之间的互感不相等，为了减少三相参数的不平衡，在中性点直接接地的电网

中，长度超过 100 km 的线路均应换位，换位循环换位长度不宜超过 200 km。如图 3-27 所示为线路的一次整换位循环。

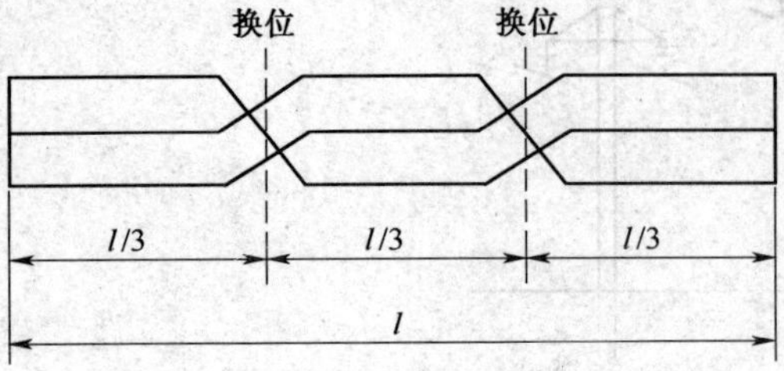

图 3-27　一次整换位循环

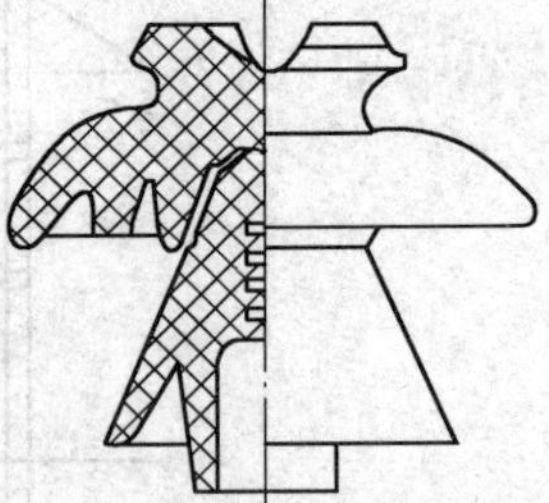

图 3-28　针式绝缘子

3. 绝缘子

绝缘子用来支持或悬挂导线，并使之与杆塔绝缘。架空线路上采用的绝缘子主要有针式、悬式、棒式和瓷横担绝缘子，针式如图 3-28、悬式如图 3-29、瓷横担绝缘子如图 3-30 所示。

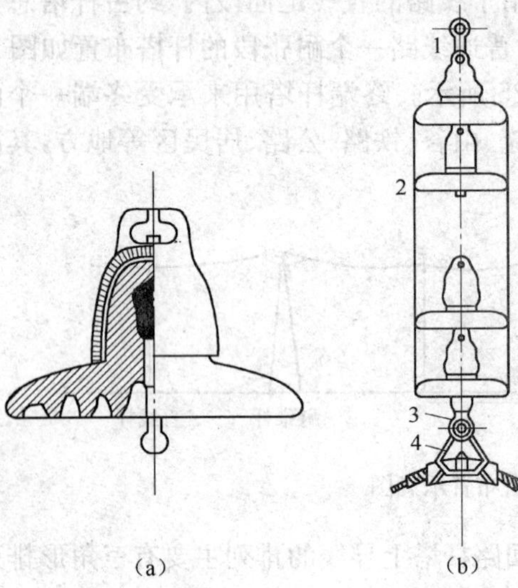

图 3-29　悬式绝缘子

(a)单片；(b)成串

1—耳环；2—绝缘子；3—吊环；4—线夹

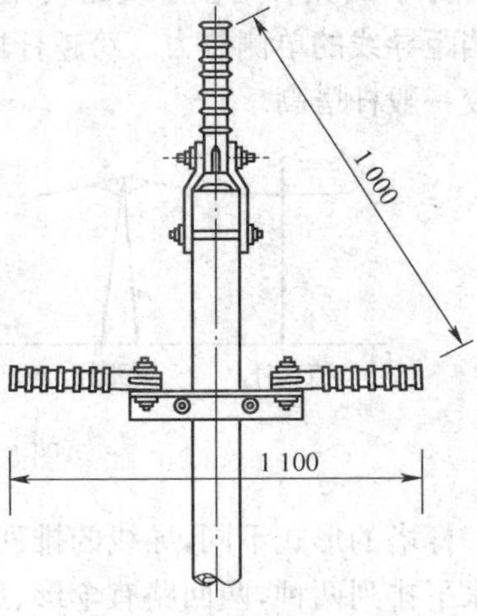

图 3-30　瓷横担绝缘子

针式绝缘子主要用于电压不超过 35 kV 的线路上，悬式绝缘子是成串使用，主要用于 35 kV及以上线路上，线路电压等级不同，每串绝缘子的片数也不同。在海拔 1 000 m 及以下地区，当采用 X-4.5 型时，悬垂绝缘子串 35 kV 不少于 3 片，110 kV 不少于 7 片，220 kV 不少于 13 片，330 kV 不少于 19 片，超高压 330 kV、500 kV 可用 XP-10 型。耐张绝缘子串的片数比同级悬垂绝缘子串一般多 1～2 片。

棒式绝缘子是用硬质材料做成的整体，代替整串悬式绝缘子，过去采用陶瓷材料，现在多用高分子合成材料。具有造价低、损耗小、耐振性和防污性能好等优点，已在高压输电线路上使用，但存在较易老化的缺点。

瓷横担绝缘子是中间为瓷质，两端为金属，同时起到绝缘子和横担作用的绝缘子。这种绝缘子可以大量节约木材和钢材，有效降低杆塔的高度。目前多在 110 kV 及以下线路中采用。

4. 金具

在架空线路上所使用的金属部件通常总称为金具。常用的金具有悬垂线夹、耐张线夹、连接金具、接续金具、保护金具等。

线夹是用来将导线和避雷线固定在绝缘子上的金具，在直线杆塔中用的是悬垂线夹，在耐张杆塔中用的是耐张线夹，如图 3-31 所示。

连接金具主要用来将绝缘子组装成绝缘子串，或用于绝缘子串、线夹、杆塔和横担等的相互连接，如绝缘子串使用的，上部有耳环和 U 形螺栓与横担连接，下部有吊环和线夹与导线连接。

接续金具主要用于导线或避雷线两个终端的连接处，有压接管和钳接管两种，如图 3-32 所示。

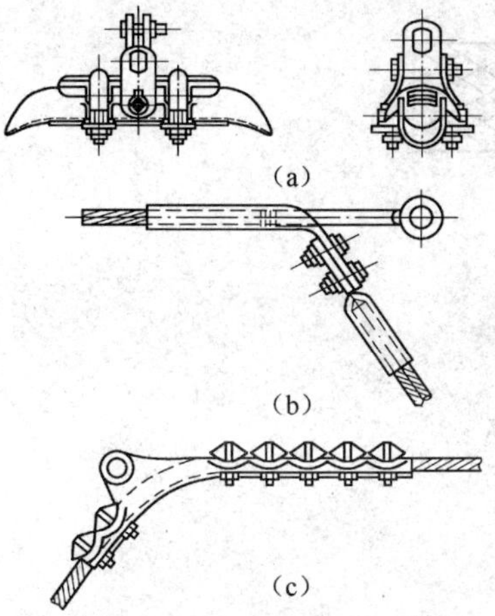

图 3-31　悬垂线夹和耐张线夹

(a)悬垂线夹；(b)压接型耐张线夹；(c)螺栓型耐张线夹

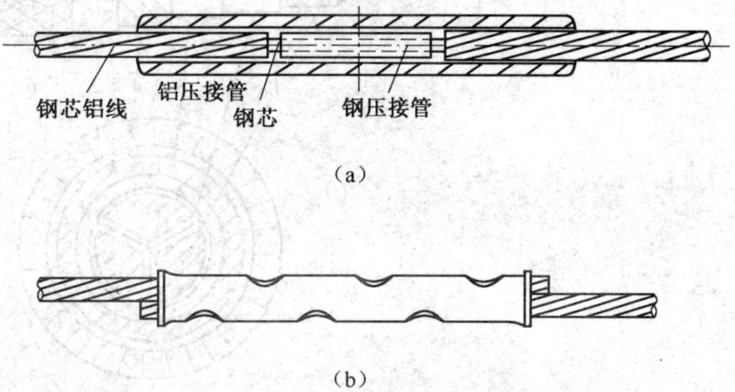

图 3-32　接续金具

(a)压接管；(b)钳接管

保护金具包括护线条、防震锤和悬重锤等，如图 3-33 所示。护线条是加强架空线的耐振强度，减少架空线振动时所受的机械应力；防震锤是消耗导线振动能量；悬重锤可以减小悬垂绝缘子串的偏移，防止导线过分靠近杆塔。

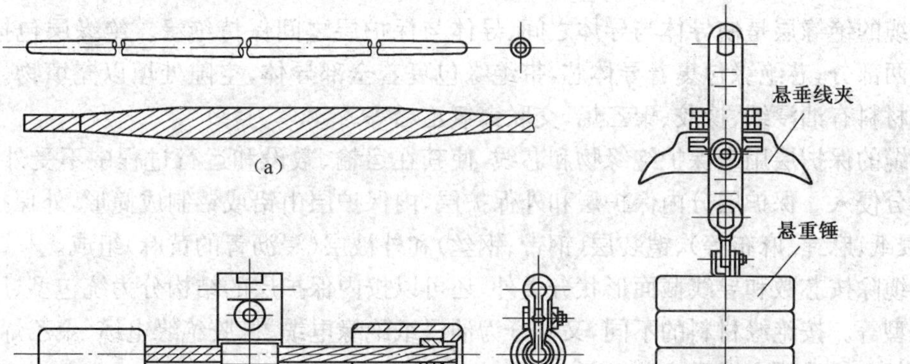

图 3-33　保护金具

(a)护线条；(b)防震锤；(c)悬重锤

二、电缆线路

电缆是将导电芯线用绝缘层和保护层包裹，敷设于地下、水中、沟槽等处的电力线路。电缆线路具有土地占用面积少，供电可靠，极少受外力破坏和气象条件的影响，对人身较安全等优点。在大城市、发电厂和变电所的进出线处、穿越江河海峡时，往往采用电力电缆线路。由于电缆线路的造价较高，故障点的确定和检修比架空线路复杂得多，因而使用不如架空线路范围广。

电力电缆的结构主要由导体、绝缘层和保护层三个部分组成，如图 3-34 所示。

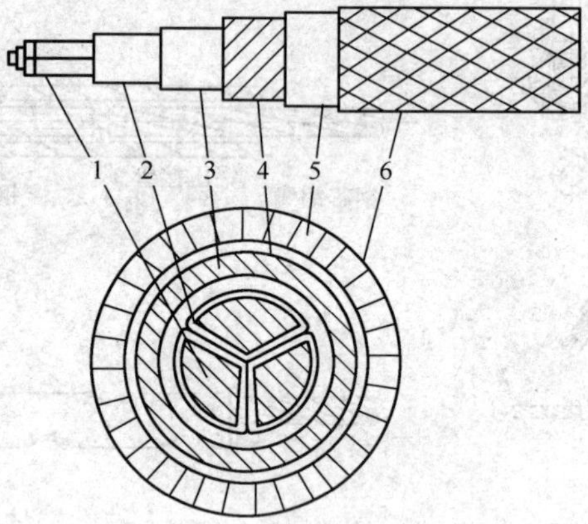

图 3-34　扇形三芯电缆

1—导体；2—纸绝缘；3—铅包皮；4—麻衬；5—钢带铠甲；6—麻被

电缆导体通常采用多股铜绞线或铝绞线制成，根据电缆中导体的数目不同，可分为单芯、三芯和四芯电缆。单芯电缆的导体截面为圆形，三芯和四芯电缆的导体除了圆形以外，还有扇形和腰圆形。

电缆的绝缘层是使导体与导体之间、导体与保护层之间保持绝缘。绝缘层包括芯绝缘和带绝缘两部分，芯绝缘包裹着导体芯，带绝缘包裹着全部导体，空隙处填以充填物。电缆所用的绝缘材料有油浸纸、橡胶、聚乙烯、交联聚氯乙烯等。

电缆的保护层用来保护绝缘物和芯线，使其在运输、敷设和运行过程中不受外力扭伤，并防止水分侵入。保护层分内保护层和外保护层，内保护层由铅或铝制成筒形，外保护层由衬垫层（油浸纸、麻绳、麻布等）、铠装层（钢带、钢丝）和外被层（浸沥青的黄麻）组成。

电缆除按芯数和导线截面形状分类外，还可以按内保护层的结构分为统包型、屏蔽型和分相铅包型等。按绝缘材料的不同，又可分为油浸纸绝缘电缆、橡胶绝缘电缆、聚乙烯绝缘电缆、交联聚氯乙烯绝缘电缆及充油、充气电缆。

统包型电缆的三相芯线绝缘层外有一共同的铅包皮，这种电缆内部电场分布不均匀，不能充分利用绝缘强度，只能用于 10 kV 以下的电缆。屏蔽型电缆的每相芯线绝缘层都包有金属带，分相铅包型电缆的各相分别有铅包。由于屏蔽形电缆和分相铅包形电缆改变了电场的分布，避免了绝缘层所受切线分量电场的作用，使绝缘强度得到充分利用，因此，10～35 kV 的电缆通常采用这两种形式。

当额定电压超过 35 kV 时，绝缘强度要求加大，制造时电缆内部不可避免地存在气隙，在高压作用下很容易发生气体游离，使绝缘迅速破坏。因此，110 kV 及以上电缆常采用自容式充油电缆、钢管充油电缆、充气电缆及塑料绝缘电缆等。

第六节　电力系统继电保护

一、继电保护的作用

根据不同的运行条件，电力系统的运行状态分为：正常运行状态、故障状态和不正常运行状态三种。

电力系统的电气设备在运行过程中由于设计安装缺陷、外力、绝缘老化、过电压、误操作等原因引起短路、断线等故障。在三相交流系统中，最常见最危险的故障是各种类型的短路，包括三相短路、两相短路、两相接地短路、单相接地短路，以及电机和变压器一相绕组上的匝间短路等。在发生短路时短路电流一般为额定电流的几倍到几十倍，可能产生以下后果：

(1)短路点所燃起的电弧，使故障元件损坏；

(2)由于发热和电动力的作用，引起短路电流所通过的非故障元件的损坏或缩短它们的寿命；

(3)部分地区的电压大大降低，使大量电力用户的工作遭到破坏或产生废品；

(4)破坏电力系统并列运行的稳定性，引起系统振荡甚至使系统瓦解，造成大面积停电。

电力系统中电气元件的正常工作遭到破坏，但没有发生故障的运行状态称为不正常运行状态。最常见的不正常运行状态是过负荷，以及因负荷潮流超过电气设备的额定上限造成的电流升高。此外，系统中出现功率缺额而引起的频率降低，发电机突然甩负荷引起的发电机频率升高，小接地电流系统中单相接地引起的非接地相电压的升高，电力系统发生振荡等，都属于不正常运行状态。

故障和不正常运行状态都可能在电力系统中引起事故。为了提高电力系统运行的可靠性和保证良好的电能质量，除了对正常运行系统的调节控制，当电网或电力设备发生故障或出现影响安全运行的异常情况时，需要自动切除故障设备和消除异常情况的技术和设备。这就是电力系统继电保护与自动装置。

继电保护技术主要包括电力系统故障分析、各种继电保护原理及实现方法、设计、整定、调试、运行及维护等技术。继电保护装置就是指能反应电力系统中电气设备发生故障或不正常运行状态，并动作于断路器跳闸或发出信号的一种自动装置。

电力系统继电保护是指由继电保护技术和各种继电保护装置组成的整体。电力系统继电保护的基本任务是：

(1)当电力系统发生故障时，自动、迅速、有选择性地将故障元件从电力系统中切除，使故障元件免于继续遭到破坏，保证其他无故障设备迅速恢复正常运行。

(2)反映电气设备的不正常运行状态，并根据运行维护的条件(例如有无经常值班人员)而动作于发出信号、减负荷或跳闸。此时一般不要求迅速动作，而是根据对电力系统及其元件的危害程度规定一定的延时，以免运行中短暂的波动造成不必要的动作以及扰动引起的误动。

二、继电保护的基本原理

为了完成继电保护所担负的任务，要求继电保护装置能区分电力系统正常运行状态、故障状态和不正常运行状态。因此，可根据电力系统发生故障或不正常运行状态前后电气物理量或非电气量的变化特征为基础构成继电保护。

电力系统发生故障后，工频电气量变化的主要特征如下：

(1)电流增大。短路时故障点与电源之间的电气元件上的电流，将由负荷电流值增大到额定负荷电流的几倍到几十倍。

(2)电压降低。系统发生相间短路或接地短路时，系统各点的相间电压或相电压值均下降，短路点电压最低可降至零。

(3)电压与电流之间的相位角发生变化。正常运行时，同相的电压和电流之间的相位角(即负荷的功率因数角)一般为 20°左右；架空线路正方向三相金属性短路时，同相的电压和电流之间的相位角(即阻抗角)一般为 60°～85°；而反方向三相金属性短路时，同相的电压和电流之间的相位角(即阻抗角)一般为 180°＋(60°～85°)。

(4)测量阻抗发生变化。测量阻抗为测量点(保护安装处)电压与电流向量之比值 $Z=\dot{U}/\dot{I}$。以线路故障为例，正常运行时，测量阻抗为负荷阻抗；金属性短路时，测量阻抗为线路阻抗。故障后测量阻抗模值显著减少，阻抗角增大。

(5)被保护元件两端电流大小和相位的变化。电气元件流入和流出的关系发生变化。对任一正常运行的电气元件，根据基尔霍夫定律，其流入电流应等于流出电流，但元件内部发生故障时，其流入电流不再等于流出电流。

(6)出现负序和零序分量。正常运行时，系统只有正序分量；当发生不对称短路时，将出现负序分量和零序分量。

原则上说，只要找出正常运行与故障时系统中电气量或非电气量的变化特征(差别)，即可找出一种原理，且差别越明显，继电保护性能越好。例如：

(1)根据短路故障时电流增大，可构成过电流保护和电流速断保护。其构成的阶段式电流保护具有简单可靠的优点，在 35 kV 及以下的较低电压网络中得到广泛的应用。

(2)根据短路故障时电压降低，可构成低电压保护和电压速断保护。

(3)根据短路故障时电压与电流之间相位角的变化，可构成功率方向保护。在具有两个以上电源的网络中，在线路两侧的保护中必须加装功率方向元件。

(4)根据短路故障时所测量阻抗的变化，可构成距离保护。

(5)根据短路故障时被保护元件两端电流大小和相位的变化，可构成纵联差动保护；采用光纤连接被比较的两端电流大小和相位的变化信号的保护称为光纤保护；高频保护则是利用高频通道来传递线路两端电流相位、大小和短路功率方向信号的一种输电线路纵联差动保护；微波保护是利用微波通道传递线路两端电流相位、大小和短路功率方向信号的另一种输电线路纵联差动保护。

(6)根据不对称短路时出现的相序分量，可构成灵敏的序分量保护。如中性点直接接地系统中接地短路的零序电流保护。

这些保护既可以作为基本的继电保护元件，也可以通过它们作进一步的逻辑组合，构成更为复杂的继电保护，如将过电流保护与方向保护组合，构成方向电流保护；将高频闭锁方向保护与距离保护组合，构成高频闭锁距离保护。

除了反映各种工频电气量的保护原理外，还有反映非电气量的保护，例如，当电力变压器油箱内部的绕组短路时，反映变压器油受热分解所产生的气体的多少和油流速度，构成的瓦斯(气体)保护；反映于电动机绕组温度的升高而构成的过热(温度)保护等。

三、继电保护的分类

继电保护几种分类如下：

(1)按保护原理分类：有电流保护、电压保护、距离保护、差动保护、方向保护、零序保护等。

(2)按保护控制过程信号性质分类：模拟式保护和数字式保护，模拟式保护又分机电型保护和静态型保护，数字式继电保护又称微机保护。

(3)按被保护的对象分类：输电线路保护、发电机保护、变压器保护、电动机保护、母线保护等。

(4)按保护所反应故障类型分类：相间短路保护、接地故障保护、匝间短路保护、断线保护、失步保护、失磁保护及过励磁保护等。

(5)按构成继电保护装置的实现技术分类：机电型保护（如电磁型保护和感应型保护）、整流型保护、晶体管型保护、集成电路型保护及数字式（微机型）保护等，这也恰好反映了继电保护的历史发展过程。

(6)按保护所起的作用分类：主保护、后备保护、辅助保护等。

①主保护是指满足系统稳定和设备安全要求，能以最快速度有选择地切除被保护设备和线路故障的保护。

②后备保护是指主保护或断路器拒动时用来切除故障的保护。又分为远后备保护和近后备保护两种。

远后备保护：当主保护或断路器拒动时，由相邻电力设备或线路的保护来实现的后备保护。

近后备保护：当主保护拒动时，由本设备或线路的另一套保护来实现后备的保护；当断路器拒动时，由断路器失灵保护来实现近后备保护。

③辅助保护：为补充主保护和后备保护的性能或当主保护和后备保护退出运行而增设的简单保护。

四、继电保护装置的构成及其工作回路

1. 模拟式继电保护装置

模拟式继电保护装置一般由测量比较元件、逻辑判断元件和执行输出元件三部分组成，如图 3-35 所示。

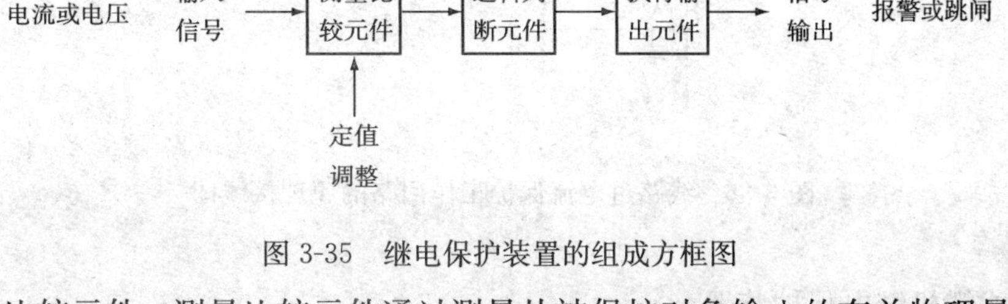

图 3-35　继电保护装置的组成方框图

(1)测量比较元件。测量比较元件通过测量从被保护对象输入的有关物理量（如电流、电压、阻抗、功率方向等），并与已给定的整定值进行比较，根据比较结果，给出“是”、“非”、“大于”、“不大于”等具有“0”或“1”性质的一组逻辑信号，从而判断保护装置是否应该启动。根据

需要，继电保护装置往往有一个或多个测量比较元件。常用的测量比较元件有：反映电气量超过给定值动作的过量继电器，如过电流继电器、过电压继电器等；反映电气量低于给定值动作的欠量继电器，如低电压继电器、阻抗继电器等；被测电压、电流之间的相位角满足一定值而动作的功率方向继电器。

(2)逻辑判断元件。逻辑判断元件根据测量比较元件输出量的大小、性质、输出的逻辑状态、出现的顺序或它们的组合，使保护装置按一定的布尔逻辑及时序逻辑工作，来判定故障的类型和范围，最后确定是否应使断路器跳闸、发出信号或不动作，并将对应的指令传给执行输出元件。逻辑回路有：或、与、非、延时启动、延时返回、记忆等。

(3)执行输出元件。执行输出元件根据逻辑判断元件传送来的指令，发出跳开断路器的跳闸脉冲及相应的动作信息、发出警报或不动作。

要完成继电保护的任务，除需要继电保护装置外，还必须通过可靠的继电保护工作回路的正确工作，才能最后完成跳开故障元件的断路器、对系统或电力元件的不正常运行状态发出警报、正常运行时不动作等任务。

在继电保护的工作回路中一般包括：将一次电力设备的电流、电压线性地变换为适合继电保护等二次设备使用的电流、电压，并使一次设备与二次设备隔离的设备，如电流互感器、电压互感器及其与保护装置连接的电缆等；断路器跳闸线圈及与保护装置出口间的连接电缆，指示保护装置动作情况的信号设备；保护装置及跳闸、信号回路设备的工作电缆等。

图 3-36 为过电流保护工作回路的原理接线图。图中电流互感器 TA 将一次额定电流变换为二次额定电流 5A 或 1A，送入电流继电器 KA(测量比较元件)，当流过电流继电器的电流大于其预定的动作值(整定值，可调整)时，其输出启动时间继电器 KT(逻辑部分)，经预定的延时后闭合其触点，接通执行回路中的信号继电器 KS 绕组和断路器 QF 的跳闸线圈 YT 回路，使断路器 QF 跳闸，切除故障线路，同时，信号继电器动作，其触点闭合发出远方信号或就地信号，并机械自保持，该信号由值班工作人员事故处理后，手动复归。

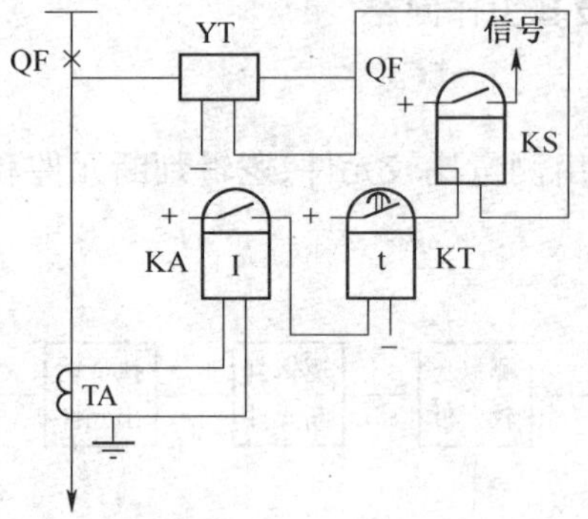

图 3-36　线路过电流保护工作回路的原理接线图

2. 数字式微机继电保护装置

这种保护装置是把保护元件输入的模拟电气量经模/数转换器(A/D)变换成数字量，利用计算机进行处理和判断。微机保护装置由硬件部分和软件部分组成。微机保护硬件部分原理接线图如图 3-37 所示。

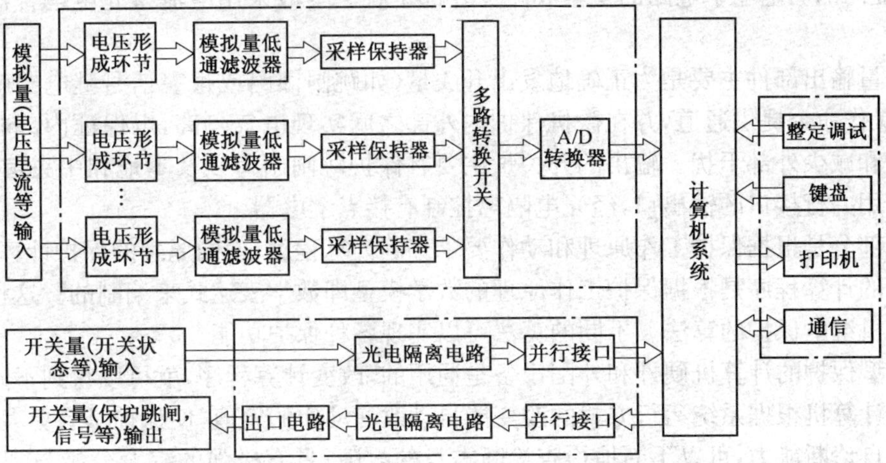

图 3-37　微机保护硬件部分原理接线图

(1)数据采集部件。由电力传感器输入的模拟电信号正确地变换成离散化的数字信号的过程通常称为数据采集。微机保护的基本输入电量是模拟性质的电信号,被保护元件的模拟量(交流电压、电流)经电流互感器 TA 和电压互感器 TV 转变为二次电信号,进入到微机保护的模拟量输入通道。由于需要同时输入多路电压或电流,因此要配置多输入通道。在输入通道中,电量变换器将电流和电压变换成适用于微机保护用的低电压量(±5～±10V),再由模拟量低通滤波器(ALF)滤除直流分量、低频分量和高频分量及各种干扰波后,进入采样保持(S/H),实现对输入模拟量的采样,即将一个连续变化的模拟量转换为时间上的离散量。在通过多路转换开关(MPX)将多个输入电气量按输入时间前后分开,依次送到模/数转换器(A/D),将模拟量转换成数字量进入到计算机进行处理。一般要求得到的多路数字信号之间保持在时间上的同时性,即对于交流信号要保持各通道之间的相位关系不变;还有同性质的通道之间变换比例一致,如三相电压之间或三相电流之间的幅值变换比相同;传变的输入不失真;在输入信号最大变化范围内能保持良好的线性度和变换精度。

(2)计算机系统。微机保护装置的核心部件实质上是一台特别设计的专用计算机系统,一般由中央处理器(CPU)、存储器、定时器/计数器及控制电路等部分组成,并通过数据总线、地址总线、控制总线连成一个系统,实现数据交换和操作控制。微机保护程序在数字核心部件内运行,完成数据采集系统传输过来的数字信号的处理,判断是否发生故障,指挥各外围接口部件运转。通过开关量输出通道输出,经光电隔离电路送到出口继电器发出跳闸脉冲给断路器跳闸线圈 YT,使断路器跳闸,切除系统故障部分。

(3)人机接口部件。人机接口部件的作用是建立起微机保护与使用者之间的信息联系,以便对装置进行人工操作、调试和得到反馈信息。继电保护的操作主要包括整定值和控制命令的输入等;反馈信息主要包括被保护的一次设备是否发生故障、何种性质的故障、保护装置是否已发生动作以及保护装置本身是否运行正常等。外部通信接口部件的作用是提供计算机局域通信网络以及远程通信网络的信息通道。人机接口部件通常包括紧凑键盘、显示屏、指示灯、按钮、打印机接口和调试通信接口等部分。

(4)开关量输入/输出部件。开关量输入部件的作用是为开关量(如断路器的“合闸”或“分闸”、开关或继电器触点的“通”或“断”等)提供输入通道,并在微机保护内外部之间实现电气隔离，以保证内部弱电电子电路的安全和减少外部干扰。一般采用电流型光电耦合器件实现电气隔离。

开关量输出部件主要是为正确地发出开关量（如跳闸回路或报警信号继电器触点的“通”或“断”）操作命令提供通道，并在微机保护内外部之间实现电气隔离，以保证内部弱电电子电路的安全和减少外部干扰。输出的开关量主要有保护跳闸出口以及本地和中央信号出口等，一般都采用并行接口的输出口，经光电隔离控制有接点继电器。

软件部分是根据保护工作原理和动作要求编制计算程序，不同原理的保护计算程序不同。微机保护的计算程序是根据保护工作原理的数学模型即数学表达式来编制的。这种数学模型称为计算机继电保护的算法。不同的算法可以实现各种保护功能。

各类型保护的计算机硬件和外围设备是通用的，改变计算程序，就可以得到不同原理的保护。而且计算机根据系统运行方式的改变能自动改变动作的定值，使保护具有更大的灵敏性。计算机有自诊断能力，可以不断地检查诊断本身的故障；具有极强的综合分析与判断能力，可靠性高；具有较大的灵活性，保护性能的选择和调试方便；具有较完善的通信功能，便于构成综合自动化系统

五、对继电保护的基本要求

对动作于跳闸的继电保护，在技术上一般应满足 4 个基本要求：可靠性、选择性、速动性和灵敏性。即继电保护的四性要求。

1. 可靠性

继电保护装置的可靠性是指保护范围内发生了故障或不正常运行状态的反应能力。可靠性包括安全性和信赖性。安全性是要求在发生不属于本保护动作的故障时，保护应可靠不动作，即不发生误动作；信赖性是要求在规定的保护范围内发生了应该动作的故障或不正常运行状态时，它应能可靠动作，即不发生拒绝动作。

安全性和信赖性主要取决于继电保护装置本身的质量，包括继电保护元件好坏、结构设计的合理性、制造工艺水平、内外接线简明、触点多少等；还取决于运行维护水平、安装调试是否正确。一般而言，保护装置的组成元件质量越高、回路接线越简单，保护的工作就越可靠。同时，正确的调试、整定，良好的运行维护，丰富的运行经验，对于提高保护的可靠性具有重要的作用。

2. 选择性

选择性是指电力系统发生故障时，保护装置仅将故障元件从系统中切除，以尽量缩小停电范围，而使非故障元件仍能正常运行的能力。

如图 3-38 所示的网络中：

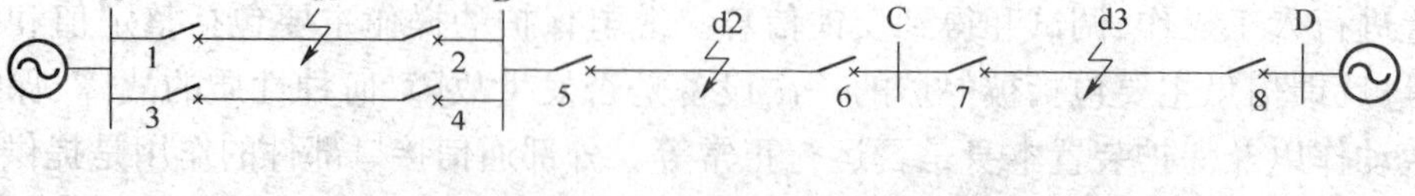

图 3-38　继电保护选择性说明图

当 d1 点短路时，保护 1、2 动作，跳开 QF1、QF2，故障被切除，保护动作有选择性。

当 d2 点短路时，保护 5、6 动作，跳开 QF5、QF6，故障被切除，保护动作有选择性。

当 d3 点短路时，保护 7、8 动作，跳开 QF7、QF8，故障被切除，保护动作有选择性。

当 d3 点短路时，若保护 7 拒动或 QF7 拒动，保护 5 动作，跳 QF5，故障被切除，保护动作有选择性；若保护 7 和 QF7 正确动作于跳闸之前，保护 5 先动作，跳开 QF5，故障虽被切除，但保护 5 为误动，或称保护 5 越级跳闸(即保护 5 失去选择性)。

可见，选择性就是故障点在区内就动作，在区外不动作。当主保护未动作时，由近后备或远后备切除故障，使停电面积最小。因远后备保护比较完善(对保护装置拒动、QF 拒动、二次回路和直流电源等故障所引起的拒绝动作均起后备作用)，且实现简单、经济，应优先采用。但远后备保护切除故障的时间较长。在高压电网中，应加强主保护。

3. 速动性

继电保护的速动性是指保护的动作速度应尽可能快速。快速切除故障的好处是可以减少用户在电压降低的情况下工作的时间，减少故障元件的损坏程度，避免故障进一步扩大，提高系统稳定性。

由于动作迅速而又能满足选择性要求的保护装置，一般结构都比较复杂，价格比较昂贵，对于大量的中、低压电力元件，不一定都采用快速动作的保护，对保护速动性的要求，应根据电力系统的接线和被保护元件的具体情况，经技术经济比较后确定。

故障切除时间等于保护装置动作时间和断路器动作时间的总和，一般的快速保护动作时间为 0.06～0.12 s，最快的可达 0.01～0.04 s。一般的断路器的动作时间为 0.06～0.15 s，最快的可达 0.02～0.06 s。

4. 灵敏性

继电保护的灵敏性是指对与其保护范围内发生故障或不正常运行状态的反应能力。满足灵敏性要求的保护装置应在发生区内故障时，不论运行方式大小、短路点的位置与短路的类型如何，都能灵敏地反应。

通常，灵敏性用灵敏系数来衡量，并表示为 K_{sen}。

对反映于数值上升而动作的过量保护(如电流保护)：

$$K_{sen}=\frac{\text{保护范围末端金属性短路时故障参数的最小计算值}}{\text{保护的动作参数}}=\frac{I_{dmin}}{I_{set}}$$

对反映于数值下降而动作的欠量保护(如低电压保护)：

$$K_{sen}=\frac{\text{保护的动作参数}}{\text{保护范围末端金属性短路时故障参数的最大计算值}}=\frac{U_{set}}{U_{dmax}}$$

其中故障参数的最小、最大计算值是根据实际可能的最不利运行方式、故障类型和短路点位置来计算的。在《继电保护和安全自动装置技术规程》(GB 14285—1993)中，对各类保护的灵敏系数 K_{sen} 的要求都作了具体规定，一般要求灵敏系数在 1.2～2 之间。

上述 4 个基本要求是设计、分析、研究继电保护的基础，是继电保护装置制造和运行工作所围绕的重点，在它们之间既有矛盾的一面，又要根据被保护元件在电力系统中的作用，使以上 4 个基本要求在所配置的保护中得到统一。

第七节　电力系统自动化

一、概　述

电力系统自动化简单来说，是以电力系统(一次系统)为控制对象的自动化，是自动化的一种具体形式。电力系统自动化就是根据电力系统本身特有的规律，应用自动控制原理，采用各种具有自动检测、决策和控制功能的装置，通过信号系统和数据传输系统对电力系统各元件、局部系统或全系统进行就地或远方的自动监视、调节和控制，来自动地实现电力系统安全生产和正常运行，保证电力系统安全、经济、稳定地向所有用户提供质量良好的电能，并在电力系统发生偶然事故时，能迅速切除故障，防止事故扩大，尽快恢复系统正常运行，保证供电可靠性。

电力系统自动化是随着电力系统的发展而逐步发展进步的。当人类跨入 21 世纪的时候，对电力系统自动化的深度和广度又有了更多更新的认识。结合电力系统运行的特点，按照其他复杂系统控制的一般规律，电力系统自动化也是分层实现的。在现阶段，电力系统自动化的主要内容大致可以划分为以下几方面：

(1)电力系统调度自动化；

(2)电厂自动化系统；

(3)变电站自动化；

(4)电力系统自动装置。

二、电力系统调度自动化

电力系统调度自动化可概述为遥测、遥信、遥控、遥调、遥视这“五遥”功能，电力调度的主要任务就是控制整个电力系统的运行方式，使整个电力系统在正常运行状态下能满足安全生产和经济地向用户供电的要求，在事故状态下能迅速消除故障的影响和恢复正常供电。电力系统中各发电厂、变电所的实际运行状况，线路的有功、无功潮流，以及母线电压等信息，可通过装设在各厂站的远动装置送至调度所。信息送至调度所后，由调度中心的运行人员和计算机系统，对当前系统运行状态进行分析计算，将计算结果和决策命令通过远动的下行通道送至各个厂所，从而实现电力系统的安全经济运行。

电力系统调度自动化发展到现在已经历了几个不同的阶段。在 20 世纪 30 年代电力系统建立调度中心之初是没有自动装置的，当时调度员只能依靠电话与发电厂和变电所联系，无法及时和全面地了解电网的变化，在事故的情况下只能凭经验进行处理。40 年代出现了早期的电力系统调度自动控制系统，具有对电力系统运行状态的监视(包括信息的收集、处理和显示)，远距离的开关操作，自动发电控制及经济运行，以及制表、记录和统计等功能。这个系统称为数据采集与监控系统(Supervisory Control And Data Acquisition，SCADA)。它可将电网中各发电厂和变电所的有关数据集中显示到模拟盘上，使整个电力系统运行状态展现在调度员面前，及时将开关变化和数值越限报告给调度员，这增强了调度员对电力系统的感知能力，减轻了调度员监视电力系统运行状态的负担。50 年代发展了自动发电控制(Automatic Generation Control，AGC)，包括了负荷频率控制(Load Frequency Control，LFC)和经济调度控制(Economic load Dispatch Control，EDC)两大部分，增强了调度员控制电力系统的能力；60 年代发展了负荷预测、发电计划和预想故障分析，这为调度员提供了辅助决策工具，增强了调度员对电力系统分析与判断的能力。尽管如此，仍不能满足现代工业和人民生活对电能质量及供电可靠性的越来越高的要求，而且人们对系统运行经济性也越来越重视。要全面解决这些问题，就需要对大量数据进行复杂的计算。在 60 年代到 70 年代，电力系统的自动化技术经历了一次重要的变化，即由模拟技术转向数字技术。整个数据采集过程，包括远程终端(Remote Terminal Unit，RTU)、输入输出通道和发电厂控制器逐步由模拟型发展成数字型，在调度中心的数据收集、自动发电控制和网络分析等功能均由数字计算机完成。在 20 世纪 60 年代中期，西方一些国家的电力系统曾相继发生了大面积的停电事故，引起世界的震动。人们开始认识到，安全问题比经济调度更加重要。因此，人们开始认识到计算机系统应首先参与电力系统的安全监视和控制。这样，就出现了能量管理系统（Energy Management System，EMS）。能量管理系统是以计算机为基础的现代电力系统的综合自动化系统，主要针对发电和输电系统，用于大区级电网和省级电网的调度中心，将数据采集与监控、自动发电控制和网络分析等功能有机联系在一起，使处于独立或分离的自动化提高到一个统一的管理系统水平。根据能量管理系统的技术发展的配电管理系统（Distribution Management System，DMS）主要针对配电和用电系统，用于 10 kV 以下的电网。用户侧管理（Demand Side Management，DSM）属于负荷自我管理，其原理是用户按电价躲避峰荷用电，但分时电价（Time Of Use，TOU）应由配电管理系统提供。EMS 的发展主要基于计算机技术和电力系统应用软件技术两方面。

随着技术的进步，电力系统自动化正向综合自动化水平发展。数据库技术的发展使数据能为更多的应用软件服务，人机交互技术由初期以打印为主改为显示器为主，由字符型走向全图形，响应速度越来越快，画面编辑越来越方便，表现能力越来越强。20 世纪 90 年代发展的视窗、平滑移动、变焦以及三维图形等技术大大方便了调度员使用能量管理系统，使他们可以在调度室的屏幕上形象而直观地观察和控制电力系统，从而缩短了与电力系统各部分间的距离。

电网调度实行分级管理，主要分为国家电网调度中心、大区电网调度中心、省级电网调度中心、地区电网调度中心、县级电网调度中心等级别。分级调度可以简化网络的拓扑结构，使信息的传送变得更加合理，从而大大节省了通信设备，并提高了系统运行的可靠性。为了保证电力系统的安全、经济、高质量地运行，对各级调度都规定了一定的职责。由于各级调度中心的职责不同，对其调度自动化系统的功能要求也是不同的。另外，调度自动化系统的功能也有层次之分。下面简单介绍其主要功能的内容和含义。

（一）数据采集与监控（SCADA）

SCADA 是调度自动化系统的基础功能，也是地区或县级调度自动化系统的主要功能。它主要包括以下几个方面：

(1)数据采集。包括模拟量、状态量、脉冲量、数字量等。

(2)信息的显示和记录。包括系统或厂站的动态主接线、实时的母线电压、发电机的有功和无功出力、线路的潮流、实时负荷曲线、负荷日报表的打印记录、系统操作和事件顺序记录信息的打印等。

(3)命令和控制。包括断路器和有载调压变压器分接头的远方操作，发电机有功出力和无功出力的远方调节。

(4)越限告警。

(5)实时数据库和历史数据库的建立。

(6)数据预处理。包括遥测量合理性的检验、数字滤波、遥信量的可信度检验等。

(7)事故追忆。对事故发生前后的运行情况进行记录，以便分析事故的原因。

（二）自动发电控制（AGC）

自动发电控制功能是以 SCADA 功能为基础而实现的功能，一般写成 SCADA＋AGC。自动发电控制是为了实现下列目标：

(1)对于独立运行的省网或大区统一电网，AGC 自动控制网内各发电机组的出力，以保持电网频率为额定值。

(2)对跨省的互联电网，各控制区域 AGC 的功能目标是既要求承担互联电网的部分调频任务，以共同保持电网频率为额定值，又要保持其联络线交换功率为规定值。

（三）经济调度控制（EDC）

EDC是在给定的电力系统运行方式中，在保证频率质量的条件下，以全系统的运行成本最低方式，将有功负荷需求分配于各可控的发电机组，并在调度过程中考虑电力系统安全可靠运行的约束条件。与AGC相配套的在线经济调度控制是实现调度自动化系统的一项重要功能。EDC一般每5 min（或当调度员改变机组控制方式或经济调度限值时）计算一次，求得各机组的基准出力；负荷频率控制（LFC）则每2～8 s计算一次，求得各机组当前的调节量。两个输出（基准出力和调节量）合成为送往机组的控制命令，使机组的出力处于理想水平。

（四）能量管理系统（EMS）

EMS是现代电网调度自动化系统硬件和软件的总称，它除了包括SCADA、AGC/EDC外，还增加了状态估计、安全分析、调度员模拟培训等一系列功能。新增功能简介如下：

1. 状态估计（State Estimator，SE）

电力系统状态估计是电力系统高级应用软件中的一个重要模块，许多安全和经济方面的功能都要用可靠数据集作为输入数据集。而可靠数据集就是状态估计程序的输出结果。因此，状态估计是一切高级软件的实现基础，真正的能量管理系统必须有状态估计功能。状态估计是根据有冗余的测量值对实际网络的状态进行估计，得出电力系统状态的准确信息，并产生“可靠的数据集”。

2. 安全分析（Security Analysis，SA）

安全分析可以分为静态安全分析和动态安全分析两类。

（1）静态安全分析。一个正常运行着的电网常常存在着许多潜在危险因素，静态安全分析的方法就是对电网的一些可能发生的事故进行假想的在线计算机分析，校核这些事故发生后电力系统稳态运行方式的安全性，从而判断当前的运行状态是否有足够的安全储备。当发现当前的运行方式安全储备不够时，就要修改运行方式，使系统在有足够安全储备的方式下运行。

（2）动态安全分析。动态安全分析就是校核电力系统是否会因为一个突然发生的事故而导致失去稳定，校核因假想事故发生后电力系统能否保持稳定运行的稳定计算；由于精确计算工作量大，难以满足实施预防性控制的实时性要求，因此人们一直在探索一种快速而可靠的稳定判别方法。

3. 调度员模拟培训（Dispatcher Training Simulator，DTS）

调度员模拟培训主要是使调度员熟悉本系统的运行特点、熟悉控制设备和电力系统应用软件的使用；培养调度员处理紧急事件能力；试验和评价新的运行方法和控制方法。

调度自动化系统是随着电力系统发展的需要和计算机技术及通信技术提供的可能而变化的，电网调度自动化技术的发展，可以使电网运行的安全性和经济性达到更高的水平。我国电力系统调度目前已基本实现主干通道光纤化、信息传输网络化、电网调度智能化、运行指标国际化和管理手段现代化。随着计算机技术的飞速发展，电力调度自动化也日新月异，更多新领域、新方向都在开发研究之中。

三、电厂自动化系统

对各类发电厂的安全生产和经济运行实现自动控制是现代电力系统的必然要求，电厂自动化系统随电厂类型的不同而有所区别，火电厂的机组自动控制主要有计算机监视和数据系统、机炉协调主控系统、锅炉自动控制系统、汽机自动控制系统、电气控制系统以及辅助设备自动控制系统等。水电厂则需要控制水轮机、调速器以及发电机励磁自动控制系统以及辅助设备自动控制等。大型火电厂的监视和控制系统经过了对动力机械自动模拟控制、功能设备分散方式的数字控制、分层分散方式的数字控制三个阶段，其特征是各发电机组所用的计算机系统彼此孤立。今天已发展到采用分层开放式工业自动化系统构成火电厂综合自动化系统。水电厂自动化的控制对象分散，包括水轮发电机组、开关站、公用设备、闸门及船闸等。按控制对象为单元设置多套相应的装置，构成水电厂现场控制单元，完成控制对象的数据采集和处理、机组等主要设备的控制和调节及装置的数据通信等。水电厂采用分布式处理，一般与电厂分层控制相结合，形成水电厂分层、分布式控制系统。

电厂自动化从生产到管理一般分为三个层次：下层的控制操作层，面向运行操作者；中间的生产管理层，面向生产和技术管理者；上层的经营管理层，面向行政和经营管理者。目前，我国许多电厂均建立了面向运行操作者的集散控制系统（DCS）和面向经营管理层的管理信息系统（MIS），而在 DCS 和 MIS 间还有必要建立一套面向电厂生产管理层的厂级监控信息系统（SIS），形成“管控一体化”的厂级综合自动化系统。这是当前电厂自动化发展的重点。电厂 SIS 系统的主要功能有：

1. 全厂各生产系统实时信息显示

该功能以画面、曲线、棒状图等形式显示机组及其辅助设备的运行状态、参数、系统图，为厂级生产管理人员提供实时信息。同时记录生产过程的主要数据，生成各职能部门需要的全厂各类生产、经济指标统计报表。

2. 性能计算和经济性分析

该功能用于计算单元机组各主辅设备的效率等性能参数。主要有锅炉、汽轮机、凝汽器、给水加热器、锅炉给水泵及给水泵汽轮机、空气预热器、过热器、再热器、泵与风机等性能计算。它以获得最佳发电成本为目标，将机组和辅助设备的当前各性能参数与理想值进行计算比较，将偏差以百分数形式显示于屏幕，以使运行人员矫正偏差。

3. 在线性能监测与分析

该功能的主要目的是通过收集和分析有用、实时的运行数据，实现对电厂运行条件的优化，以改善电厂的性能和经济性。系统能计算实际系统性能参数与性能参数的应达值之差，指出造成参数偏差的原因。还要计算这些偏差将造成的设备异常或损耗，并发出警报，且能提供长期记录。系统根据性能参数的偏差值，在监视屏上显示运行人员可控参数，使运行人员通过调整设备减小偏差。

4. 预测与预防性维护

在生产过程中对设备的多种性能指标进行实时检测和评估，再根据预先确定的数学模型进行分析、计算和预测，实现机组寿命管理、设备状态监视和故障诊断。

5. 全厂负荷优化调度

在出现电力市场交易中心后，传统的计划经济模式改为通过电厂或机组的电量竞价模式分配负荷，调度中心把实时负荷指令直接下达到电厂的监控系统。此时利用 SIS 可改变电网总调对电厂负荷控制方式，总调不再直接控制机组，而改为对全厂监控系统发出负荷指令。后者根据总调来的预测负荷曲线，结合机组负荷响应性能，实现各机组的负荷最优分配，以获取全厂最大的经济效益，并可根据需要分别制定出实时优化、短期优化和中期优化，有利于电厂的经济运行，也有利于厂网分开、竞价上网的商业化运行方式的实现。

在安全保障、稳定发电、降低人员劳动强度等基本上已经满足的情况下，进一步改进电厂自动化水平，提高生产效率是电厂的重要任务，而优良的系统集成是电厂企业实现这一目标的必由之路。电厂计算机集成过程系统(CIPS)模型的体系结构可从总体上描述电厂自动化集成体系的基本内容、层次以及相互关系。

所谓计算机集成过程系统,是指针对流程工业的特点,综合应用计算机技术、现代化管理技术、信息技术、控制技术、自动化技术、系统工程技术来改造传统意义上的流程工业,实现生产环节集成,人员、技术、经营管理三要素的综合控制和管理,以及物料流和信息流有机集成,并优化运行的复杂大系统。从目前我国发电厂信息技术体系的现状出发,根据电厂生产管理、过程控制与总体优化、信息集成的需求,发电厂 CIPS 应该由管理信息系统(MIS)、厂级实时监控信息系统(SIS)、过程自动化系统(包括集散控制系统 DCS、数据采集系统 DAS、可编程控制器 PLC 以及远动终端 RTU 等)和计算机网络/数据库支撑系统等 4 个子系统组成。

电厂 CIPS 体系结构可由一个三维模型(图 3-39)表示。

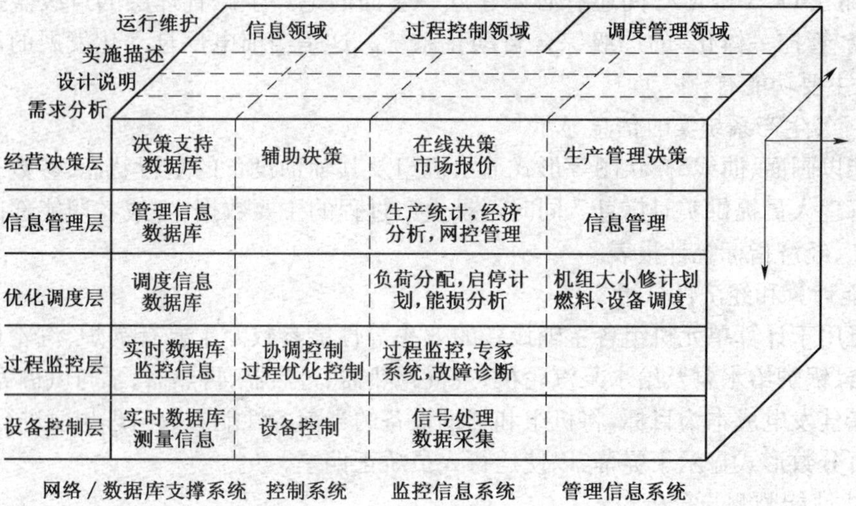

图 3-39　电厂 CIPS 的体系结构

某个火电厂的 CIPS 集成框架如图 3-40 所示。

电厂 CIPS 在计算机通信网络和分布式数据库的支持下,实现信息与功能的集成、管理与决策的综合,最终形成一个能适应生产环境不确定性和市场需求多变性的全局最优的高质量、高柔性、高效益的智能电力生产系统。

四、变电站自动化

变电站自动化是在原来的变电站常规二次系统基础上发展起来的。常规变电站将大量现场一次设备,如变压器、断路器、母线、电压互感器(TV)、电流互感器(TA)等,同安装在控制室内的单项自动化装置(如继电保护、重合闸、故障录波和测距、各种变送器、远动装置、测量仪表等)之间用大量电缆一一对应地连接起来。其设备复杂,占地面积大,功能分立。随着大规模集成电路、现代信号处理技术和计算机监控技术的发展,将原来变电站二次系统的监视与控制、远动、继电保护、故障记录等等功能进行功能的综合和优化设计,形成两级单元:间隔级单元和中央单元,完全取消了传统的集中控制屏,二次回路极为简洁,控制电缆大量减少,构成一个统一的计算机系统来完成变电站自动化功能,包括变电站远方监视与控制、远动和继电保护、测量和故障记录、运行参数自动打印等,可以实现无人值班运行。现在的"变电站自动化"

是将变电站中的微机保护、微机监控等装置通过计算机网络和现代通信技术集成为一体化的自动化系统，具有功能综合化、结构微机化、操作监视屏幕化、运行管理智能化等特征。

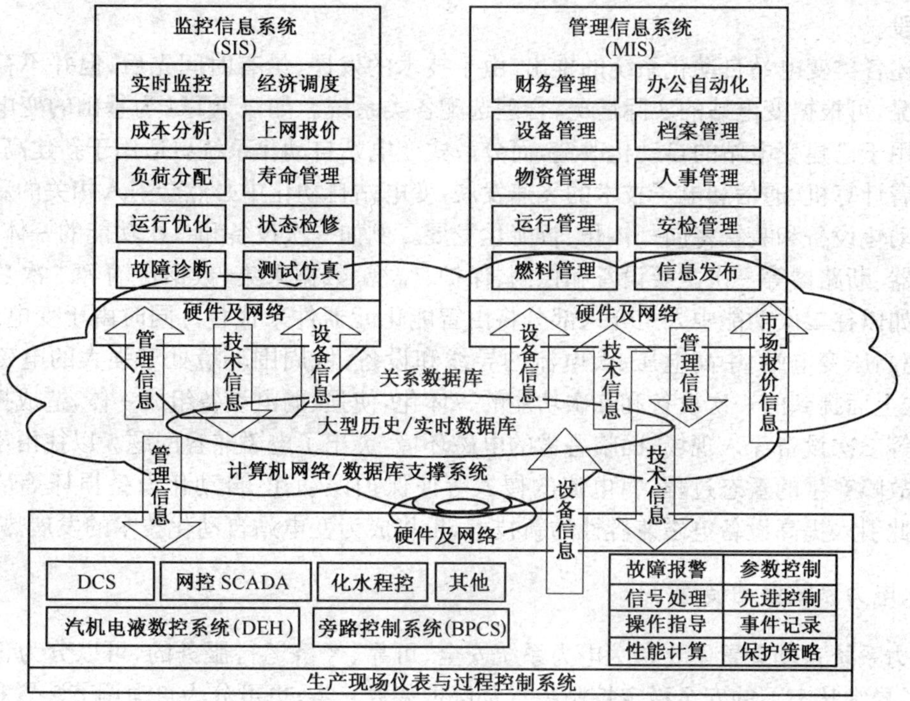

图 3-40　火电厂 CIPS 的集成框架

传统的 35 kV 以上电压等级变电站的二次回路部分是由继电保护、当地监控、远动装置、故障录波和测距、直流系统与绝缘监视及通信等各类装置组成的，它们各自采用独立的装置来完成自身的功能且均自成系统，由此不可避免地产生各类装置之间功能相互覆盖，部件重复配置。20 世纪 80 年代，由于微机技术的发展，远动终端、当地监控、故障录波等装置相继更新换代，实现了微机化。但当时的变电站自动化系统实际上是在 RTU 基础上加上一台微机为中心的当地监控系统，未涉及继电保护，这是我国变电站自动化技术的第一阶段。

20 世纪 90 年代，由于数字保护技术(即微机保护)的广泛应用，使变电站自动化取得实质性的进展。90 年代初研制的变电站自动化系统是在变电站控制室内设置计算机系统作为变电站自动化的心脏，另设置一数据采集和控制部件用以采集数据和发出控制命令。微机保护柜除保护部件外，每柜有一管理单元，其串行口与变电站自动化系统的数据采集及控制部件相连接，传送保护装置的各种信息和参数，整定和显示保护定值，投/停保护装置。此类集中式变电站自动化系统可以认为是我国变电站自动化技术的第二阶段。

近年来，随着计算机技术、网络技术及通信技术的飞速发展，同时结合变电站的实际情况，各类分散式变电站自动化系统纷纷研制成功和投入运行。分散式系统的特点是各现场输入输出单元部件分别安装在中低压开关柜或高压一次设备附近，现场单元部件可以是微机保护和监控功能的二合一装置，用以处理各开关单元的继电保护和监控功能，也可以各自保持其独立性。在变电站控制室内设置计算机系统，对各现场单元部件进行通信联系。通信方式除了采用常用的串行接口如 RS232C、RS422/485 等以外，更多地采用了网络技术，如 Lon Works 或

CAN 等现场总线型网。至于变电站自动化的功能，则将遥测遥信采集及处理，遥控命令执行和继电保护功能等均由现场单元部件独立完成，并将这些信息通过网络送至后台主计算机，而变电站自动化的综合功能均由后台主计算机系统承担。此类分散式变电站自动化系统可视为第三阶段。

上述各类变电站自动化系统的推出，由于技术的发展，虽有时间先后，但并不存在前后替代的情况，可根据变电站的实际情况，合理选配各类系统。如以 RTU 为基础的变电站自动化系统可用于已建变电站的自动化改造，而分散式变电站自动化系统更适用于新建高压变电站。

随着计算机、通信和电子技术的飞速发展，变电站自动化中必然会引入相关的新技术。变电站自动化设备和装置将向一体化、智能化发展。例如一次设备和二次功能的一体化，变电站内变压器、断路器等一次主要设备和控制、保护、监视、数据采集、数据传输等二次功能的一体化。又如以往二次功能中人工介入部分将由智能化元器件来代替。同时由于变电站(尤其是高压、超高压变电站)中高电压、大电流的导线和设备，使周围环境处于强大的电磁场影响之下，加之上面提到的一次设备和二次功能的一体化，使强、弱电设备组成一体，造成控制、保护、自动化等二次设备深入现场，面临恶劣的电磁环境，突出了电磁兼容问题。以往由于开关操作和短路故障产生的暂态过程、雷电流的侵入等使保护误动作、自动化设备损坏等情况时有发生。因此引入提高设备电磁兼容性的新技术，也将成为变电站自动化技术的发展热点。

五、电力系统自动装置

电力系统自动装置主要是为电力系统安全、可靠、经济运行服务的，可以分为正常运行自动装置、异常状态下的安全稳定控制装置及保护装置三类；也可分为自动调节装置和自动操作装置两类。

属自动调节型装置的主要有同步发电机自动励磁控制装置和电力系统自动调频装置；属自动操作型装置的有同步发电机自动并列装置、自动解列装置、电力系统继电保护装置、自动低频减载装置、自动重合闸、水轮发电机低频自启动、事故切机、备用电源自动投入装置等。其中备用电源自投装置、自动重合闸装置的使用，可提高供电的可靠性；自动励磁调节和强行励磁装置不但可以提高电力系统的稳定性，而且能加快故障切除后电压的恢复过程；自动按频率减负荷的使用，可防止电力系统因事故发生功率缺额时频率的过度降低，保证电力系统的稳定运行和重要负荷的供电；自动并列装置的使用，不仅保证了同步发电机并列操作的正确性和安全性，而且减轻了运行人员的劳动，当电力系统发生故障要求发电机组迅速投入时，自动并列装置可以加快并列操作的过程。

上述这些电力系统自动装置在电力系统应用相当普遍，对保证电力系统的安全稳定运行、保证电能质量以及防止事故发生都具有重要的作用，随着自动控制理论、电子元器件、计算机技术和通信技术的不断发展，电力系统自动装置不断更新，性能更加完善。

六、铁路电力自动化简介

铁路电力自动化就是利用先进的计算机软硬件技术、自动检测和控制技术、计算机通信和网络技术，对铁路电力系统的重要环节，如变配电所、贯通/自闭线路、信号电源(双电源)等，进行自动监视和控制，以提高运行管理及维护水平，保证铁路电力系统的安全、经济运行，并能够及时进行故障处理，缩小故障停电范围，迅速恢复供电，减少停电损失，提高供电可靠性，为列车安全、可靠地运行提供保障。

铁路电力自动化系统的监控对象主要包括：变配电所、自闭/贯通电力线路、信号电源和电气集中电源以及各种高低压开关等。按照功能和内容来分，铁路电力自动化系统主要包括：调度自动化主站、变配电所综合自动化系统、信号电源监控以及自闭/贯通线路自动化系统。

调度自动化主站可以分为以生产运营为主要任务的供电段/水电段电力调度自动化系统和以信息管理为主的铁路局调度信息管理系统。调度自动化系统一般由主站端部分、厂站端部分（又称被控站）和通信系统组成，具体包括电力调度自动化主站、变配电所自动化、信号电源监控、线路自动化及通信系统等内容。随着技术进步和用户需求的不断发展，电力调度自动化的内涵和外延也在不断的扩大，如伴随变配电所综合自动化和无人值班技术而诞生的视频监控，专门为调度人员服务的调度员培训仿真系统（DTS），将实时监控和信息管理融为一体的地理信息系统（GIS）和电力管理自动化等，这些内容逐渐成为调度自动化系统的有机组成部分。

变配电所综合自动化系统是铁路电力自动化系统的基本单元，主要完成变配电所内部的自动化功能，包括保护、监视、控制以及数据转发等。

信号电源监控主要由信号电源监控装置（Semaphore Terminal Unit，STU）来完成。STU主要完成铁路行车信号指示灯的供电电源的日常运行监视、失压报警、开关状态控制、故障录波等功能。通过自动化监控，不仅可以提高信号电源供电可靠性，为供电可靠率达到 99.99％提供技术保障，而且在故障时便于分清不同专业之间的责任。

线路自动化就是将较长的电力供电线路用开关进行分段（一般以车站为单位），然后每台分段开关安装开关监控器（Feeder Terminal Unit，FTU），由 FTU 对开关设备进行自动化监控，与调度主站配合完成线路故障检测、故障定位、故障线段自动隔离以及非故障线段的快速恢复供电等功能。

铁路电力自动化系统结构如图 3-41 所示。

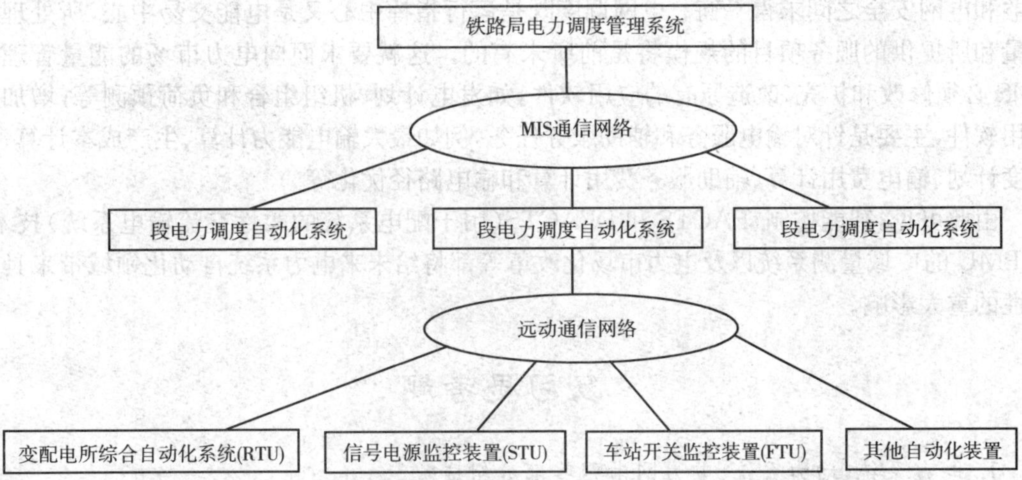

图 3-41　铁路电力自动化系统结构图

七、电力系统自动化的发展

电力系统自动化是一个发展着的概念，其涵盖内容在深度和广度上不断延拓和相互融合，电力系统发展对其自动化的要求也不断提高。电力系统自动化正在发展成为一个集计算机（Computer）、控制（Control）、通信（Communication）和电力电子（Power Electronics）等多种技术构成的有机体，简称“CCCP”。

智能控制是当今控制理论发展的新阶段，主要用来解决那些用传统方法难以解决的复杂系统的控制问题；特别适于那些具有模型不确定性、具有强非线性、要求高度适应性和鲁棒性的复杂系统。智能控制在电力系统工程应用方面具有非常广阔的前景，其具体应用有快关汽门的人工神经网络适应控制、基于人工神经网络的励磁、电掣动以及快关综合控制系统结构、多机系统中的新型静止无功发生器（ASVG）的自学习功能、SCADA-EMS 智能综合等。

柔性交流输电系统（Flexible Alternative Current Transmission System，FACTS）是近年来发展迅速的一项电力系统自动化新技术。FACTS 是在输电系统的重要部位采用具有单独或综合能力的大功率电力电子装置，对输电系统的主要参数（如电压、相位差、电抗等）进行调整和控制，在现有电力一次系统设备不做大变化的条件下，充分发挥现有电网的潜力，有效地提高输电的可靠性、可控性、经济性、输电能力和电能质量。

近年来，基于全球定位卫星系统（GPS）技术和离散傅立叶变换（DFT）原理的同步相量测量单元（PMU）发展非常迅速。作为广域量测系统（WAMS）的核心组件，PMU 能够提供统一时空坐标下的高精度电压和电流相量量测，可显著改善电力系统量测可观测性和状态估计精度，提高系统监控的实时性和准确性。相量测量系统提供了可实时跟踪功角变化轨迹的可能性，从而可通过预测不稳定现象的演化适时决定应采取的控制措施（如切机、快关等）。相量测量装置与常规 RTU 相结合，使调度中心的 EMS 系统功能从稳态向动态转变，将使大电力系统的全局稳定和恢复控制成为可能，是未来电力系统自动化监测技术的发展方向。

此外，随着当前我国电力市场化改革逐步深入，也给电力系统自动化提出了许多新的课题。现代控制中心（原先的电网调度机构）的功能将集系统运行与市场管理于一体，要在商业效益和电网安全之间求得平衡。电网调度既是运行指挥中心又是电能交易中心，所处理的信息量和所提供的服务项目的规模将是前所未有的。这就要求面向电力市场的能量管理系统 EMS 必须修改和扩充，改造原有的应用软件，如发电计划、机组组合和负荷预测等；增加新的应用软件，主要是针对输电服务和辅助服务任务，例如最大输电能力计算、生产成本计算、备用调度计划、输电费用计算、辅助服务费用计算和输电路径优化等。

由此可见，智能控制、FACTS 和 DFACTS（用于配电系统的柔性交流输电系统）技术、基于 PMU 的广域量测系统以及电力市场化改革等都将给未来电力系统自动化领域带来具有变革性的重大影响。

复习思考题

1. 电力系统、动力系统、电力网由哪些部分组成？
2. 电能生产的主要特点是什么？电力系统生产有什么要求？
3. 变电所有哪些类型，各有什么特点？
4. 高压电气设备主要有哪些？
5. 断路器的主要作用是什么？主要有哪些类型？
6. 倒闸操作的基本原则是什么？
7. 电气主接线的基本形式有哪些？各自有何特点？

8. 架空线路的构造包括哪几部分？各部分的作用分别是什么？
9. 电缆的构造包括哪几部分？各部分的作用分别是什么？
10. 电力系统继电保护的主要作用和任务是什么？
11. 继电保护装置通过哪些主要环节完成预定的保护功能，各环节的作用是什么？
12. 继电保护装置的基本要求是什么？
13. 试简述电力系统自动化概念及其主要内容。

第四章　牵引供电系统

第一节　概　　述

一、牵引供电系统组成原理

采用电力牵引的铁路称为电气化铁道。电力机车产生牵引动力，但电力机车本身并不带有能源装置，需要由外界供给电能，因而必须在电气化铁道沿线设置一套完善的、不间断地向电力机车供电的设备，通常把这种设备构成的系统叫做牵引供电系统。

牵引供电系统主要包括牵引变电所和接触网两部分。电力牵引供电系统由国家电力系统或发电厂用专门的高压输电线路供电，并把三相高压电能变为适合电力机车牵引需要的单相电，用馈电线馈送给接触网，通过电力机车的受电弓与接触网的接触导线滑动接触，将单相电引入电力机车主变压器的高压绕组。牵引供电回路是由牵引变电所—馈电线—接触网—电力机车—钢轨回路—回流线—接地网等组成的闭合回路，如图 4-1 所示。

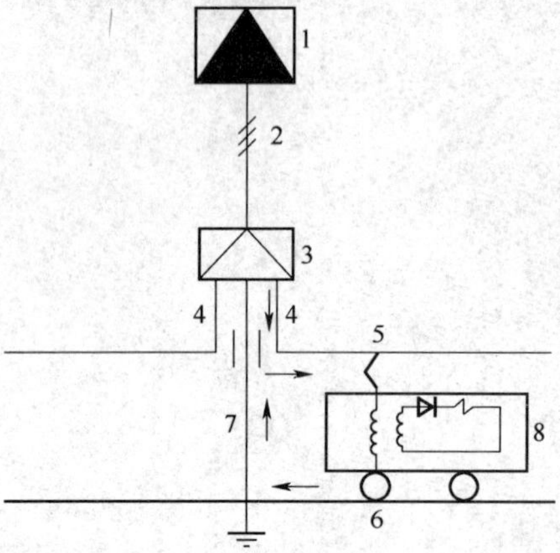

图 4-1　牵引供电系统原理图

1—区域变电所或发电厂；2—三相高压输电线；3—牵引变电所；4—单相馈电线；5—接触网；6—钢轨；7—回流线；8—电力机车

图中 1 和 2 是国家电力系统的组成部分，通常称为电气化铁道的一次供电系统。相对牵引供电系统而言，也称外部供电系统。它由国家电力部门负责建造与管理，其功能是发电、变电和输电。3～7 部分统称电气化铁道的牵引供电系统，由铁路部门修建和管理。其中 3 为牵引变电所，把一次供电系统送来的三相交流高压电变换成较低电压的适合电力机车使用要求的电能；4 为馈电线，把牵引变电所变换后的电能送到接触网；5 为接触网，把电能送到电力机车；6 为轨道、地回路，作为牵引电流回归通路；7 为回流线，把轨道、地回路中的牵引回归电流导入牵引变电所；8 为电力机车，是牵引供电系统的负载。

由图可知馈电线 4、接触网 5、钢轨 6 和回流线 7 构成一个双导线馈电系统，并经由电力机车 8 形成一个电回路。而接触网、轨道、馈电线和回流线组成牵引网，其中接触网和轨道为主体。

在上述牵引供电回路中流通的电流称为牵引电流。因轨道与大地之间有导电的联系，因此牵引电流在流经电力机车后，有部分电流通过轨道进入大地，这部分电流以大地作为导体然后经过牵引变电所的接地网流回牵引变电所的母线。通常，由大地流回牵引变电所的电流称漏泄电流或叫地中电流，简称地回流。

1. 牵引变电所

牵引变电所的作用是将 110 kV 三相交流电变换成 27.5(或 55)kV 单相交流电，并供电给牵引网和电力机车,此外,有少数牵引变电所还需担负地区的10 kV动力负荷。所以,牵引变电所是接受与分配电能并改变电能电压的枢纽,是发电厂到电力机车之间的重要环节之一。它主要由牵引变压器和相应的配电装置构成。根据牵引变压器类型的不同,目前,我国采用的27.5 kV(或2×27.5 kV)工频单相交流牵引变电所主要有单相牵引变电所、三相牵引变电所和三相—两相牵引变电所三种类型。

2. 接触网

接触网是一种悬挂在电气化铁道钢轨上方并和轨顶保持一定距离的链形或单导线的输电网。电力机车的受电弓和接触网滑动接触取得电能。交流电气化铁道接触网额定电压为25 kV。

3. 馈电线

馈电线是连接牵引变电所和接触网的导线。它把牵引变电所变换完备的牵引用电能输送给接触网。馈电线一般采用大截面的钢芯铝绞线。

4. 轨道

在非电牵引的情况下,轨道作为列车的导轨和行车信号之用。在电牵引的情况下,轨道还起导通牵引回归电流的作用,是电路的组成部分。因此,电气化铁道的钢轨应具有通畅的导电性能。

5. 回流线

回流线是与接触网同杆并列架设的、将轨道中的牵引负荷电流回输到牵引变电所的架空输电线。

6. 分区亭

在电气化铁道上,为了提高运行的可靠性,增加供电工作的灵活性,在相邻两变电所供电的相邻两供电分区的分界处常用分相绝缘器断开。若在断开处设置开关设备和相应的配电装置,则组成分区亭。分区亭的结构型式有多种,它与铁路运量、单线和复线、向牵引网供电方式、采用设备的类型等因素有关。

7. 开闭所

开闭所,实际上是起配电作用的开关站。在交流电力牵引系统中,一般在以下两种情况或系统中设置:一是在离牵引变电所较远的铁路枢纽地区,由于站线多,接触网复杂,客货运交会、编组和机车整备作业繁忙,致使发生故障几率增多。为保证枢纽供电可靠性,缩小事故范围,一般将接触网横向分组及分区供电,由开闭所的多路馈线向接触网各分组和分区供电。另一种情况是在AT供电方式的复线牵引网供电臂中间设置开闭所,可提高供电灵活性,缩小事故影响的范围。

对电气化铁路供电系统的基本要求是:

(1)保证向电气化铁路安全、可靠、不间断地供电;

(2)提高供电质量,保证必需的电压水平;

(3)提高功率因数,减少电能损失,降低工程投资和运营费用;

(4)尽量减少单相牵引负荷在电力系统中引起的负序电流和高次谐波的影响;

(5)尽量减少对邻近的通信线路的干扰。

二、牵引供电系统的特点

(1)负荷大。由于牵引质量大(最大超过10 000 t)、速度快(客车最高时速350 km/h),因此列车负荷比城市交通、矿山运输（牵引质量在 1 000 t 以下，运行速度在 100 km/h 以下）大得多。

（2）采用 25 kV 工频交流供电。可以采用功率大的电力机车，减少系统的电压损失和电能损失，降低导线等有色金属的消耗量。而城市交通、矿山运输的供电采用 750～1 500 V 的直流，牵引变电所设有交—直流变换设备。

（3）对电力系统产生负序影响。由于负荷是单相，因此有负序电流流入电力系统。为了减少负序电流的影响，牵引变电所往往采用轮换接线方式和采用三相—二相平衡变压器。

（4）对通信线路产生危险影响和杂音干扰。由于系统中交流电压和电流产生电磁影响，邻近通信线路中有静电感应和磁感应，会造成危及人身安全和设备安全的危险影响；而负荷中的高次谐波电流会在通信设备的端子间产生谐波感应电压，造成杂音干扰，使电话通信质量下降。为了减少上述影响，可在系统中采用对通信线路影响小的供电方式，如 AT 方式、BT 方式等。

第二节　电力系统、牵引变电所、牵引网的供电方式

一、电力系统对牵引变电所的供电方式

电气化铁道用电量较大。我国的电气化铁道均是由电力系统供电的。这样不但保证了电气化铁道供电的可靠性，而且保证了电气化铁道供电的经济性。

铁路是国民经济的大动脉，运输是一个连续生产的过程，一旦中断运输，不仅影响本线，严重的还会影响相邻各线，造成重大政治、经济损失，因此按其重要性应属于一级负荷。在铁道部标准《铁路电力牵引供电设计规范》中规定，电力牵引为一级负荷，牵引变电所应有两路电源供电；当其中任一路发生故障时，另一路应仍能正常供电。

对于两路电源的要求是，当发生故障时两路电源不应同时受到损坏。这两路电源可以由电力系统中不同的区域变电所供电，也可以由同一个区域变电所供电。当由同一个区域变电所供电时，该变电所所有设备均应有备用，如进线、母线、220 kV 降压至 110 kV 的主变压器等至少应有双回，不致因发生故障而影响供电。当由不同的区域变电所供电时，这不同的区域变电所最后也不能是单一电源。

向电气化铁路供电的两路电源，可以都是主用电源，即这两路电源可以同时投入联网或不联网运行，但可随时进行切换使用；也可以是一回主用一回备用，即正常时由主供电源供电，只有当主供电源进行检修或发生故障时，才用备用电源。

供电电压有 110 kV 和 220 kV 两种。110 kV 区域变电所数量较多，分布较广，可以就近供电，牵引变电所受电电压低，投资较低；220 kV 系统容量大，电压稳定，承受负序电流和谐波电流的能力大。直接用 220 kV 送电，还可降低系统的投资，但牵引变电所受电电压较高，投资增大。

电力系统对电气化铁路的供电应保证供电质量，牵引变电所电源侧母线电压变动幅度不应超过额定电压的±5%。

电力系统对牵引变电所的供电方式，即牵引变电所一次侧（电源侧）的供电方式，可分为一边供电、两边供电和环形供电。

1. 一边供电

一边供电就是牵引变电所的电能由电力系统中一个方向的发电厂送来，如图 4-2 所示。

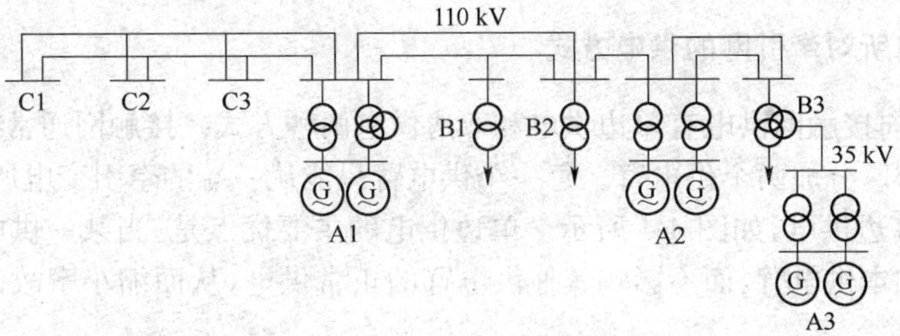

图 4-2　牵引变电所一次侧的一边供电方式

A1、A2、A3 为发电厂，B1、B2、B3 为地区变电站，C1、C2、C3 为牵引变电所。三个牵引变电所通过两路 110 kV 输电线接到发电厂 A1 的 110 kV 母线。发电厂 A1 通过两路 110 kV 输电线接到地区变电站 B2 的 110 kV 母线。地区变电站 B2 还通过单回 110 kV 输电线从发电厂 A2 获得电能。发电厂 A2 还通过两路 110 kV 输电线送电到地区变电站 B3。地区变电站 B3 采用三绕组变压器。其 35 kV 母线与发电厂 A3 连接。由于牵引变电所 C1、C2、C3 与发电厂 A1 的“电距离”要比与发电厂 A2、A3 的“电距离”近得多，所以牵引负荷由发电厂 A1 担负着较大比例的份额。按国家规定，电气化铁道为一级电力负荷。因此，牵引变电所必须由两路输电线供电，而且每路输电线要有各自的杆塔和走线。这样，当一路输电线发生故障或检修时，还有另一路输电线送电，保证牵引变电所不致长时间中断供电。

2. 两边供电

两边供电就是牵引变电所的电能由电力系统中两个方向的发电厂送来。如图 4-3 所示，A1、A2 为发电厂，B 为地区变电站，C 为牵引变电所。牵引变电所的电能从两边分别由发电厂 A1 和 A2 供应。

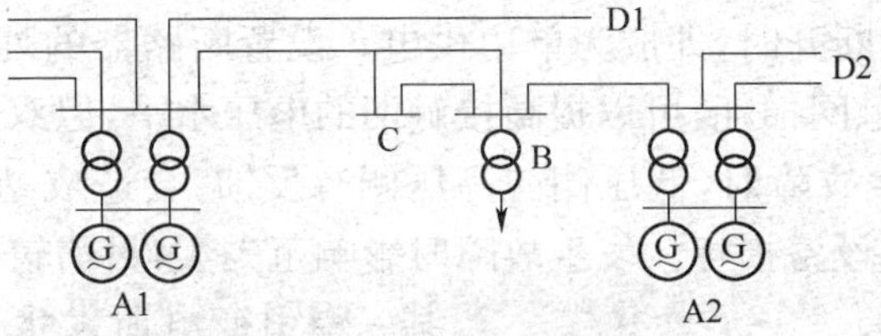

图 4-3　牵引变电所一次侧的两边供电方式

3. 环形供电

环形供电是指若干个发电厂、地区变电站通过高压输电线连接成环形的电力系统，牵引变电所处于环形电力系统的一段环路之中。仍以图 4-3 来说明，如果发电厂 A1 通过输电线 D1、D2 与发电厂 A2 或比 A2 远的电网连接，则形成环形电力系统。于是牵引变电所 C 将处于环形电力系统中的一段环路之中。

牵引变电所一次侧供电方式，究竟采用一边供电，还是两边供电或环形供电，决定于电气化铁路所经过的地区电力系统的具体情况。两边供电或环形供电，比一边供电有更高的可靠性和更好的供电质量，前者的优势主要表现在当任一座发电厂发生故障时，电气化铁路的供电都不会中断；后者的优势则主要表现在供电系统频率稳定、电压波动的幅度较小。因此，牵引变电所一次侧供电方式，应尽可能采用两边供电或环形供电。

二、牵引变电所对牵引网的供电方式

牵引变电所向接触网供电有单边供电和双边供电两种方式。接触网通常在相邻两个牵引变电所的中央断开，分成两个供电臂。每一个供电臂只能从一端的牵引变电所获得电流，这种供电方式，称为单边供电，如图 4-4 所示。单边供电的主要优点是：当某一供电臂内接触网发生故障时，只影响本供电臂，而不影响其他供电臂的正常供电，从而缩小事故范围。我国一般采用单边供电。

对于复线电气化区段，除单边供电方式外，较多的采用图 4-4 所示的单边上、下行同相并联供电方式。图中在两相邻牵引变电所之间的供电分区分界点设置分区所(具有断路器)，分别将两个供电分区上、下行接触网并联，使每个供电分区实现同相并联供电，从而可降低牵引网电压损失和功率损失，与单线两边供电的效果相似。若复线上、下行牵引网实行分开的同相单边供电，由于上、下行机车负荷不同，致使上、下行接触网之间将出现较大电压差，当机车通过道岔时，往往产生电弧放电将机车受电弓和接触网有关设备烧损，严重时甚至导致短路故障，使馈线断路器跳闸而停电。因而，在复线区段普通采用单边上、下行并联供电方式。

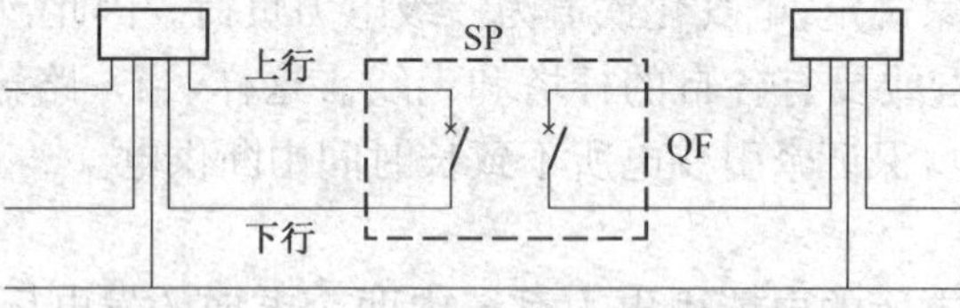

图 4-4　复线上、下行并联单边供电

双边供电，如图 4-5 所示，是在相邻两个牵引变电所之间的接触网中央断开处设置断路器，需要时将断路器闭合，则相邻牵引变电所间的两个同相接触网供电臂可同时从两个牵引变电所获得电流。当断路器断开时，即成为单边供电。设置断路器的处所称为分区亭。双边供电均衡了负荷，降低了接触网损耗，可以提高接触网的电压水平，但双边供电后形成环网，当牵引变电所电源侧线路发生故障时，低压侧向高压侧有反馈，会造成继电保护设置困难。严重时，原边电压会升高，造成设备损坏。发生故障时影响范围大，目前较少采用。

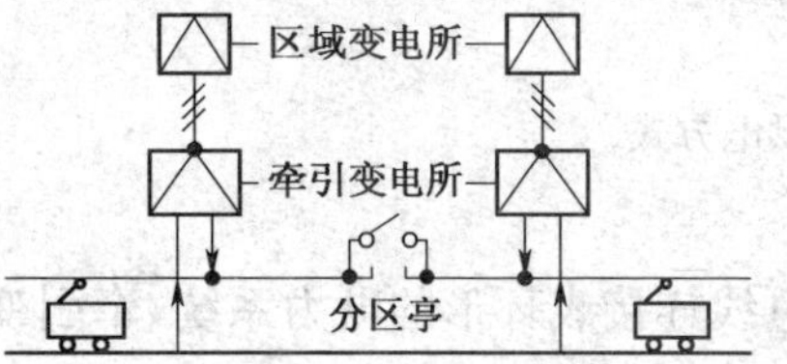

图 4-5　双边供电原理图

当某一牵引变电所发生严重故障或由于某种原因不能对供电臂正常供电时，该变电所所负担的供电臂通过接触网上的联结开关，由两侧相邻的牵引变电所临时供电，这种非正常供电方式称为越区供电。越区供电时，相邻变电所的供电范围扩大，严重影响供电质量，一般不允许，只是在保证客运和重点列车正点运行等情况下采用，作为避免中断行车的一种临时措施。

三、牵引网的供电方式

针对牵引网的结构，采取不同的技术措施和装备，以减少牵引网对邻近通信线的干扰，降低牵引网电压损失和电能损失，提高电气化铁道效益，从而形成了牵引供电系统不同的供电方式。供电方式主要有直接供电方式、带回流线的直接供电方式(简称 DN 供电方式)、吸流变压器(Booster-Transformer)—回流线供电方式(简称 BT 供电方式)和并联自耦变压器(Auto-

Transformer)供电方式(简称 AT 供电方式)等几种。

1. 直接供电方式(简称 TR 供电方式)

直接供电方式是在牵引网中不加特殊防护措施的一种供电方式。电气化铁路最早大都采用这种供电方式，它的一根馈线接在接触网(T)上，另一根馈线接在钢轨(R)上，如图 4-6 所示。这种供电方式最简单，投资最省，牵引网阻抗较小，能耗也较低。供电距离单线一般为 30 km 左右，双线一般为 25 km 左右。电气化铁路是单相负荷，机车由接触网取得的电流经钢轨流回牵引变电所。由于钢轨与大地是不绝缘的，一部分回流电流由钢轨流入大地，因此对通信线路产生电磁感应影响。这是直接供电方式的缺点。直接供电方式一般采用在铁路沿线无架空通信线路或通信线路已改用地下屏蔽电缆的区段。

2. 带回流线的直接供电(DN)方式

直接供电方式牵引网结构简单经济，主要缺陷是它将对沿线平行接近通信线产生电磁干扰影响，因而限制了它的实际应用。为了减轻牵引网的电磁干扰影响，可在接触导线平行位置(支柱另侧)增加金属回流导线 NF，并隔一定距离设置连接导线将回流导线与钢轨并联，从而构成回流导线和钢轨—地回路的回流设施，如图 4-7 所示。这种供电方式称为带回流线的直接供电方式(简称 DN 供电方式)。

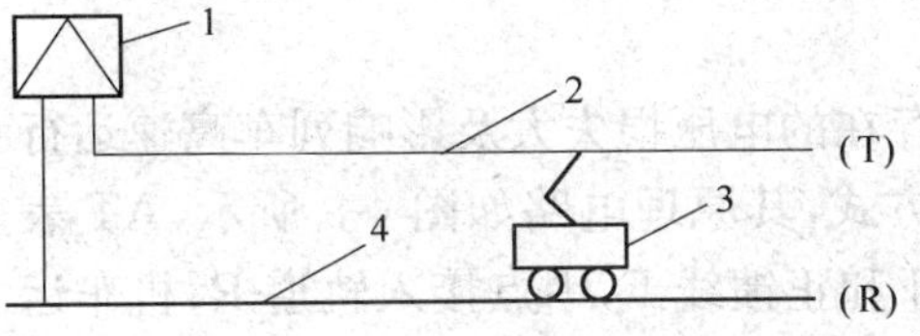

图 4-6　直接供电方式

1—牵引变电所；2—接触网(T)；3—机车；4—钢轨(R)

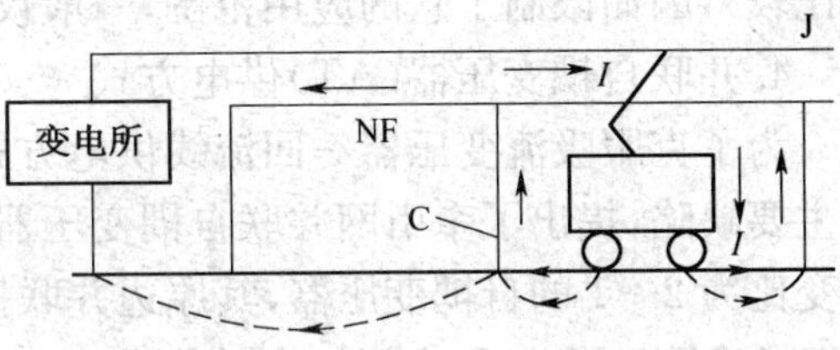

图 4-7　带回流线的直接供电方式

J—接触导线；NF—回流导线；C—连接导线

从图中可知，由于 NF 线和钢轨并联连接，使正常运行时钢轨中负荷电流的一部分分流到 NF 中去，从而可降低钢轨对地电位，减少流入地中的电流。同时 NF 线与接触导线距离较小(按 25 kV 绝缘距离要求)，增强了对接触网负荷电流磁场的去磁效应。由于这两方面的原因，可减轻对通信线路的干扰影响，并使牵引网单位阻抗降低，有利于减小电压损失和功率损失。若对回流线网(NF 线与连接导线)结构布置和参数选择进行优化，可以有效提高抗干扰的效果。DN 供电方式相对于 BT 和 AT 供电方式，其牵引网结构较简单，经济性较好，因而在国内外得到了广泛的应用。

3. 吸流变压器(BT)—回流线供电方式

在图 4-7 的基础上，如果在牵引网的接触导线和回流线中串联接入变压比为 1∶1 的吸流变压器 BT，即构成吸流变压器—回流线供电方式，其原理如图 4-8 所示。图中，牵引网每隔 l_0(2～4 km)设置一台 BT，称为供电分段，BT 设在分段中央，其原边接入接触网 J，副边串入回流线 NF 中。当牵引负荷电流经 BT 原边时，其副边产生很大的互感电流，迫使负荷电流沿回流线流回牵引变电所而不经由轨道和大地(仅 BT 原边的激磁电流仍流经轨道和大地返回)。从而极大地减弱了牵引网周围的磁场，有效降低了牵引电流对邻近通信线的干扰影响。

然而，吸流变压器—回流线供电方式也存在着一定缺陷，即在一定范围内失去吸流防护效应。例如当电力机车处于 d 点时(见图 4-8),cd 段回流线中没有电流通过;电力机车在 a 点时,ab 段接触网中没有牵引电流。这两种情况下都不能产生防护(抗干扰)作用,其失效距离为分段距离 l_0 的一半,称为半段效应。由于 l_0 相对整个供电区长度来说较小,且同一时刻只有处在一个分段中机车的负荷电流,而不是牵引网总电流在该分段产生半段效应,它对整个供电区抗干扰的影响是有限的。但牵引网中串联接入大量吸流变压器的短路阻抗,将使牵引网电压水平降低,并增大功率损失,接触导线断口串联接入 BT 原边绕组,对列车运行速度会产生不利影响,并在机车通过断口时,受电弓将产生大电弧而受到烧损。此外,吸流变压器—回流线装置的设备增多(含 BT 的保护避雷器等),投资增大,运营维护复杂(均与 DN 供电方式相比较),因而限制了它的应用范围,一般仅在靠近城市通信线路密集的电气化区段中采用。

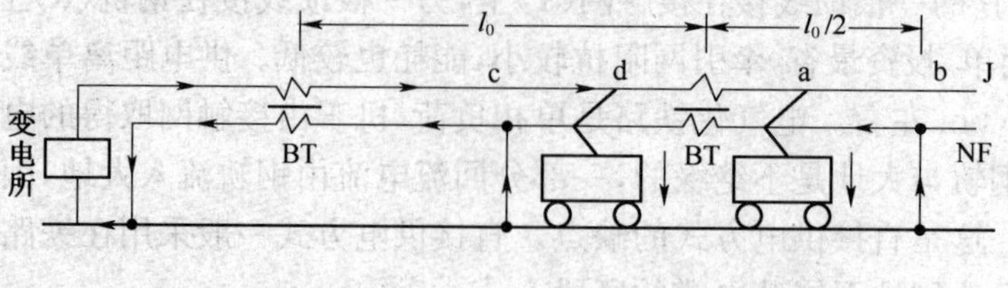

图 4-8　吸流变压器—回流线供电方式原理电路图

4. 并联自耦变压器(AT)供电方式

为了克服吸流变压器—回流线供电方式在技术上存在的电压损失大及影响列车高速运行等主要缺陷,提出了牵引网并联自耦变压器(AT)供电方式,其原理电路如图 4-9 所示,AT 表示变比为 2∶1 的自耦变压器,其原边并联接入接触网 J 和正馈线 F,中点接入轨道 R,机车运行于 AT 副边的 J、R 之间。在结构上,AT 供电方式用自耦变压器取代了 BT,正馈线的作用及其布置与回流线相同,但两个 AT 之间距离可增大至 10～20 km(称为 AT 段),并消除了接触导线由于串入 BT 而存在断口的问题。

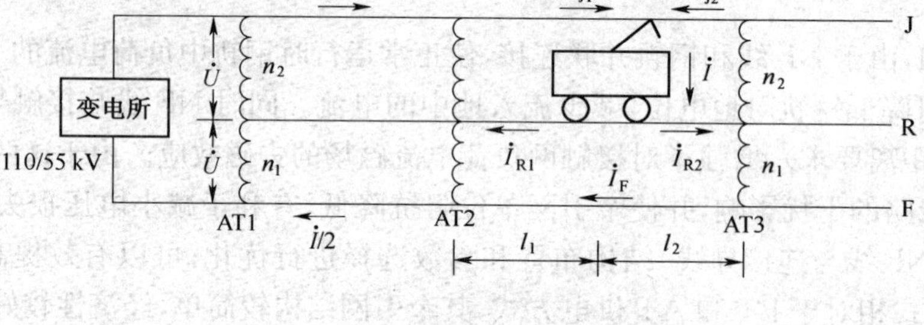

图 4-9　自耦变压器供电方式原理图

AT 供电方式对邻近通信线的抗干扰原理及其优点,现分析介绍如下:

首先假定自耦变压器阻抗为零,AT 的原绕组 n_1 与 n_2 串联接于电源,n_2 连接负载。如图所示,当电力机车处于两台 AT 之间(AT 段)时,设牵引电流为 I,对段内同时由 AT2、AT3 的副绕组 n_2 供电,其值分别为 I_{J1} 和 I_{J2}(与机车和 AT2、AT3 的距离 l_1、l_2 成反比例分配),两电流同时经轨道—地回路并有部分流入大地,均在 AT2、AT3 的原绕组 n_1 感应电流作用下,被吸流流至正馈线 F。此时段内两台 AT 中每台的串联绕组 n_1 和 n_2 中的负荷电流总是大小相等,方向相反,其所产生的磁通相互抵消。需要指出,在上述 AT 段 l_1 和 l_2 长度内由于有地中电流存在,牵引网产生的电磁影响是相等且相反的。对平行于该 AT 段的通信线不产生感应。机车所处 AT 段以外的其他 AT 可以认为不提供牵引电流。

实际上由于自耦变压器存在阻抗且容量是有限的，因而远离机车的 AT 也提供部分牵引电流，致使全部供电区的轨道—地回路中都有电流流通，并相应地存在地中电流，导致对邻近通信线路产生电磁感应影响。但由于 AT 阻抗很小(一般为 0.45 Ω)，因而机车所处 AT 段以外的每台 AT 向机车供给的牵引电流较小，可有效降低全线的感应影响，其防护效果与吸流变压器—回流线供电方式相当。

AT 供电方式的主要技术经济特性是：

(1)牵引网传输功率和电压水平提高，由于 AT 原边为二倍接触网电压(2×25 kV)，只有 1/2 牵引电流通过接触网和正馈线，有利于牵引网传输大功率电力。同时，牵引网的电压损失和功率损失大幅度降低，可提高电压水平，增强运营的经济效益。

(2)牵引网电压提高为 2×25 kV 后，牵引变电所的间隔可增大为 90～100 km(比 BT 方式增大 3 倍)，变电所主变压器副绕组和相应开关设备绝缘水平应提高，牵引网单位阻抗比 BT 方式有较大降低，但牵引网结构较复杂，并在沿线设置若干台自耦变压器及相应的开关设备和避雷器等(称为 AT 站)，使牵引网系统(含 AT 站)的造价增大，维护运行工作增多。

(3)对通信线防干扰特性和效果较好，且接触导线不需断口(BT 方式需要)，有利于列车高速运行。

总之，采用 AT 供电方式时，应作牵引供电系统(含牵引变电所有关设备)的全面综合技术经济比较，尽量发挥它的技术优势。在高速重载电气化区段 AT 供电方式有较大的适用性，也可按不同地区采用 AT 方式与 DN 方式相结合(部分为 AT 或部分为 DN 方式)的综合供电方式。

5. 同轴电力电缆供电方式(简称 CC 供电方式)

CC 供电方式是一种新型的供电方式。同轴电力电缆沿铁路线路埋设，其内部芯线作为馈电线与接触网连接，外部导体作为回流线与钢轨相接。每隔 5～10 km 作一个分段，如图 4-10 所示。由于馈电线与回流线在同一电缆中，间隔很小，而且同轴布置，使互感系数增大，所以同轴电力电缆的阻抗比接触网和钢轨的阻抗小得多，牵引电流和回流几乎全部经由同轴电力电缆中流过。因此电缆芯线与外部导体电流相等，方向相反，二者形成的磁场相互抵消，对邻近的通信线路几乎无干扰。由于阻抗小，因而供电距离长。但由于同轴电力电缆造价高，投资大，现仅在一些特别困难的区段采用。

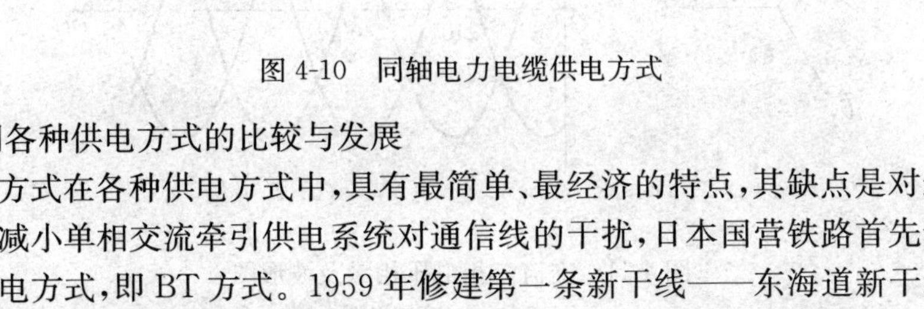

图 4-10　同轴电力电缆供电方式

6. 牵引网各种供电方式的比较与发展

直接供电方式在各种供电方式中，具有最简单、最经济的特点，其缺点是对通信线的干扰较严重。为了减小单相交流牵引供电系统对通信线的干扰，日本国营铁路首先试验并采用了吸流变压器供电方式，即 BT 方式。1959 年修建第一条新干线——东海道新干线时就采用了 BT 供电方式。此外，如法国、英国等国家也有相当大的部分电力牵引供电系统中，采用了这种供电方式。

近年来,随着列车速度的提高和运量的增加,为适应高速、密集行车的需要,AT 方式正在取代 BT 方式。日本山阳、东北、上越新干线都采用 AT 供电方式。法国修建的巴黎、里昂高速新干线同样采用 AT 供电方式。俄罗斯和欧美一些国家也研究和采用了这种供电方式。日本国铁已将 AT 供电方式定为国家标准。现在,日本在这方面已积累了相当丰富的理论和实践经验,在这一技术领域中,处于世界上的领先地位。国际电报电话咨询委员会(CCITT)曾经委托日本编制 AT 供电方式的文件,列入其"总则"。

由于新技术的不断发展,电子技术广泛应用,直接供电方式又被世界上许多国家重视起来。日本国营铁路成立了专门小组,进行研究与试验工作。另外美国矿区和西非部分铁路,已将电压提高到 50 kV 的直接供电方式。

同轴电缆(CC)供电方式,虽有较多的优点,但由于电缆价格昂贵,目前,除日本东海道新干线仅有 3 km 区段试用外,其他各国尚未应用于实际。

从国际范围来说,到目前为止,只有 BT 和 AT 两种供电方式适应高速电力牵引供电的要求,而且其中 AT 供电方式更能满足高速度、大电流列车运行的需要。因此,AT 方式优于 BT 方式,在高速铁路中得到了更广泛的应用。

第三节　牵引供电系统中的特殊问题

交流电气化铁路与一般工业用户不同。它是一个不对称的单相牵引负荷,因此,会造成电力系统三相负荷的不平衡,对电力系统的运行产生不良影响,主要是负序和谐波。另外,当牵引电流流过接触网时,要在接触网导线周围产生电场和磁场,这种电场和磁场会对邻近的通信和广播线路产生危险和干扰影响。因此需要采取有效措施,降低其影响。

一、负序的影响及对策

1. 负序电流

电力系统是一个三相系统,用三根线输送频率相同但相位不同的电,三相电的相间电压变化相差 120°,三相电压波形及其相量如图 4-11 所示。图中 E_U 为 U 相电压相量,位置处于 0°。,而 E_V 为 V 相电压,位置比 U 相滞后 120°,E_W 又比 E_V 滞后 120°。随着时间的变化,E_U、E_V 和 E_W 三个相量逆时针方向旋转,这就得出波形图中三个电压波形。

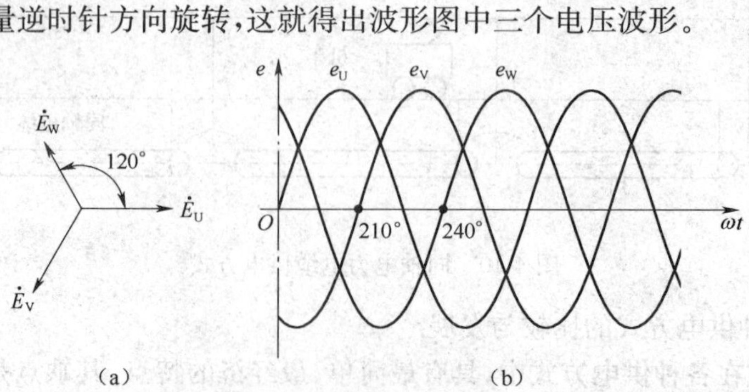

图 4-11　交流三相电压相量及波形图

(a)相量图;(b)波形图

一般的三相负荷是对称的，但有时三相负荷是不对称的，也即三相负荷大小不同，相间相差不是 120°。一个三相不对称的负荷可以采用对称分量法分解为正序、负序、零序三个对称分量，如图 4-12 所示。

正序分量，它的三个相量大小相等，相位相差 120°，其相序与系统正常运行方式的相序相同，其相序排列按顺时针方向排列。如图 4-12(a)所示，图中相量可以为电流、电压等任何电气量。

负序分量，它的三个相的相量大小相等，相位相差 120°，其相序与系统正常运行方式的相序相反，其相序排列按逆时针方向排列，如图 4-12(b)所示。

零序分量，它是一个特殊的相序相量，由三个大小相等，相位相同的相量组成，如图 4-12(c)所示。

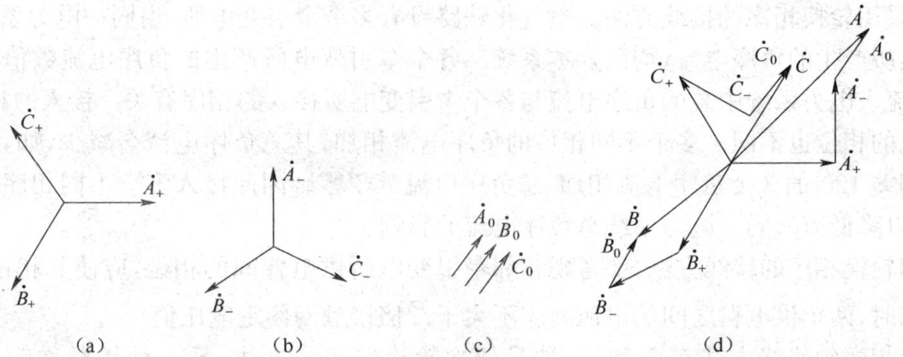

图 4-12　对称分量及其合成

(a)正序分量；(b)负序分量；(c)零序分量；(d)各对称分量合成

2. 负序的影响

电气化铁路牵引负荷是单相负荷。牵引变电所用两相分别向两边接触网供电，是一个不平衡负荷。按对称分量法可以分解为正序和负序，但没有零序，由于负序分量的相序与电力系统正常运行的相序相反，因此对三相电力系统产生不良影响。

(1)对发电机的影响。

①出力下降。从发电机的安全运行考虑，每相电流均不应超过额定值。当其中一相达到额定值，而其他相达不到额定值时，实际上发电机的出力下降了。因此限制了发电机的出力，否则将超过额定温升。

②产生附加振动。由于负序电流产生的负序磁场旋转的方向与发电机旋转方向相反，因此负序磁场实际上是以 2 倍的转速切割转子，产生负序转矩，使发电机产生附加振动。

③造成定子各部分不均匀发热和转子表面发热。

(2) 对电动机的影响。由于负序电流流入电力系统时产生负序电压，造成电动机端子三相电压不对称，而使正序分量减小。当电动机的机械功率不变时，必将引起定子电流的增加，并造成各相电流的不平衡，从而降低运行效率，使电动机过热。

对感应电动机端子的允许不对称电压数值，在设计中，通常以 10 kV 母线上不大于 5%为准。

(3)对电力变压器的影响。由于负序电流造成三相电流不对称，因而电力系统三相变压器有一相电流最大，不能有效发挥变压器的额定出力，而使变压器容量利用率下降，同时还会造成变压器附加能量损失和铁芯附加发热。

(4)对输电线路的影响。负序电流流过电力网时,负序功率实际上并不做功,而只造成电能损失,降低了电力网的输送能力。

(5)对继电保护的影响。对采用以负序为特征的继电保护产生不良影响,当继电保护整定值小于负荷中的负序值时,继电保护将会误动作。严重时可能使既有继电保护装置不能使用,需要重新配置保护,增加了保护的复杂性。

3. 对负序影响的对策

(1)采用不同接线形式的变压器。不同接线形式的变压器,流入电力系统的负序不一样。电力机车是单相负荷,但牵引变电所可以用同一相或两个不同相分别向两边供电,因此可以根据不同情况选用不同接线形式的变压器。

(2)采用轮换相序的接线方法。电气化铁路设有多个牵引变电所,由同一电力系统供电的牵引变电所产生的负序电流,均流入本系统。各个牵引变电所产生的负序电流数值是不能改变的,但流入电力系统中总的负序电流与各个牵引变电所接入的相序有关。接入的相序不同,负序电流的相位也不同。多个不同相位的负序电流相加,其总负序电流会减少,如,数值相等而相位相差 120°的 3 个负序电流相加,总负序电流等于零。因此接入多个不同相序的牵引变电所,可以降低流入同一电力系统总负序电流的影响。

采用轮换相序的接线方法,要考虑相邻牵引变电所供电臂间的相位,应使其相位相同,当相位不同时,两个供电臂之间的电压差应不大于$\sqrt{2}$倍接触网额定电压值。

轮换相序的接线方法有两种,一种是依次轮换的接线方法,另一种是对称轮换的接线方法。

(3)电力系统采取的措施。为减少负序对电力系统的影响,除电气化铁路采取措施外,电力系统也可以采取措施降低其影响:

①在发电厂或枢纽变电站安装特殊的同期调相机。这种同期调相机承受负序电流的能力较大,负序阻抗较低,可用来吸收负序电流,但投资较大。

②在电力系统的运行方式上作适当改变。一些小容量的发电机组不联网运行或增大其接入电力系统的阻抗,改变负序电流的分配,以减少负序电流流入小容量发电机组。

③改变一些以负序为特征的继电保护整定值或采用其他保护方式,避免继电保护误动作。

二、谐波的影响及对策

1. 谐波

我国电力系统的频率是 50 Hz,即每秒钟变化 50 次,其波形是正弦波,这是电路中的基波。谐波是其他频率的电量,其波形也是正弦波。如频率 100 Hz 的电量,即为 2 次谐波,150 Hz 的电量为 3 次谐波,依此类推。其中 2、4、6 等次谐波称偶次谐波;而 3、5、7 等次谐波称为奇次谐波。高于 2 次的谐波称为高次谐波。

一个非正弦波的周期量,可以用数学公式傅里叶级数展开为各种不同频率的正弦波分量,因此,也可以说这个非正弦波周期量是由基波和各次谐波所组成的。

我国电力机车采用直流牵引电机,电力机车从接触网接受的工频单相 25 kV 交流电,通过变压器降压后整流成直流电供给牵引电机,SS_1 型电力机车采用中抽式全波整流,SS_2 型电力机车采用 8 级晶闸管级间平滑调压桥式整流。因此,接触网电流产生畸变,SS_1 型电力机车负荷电流波形如图 4-13 所示。

电力机车负荷电流中仅含有奇次谐波，不含有偶次谐波。随机车型式不同，谐波电流含有率也不同。

2. 谐波的影响

(1)高次谐波可以引起电力系统内部的谐振。为提高功率因数或提高电压，在电力系统安装有并联或串联电容器。高次谐波电流可能引起谐振，并联电容补偿装置谐振时，可能引起高次谐波的放大，串联谐振时，可能引起串联回路中元件过负荷。

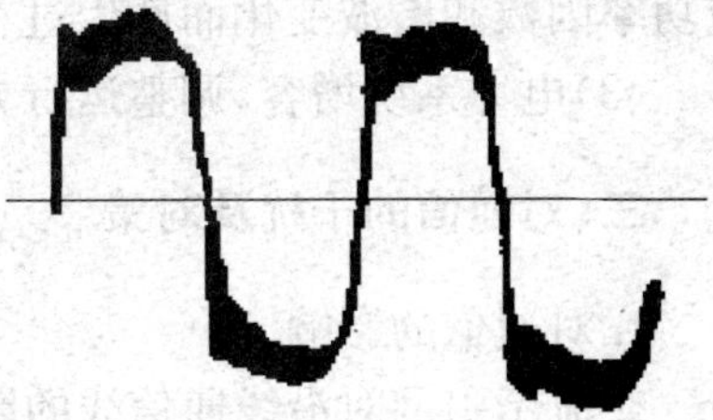

图 4-13　SS_1 型电力机车电流波形

(2)对发电机的影响。

①高次谐波产生旋转磁场，引起振动扭矩。各次谐波在电机中都产生旋转磁场，谐波次数不同，旋转磁场的频率与方向也不同。相对基波产生的磁场，有相对转速。5 次谐波引起的磁场以 5 倍速度向基波磁场相反方向旋转，因此，磁场对转子回路是以 6 倍相对速度交链，感应出 6 倍基波频率的电压，引起振动扭矩。

②引起同步电机阻尼绕组过热甚至损坏。高次谐波产生旋转磁场感应出的电动势在阻尼绕组中引起电流，当感应电流过大时会引起阻尼绕组过热甚至损坏。

③引起发电机转子附加损失。当发电机带有不平衡负荷时，其中含有负序电流，在转子回路中感应出 2 倍基波频率的电流。当负序电流与高次谐波电流同时存在时，则发电机转子回路内感应的频率不是 2 倍，而是感应出 6 倍或 12 倍频率的电流。因此，存在一个与高次谐波电流产生损失相等的等价负序电流，这个等价负序电流会造成附加损失。

④同理，也增加了定子线圈和转子铁芯的附加损失。

(3)对电容器和串联电抗器的影响。由于高次谐波电流的流入，增加了电容器和串联电抗器的附加损耗，引起设备温升的增加，同时也增加了谐波电压。

(4)对变压器的影响。

①由于谐波电流在铁芯中产生的磁通变化，频率高于基波电流，因此引起噪声。

②增加了变压器的铁损与铜损。

③使励磁电流产生畸变。

(5)对电气计量仪表的影响。高次谐波对电气计量仪表，特别是电度计量仪表的影响较大。由于感应电度表频带狭窄，不能准确计量畸变电流的电度量，造成计量的误差。

(6)其他影响。

①由于电压波形畸变，含有高次谐波，因控制信号相位变化而引起相位控制装置发生误控现象。

②影响继电保护动作特性。

③影响计算机正常工作。

④影响收音机、电视机等的收视效果，产生噪声及图像闪动。

铁道部提出电气化铁路谐波引起总畸变率(不含电力系统原有的电压畸变率)为 3%。

3. 对谐波影响的对策

(1)在牵引变电所中安装并联电容补偿装置。一方面改善功率因数，一方面起滤波作用。装置中的参数选择以滤去 3 次谐波为主，一般感抗与容抗比取 0.12～0.14，可以滤去部分 3 次谐波。

(2)在机车上安装并联电容补偿和滤波装置。在电力机车变压器二次侧安装 3 次和 5 次独立支路，可以改善功率因数，同时滤去部分3次和5次谐波。在机车上安装并联电容补偿和滤波装置可以在产生谐波的地方滤波，可以避免在牵引变电所安装并联电容补偿装置，不能适应功率因数和谐波变化而产生过补偿或欠补偿的问题。

(3)电力系统增容，调整运行方式等。

三、对通信的干扰及对策

1. 对通信的影响

交流牵引网对沿线通信线的影响，按其作用的性质可分为静电影响和电磁影响。两种影响分别由牵引网电场的静电感应和牵引网电流的交变磁场的电磁感应所引起。牵引网对沿线通信线的静电感应和电磁感应有可能在通信电路中产生危险电压，使通信设备绝缘遭到破坏，甚至危及操作和维护人员的安全。牵引网的电磁感应还可在通信线路中产生高频杂音，降低通信质量。

另外，由于牵引电流流入大地，使大地在不同地点出现不同的电位，而对通信线产生传导影响。但这种影响仅限于对以地为回路的单导线通信电路。这种以地为回路的电路有两个位于不同地点的工作接地，当牵引电流使两个接地点之间出现电位差时，将在通信电路中出现干扰电流。牵引电流经轨道流入地下，还使轨道产生对地电位。所以必要时在站场须将轨道接地。

对邻近通信线的影响的防护，是一个重要的技术课题。一方面是因为其影响，特别是杂音干扰，往往涉及国家的重要电信线路。另一方面也是由于消除这些影响的措施往往投资大，涉及的技术问题也较多。

当牵引电流流过接触网时，要在接触网导线周围产生电场和磁场，这种电场和磁场会对邻近的通信和广播线路产生危险影响和杂音干扰影响。

(1)危险影响。危险影响是指通信线路受交流电气化铁路的电磁感应及入地电流的作用而产生的电压和电流足以危及通信设备的运行，危及维护人员的生命安全，损坏线路、设备和仪器，引起房屋火灾或铁路信号设备误动作等的影响。

按照影响的起因又可分为磁感应影响、静电感应影响和地电位影响。

①磁感应影响是指接触网牵引电流所产生的交变电磁场，通过通信线路与接触网之间的互感而产生的对通信线路和设备的影响，如图4-14所示。根据电磁感应原理，由接触网电流产生的磁力线切割邻近的通信线路，在其上产生感应纵电动势。它的大小不仅与接触网电流大小有关，而且与通信线路和接触网间的接近距离、通信线路与接触网的平行接近长度以及周围大地导电率有关。接触网电流越大、接近距离越近、平行接近长度越长及大地导电率值越小，感应的纵电动势就越大；反之，感应的纵电动势就越小。

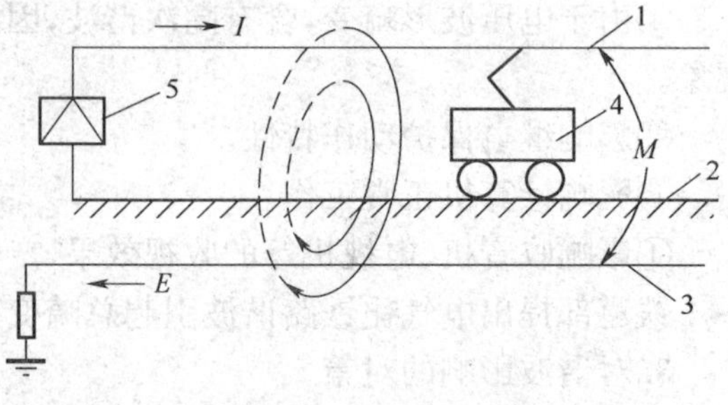

图4-14　对通信线路的磁感应影响
1—接触网；2—钢轨；3—通信线；4—机车；
5—牵引变电所；M—互感系数

感应电压对人体和设备的危险影响，在很大程度上还取决于感应电压对人体和设备的作用时间的长短。接触网正常工作时，感应电压较小，但持续时间长；当接触网发生短路故障时，感应电压较高，但持续时间短。因此在规定允许值时，应有区别。

②静电感应影响是指接触网对地电压所产生的电场而引起的影响。由于接触网与通信线路间以及通信线路与大地间存在着耦合电容，而使通信线路产生对地电压。当人体碰触通信线路时，通过人体形成静电电流，如图 4-15 所示。

当接触导线加电压 U 后，则在通信线路上产生静电感应电压 U_{jj}，静电感应电压 U_{jj} 的大小与静电电容 C_{12}、C_{11} 和接触导线所加电压 U 有关，而与接触网中是否有电流无关。静电电容与两导线的位置有关，当两导线间的距离越近时，C_{12} 越大，静电感应电压也越大；反之两导线间的距离越远，则 C_{12} 越小，静电感应电压也越小。因此，当一般通信线路与接触导线的平行接近距离小于 100 m 时，对静电感应电压的影响不容忽视，应充分考虑；当大于 100 m 时，可以忽略这部分影响。由于大地为静电屏蔽体，所以对地下直埋电缆和有金属护套并接地的架空电缆，一般不考虑其静电感应影响。

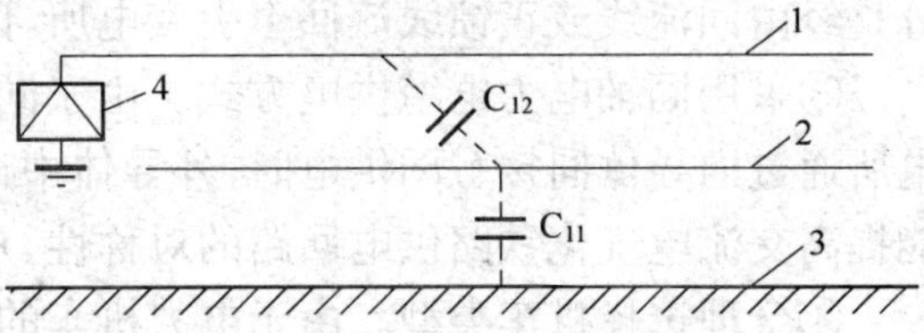

图 4-15　对通信线路的静电感应影响
1—接触网；2—通信线；3—大地；4—牵引变电所

③地电位影响是指接触网电流通过钢轨回流时，通过钢轨与大地之间的漏导入地，使入地点及附近的大地电位升高而引起的对邻近的通信线路或设备接地装置的电位的影响。尤其是在接触网发生短路故障时，瞬时短路电流很大，短路点处地电位升高很大，也会引起设备损坏或人身伤害。地电位升高的大小与短路电流值、大地导电率及通信线路和设备的接地点与短路点间的距离有关。

牵引供电系统中，对危险电压和危险电流的允许标准可归纳为下列几条：

①在接触网正常工作状态下，在所有形式的通信线路中感应的纵电动势不得超过 60 V。在特殊困难的情况下，允许达到 150 V，这时通信线路的维修必须采取特别防护措施。

②在接触网短路故障状态下，在架空明线通信线中感应电势不得超过 430 V；而电缆芯线中感应电势不得超过电缆绝缘试验电压的 60%。

③当人体同时触及到遭受静电感应影响的通信线与地时，通过人体的静电感应电流不得超过 15 mA。

(2)杂音干扰影响。杂音干扰影响，是指通信线路因受交流电气化铁路接触网谐波电压和谐波电流的感应而产生的电压和电流，足以损坏通信设备正常工作的影响，如电话回路中产生杂音，降低传输质量，使电报信号和数据传输失真等。

产生杂音干扰影响的原因是，当电力机车取流时，其主变压器在整流换相过程中，在电流和电压中产生大量谐波分量，如图 4-13 所示。当通过接触网传输时，与接触网的分布电容和电感等参数产生谐振，而形成谐波电压和电流，其谐振频率为基波的奇数倍，而且主要分布在 13 到 27 次谐波频率范围内，这些谐波频率均处于人耳最敏感的音频频段，因此，在音频回路中产生杂音干扰影响。

2. 防护措施

当交流电气化铁路对通信和广播线路的影响超过容许值标准时，应采取防护措施。防护措施可以从两个方面考虑：一个是从干扰源方面，即从电气化铁路方面采取措施，降低其影响；另一个是从被干扰的设备方面，即从通信和广播线路方面采取措施，减少对它的影响。

(1)电气化铁路方面的防干扰措施

①设置架空回流线。利用接触线与架空回流线间的互感作用,提高供电回路的对称性,使大部分回流电流经由架空回流线流回牵引变电所,减少对通信线路的影响,一般在影响超过容许值标准不大时,可采用这种措施。

②采用吸流变压器供电方式或自耦变压器供电方式。由于这两种供电方式的回流绝大部分是经由回流线或正馈线流回牵引变电所,因此减轻了对通信和广播线路的影响。

③采用同轴电力电缆供电方式。由于同轴电力电缆内外导体之间互感系数大,当牵引变电所通过内导体向接触网供电时,外导体中产生的感应电流接近于内导体中的馈电电流,因此能提高交流电气化铁路供电回路的对称性,从而降低了对通信和广播线路的影响。

④合理选择机车类型。由于电力机车的整流方式不同,在整流过程中产生的谐波也不相同,对通信和广播线路干扰影响的程度也不同。

(2)通信线路方面的防干扰措施

①在通信线路中加装中和变压器、屏蔽变压器、分隔变压器、幻通谐振变压器以及放电器等。

②在一些通信机械设备上加装防护滤波器、谐振短路器、谐振分路器、杂音抑制器、杂音补偿器等。

③单线回路改为双线回路。

④在电杆上架设金属屏蔽地线或沿电杆及电缆径路在地下敷设金属屏蔽地线。

⑤架空明线迁移至远离电气化铁路的地方。

⑥架空明线改为地下屏蔽电缆。

⑦采用光缆。

⑧与牵引变电所接地装置保持一定距离。

四、其他的影响及防护措施

1. 对无线电通信设备的干扰影响及防护措施

无线电通信接收设备工作时,由天线接收无线电信号,经选择放大和处理后,得到有用的信号。天线在接收到有用信号的同时,也会接收到空间存在的同频率的其他无线电信号和无线电干扰噪声,影响无线电设备的正常工作,从而形成无线电干扰影响。无线电干扰噪声产生的原因是多方面的,交流电气化铁路就是其中的一个原因。

交流电气化铁路产生无线电干扰的原因有以下几个方面:

(1)电力机车是通过受电弓从接触网取流的,由于电力机车在铁路上运行时,受电弓与接触线是滑动接触的,电力机车在走行时产生的振动及接触线受外力作用发生的波动,使受电弓与接触线的接触不可能十分完好密贴,因而在机车运行中会发生受电弓离线情况。离线时受电弓和接触线间将产生电火花,而引发一系列无线电干扰脉冲,这些电火花在夜间可以看得很清楚。这种电火花干扰是伴随着电力机车运行产生的,在没有电力机车运行时不会产生干扰。

(2)电力机车内的各种电机和调压器、开关设备在正常工作时也会发生电火花,产生无线电干扰。由于这部分干扰能量较小,并受到电力机车车体的屏蔽,对外影响较小。

(3)牵引变电所、接触网在恶劣气候时,绝缘器件发生表面放电,也会产生无线电干扰。但在天气良好,空气干燥时不会产生。

从干扰危害程度看,受电弓离线产生的无线电脉冲干扰,是对无线电接收设备产生干扰影响的主要原因。

降低对这些设施的干扰影响，主要是在电气化铁路方面采取措施，其主要防护措施是：

(1)改善受电弓的弹性，改进受电弓的结构及降低受电弓的重量使其轻型化，以提高受电弓的追随性，降低离线率，减少电火花的产生。

(2)改善接触网的悬挂，改进接触线材质及加大接触线张力，以提高接触线的弹性，改善受电弓的受流，减少离线。

(3)在受电弓上加装高频吸收材料，以增大火花放电回路的内阻抗，衰减高频放电电流，减轻无线电干扰。

(4)对于电气化铁路邻近的无线电接收设备受到干扰，拆迁较为困难的，可在接触网与无线通信设备接近的一侧挂装金属导线阵列，从侧面屏蔽无线电辐射干扰，降低干扰影响。另外，从无线通信方面采取措施也可降低干扰影响，如选用抗干扰性能好的通信方式，改进接收天线或将接收天线迁离电气化铁路。

在采取一些措施仍不能解决干扰影响时，可将通信台站局部或全部迁离电气化铁路。

2. 对输油(气)管道的影响及防护

交流电气化铁道对输油(气)管道的影响与对通信线路的影响相似，但因输油(气)管道埋在地下，与大地不是完全绝缘的，因而感应电压比通信线路要低得多。按影响的起因，可分为磁感应影响和地电流影响；按影响后果，可分为危险影响和干扰影响。

(1)危险影响。由于交流电气化铁路牵引电流的影响，引起管道电位升高，足以危及管道维护操作人员的人身安全或导致阴极保护装置损坏的，称为危险影响。

(2)干扰影响。由于交流电气化铁路牵引电流的影响而产生的电位，影响阴极保护装置正常工作及在某些漏敷点因长时间影响可能引起交流腐蚀的，称为干扰影响。

可采取的防护措施：

(1)为降低管道对地的感应电压，可结合管道防腐蚀设计选用直接接地、牺牲阳极接地和嵌位式排流接地等防护措施。

(2)在操作人员可能接触的管道部件(如阀门等)处，可采用锌带或镁带接地。

此外，电力牵引供电系统中，钢轨中的回归电流，部分可通过石油库专用铁路线传导到油库作业区，使得作业区内专用线钢轨电位升高。对油库的安全形成一定的威胁。这也是需要着重考虑的。

复习思考题

1. 简述牵引供电系统的组成及其原理。
2. 牵引供电系统区别于其他供电系统的特点有哪些?
3. 牵引网的供电方式有哪几种，分别有什么样的特点?
4. 牵引供电系统的特殊问题有哪些，可采取什么样的措施解决?

第五章　牵引变电所

第一节　概　　述

牵引变电所是牵引供电系统中接受与分配电能并改变电能电压的枢纽，是发电厂到电力机车之间的重要环节之一。根据牵引变电所供应的电流制式的不同，可分为直流牵引变电所和交流牵引变电所。

1. 直流制

直流制即牵引网供电电流为直流的电力牵引供电方式。电力系统将三相交流电送到牵引变电所一次侧，经过牵引变电所降压并整流变成直流电，再通过牵引网供给电力机车使用。

直流制发展最早，目前有些国家的电气化铁路仍在应用。我国仅工矿、城市电车和地下铁道采用。牵引网电压有 1 200 V、1 500 V、3 000 V 和 600 V、750 V 等，后两种分别用于城市电车、地下铁道。直流制存在的主要问题是，直流牵引电动机额定电压受到换向条件的限制不能太高，即牵引网电压很难进一步提高，这就要求沿牵引网输送大量电流来供应电力机车。由于牵引电流增大，接触网导线截面要随着加大（一般需要使用两根铜接触线和铜承力索），牵引网电压损失也相应增大，所以牵引变电所之间的距离要缩短，一般只有 15～30 km。牵引变电所的数量多，并且为完成整流任务而变得较复杂。由于这些缘故，许多国家在铁路上已逐渐停止发展直流制。

2. 交流制

交流制即牵引网供电电流为交流的电力牵引供电方式。根据供电电流频率的不同，分低频单相交流制和工频单相交流制两种。

低频单相交流制是继直流制之后出现的。牵引网供电电流频率为 $16\frac{2}{3}$ Hz，牵引网电压为 15 kV 或 11 kV，电力机车上采用交流整流子式牵引电动机。交流容易变压，因此，可以在牵引网中用高电压送电，而在电力机车上降低电压，以供应低电压的交流整流子式牵引电动机。低频单相交流制的出现，与力图提高牵引网电压以降低接触网中的有色金属用量有关。应用低频的条件，一方面是由于欧洲电力工业发展的初期原来就存在低于 50 Hz 的频率；另一方面，交流整流子式牵引电动机因存在变压器电势而对整流过程造成困难，不适宜在较高的频率下运行。因此，在欧洲，低频单相交流制于 20 世纪 50 年代前得到较大发展，目前在一些欧洲国家仍在应用。另外，在美国等国家，还采用牵引网供电电流频率为 25 Hz、电压为 11～13 kV的低频单相交流制。电力工业主要采用 50 Hz 标准频率后，低频制电气化铁道或者需自建专用的低频率的发电厂或者在牵引变电所变频后送入牵引网。这就使其应用变得复杂化，从而限制了其发展。

工频单相交流制是在 20 世纪 50 年代中期法国电气化铁路应用整流式交流电力机车获得成功之后开始推广的。从那时以来，许多国家都相继采用。这种电流制在电力机车上将交流电降压后应用整流装置来供应直流牵引电动机。由于频率提高，牵引网阻抗加大，牵引网电压也相应地提高。目前，较普遍应用的接触网额定电压是 25 kV。采用工频单相交流制的优点是，消除了低频单相交流制的两个主要缺点（与电力工业标准频率并行的非标准频率和构造复杂的交流整流子式牵引电动机）；牵引供电系统的结构和设备大为简化，牵引变电所只要选择适宜的牵引变压器，就可以完成降压、分相、供电的功能；接触网额定电压较高，其中通过的电流相对较小，从而使接触网导线截面减小、结构简化；牵引变电所的间距延长、数目减少；工程投资和金属消耗量降低，电能损失和运营费用减少；电力机车采用直流串激牵引电动机，也远比交流整流子式牵引电动机牵引性能好，运行可靠。采用工频单相交流制的缺点是，对电力系统引起负序电流分量和高次谐波含量增加以及功率因数降低；对沿电气化铁路架设的通信线有干扰。但是，经过技术方面和经济方面的综合分析比较，其优点是主要的。因此，我国电气化铁路采用的是工频单相 25 kV 交流制。

第二节　交流牵引变电所

交流牵引变电所是交流工频单相电力牵引供电系统的重要环节，它完成变压、变相和向牵引网供电等功能，并实现三相交流一次供电系统与单相电牵引系统的接口与系统变换。

一、结构原理及特性

工频单相交流牵引变电所的主要功能是降压、分相、为牵引负荷供电，主要设备是牵引变压器（又称主变压器）。由于铁路电力牵引属于一级负荷，所以牵引变电所须由两路高压输电线供电，并且在牵引变电所中设置两台牵引变压器。牵引变压器的额定电压，原边通常为 110 kV（或 220 kV），副边为 27.5 kV，比接触网额定电压高 10%；AT 供电方式牵引变压器副边额定电压为 55 kV 或 2×27.5 kV。

根据牵引变电所中变压器形式的不同，可分为单相牵引变电所、三相牵引变电所和三相—两相牵引变电所。

（一）单相牵引变电所

牵引变电所内安装的是单相牵引变压器称为单相牵引变电所。单相牵引变电所按照牵引变压器的接线方式，可分为纯单相接线和 V/V 接线两种。

1. 纯单相接线牵引变电所

其原理图如图 5-1 所示，从图中可以看到，单相牵引变压器的高压侧接到电力网的 U、W 两相，低压侧的一端接到 27.5 kV 牵引母线上，另一端与接地网和钢轨连接。图中 $\dot{I}'$ 和 $\dot{I}''$ 分别为左右侧的牵引负荷，$\dot{I}_u$ 为 $\dot{I}'$ 与 $\dot{I}''$ 之和。

单相接线牵引变电所的优点是：牵引变压器的容量利用率（额定输出容量与额定容量之比值）可达 100%；主接线简单，设备少，占地面积小，投资省等。

其缺点是：不能供应地区和牵引变电所三相负荷用电；对电力系统的负序影响最大；对接触网的供电不能实现两边供电。所以，这种接线只适用于电力系统容量较大，电力网比较发达，三相负荷用电能够可靠地由地方电网得到供应的场合。另外，单相牵引变压器要按全绝缘设计制造。

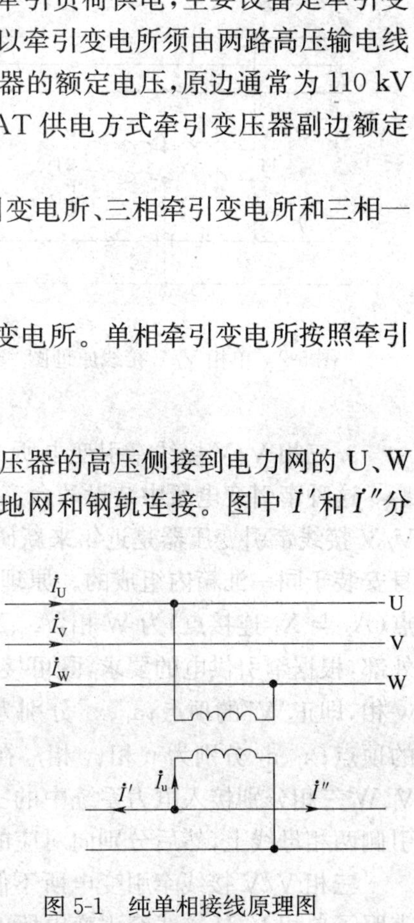

图 5-1　纯单相接线原理图

2. 单相 V/V 接线牵引变电所

单相 V/V 接线牵引变电所用两台单相变压器连接成开口三角形。原理电路如图 5-2 所示。

在图 5-2 中，1T 和 2T 分别为 1 号和 2 号单相牵引变压器。1T 和 2T 的高压侧分别接入 UW 相与 VW 相。低压侧各取一端接到 27.5 kV 的 u、v 相母线上，另一端接到接地网和钢轨。

u 相母线对地电压 U_{uw} 供应左侧牵引负荷 $\dot{I}'$，v 相母线对地电压 U_{vw} 供应右侧牵引负荷 $\dot{I}''$。

V/V 接线变电所设备较三相牵引变电所简单，变压器绕组中的电流与纯单相变压器相同，都等于馈线电流。容量利用率可达到 100%。在正常运行时，牵引侧保持三相，所以可供应牵引变电所自用电和地区三相负载；主接线简单，设备较少，投资较省；对电力系统的负序影响比纯单相接线小；对接触网的供电可实现两边供电。

当一台牵引变压器故障时，另一台必须跨相供电，即需要兼供左右两边供电臂的牵引网。这就需要一个倒闸过程，即把故障变压器原来承担的供电任务转移到正常运行的变压器。如图 5-3 所示，当 2T 因故解列时，为保证继续供应右侧牵引负荷，则 1T 必须跨相供电，即把 2T 的负荷转移到 1T 上去，此时就有转移负荷的倒闸过程。在转移负荷的过程中，使得次边三相电源中断。变电所内三相自用电中断后，可改由劈相机或单相—三相变压器供电。

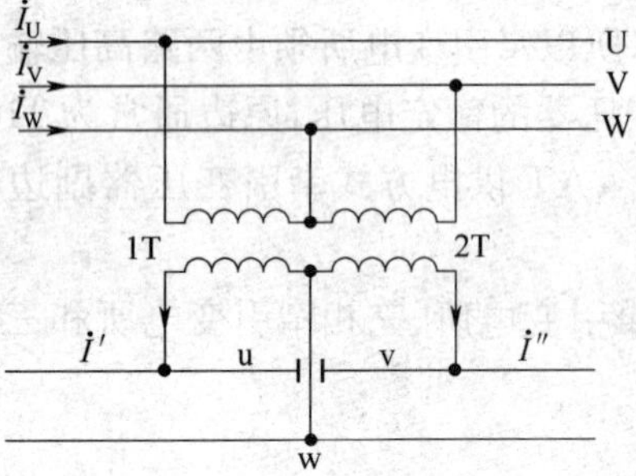

图 5-2　单相 V/V 接线原理图

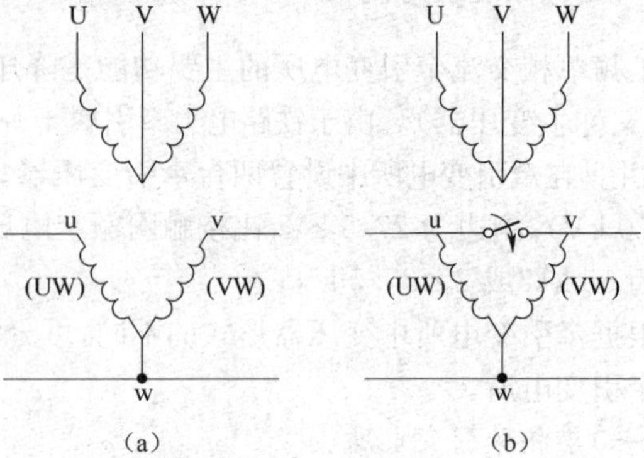

图 5-3　V/V 接线正常和故障情况下的供电示意图
(a)正常供电；(b)跨相供电

3. 三相 V/V 接线牵引变电所

这种牵引变电所中装设两台三相 V/V 接线牵引变压器，一台运行，一台固定备用。三相 V/V 接线牵引变压器是近年来新研制的产品，它是将两台容量相等或不相等的单相变压器器身安装于同一油箱内组成的。原理电路如图 5-4 所示。原边绕组接成固定的 V 接线，V 的顶点（A_2 与 X_1 连接点）为 W 相，A_1、X_2 分别为 U 相、V 相。副边绕组四个端子全都引出在油箱外部，根据牵引供电的要求，既可接成正“V”，也可接成反“V”。接成正“V”时，a_2 与 x_1 连接为 w 相，即正“V”的顶点；a_1、x_2 分别为 u 相、v 相。接成反“V”时，a_1 与 x_2 连接为 w 相，即反“V”的顶点；x_1、a_2 分别为 u 相、v 相。在牵引变电所中安装时，三相 V/V 接线牵引变压器原边 U、V、W 三相分别接入电力系统中的三相；副边 w 相与轨道、接地网连接，u 相、v 相分别接到牵引侧两相母线上，然后分别向对应的供电臂牵引网供电。

三相 V/V 接线牵引变电所不但保持了单相 V/V 接线牵引变电所的主要优点，而且完全克服了单相 V/V 接线牵引变电所的缺点。最可取的是解决了单相 V/V 接线牵引变电所不便于采用固定备用及其自动投入的问题。同时，三相 V/V 接线牵引变压器有两台独立的铁芯和对应绕组通过电磁感应进行变换和传递；两台的容量可以相等，也可以不相等；两台的副边电压可以相同，也可以不相同，有利于实现分相有载或无载调压。为牵引变压器的选型提供了一种新的接线形式。

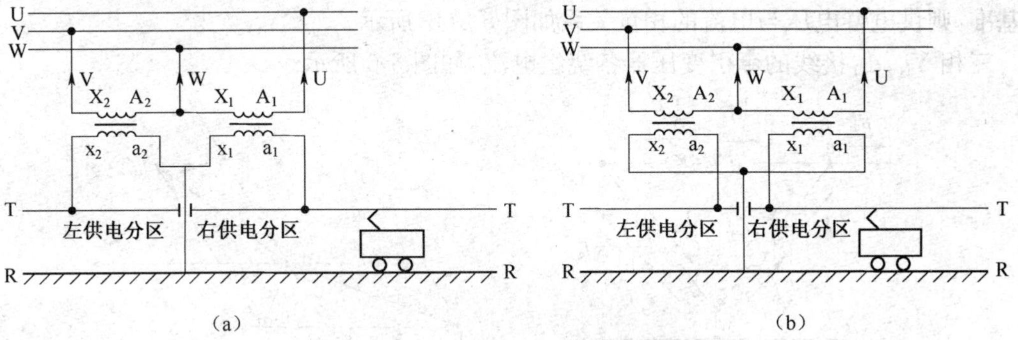

图 5-4　三相 V/V 接线牵引变压器工作原理图

(a)三相 V,V 变压器二次侧绕组以正"V"方式连接　(b)三相 V,V 变压器二次侧绕组以反"V"方式连接

(二)三相牵引变电所

三相牵引变电所是指变电所内采用的是三相变压器，是我国电气化铁道目前采用最多的形式。常见的是 Y_N，d_{11} 接线牵引变电所。这种牵引变电所中装设两台三相 Y_N，d_{11} 接线牵引变压器，可以两台并联运行；也可以一台运行，另一台固定备用。其原理电路和相量关系分别如图 5-5(a)和(b)所示。

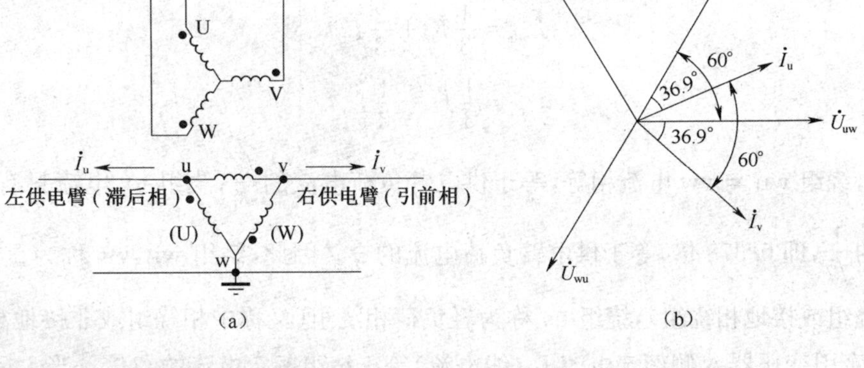

图 5-5　三相 Y_N，d_{11} 接线牵引变压器原理电路及相量关系

在牵引变电所中安装时，三相 Y_N，d_{11} 接线牵引变压器的高压侧通过引入线接到三相电力系统的高压输电线上；低压侧的一角 w 与轨道、接地网连接，另两个角 u 和 v 分别接到牵引侧两相母线上。由两相牵引母线分别向两侧对应的供电臂牵引网供电。由图可知，供应左边供电臂牵引网的电压是 $\dot{U}_{uw}(\dot{U}_u)$，供应右边供电臂牵引网的电压是 $\dot{U}_{vw}(-\dot{U}_w)$。由于 $\dot{U}_{uw}(\dot{U}_u)$ 和 $\dot{U}_{vw}(-\dot{U}_w)$ 之间的相位角为 60°，故也是 60°接线。按电力系统正常运行方式的相序（即正序），uw 侧是滞后相（V 相）供电臂；vw 侧是引前相（W 相）供电臂。需要指出的是，由于牵引变电所换接相序，牵引变压器原边绕组端子所标的相序有时与接到电力系统的相序不一致，所

以其实际相序要由电力系统的相序决定。

图 5-5(a)中还标明了供电臂负载电流的方向。左边供电臂电流为 $\dot{I}_u$，右边供电臂电流为 $\dot{I}_v$。设两供电臂电流大小相等，即 $I_u=I_v=I$，功率因数都为 0.8，也就是两边供电臂电流都滞后于各自的电压 arccos0.8＝36.9°，$\dot{I}_u$ 滞后于 $\dot{U}_{uw}$ 为 36.9°，$\dot{I}_v$ 滞后于 $\dot{U}_{vw}$ 为 36.9°。若以 $\dot{U}_{vw}$ 为基准，则供电臂电压与电流的相量关系如图 5-5(b)所示。

三相 Y_N，d_{11} 接线的牵引变压器各绕组电流，如图 5-6 所示。

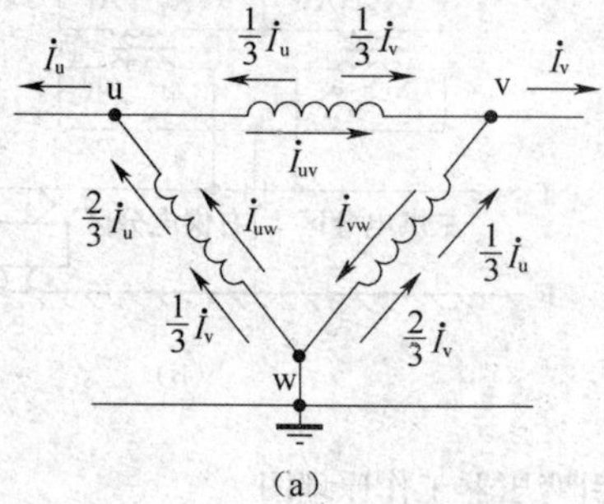

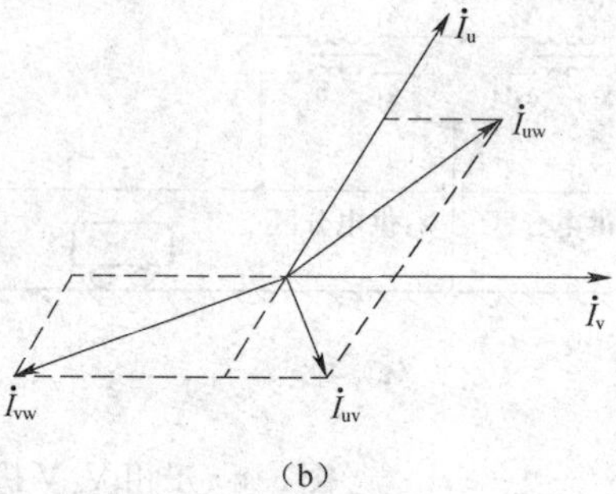

图 5-6　三相 Y_N，d_{11} 接线牵引变压器绕组电流分布图

左侧供电臂电流 $\dot{I}_u$ 流经两条并联支路：一条是支路 c—a，只有一相绕组；另一条是支路 w—v—u，串联两相绕组。前者电抗是后者的 1/2，前者电流是后者的 2 倍。因此，绕组 uw 流过$\frac{2}{3}\dot{I}_u$，绕组 vw、uv 流过$\frac{1}{3}\dot{I}_u$。同理绕组 vw 流过$\frac{2}{3}\dot{I}_v$，绕组 uw、uv 流过$\frac{1}{3}\dot{I}_v$。

当两供电臂都有电流时，可得绕组电流与供电臂电流的关系式如下：

$$\left.\begin{aligned}\dot{I}_{vw}&=-\frac{2}{3}\dot{I}_v-\frac{1}{3}\dot{I}_u\\ \dot{I}_{wu}&=\frac{1}{3}\dot{I}_v+\frac{2}{3}\dot{I}_u\\ \dot{I}_{uv}&=\frac{1}{3}\dot{I}_v-\frac{1}{3}\dot{I}_u\end{aligned}\right\}\tag{5-1}$$

可见，绕组 wu 与 vw 电流相等，等于供电臂负荷电流的$\frac{\sqrt{7}}{3}$；绕组 uv 电流只有绕组 wu 或 vw 电流的$\frac{1}{\sqrt{7}}$，即 0.378 倍，等于供电臂负荷电流的$\frac{1}{3}$。因此，绕组 wu，vw 称为重负荷相绕组（又称臂绕组或接地相绕组），绕组 uv 称为轻负荷相绕组（又称中相绕组或非接地相绕组）。

三相牵引变压器 Δ 侧额定电流 I_N（线电流）等于绕组额定电流的$\sqrt{3}$倍。当 $I_u=I_v=I$ 时，I 等于绕组 vw 或 uw 电流的$\frac{3}{\sqrt{7}}$，即 1.134 倍。当绕组 vw 或 uw 电流达到额定值$\left(\frac{I_N}{\sqrt{3}}\right)$时，$I=1.134\times\frac{I_N}{\sqrt{3}}=0.655I_N$。这时牵引变压器的输出容量：

$$S=2U_NI=2U_N\times0.655I_N=1.31U_NI_N$$

三相变压器额定容量 $S_N=\sqrt{3}U_NI_N$。

于是，牵引变压器的容量利用率 $\eta=\frac{S}{S_N}=\frac{1.31U_NI_N}{\sqrt{3}U_NI_N}=0.756$。

可见，当三相 Y_N，d_{11} 接线牵引变压器承担单相牵引负荷时，其输出容量只能达到其额定容量的 75.6%。

三相 Y_N，d_{11} 接线的牵引变压器优点是低压侧保持三相，有利于供应牵引变电所自用电和地区三相电力。在两台牵引变压器并联运行的情况下，当一台停电时，供电不会中断，运行可靠方便。能很好地适应山区单线电气化铁路牵引负载不均衡的特点。三相 Y_N，d_{11} 接线变压器在我国采用的时间长，有比较多的经验，制造相对简单，价格也较便宜。原边 Y_N 接线中性点可以引出接地，原边绕组可按分级绝缘设计制造，与电力系统匹配方便。对接触网的供电可实现两边供电。

缺点主要是牵引变压器容量不能得到充分利用，当重负荷相绕组电流达到额定值时，牵引变压器的输出容量只能达到其额定容量的 75.6%，引入温度系数也只能达到 84%。另外，与采用单相接线牵引变压器的牵引变电所相比，主接线要更复杂，设备、工程投资也较多，维护、检修工作量及相应的费用也有所增加。

为了克服上述普通三相 Y_N，d_{11} 接线牵引变压器在运行中容量不能得到充分利用的缺点，我国在普通三相 Y_N，d_{11} 接线牵引变压器的基础上，额定容量仍采用优先数 R10 系列，尤其是三相绕组每相阻抗仍保持相等（以保证牵引负荷电流在三相绕组中的分布仍符合式(5-1)所示的规律），将轻负荷相没有利用的容量减掉，平分增加到两个重负荷相，从而研制成三相不等容量 Y_N，d_{11} 接线牵引变压器。

从理论上说，其三相容量比例应为：

重负荷相：轻负荷相：重负荷相$=\sqrt{7}:1:\sqrt{7}=1:0.378:1$

此时，有

$$\left.\begin{aligned}
I_{vw}&=I_{wu}=\frac{\sqrt{7}S_N}{(2\sqrt{7}+1)U_N}\\
I_{uv}&=\frac{S_N}{(2\sqrt{7}+1)U_N}\\
I&=\frac{3}{\sqrt{7}}I_{vw}=\frac{3S_N}{(2\sqrt{7}+1)U_N}\\
S_{ex}&=2U_N I=\frac{6S_N}{2\sqrt{7}+1}
\end{aligned}\right\}\tag{5-2}$$

在这种情况下，其容量利用率可达到 $\eta=\dfrac{S_{ex}}{S_N}=\dfrac{6}{2\sqrt{7}+1}=0.954$。

实际系统中一般容量比例取重负荷相：轻负荷相：重负荷相$=2.5:1:2.5=1:0.4:1$，此时容量利用率可达到 94.5%。

与普通三相 Y_N，d_{11} 接线牵引变压器比较，三相不等容量 Y_N，d_{11} 接线牵引变压器主容量利用率高，负载能力增强，牵引变压器校核容量可降低一个等级。从而大大减少了基本电费支出，能够获得显著的经济效益。

（三）三相—两相牵引变电所

这种变电所可将原边对称的三相电压变换为副边两相对称电压。根据接线形式的不同，可分为 Scott 接线牵引变电所、Y_N，$\bigtriangledown$ 接线阻抗匹配平衡变压器牵引变电所、Y_N，$\bigtriangledown$ 接线平衡变压器牵引变电所、非阻抗匹配 Y_N，$\bigtriangledown$ 接线平衡变压器牵引变电所。

1. Scott 接线牵引变电所

这种牵引变电所普遍采用斯科特变压器。斯科特接线牵引变压器实际上也是由两台单相变压器按规定连接而成。一台单相变压器的原边绕组两端引出，分别接到三相电力系统的两相，称为M座变压器；另一台单相变压器的原边绕组一端引出，接到三相电力系统的另一相，另一端接到M座变压器原边绕组的中点O，称为T座变压器。这种接线形式把对称三相电压变换成对称两相电压，用其一相供应一边供电臂，另一相供应另一边供电臂。原理电路图如图5-7所示。

图中M座变压器原边绕组匝数、电压分别用w_1，U_{1M}表示，两端分别接入电力系统的V，W相；副边绕组匝数、电压分别用w_2，U_{2M}表示，向左边供电臂供电。T座变压器原边绕组匝数、电压分别为$(\sqrt{3}/2)w_1$，U_{1T}，一端接到M座变压器原边绕组的中点O，另一端接到电力系统的V相；副边绕组匝数、电压分别为w_2，U_{2T}，向右边供电臂供电。原、副边电流如图5-7中标示。由图可知，T座和M座副边匝数相同，都是w_2；原边匝数不同，T座原边匝数是M座的$\sqrt{3}/2$。实际中，通常把两台单相变压器绕组装配在一个铁芯上，安装在一个油箱内。

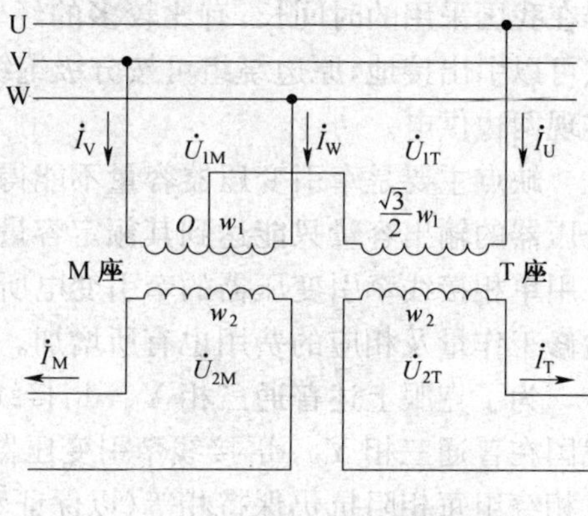

图5-7　Scott接线牵引变压器原理图

M座和T座原边电压向量关系如图5-8所示。相量UV，VW，WU表示三相电力系统的线电压，三相电压对称，形成等边三角形。M座变压器原边端电压$\dot{U}_{1M}=\dot{U}_{VW}$，呈水平方向。T座变压器原边端电压$\dot{U}_{1T}=\dot{U}_{UO}$，比$\dot{U}_{VW}$引前90°，$\dot{U}_{UO}=(\sqrt{3}/2)\dot{U}_{VW}$。

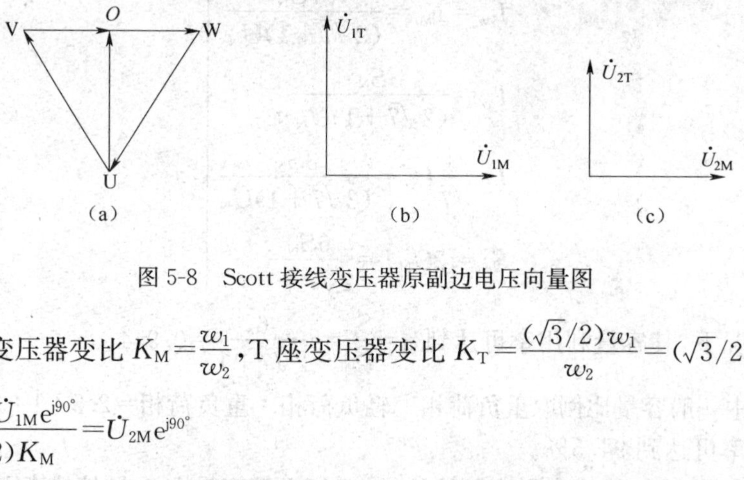

图5-8　Scott接线变压器原副边电压向量图

又因M座变压器变比$K_M=\dfrac{w_1}{w_2}$，T座变压器变比$K_T=\dfrac{(\sqrt{3}/2)w_1}{w_2}=(\sqrt{3}/2)K_M$，所以，$\dot{U}_{2T}=\dfrac{\dot{U}_{1T}}{K_T}=\dfrac{(\sqrt{3}/2)\dot{U}_{1M}e^{j90°}}{(\sqrt{3}/2)K_M}=\dot{U}_{2M}e^{j90°}$

可见，斯科特接线变压器可以把对称三相电压变换成对称两相电压（大小相等，相互垂直）。由于M座与T座变压器原边电压的关系对应于等边三角形底与高的关系，所以通常又称M座为底变压器，T座为高变压器。

同样，可以推导，在M座和T座两供电臂负荷电流大小相等、功率因数也相等的条件下，斯科特接线牵引变压器原边三相电流大小相等、相位互差120°，即原边三相电流对称。

该接线的牵引变压器的优点是当M座和T座两供电臂负荷电流大小相等、功率因数也相等时，斯科特接线变压器原边三相电流对称；变压器容量可全部利用；能供应牵引变电所自用电和站区三相电（用逆斯科特接线变压器把对称两相电压变换成对称三相电压）；对接触网的供电可实现两边供电。

缺点是斯科特接线牵引变压器制造难度较大，绝缘水平要采用全绝缘，造价较高；牵引变电所主接线复杂，设备较多，工程投资也较多；维护、检修工作量和相应的费用也有所增加。

2. Y_N，▽ 阻抗匹配平衡变压器接线牵引变电所

这种牵引变电所中装设两台 Y_N，▽ 接线阻抗匹配平衡牵引变压器，可以两台并联运行，也可以一台运行，另一台固定备用。Y_N，▽ 接线阻抗匹配平衡牵引变压器是 20 世纪 90 年代初我国研制成功的。这种牵引变压器原边情况与普通三相 Y_N，d_{11} 接线变压器的原边情况完全相同，铁芯也是三相芯式的。其主要特点是通过副边绕组三角形接线的结构和阻抗的改变，实现将三相对称电压变换成两相对称电压。

副边绕组三角形接线结构的改变如图 5-9 所示，即在非接地相（中相）改设两个外移绕组 uα，vβ，内缩三角形接线的一角 w 与轨道、接地网连接，α，β 两端分别接到牵引侧两相母线上，由两相牵引母线分别向两侧对应的供电臂牵引网供电。

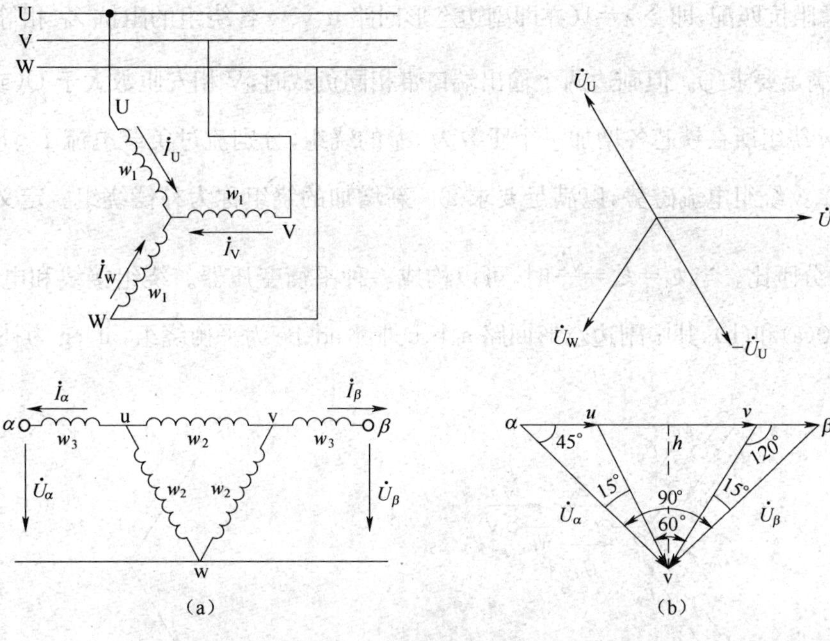

图 5-9　Y_N，▽ 接线阻抗匹配平衡变压器绕组接线及电压相量图

这种接线形式的变压器，当其阻抗匹配系数 $\lambda=\sqrt{3}+1$ 时，无论副边 $I_\alpha=I_\beta$ 或 $I_\alpha\neq I_\beta$，原边三相电流都平衡，即无零序电流。当副边 $I_\alpha=I_\beta$，$\cos\alpha=\cos\beta$ 时，原边三相电流对称，没有负序电流对电力系统的影响。原边三相制的视在功率完全转化为副边两相制的视在功率，变压器容量可全部利用。原边仍为 Y_N 接线，中性点引出，与中性点接地高压电力系统匹配方便。副边仍有△接线绕组，三次谐波电流可以流通，使主磁通和电势波形有较好的正弦度。利用逆斯科特接线变压器把对称两相电压变换成对称三相电压，可供应牵引变电所自用电和站区三相电力。对接触网的供电可实现两边供电。

缺点是设计计算及制造工艺复杂，造价较高。α、β 两供电臂之间的分相绝缘器两端承受的电压为 $\sqrt{2}U_{2e}=\sqrt{2}\times27.5=38.89$ kV，因此分相绝缘器的绝缘应注意加强。

与 Y_N，▽ 接线阻抗匹配平衡变压器类似的还有 Y_N，▽ 接线平衡变压器和非阻抗匹配 Y_N，▽ 接线平衡变压器。

3. Y_N，▽接线平衡变压器牵引变电所

现代交流电气化铁道牵引供电系统向高电压、大容量发展，需要牵引变压器的原边绕组接成 Y_N 形，副边绕组含有△形回路。根据平衡变压器的工作原理，要求：①原边接三相对称电源电压时，副边两相输出端口空载电压对称（即大小相等，相位差为 90°）；②副边两相输出端口带相同负载时，原边三相电流对称。

Y_N，▽接线阻抗匹配平衡变压器，虽然满足了上述需要和要求，但是平衡绕组 uα（或 vβ）与 ux（或 vy，wz）绕组的匝数比 $\frac{w_3}{w_2}=\frac{\sqrt{3}-1}{2}$ 和阻抗匹配系数 $\lambda=\sqrt{3}+1$ 都是固定值。一般来说，绕组匝数的配合比较容易。而无论从设计上，还是制造工艺上来讲，要得到预先确定的某一阻抗匹配系数都是相当困难的。Y_N，▽接线阻抗匹配平衡变压器要求 $\lambda=\sqrt{3}+1$，在设计上和制造工艺上的难度是不言而喻的。鉴于此，下面围绕对平衡变压器的要求①和②，寻求改进方案，以减少对允许值的严格限制。

先不考虑阻抗匹配，即令 $\lambda=1$（亦即副边△形回路 u、v、w 各绕组的阻抗 Z_L 相等）。当 $w_3=\frac{\sqrt{3}-1}{2}w_2$ 时，满足要求①。但副边两个输出端口带相同负载时，V 相安匝数大于 U（或 W）相安匝数。现在 u、w 绕组所在铁芯各增加一个匝数为 w_4 的绕组，分别流过负载电流 $\dot{I}_\alpha$、$\dot{I}_\beta$，使其产生的磁势补偿 u、w 绕组电流磁势，以满足要求②。新增加的绕组称为补偿绕组。定义 $k_3=\frac{w_3}{w_2}$，$k_4=\frac{w_4}{w_2}$，可称为分匝比。当 $k_3=k_4=\frac{\sqrt{3}}{2}$ 时，可以构成一种平衡变压器。绕组接线和电势相量图分别示于图 5-10(a)和(b)，其中副边△形回路 a、b、c 外部 ad、be 为平衡绕组，df、eg 为补偿绕组。

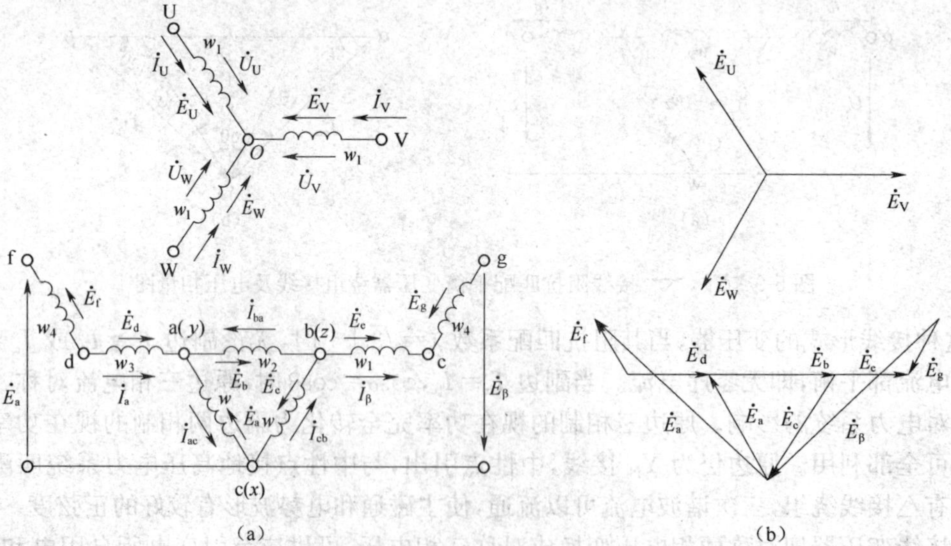

图 5-10　Y_N，▽接线平衡变压器绕组接线及电势相量图

(a)绕组接线示意图；(b)电势相量示意图

分析图 5-10(b)所示的电势相量图可以看出，增加补偿绕组后，满足要求①的 k_3、k_4 并不是唯一的。如果考虑 k_3、k_4 可变，要求①仅靠 k_3、k_4 配合就可以实现，要求②则要靠 k_3、k_4 和 λ

三者配合来实现。在 k_3、k_4 满足要求①的条件下，若带两相平衡负载，当 $k_3>k_4$ 时，V 相安匝数大于 U(W) 相安匝数，适当增大 b 绕组阻抗，即取 $\lambda>1$ 的适当值，可以实现要求②；反之，当 $k_3<k_4$ 时，V 相安匝数小于 U(W) 相安匝数，则适当减小 b 绕组阻抗，即取 $\lambda<1$ 的适当值，可以实现要求②。可见，采用将平衡绕组、补偿绕组、阻抗匹配相结合的方法，能使 λ、k_3、k_4 满足一定的关系，同时实现要求①和②，构成 Y_N，▽ 接线平衡变压器，其绕组接线和电势相量图仍分别如图 5-10(a)和(b)所示。增加补偿绕组使 λ 的取值范围发生了根本性的变化，由只能取唯一值扩展到可以在大于零的一定范围内取值。

通过对 Y_N，▽ 接线阻抗匹配平衡变压器的改进，构造了一种新型的 Y_N，▽ 接线平衡变压器，其阻抗匹配系数可以在一定范围内任意选取，因而使变压器的设计和制造更加方便。阻抗匹配系数取值的灵活性对绕组布置具有重要意义，除平衡性能外，设计人员还可以尽量考虑减小电磁力、环流等问题。Y_N，▽ 接线平衡变压器，原边三相电流保持平衡；当副边两个输出端口带相同负载时，原边三相电流对称，且三相视在功率一样，故可以采用普通三相三柱式铁芯。

另外，从输出电压、线材利用率等方面考虑，阻抗匹配系数在 $1\sim(\sqrt{3}+1)$ 范围取值较合适。

4. 非阻抗匹配 Y_N，▽ 接线平衡变压器

在前面所述的 Y_N，▽ 接线平衡变压器中，当 $\lambda=1$、$k_3=k_4=\dfrac{\sqrt{3}}{3}$ 时，不需要专门进行阻抗匹配，按结构对称性布置绕组，就可以使该变压器达到平衡。这是 Y_N，▽ 接线平衡变压器取 $\lambda=1$ 的特例。由于它不需要专门进行阻抗匹配，所以称为非阻抗匹配 Y_N，▽ 接线平衡变压器。

采用非阻抗匹配 Y_N，▽ 接线平衡变压器的牵引变电所接线情况，与采用 Y_N，▽ 接线阻抗匹配平衡变压器的牵引变电所类似，二者的优缺点基本相同。下面再略述二者的若干不同点。

非阻抗匹配 Y_N，▽ 接线平衡变压器与 Y_N，▽ 接线阻抗匹配平衡变压器分别是 Y_N，▽ 接线平衡变压器取 $\lambda=1$ 与 $\lambda=\sqrt{3}+1$ 的特例。在 Y_N，▽ 接线平衡变压器中，前者不需要专门进行阻抗匹配，绕组布置最容易，设计制造最方便；后者绕组设计条件 $\left(\lambda=\sqrt{3}+1、\dfrac{w_3}{w_2}=\dfrac{\sqrt{3}-1}{2}\right)$ 最苛刻，设计制造最困难；λ 取其他值的情况则介于二者之间。

二、电气主接线

牵引变电所的电气主接线，是指由主变压器、高压电器和设备等各种电器元件和连接导线所组成的接受和分配电能的电路。

用规定的设备文字符号和图形代表上述电气设备、导线，并根据它们的作用和运行操作次序，按一定要求连接的单线或三线接线图，称为电气主接线图。它不仅标明了各主要设备的规格、数量，而且反映各设备的连接方式和各电气回路间的相互关系，从而构成变电所电气部分主系统。电气主接线反映了牵引变电所的基本结构和功能。在运行中，它能表明与高压电网连接方式、电能输送和分配的关系以及变电所一次设备的运行方式，成为实际运行操作的依据；在设计中，主接线的确定对变电所电气设备选择、配电装置布置、继电保护配置和计算、自动装置和控制方式选择等都有重大影响。此外，电气主接线对牵引供电系统运行的可靠性、电

能质量、运行灵活性和经济性起着决定性作用。因此，电气主接线及其对应的电气设备，是牵引变电所的主体部分。

牵引变电所的电气主接线应满足下列基本要求：

(1)首先应保证电力牵引负荷、运输用动力、信号负荷安全、可靠供电的需要和电能质量。

牵引负荷和部分动力负荷(如地铁的动力、主要照明和信号电源等)为一级负荷，中断供电将直接造成运输阻塞，甚至造成人员伤亡、设备损坏，进而导致的社会生产无法正常进行、人们生活不便、城市秩序混乱等经济损失和政治影响，更是无法估量。因此，主接线的接线方式必须保证供电的安全可靠性。由事故造成中断供电的机会越少、影响范围越小、停电时间越短，主接线的安全可靠性就越高。为此，除了应由双回输电线或环形电源供电外，牵引变电所主接线应在接线方式选择或采用其他措施(如自动装置)配合下，保证在电路转换、设备检修和事故处理等情况下供电的可靠性和连续性。对于其他动力负荷和地区负荷，则应根据用户的重要程度(一般为二级、三级负荷，对可靠性要求不同)和具体情况的分析，考虑相应的接线形式和可靠性要求。

对牵引变电所而言，电压是表征电能质量的基本指标，而与电压水平相关的因素，还包括电压不对称度和谐波含量等，主接线应在变压器接线方式、谐波、无功补偿和调压方面采取有效的改善电压质量的措施。

(2)具有必要的运行灵活性，使检修维护安全方便。运行灵活性是指在系统故障或变电所设备故障和检修时，能适应调度的要求。达到灵活、简便、迅速地倒换运行方式，且故障的影响范围最小。

复杂的接线方式对保证操作转换的方便性显然不利，甚至增多了误操作几率。但过于简单的接线方式，往往不能满足运行方式改变后对可靠供电的要求，增加中断供电时间，这两种情况都应避免。

随着现代技术的自动装置(如备用电源自投)和监控自动化系统的应用，对提高主接线的运行灵活性、可靠性都是有利的。应从变电所整体的(一次、二次系统)设计来考虑。

(3)应有较好的经济性，力求减少投资和运行费用(维修与能耗费)。经济性主要取决于汇流母线的结构类型与组数、主变压器容量、结构形式和数量、高压断路器配电单元数量、配电装置结构类型(屋内或屋外式)和占地面积等因素。

经济性往往与可靠性之间存在矛盾，要增强主接线可靠性与灵活性，将导致增加设备和投资。为此，必须力求技术、经济两者的统一，在满足供电可靠、运行灵活方便的基础上，尽量使投资和运行费最省。在可能和充分论证条件下，可采取按远期规划设计主接线规模、分期实施投资、增加设备，达到最好经济效益。

(4)应力求接线简捷明了，并有发展和扩建余地。主接线整体结构和各回路应力求简捷清晰、便于操作运行。同时随着经济建设的高速发展，铁路与城市交通运量的增长迅速，牵引变电所增容、增加馈线和其他内容的改建扩建经常存在，因而电气主接线的设计留有发展余地，预留最终扩建时主接线发展的电气连接可能性和场地条件。

(一)交流牵引负荷侧电气接线的特点

牵引负荷是牵引变电所基本的重要负荷，上述电气主接线基本形式多数对牵引负荷侧电气接线也是适用的。为了有针对性地在电气接线上采取有效措施，以保证牵引供电的可靠性和运行灵活性。还应考虑牵引负荷侧牵引供电系统的以下特点：

(1)由于接触网没有备用，而接触网故障几率比一般架空输电线路更为频繁，因此牵引负荷侧电气接线对接触网馈线断路器的类型与备用方式较一般电力负荷要求更高。

(2)牵引侧电气接线与牵引变压器的类型(单相或三相)和接线方式以及主变压器的备用方式有关,在采用移动式变压器作备用的情况下,与移动变压器接入电路的方式有关。

(3)与馈线数目、电气化铁路年运量、单线或复线以及变电所附近铁路其他设施如大型枢纽站、电力机车段和地区负荷等的供电要求有关。

对于牵引侧母线本身,由于线路简单,引至馈线配电间隔为单相母线,实践证明很少发生故障,必须检修母线和母线上隔离开关时,可由邻近变电所越区供电以代替被检修的母线或母线分段。

为合理解决馈线断路器的备用方式。牵引负荷侧电气接线有下列几种形式:

(1)每路馈线设有备用断路器的单母线接线,如图 5-11 所示。考虑手车式(或真空式)气体断路器产品接触插头的互换性较差,不设移动备用。工作断路器检修时,即由备用断路器代替。这种方式在馈线数量较少时采用,操作转换较方便,但投资较大。

(2)每两路馈线设一公共备用断路器 3QF,通过隔离开关的转换,可使 3QF 代替任一馈线断路器,并达到按单母线分段运行的作用,如图 5-12 所示,这种接线的缺点是隔离开关的转换太繁琐。

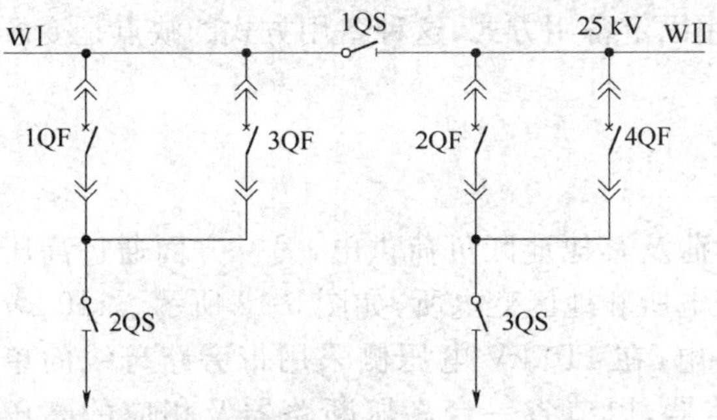

图 5-11　每路馈线设有备用断路器的单母线接线

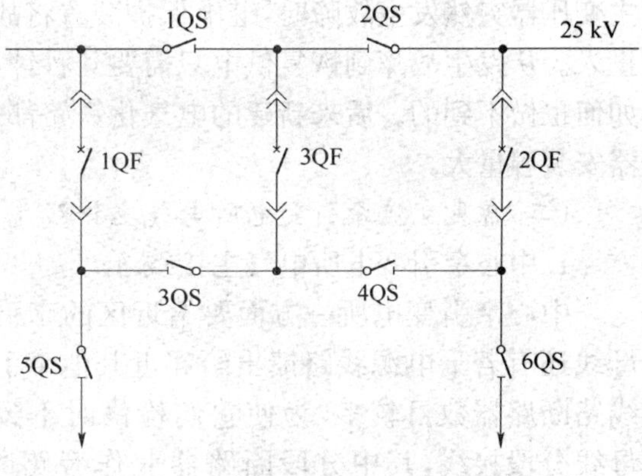

图 5-12　具有公共备用断路器的接线

牵引变压器的备用有移动备用方式和固定备用方式两种。

(1)移动备用方式。变压器是一种静止电器,很少发生故障,变压器的寿命一般在 20 年以上。检修周期规定小修每年一次;中修 5～10 年一次;大修 15～20 年一次。因此备用变压器不一定每个牵引变电所都配备 1 台。1 台备用变压器可以作多台变压器的备用,将变压器安装在平板车上,成为能够移动的变压器车,当牵引变电所的变压器发生故障或进行检修时,用机车将移动变压器车牵引至该变电所,临时接入,代替发生故障或需要检修的变压器。待检修后,再将移动变压器解除,恢复原变压器供电。这种备用方式,备用变压器的台数少,容量也较小。但牵引变电所需修建铁路岔线,给选择场址带来困难。移动变压器车要由机车牵引运输,突然发生故障时,不能及时得到备用,影响运输。移动变压器接入较为复杂,工作量大,很不方便。

移动备用方式在我国电气化铁路发展初期曾采用过。现在已基本上不再发展。

除移动变压器外,还有移动变电所,移动变电所可以安装在铁路专用车辆上,由机车牵引,成为轨道型移动变电所,也可以安装在专门的拖车上,由汽车牵引在公路上移动,成为公路型移动变电所。

移动变电所是一个独立的变电所。它装有断路器，隔离开关，主变压器，电流、电压互感器，避雷器等全套一次设备，并配有继电保护、控制、信号、交直流自用电等二次设备。只要接入高压侧电源，移动变电所即可投入供电。移动变电所除适合一般牵引变电所的故障、检修备用外，在牵引变电所进行增容改造时，也可用移动变电所代替被改造的变电所，保证正常供电，使改造工程不受干扰，加快工程进度，这在国外已有实例。

(2)固定备用方式。随着电气化铁路的发展，重要的繁忙干线相继实现了电气化，这些线承担着繁重的客货运输任务。有些线是运煤专线，年运量达数千万吨，甚至上亿吨，一旦发生故障，将会造成重大政治影响和经济损失。这些电气化铁路的牵引变电所，变压器的容量越来越大，对供电的可靠性要求越来越高。若变压器发生故障，移动变压器运到事故变电所，要有一段较长时间，还要经过临时接线，因此移动变压器不能满足迅速恢复供电的要求。由于牵引变压器容量越来越大，重量也有很大增加，若采用移动备用方式，移动变压器容量将达 30～40 MV · A，重量在 60 t 以上，将这样重的变压器装在车上，需要制作特殊车辆，有一定的困难。

根据上述要求，20 世纪 80 年代以后，开始采用固定备用方式代替移动备用方式。固定备用方式是在牵引变电所内设 2 台牵引变压器，1 台运行，1 台备用。若运行变压器发生故障或需要检修时，可将备用变压器投入运行。若在变电所中设有备用变压器自动投入装置，当一台主变压器突然发生故障时，继电保护装置将故障变压器切除，自动投入装置启动将备用变压器投入。从发生故障到恢复供电只需要几秒钟，这就大大加强了供电可靠性，这是移动备用无论如何也做不到的。后来新建的电气化铁路都采用固定备用方式，这种备用方式的缺点是变压器安装容量大。

(二)常见交流牵引变电所电气主接线

1. 中心牵引变电所电气主接线

中心牵引变电所一方面要给近区的牵引负荷及其他地区负荷供电，另一方面通过高压母线还有若干电源线路馈出给邻近其他牵引变电所和地区变电所，如图 5-13 所示。110 kV 线路断路器数目较多，为使它们检修时不致停电，在 110 kV 电压侧采用带旁路母线的单母线分段接线，其中分段断路器兼作旁路断路器，以节省一台高压断路器及相应的高压电器。

主变压器采用两台三相三绕组(或双绕组)变压器，为保证可靠供电，两台主变压器分别接入两个分段母线上，当牵引变电所采用单相主变压器时，110 kV 侧电路的结构不变。主变压器二次侧的公共相接地并和钢轨相连。

在 110 kV 的每个分段母线上以及 25 kV 牵引负荷母线、10 kV 地区负荷母线上，都设有供测量仪表与继电保护用的电压互感器、过电压保护用的阀形避雷器。为了停电检修 110 kV 线路和母线时能方便地进行安全接地，这些线路的隔离开关与每分段母线、旁路母线连接的一组隔离开关都带有接地刀闸，借助于隔离开关本身的机械联锁装置，保证在主刀闸从电路中隔断后接地刀闸才能闭合。

牵引负荷侧采用单母线接线，母线上连接有一台(或两台)自用电变压器，此时应由地区负荷(10 kV)母线向另一台自用电变压器供电。地区负荷容量一般与主变压器容量比值大于 15%、并经技术经济比较认为合理条件下，则采用三绕组型主变压器(110/25/10 kV)方案，同时向牵引负荷和地区负荷供电。若上述比值小于 15%，则在 110 kV 侧单独设置 110/10 kV 的三相变压器，专门向地区负荷供电。

牵引负荷侧采用手车式断路器，断路器检修时，将手车从插入式触头中拔出，以隔断电路，可起到代替隔离开关的作用，如图中的 6QF、7QF。

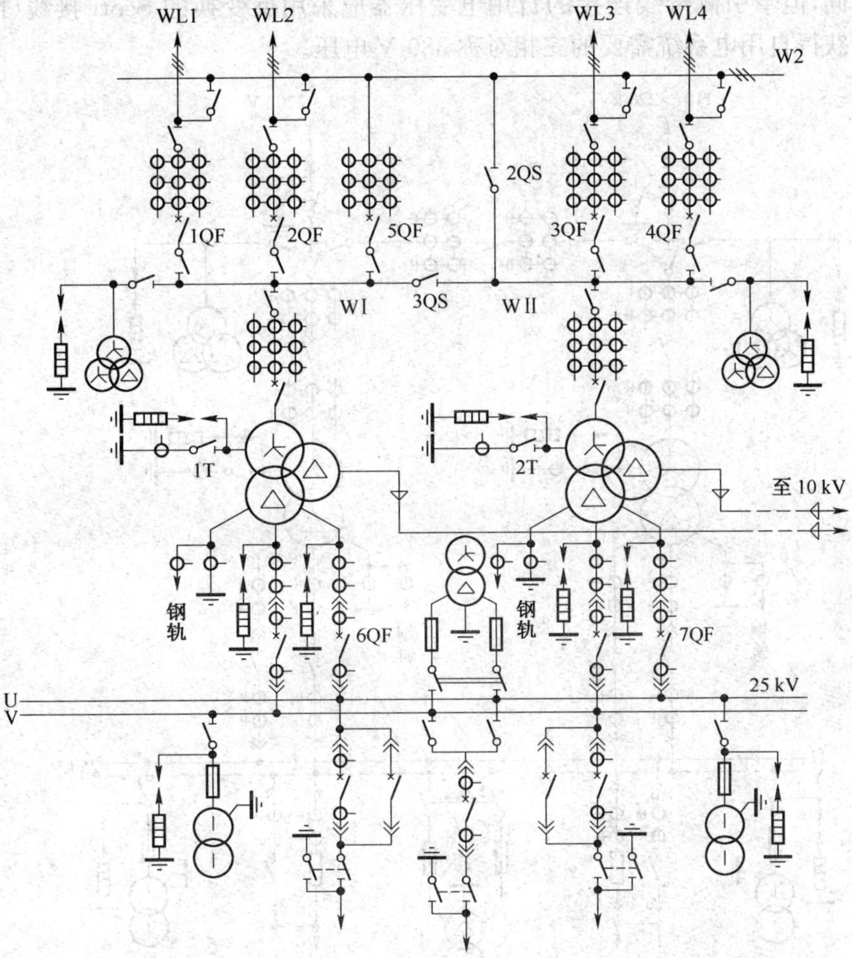

图 5-13　中心牵引变电所电气接线

正常状态下，两段工作母线 WⅠ、WⅡ并列运行，分段兼旁路断路器 5QF 合闸，隔离开关 3QS 打开，这时旁路母线 W2 带电。

两段工作母线中的任一段，例如 WⅠ故障时，由于母线继电保护动作，将 WⅠ分段母线所连接的线路断路器和主变压器断路器 1QF、2QF 断开，同时分段断路器 5QF 跳闸，通过已打开的隔离开关 3QS 把故障段母线 WⅠ隔断，另一段母线 WⅡ及其所连接的线路和主变压器 2T 保持正常运行(2T 由备用变压器自投装置自动投入)。

2. 中间及终端式牵引变电所主接线

这类变电所主要向牵引负荷和地区负荷供电，为保证牵引负荷供电的需要，电源线路一般有两回路。一种典型的中间及终端式牵引变电所主接线如图 5-14 所示。图 5-14 为高压侧采用外桥接线的三相牵引变电所主接线，设有两台并联运行的三相主变压器，其绕组连接形式为 Y/△，二次绕组有一相接地并与钢轨连接。牵引负荷侧因馈线数目较少，采用不分段的单母线接线。在高压侧两路电源线路和牵引负荷每相母线上分别安装电压互感器、避雷器，其作用与图 5-13 相同。牵引负荷侧采用手车式断路器，使设备简化。

对于中间或终端式牵引变电所，采用三相—两相式主变压器(例如斯科特接线、阻抗匹配式平衡变压器)的电气主接线，且次边两相电压满足相差 90°的相位关系，则与上述图 5-14 主接线基本相同，但牵引侧母线连接的自用电变压器应采用反变换的 Scott 接线(两相—三相式)形式，以获得自用电系统需要的三相对称 380 V 电压。

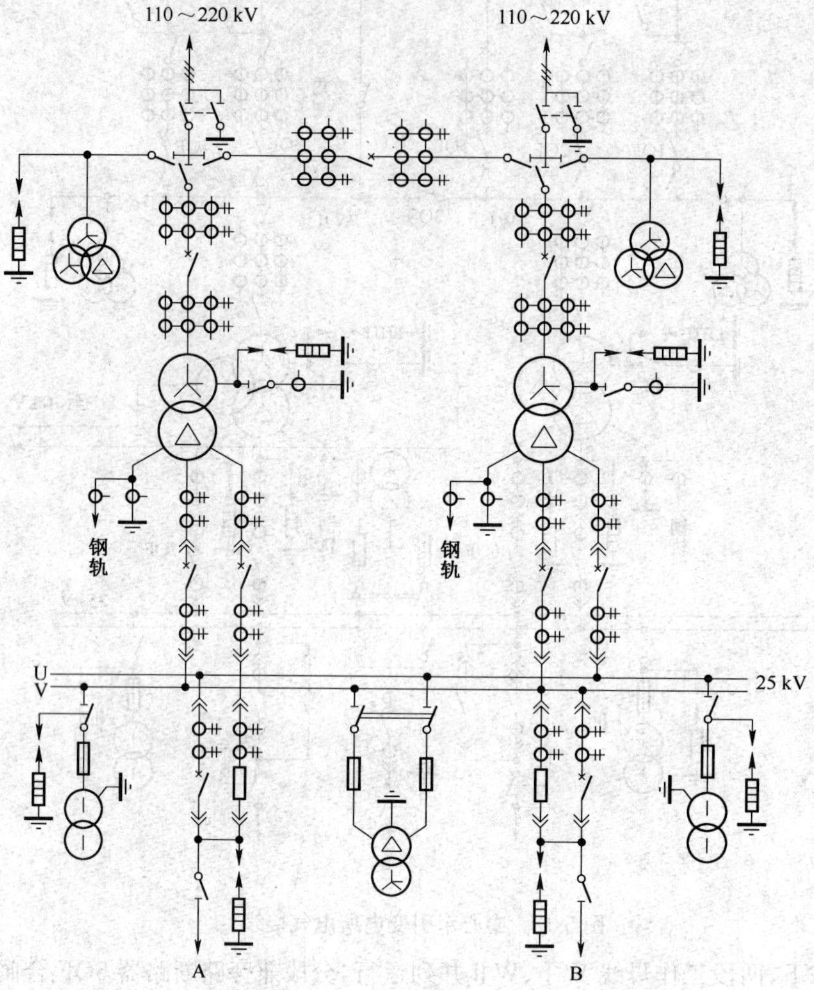

图 5-14　外桥接线的三相牵引变电所主接线

3. AT 供电系统牵引变电所主接线

AT 供电系统牵引变电所多数采用三相—两相(平衡)变压器为主变压器，用以完成降压和变相功能，减少单相不对称负荷对电力系统负序电流的影响，并以 2×25 kV 电压向 AT 牵引网供电。由于供电电压提高，供电距离增大近一倍(与直接供电和 BT 系统比较)，主变压器容量相应也增大。在高速、重载和繁忙干线电气化铁路，大多采用这种牵引变电所供电。其主接线示于图 5-15，适用于中间或终端式 AT 供电系统牵引变电所。图中采用线路—变压器组接线形式，正常运行时一组工作，一组备用，工作主变压器或电源进线故障时，整个备用线路—变压器组自动转换取代原来工作的线路—变压器组。根据需要，也可采用简单双 T 形接线方式。

该主接线采用 Scott 三相—两相式主变压器，次边两相电压 U_α、U_β 间相位移为 π/2，如图 5-15 中所示。U_α 相(Scott 变压器的高边绕组 T)引出线 T_T、T_F 连接到相应一组汇流母线后，通过左侧的两组接触网正馈线 T 和负馈线 F(回流线)向复线牵引网左侧供电区的上、下行线路供电，U_β 相(变压器底边绕组 M)引出线 T_M、F_M 则连接另一组相应母线，通过左侧两组 T、F 正、负馈线向右侧供电区上、下行 AT 牵引网供电。牵引侧两组两相母线(T_T、F_T 和 T_M、F_M)

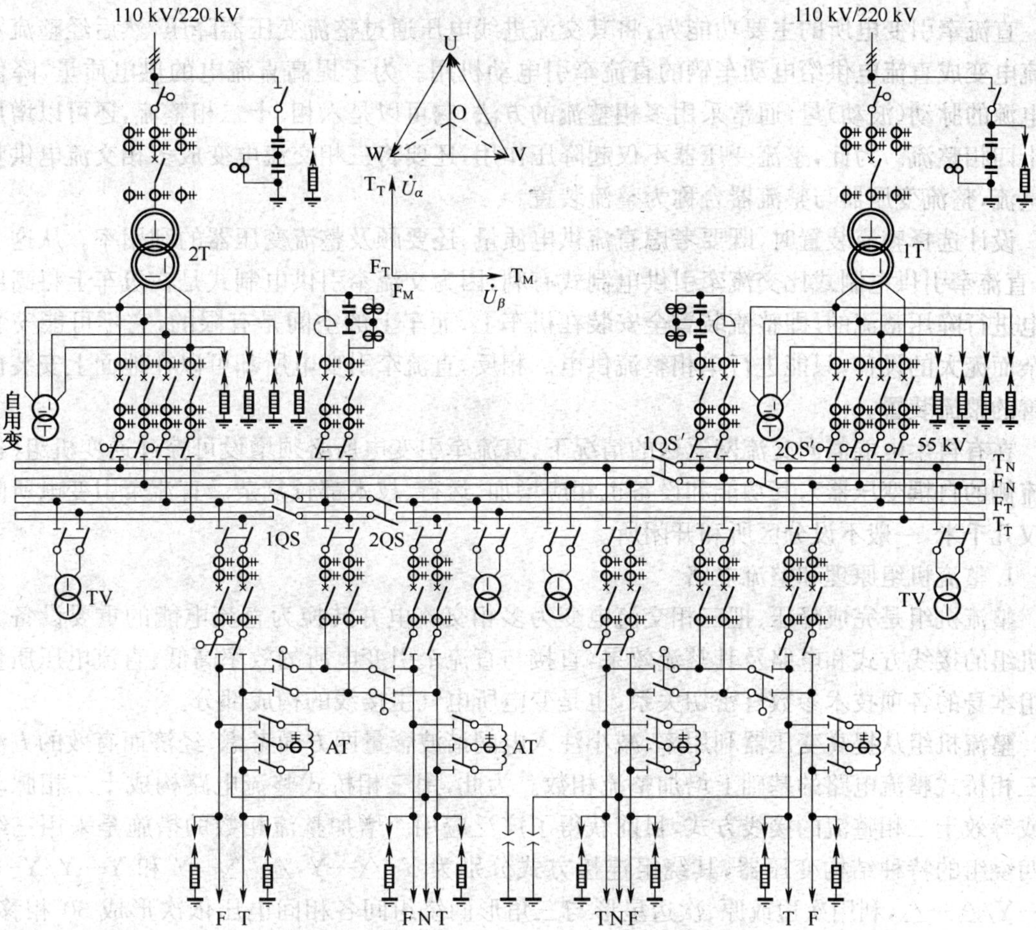

图 5-15　AT 供电系统牵引变电所主接线

都采用设有两台双极隔离开关分段的单母线系统(设两组 QS 是为了检修方便)。因 Scott 接线变压器的次边绕组不能获得与地电位连接的中性点 N，故在每路正、负馈线(T、F)的断路器后面，需要设置一台与牵引网相同容量的自耦变压器(AT)，使列车运行在邻近牵引变电所的 AT 段(通常两个 AT 之间约 10 km 构成一 AT 段)时，仍能产生吸流效应。若主变压器的二次绕组本身具有可以接地的中性点或主变压器内部带有自耦变压器及输出端子，则可不另设 AT，例如三相三绕组十字交叉接线(Y/⋈)的三相—两相变压器，即可在次边引出接地中性点。

带三相—两相主变压器的牵引变电所，其自用电系统为获得三相电源，一般采用反变换的 Scott 接线的自用电变压器(两相—三相反交换)连接在主变压器的二次侧，此外，每组母线还连接有无功补偿并联电容器组。

第三节　直流牵引变电所

一、结构原理

直流牵引变电所的主要功能为:将其交流进线电压通过整流变压器降压,然后经整流器将交流电变成直流电供给电动车辆的直流牵引电动机用。为了提高直流电的供电质量,降低直流电源的脉动(波动)量,通常采用多相整流的方法,它可以是六相、十二相整流,还可以增加到二十四相整流。为此,整流变压器不仅起降压作用,还要将三相交流电变成多相交流电供整流器整流,整流变压器与整流器合称为整流装置。

设计选择整流装置时,既要考虑直流供电质量,还要顾及整流变压器的利用率。从这一点说,直流牵引供电制式比交流牵引供电制式有利,因为交流牵引供电制式是在机车上将高压交流电进行降压整流的,即整流装置全安装在机车上,而车上的空间是有限的,它不可能安装太复杂而庞大的设备,只能进行单相整流供电。相反,直流牵引变电所却可以在地面上安装比较完善的整流装置。

在有再生电能需向交流网返送的情况下,直流牵引变电所必须增设可控硅逆变机组(包括交流侧的自耦变压器),其功能和设备也相应增加,运行、技术都较复杂。直流牵引变电所间距离仅几千米,一般不设分区所和开闭所。

1. 整流机组原理和整流电路

整流机组是完成降压、把三相交流电变为多相交流电并转换为直流电能的重要设备。整流机组的接线方式和电路及其整流效果,直接与直流牵引变电所的效率高低、直流电压质量和机组本身的各项技术参数有密切关系,也是变电所电气主接线的构成部分。

整流机组从提高变压器利用率、减小注入电网谐波含量两方面考虑,经济而有效的方法是在三相桥式整流电路的基础上增加整流相数。为此,用三相桥式整流电路构成十二相脉动整流或等效十二相整流的接线方式,目前获得了广泛应用。增加整流相数的措施是采用三绕组或四绕组的特种结构变压器,其绕组连接方式分别为 Y/△—Y,△/△—Y 和 Y—Y/Y—△,△—Y/△—△,利用次边或原、次边星形与三角形两绕组间各相间电压依次形成 30°相移,以及上述各相间电压的倒相(180°相位差),从而构成十二相脉动整流接线方式。图 5-16 示出△/Y—△接线方式整流变压器原边、次边两绕组电压相量和十二相电压相量关系图以及由此构成的两组三相桥并联工作的十二相整流电路接线图。

图中 L、R 为负载电感、电阻,L_P 为平衡电抗器,其中点与负载电路连接,负载的另一端则和两组并联整流桥的阳极相连。当不考虑平衡电抗器的作用时($L_P=0$),相当于两组相位差为 30°的三相桥整流电路交替向直流负载供电,每个桥臂整流管导电时间为 $\pi/3$,整流电压 U_d 每工频周期有 12 次脉动,形成十二相整流。这种情况下每桥臂整流管不能有效利用,是其缺点。

接入平衡电抗器 L_P 后,由于其感应电压 $2u_0$ 的存在,则两组三相整流桥相当于并联工作,同时向负载 L、R 供电,且每个桥臂整流管导电时间为 $2\pi/3$,提高了整流管的利用率。图 5-17 给出了该整流电路相关电压波形及整流管的工作顺序。

国外最近的研究试验结果表明,当采用△—Y/△—△特殊接线的四绕组整流变压器时,在保证规定的每相(原次边)等值阻抗电压(u_d%)不变情况下,增大次边绕组的漏抗,则整流电路中可不设平衡电抗器,由变压器次边绕组取代平衡电抗器的作用,其整流效果仍和图 5-17 相同,从而可提高整流变压器的容量利用率。

当变流设备需具备整流电压可调、逆变流(将直流逆变换为交流送回电网)等功能时,两组整流桥可采用晶闸管器件构成相应的并联或串联十二相可控整流电路,调节晶闸管的导通控制角 α 即可调节整流电压,其工作原理和图 5-16 基本相同。但需增加产生移相控制脉冲和实

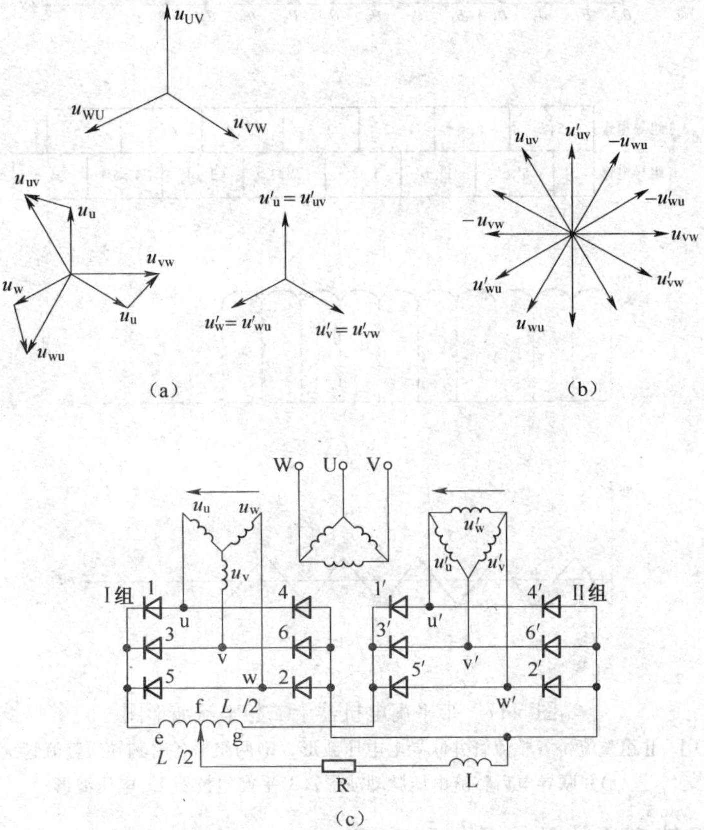

图 5-16 △/Y—△接线整流变压器构成十二相脉动整流电路图

(a)原次边相量;(b)十二相电压相量;(c)三相桥并联工作整流电路

现自动调节的整套控制设备。在地铁、轻轨供电系统中,各牵引变电所均为并联供电,一个变电所可控整流机组的电压改变,使其输出外特性相应变化,将影响相邻变电所整流机组的负荷分配。为保证系统稳定、安全运行,应使相邻变电所整流机组同步进行必要的自动调压,但要实现同步控制及其间的信息传输,技术上较复杂,效果应具体分析。

整流—逆变机组是为适应动车组在牵引和再生两种工况下工作的需要,在牵引变电所设置两套能自动转换的变流设备,如图 5-18 所示。牵引状态时整流器电路工作,再生工况下电能返送,电路转换为逆变机组工作,它实际是一种控制角大于 $\pi/2$ 的晶闸管可控整流电路,由于逆变状态下逆变机组作为电源送电端,整流变压器电压要增高,需在次边串联接入可调自耦变压器绕组。此时主接线应作相应转换,且其接线复杂化,相应的需增加自动控制和转换操作的设备以及机组设备,因此需作全面的技术经济分析比较,认为确实合理的条件下才能采用。

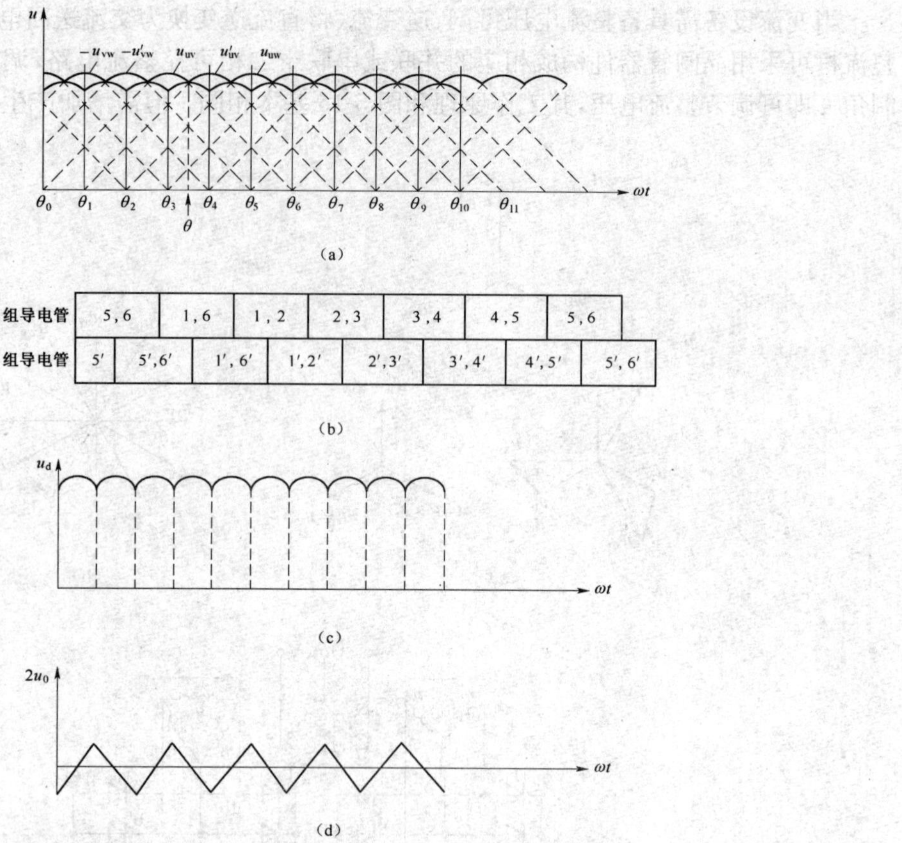

图 5-17　带平衡电抗器十二相整流波形图

(a)Ⅰ、Ⅱ组整流桥各整流管并联导电电压波形；(b)两组桥各时刻导通整流管次序号
(c)并联导电后整流电压脉动波形；(d)平衡电抗器 Lp 电压波形

根据地铁、轻轨交通的环境条件和整流机组在牵引供电系统中的重要作用，对整流变压器—整流器组的结构、技术特性（含高效、节能方面），都有特殊的较高要求。整流机组为室内安装，自然空气冷却，多数采用环氧树脂浇注干式变压器，轻轨交通系统也可采用油浸变压器，安装在单独封闭分间内。整流器组为自然风冷静态整流器，由多个二极管组件串、并联组装于带通风孔的金属柜中，每个硅二极管组件并联有阻容回路用以抑制内部过电压，在整流机组的输入、输出端设置阻容 RC 涌流抑制回路，以削弱直流和交流侧在开关操作与大气过电压形成的浪涌高电压，作为外部过电压的保护。整流机组对环境噪声应无恶劣影响。

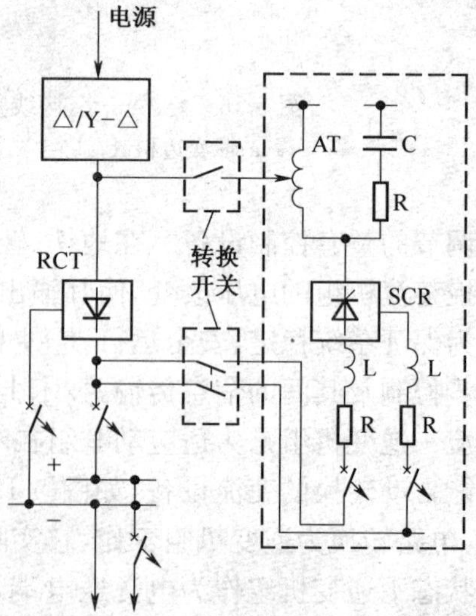

图 5- 18　整流—逆变机组连接及转换电路示意图

表 5-1 、表 5-2 列出了一些整流器组及其配套的整流变压器的基本特性数据。

表 5-1　整流器组(双三相桥式并联十二相脉动整流)技术参数

型号	整流电压	额定功率 P_d	连续额定 P_d 下损耗	最大重复反向电压	每桥臂并/串管数	允许过负荷		
	整流电流					100%	150%	300%
2×DBP S1/6	1 500 V	3450 kW	8 kW	≥4000 V	6/1	连续工作	2 h	1 min
	2 300 A							
2×DBP S1/4	1 500 V	2200 kW	5 kW	≥4000 V	4/1	连续工作	2 h	1 min
	1 470 A							

表 5-2　整流变压器(四绕组)技术参数

型号	额定电压		绕组连接形式	额定容量	阻抗电压	空载损耗	负载损耗	空载电流	冲击/工频耐压	允许过负荷
	原边	次边								
Ⅰ型配套 2×DBP S1/6	33(1±2×2.5%) kV	1180 V/1180(二绕组)	DY5/Dd0	4000 kV·A	≈8%	11.2 kW	19 kW	1.26%	170 kV/30 kV	与整流器相同
Ⅱ型配套 2×DBP S1/4	33(1±2×2.5%) kV	1180 V/1180(二绕组)	DY5/Dd0	2500 kV·A	≈8%	7.9 kW	13 kW	2.2%	170 kV/30 kV	与整流器相同

2. 整流机组外特性及其运行

整流机组的外特性，是指直流输出端电压随其负荷电流变化的关系曲线。其外特性不仅与电源、供电系统的阻抗参数和整流变压器的阻抗电压有关，而且与整流器特性及其整流接线方式、有无平衡电抗器，以及整流时的换相重叠角 γ(因变压器等电感惯性元件引起)等多种因素有关，其中如变压器等的电抗压降在输出直流增大情况下并非线性变化的。因此，要精确绘出不同运行状况下的整流机组外特性曲线是非常复杂的。

在实用计算分析中，对于双三相桥形带平衡电抗器并联整流电路的外特性曲线，经研究试验证明，可采用分段线性化的处理方法，由三段线性特性直线取代非线性特性曲线，可满足实际工程设计、运行分析中对计算精度的要求。该整流电路外特性曲线及分段线性处理如图 5-19 所示。

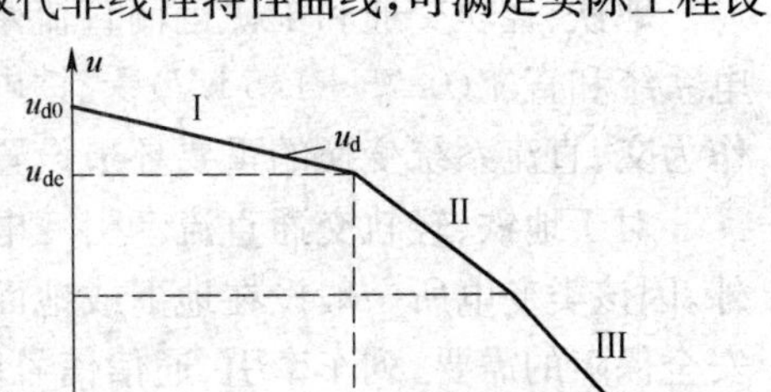

图 5-19　双三相桥式整流电路外特性曲线

Ⅰ、Ⅱ、Ⅲ—线性化特性直线段；u_{de}—额定直流电压；

I_{dmax}—出口处最大短路电流

整流器外待性曲线及其线性化处理，在直流侧牵引网系统稳态短路计算和正常运行状态下的负荷分析中，经常需要应用。并联牵引变电所整流机组间的负荷电流分配，还需考虑不同变电所整流器的外特性曲线有所不同的特点以及机车负荷与各变电所间距离不同等因素，计算求得实际的负荷电流分配比例。

整流机组的运行特性，是指直流负荷产生的直流电压降 Δu_d、机组的总功率损耗 ΔP 与供电系统、机组设备参数之间的特性关系，它们是确定直流牵引供电系统电压波动程度(用电压变化率 η_u 表示)、牵引变电所的经济性和效率等技术指标的主要因素。

(1)整流机组电压变化率。整流机组电压变化率 η_u,用整流器组输出至直流母线电压降 Δu_d 与直流空载电压 u_{d0} 的百分比表征,即

$$\eta_u = \frac{\Delta u_d}{u_{d0}} \times 100\%$$

规程规定直流牵引供电系统的电压变化率(电压波动范围)为$-33.33\% \sim +20\%$。

(2)整流机组功率损耗。整流机组的功率损耗由三部分组成,即与负荷变化无关的固定损耗、正比于负荷平方的损耗以及正比于负荷一次方的损耗,表达为

$$\Delta P = \Delta P_1 + \left(\frac{I_{d\Sigma}}{I_{de}}\right)\Delta P_2 + \left(\frac{I_{d\Sigma}}{I_{de}}\right)^2 \Delta P_3 \tag{5-3}$$

式中　ΔP_1——整流变压器、平衡电抗器的空载损耗和整流元件正向起始电压 u_a 损耗(kW);

ΔP_3——正比于负荷平方的损耗,即变压器绕组铜损和整流元件动态电阻损耗;

ΔP_2——正比于负荷一次方的损耗;

$I_{d\Sigma}$、I_{de}——总负荷电流、机组额定电流。

由(5-3)式可知,在给定负载下整个牵引变电所的功率损耗决定于投入机组的数目,投入并联工作的机组数越多,固定(空载)损耗增大,铜损减小,整流器元件损耗 ΔP_2 实际无变化。因此,有多台整流机组并联工作的变电所,应按总损耗为最小的原则决定投入工作的机组数,达到经济运行的目的。

需指出,直流牵引变电所的数目、容量及其分布,应由牵引负荷与供电计算确定,系根据运营高峰小时的行车密度、车辆类型与其编组,近、远期的发展需要,决定每个变电所整流机组的功率和机组数量。

根据整流机组总损耗和变电所自用电、二次线系统能耗,则可容易地计算直流牵引变电所的总效率。为使总效率提高、电压变化率 η_u 减小,在设计时必须对设备、供电网络的参数选择和整流机组运行方式,进行全面的技术经济分析与优化比较。

二、电气主接线

1. 直流牵引变电所主接线基本特点

地铁、轻轨交通和工矿运输直流牵引变电所的主接线,包括高压交流(10～35 kV)受、配电系统和直流(0.75～1.5 kV)受、馈电系统两部分。整流机组(整流变压器—整流器组)则是作为交、直流系统变换的重要环节设置的。

对于地铁、轻轨交通直流牵引变电所主接线的设计,除应满足对主接线的基本要求和原则外,因该类变电所一般设在地下或地面的城市闹市区街道两侧(轻轨系统),受环境条件制约及安全保障的需要,列车牵引、通信信号电源、站厅事故照明和必要的安全环卫设施(通风、排水、防灾、消防和自动扶梯等)都属一级负荷,它们对不间断供电的要求基本相同,此外还有其他的二、三级动力和照明负荷。全部负荷都由同一专用的环形供电系统网络所属的直流牵引变电所、降压变电所(动力用电)和牵引、降压混合变电所供电,各变电所间没有互联网络,如图 5-20所示。以上特点使直流牵引变电所电气主接线的结构和运行,增加了复杂性,同时,为节约占地面积、节省昂贵的土建造价和满足防火、防灾需要,主接线变配电设备的选择也有其特殊性,应使用干式、高效率的成套型设备,这对主接线和配电装置的结构有直接影响。

2. 常见直流牵引变电所的主接线

(1)主变电所。主变电所的作用是将城市电网的高压(110 kV 或 220 kV)电能降压后以相

应的电压等级(35 kV 或 10 kV)分别供给牵引变电所和降压变电所。为保证供电的可靠性,一般设置两座或两座以上主变电所,主变电所由两路独立的电源进线供电,内部设置两台相同的

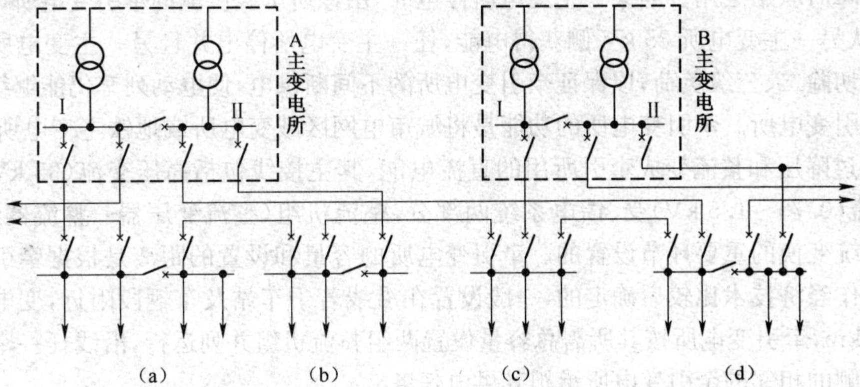

图 5-20　专用供电系统和主变电所向沿线各种变电所供电方式

(a)牵引、降压变电所;(b)降压变电所;(c)牵引变电所;(d)牵引、降压变电所

主变压器。根据牵引负荷容量和动力负荷容量的大小情况不同,主变压器可采用三相三绕组的有载调压变压器,也可采用双绕组的变压器,使 35 kV 电压和 10 kV 电压来自不同的变压器。采用有载调压变压器使得电源进线电压波动时二次侧电压维持在正常值范围内。

采用三绕组主变压器的主变电所电气主接线如图 5-21 所示,110 kV 侧一般采用单母线分段的内桥接线,分段开关可用断路器,也可用隔离开关。正常运行时分段开关打开,一路电源进线故障时,通过倒闸,两台变压器即可从正常一路电源进线取得电能。

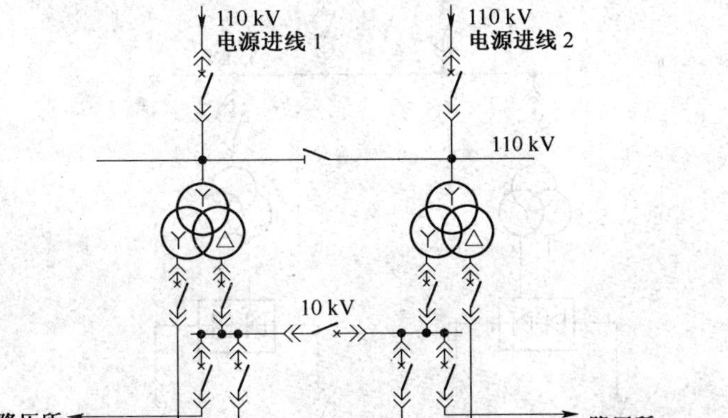

图 5-21　主变电所主接线图

35 kV 侧和 110 kV 侧均采用单母线分段接线。在有两个主变电所时，为了确保牵引变电所的可靠供电，可从 35 kV 的两段母线上各引一路送到专设在其他合适地点的线路联络开关处，以供故障时联络之用。当某一主变电所停电时，由该所母线供电的牵引变电所可通过线路联络开关从另一主变电所 35 kV 侧获得电能，任一主变电所停电并且另一主变电所一路电源失压时，可切除二、三级负荷，以保证牵引变电所的不间断供电，使电动列车仍能继续运行。

(2)牵引变电所。牵引变电所的功能是将城市电网区域变电所或地铁主变电所送来的 35 kV 电能经过降压和整流变成牵引所用的直流电能，其主接线包括高压交流(35 kV)受、配电系统和直流(0.75～1.5 kV)受、馈电系统两部分，整流机组(整流变压器—整流器组)是作为交、直流系统变换的重要环节设置的。牵引变电所的容量和设置的距离是根据牵引供电计算的结果，并作经济技术比较后确定的，一般设置在沿线若干车站及车辆段附近，变电所间隔一般为 2～4 km，牵引变电所按其所需总容量设置两组整流机组并列运行，沿线任一牵引变电所故障，由两侧的相邻的牵引变电所承担其供电任务。

牵引变电所的主接线如图 5-22 所示，两路 35 kV 进线电源来自城市电网区域变电所或地铁主变电所，两组整流机组均由相同的牵引降压变压器和整流器组成，它们的直流侧并联工作，为使并联时的直流电压相等且负荷分配均衡，35 kV 侧采用不分段单母线，牵引变压器一般采用三绕组变压器，两个二次绕组和整流器组成多相整流，整流器输出的直流电的正极(＋)经直流高速空气开关接到直流侧的正母线上，直流电的负极(－)经开关接到负母线上，通过直流馈线将电能送到接触网，负母线通过开关、回流线与走行轨相联，这样，通过电动列车的受电器与接触网的接触滑行，就构成一个完整的直流牵引电动机受电回路。

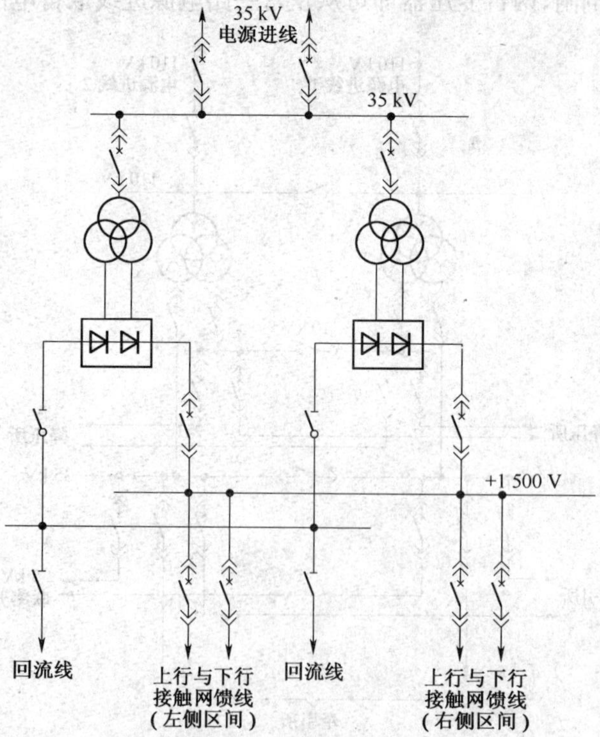

图 5-22　直流牵引变电所的主接线

(3)牵引、降压混合变电所。牵引、降压混合变电所典型主接线图如图 5-23 所示。交流侧电源进线设有两回路互为备用的独立电源电缆线。其中一路进线由专用供电系统主变电所 A 的低压母线Ⅰ段馈出(图 5-20),另一电源进线则由该车站另一端设置的降压变电所高压母线引入,此高压母线的电源进线,是由主变电所 A(或 B)独立并联运行降压变压的低压Ⅱ段母线馈出(母线分段断路器处于断开运行),每路电源进线容量应满足车站两个变电所(牵引、降压混合所和降压所)全部一、二级负荷的要求。此外,高压母线的馈出线是相邻变电所的电源进线所需要的。正常运行时两路进线同时为两段母线连接的负荷供电,进线断路器均合闸。母线分段断路器(或电动刀闸)断开。当任一电源进线发生故障而断路时,则由自动装置动作使母线分段断路器合闸,全变电所主要由另一电源进线供电。高压汇流母线采用断路器或电动刀闸分段,有利于母线维修和任一电源进线故障时电路转换的灵活性。

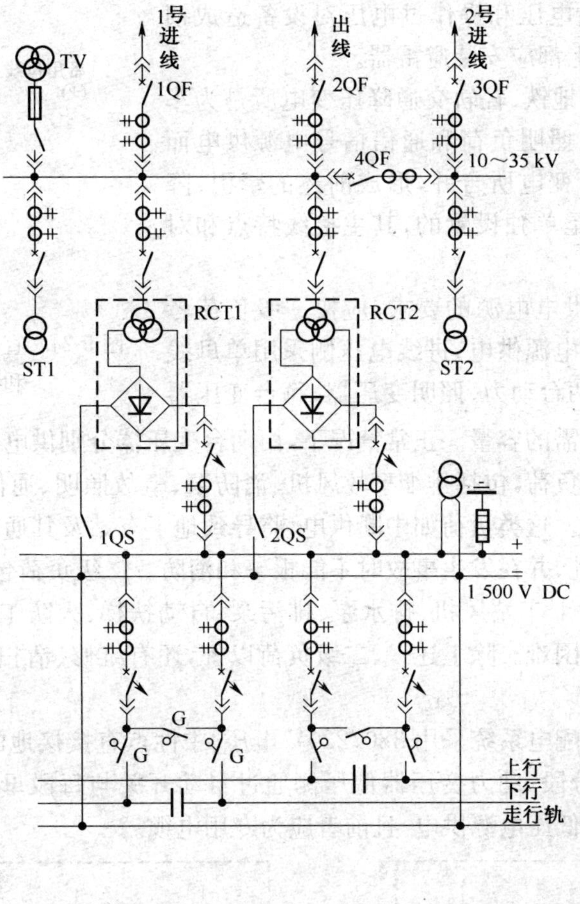

图 5-23　牵引、降压混合变电所典型主接线图

交流高压配电回路设有两台并联工作的整流机组 RCT,两台动力变压器 ST1、ST2 分别连接于分段汇流母线的两段上,每台动力变压器容量应满足一、二级动力与照明负荷的需要。当整个供电系统环网只有一路电源时,允许将二、三级负荷部分或全部切除。高压断路器柜采用手车式真空断路器、金属全封闭开关柜。单纯的直流牵引变电所高压单母线可不必分段。

直流侧系统主接线,包括从整流机组的直流输出至直流正母线的电路、回流线、负母线和整流器阳极连接电路,以及从直流母线馈出的馈线电路等(图 5-23)。每台整流机组的直流输出通过直流快速开关与正母线相连,其作用是当任一整流机组和母线之间发生短路故障时,由快速开关动作跳闸以保护机组，此时并使全部馈线快速开关联锁跳闸，切断相邻牵引变电所通过接触轨（网）向故障点馈出故障电流的电路。从正母线馈出的馈电线也设有快速开关作为接触网短路的保护。直流快速开关为手车式结构，装于直流开关柜内。

直流快速开关故障和检修时的后备方式，可在供电管理部门增加备用直流开关柜或快速开关手车若干台作后备，统一调配使用。另一种具有备用正母线和备用快速开关的直流侧系统主接线电路示于图 5-24。备用快速开关借助于备用母线（＋）PM 作为整流机组输出和馈出线任一快速开关故障时的后备。

直流负母线通过负极开关柜的隔离开关与整流器阳极相连接，它同时经回流线电缆和走行轨或专用的回流轨（有的轻轨系统）相连。轻轨交通牵引变电所直流母线，为防止雷电浪涌过电压和操作过电压对设备造成损坏，一般在正、负母线上都应安装避雷器。

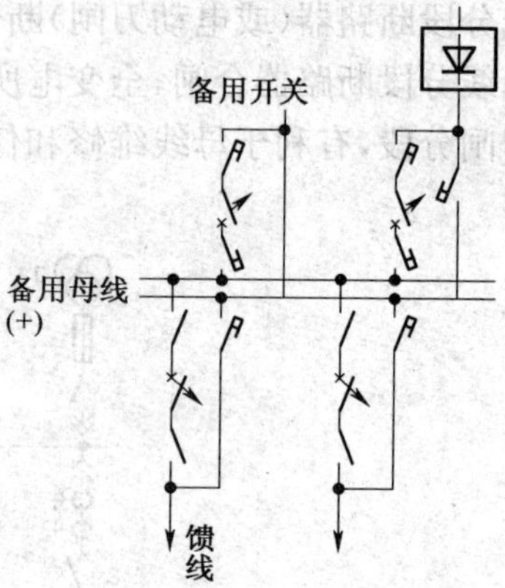

图 5-24　直流侧系统带备用正母线和备用开关的主接线

（4）降压变电所。地铁、轻轨交通降压变电所是为车站与线路区间的动力、照明负荷和通信信号电源供电而设置的，可与直流牵引变电所合并，形成前述的牵引、降压混合变电所。多数是单独设置的，其主接线特点和对其基本要求如下：

①降压变电所对供电电源的要求，应按一级负荷考虑，由环行电网或二路电源供电，进线电压侧采用单母线分段系统。一般设有两台动力、照明变压器，每台变压器应满足一、二级负荷所需的容量。正常情况下，由两台变压器分别供电。

动力、照明的一级负荷，包括排烟事故风机、消防泵、事故照明、通信信号、防灾报警系统、售检票系统、防淹门等。这类负荷如中断供电，将导致地下车站及其通信、信号设备不能工作，引起列车运行秩序混乱，并在发生事故时不能报警和消防。二级负荷包括车站、线路区间和作业场所的工作照明，地下车站风机、排水泵、排污泵、自动扶梯、人防工程等，这类负荷一旦断电，将对正常运营造成困难。除上述一、二级负荷以外，还有维修、清扫机械、空调等动力和其他照明为三级负荷。

②动力、照明负荷配电系统采用 380/220V 电压、中性点直接接地的三相四线制。配电母线为单母线自动开关分段，动力变压器低压侧通过自动开关与每段母线连接，动力与照明的一、二级负荷应有两路低压电源供电，且前者应为专用电缆。

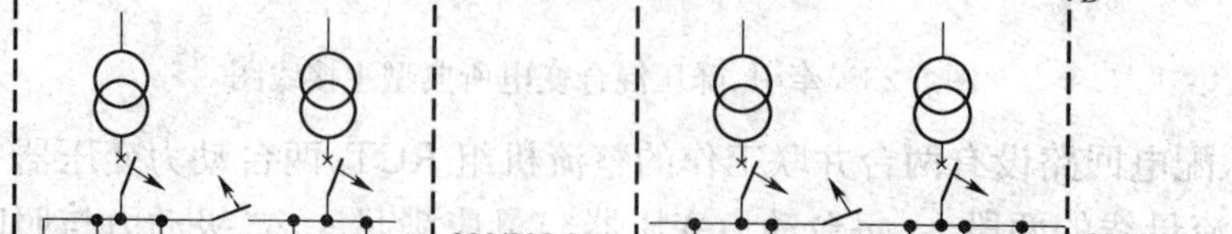

图 5-25　降压变电所低压配电系统示意图

此外,设有联络电缆与相邻变电所的低压电源连接,作为事故备用电源,也可用设备用发电机组、蓄电池组电源作为事故备用电源,如图 5-25 的低压配电系统示意图所示。其中事故电源母线的设计,应保证在本降压变电所全部停电时,由相邻变电所的电源或自备发电机等自动投入,为车站和区间的事故照明供电。

复习思考题

1. 直流制和交流制牵引变电所分别有什么样的优缺点,当前大多数国家采用的是哪种电流制式,其特点有哪些?

2. 试述交流牵引变电所的不同类型及其结构原理。

3. 三相 Y_N,d_{11} 接线牵引变电所具有什么样的特点?

4. Y_N,▽接线平衡变压器的原理如何,具有什么样的优缺点?

5. 非阻抗匹配 Y_N,▽接线平衡变压器、Y_N,▽接线平衡变压器以及 Y_N,▽接线阻抗匹配平衡变压器之间有什么样的联系?

第六章　牵引变电所的继电保护

第一节　交流牵引变电所的继电保护

牵引供电系统是指从电力系统引进 110 kV(或 220 kV)电源,通过牵引变电所降到 27.5 kV,再送到电力机车的整个供电系统,常用供电系统如图 6-1 所示。

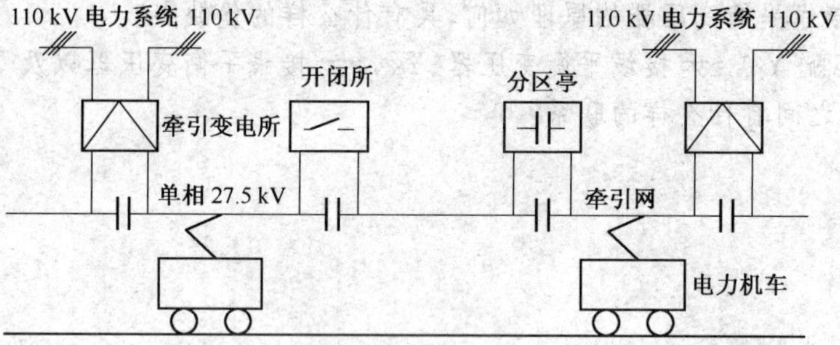

图 6-1　牵引供电系统示意图

牵引供电系统的继电保护,除分区亭及开闭所外,均集中在牵引变电所。图 6-2 是某牵引变电所的示意图。变电所由电源Ⅰ和电源Ⅱ供电。T1、T2 是两台主变压器,T3 是一台动力变压器,将 27.5 kV 三相电压降压为 6～10 kV 三相电压,向牵引变电所附近电力用户供电。QF1～QF4 是断路器。

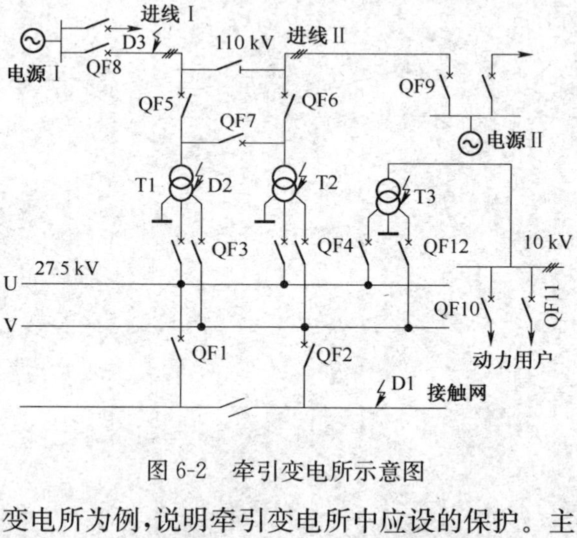

图 6-2　牵引变电所示意图

以图 6-2 所示牵引变电所为例,说明牵引变电所中应设的保护。主要有进线保护、变压器保护、牵引网馈线保护、动力变压器及动力馈线保护。若变电所设有并联电容补偿装置,还应增设并补保护。下面对这几种保护作以说明。

一、进线保护

牵引变电所的高压侧有 T 接、桥接及单母线三种接线方式。

1. T 接方式

一般采用两回进线，由一回进线带两台变压器，另一回进线作为备用的方式。进线上不设专门的保护装置，进线上的故障由 110 kV 线路供电侧的保护来切除。如牵引网由两边的变电所实行双边供电时，则必须考虑 110 kV 线路故障时由牵引网向故障点的反馈问题。为了防止 110 kV 线路单相接地时，在中性点不接地的变压器高压侧产生反馈过电压，必须在 110 kV 线路电源侧的断路器切断之前，将变压器低压侧断路器切断，为此可采用零序电压保护。此外，当 110 kV 线路发生相间短路时，也应将变压器的断路器切断。否则将有电流由牵引网经变压器向故障点反馈，为此应增设方向电流保护或低电压保护，作为线路相间短路保护。当 110 kV线路故障时，功率方向为由变压器低压侧流向高压侧，于是功率方向继电器将保护启动，切断故障。

2. 桥接方式

采用内桥接线时，一般为双电源或环形网络供电，进线设有方向电流保护或距离保护作为相间短路保护，并设有零序方向电流保护作为单相接地保护。桥路联络断路器(即图 6-2 中的 QF7)不装设专门的线路保护装置，桥路联络线的故障与变压器高压套管的故障一样，由变压器的差动保护切除。当 QF7 以左发生故障时，由变压器 T1 的差动保护使 QF5、QF7、QF3 跳闸，当 QF7 以右发生故障时，由变压器 T2 的差动保护使 QF6、QF7、QF4 跳闸。

采用外桥接线如图 6-3 所示，也需设两套线路保护。此时桥路联络线不在变压器差动保护范围内，而在线路保护范围内。当 D1 点短路时，由线路保护 1 使 QF1、QF3 跳闸；当 D2 点短路时，由线路保护 2 使 QF2、QF3 跳闸。线路保护装置仍采用方向电流保护或距离保护。

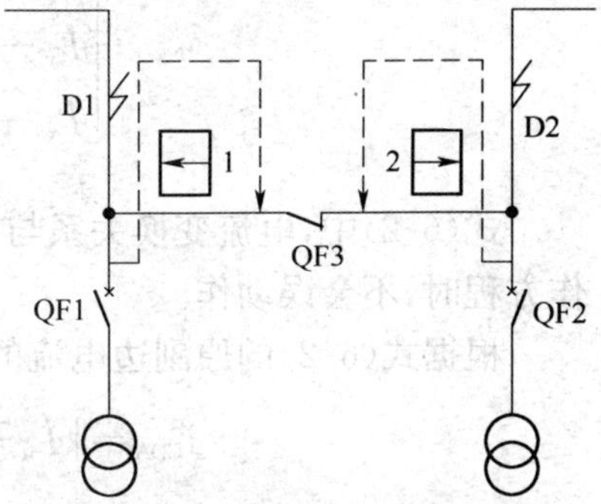

图 6-3　外桥接线的线路保护

3. 单母线接线方式

母线保护采用差动保护，进线采用方向距离保护及零序方向电流保护，每回进线装设一套。

从以上几种情况可以看出，牵引变电所的进线保护，对 T 接方式来说一般不设专门保护，但当牵引网采用双边供电时应防止由牵引网向 110 kV 线路上故障点的反馈问题。对其他几种接线方式，每回进线均应设一套线路保护，在方向电流能满足灵敏度要求时，可优先采用，否则应采用方向距离保护(包括用作相间短路的保护及零序保护)。

二、变压器保护

日本高速铁路牵引主变压器采用 Scott 平衡变压器，欧洲主要采用单相变压器。阻抗匹配平衡变压器由于具有较好地抑制负序电流对电力系统的影响，高压侧中性点可以接地，容量利用率高等优点，在我国常速电气化铁路中得到了广泛的推广和应用，已经成为国内电气化铁路牵引主变压器的主要形式，也是我国高速电气化铁路可供选择的牵引主变压器的接线形式。下面主要介绍阻抗匹配平衡变压器和 Scott 平衡变压器的差动保护原理。

(一)阻抗匹配平衡变压器保护原理

1. 阻抗匹配平衡变压器电流变换关系

阻抗匹配平衡变压器的接线如图 5-9 所示。

根据图 5-9 可知,阻抗匹配平衡变压器是在普通的 Y_N,d_{11} 接线变压器的自由相上增加两个绕组,并使其次边△形内各绕组阻抗满足 $Z_{uv}=k_zZ_{vw}=k_zZ_{wu}$ 的匹配原则而达到原边平衡的变压器。变压器副边 $\dot{I}_\alpha$,$\dot{I}_\beta$ 与原边 $\dot{I}_u$、$\dot{I}_v$、$\dot{I}_w$ 的映射关系:

$$\begin{bmatrix}\dot{I}_u\\\dot{I}_v\\\dot{I}_w\end{bmatrix}=\frac{1}{2\sqrt{3}k_1}\begin{bmatrix}\sqrt{3}+1 & -(\sqrt{3}-1)\\-2 & -2\\-(\sqrt{3}-1) & \sqrt{3}+1\end{bmatrix}\begin{bmatrix}\dot{I}_\alpha\\\dot{I}_\beta\end{bmatrix}\tag{6-1}$$

式中,$k_1=w_1/w_2$。

目前国内都采用式(6-1)的原、次边电流变换关系构成阻抗匹配平衡变压器的微机型差动保护,而式(6-1)是在 $k_z=\sqrt{3}+1$ 的前提下得到的。由于阻抗匹配平衡变压器制造上的困难,很难保证 k_z 完全等于$\sqrt{3}+1$。

当 $k_z\neq\sqrt{3}+1$ 时,变压器原边按相电流构成差动保护时,将引起固有的差动电流,当外部故障时,如高压侧发生单相接地故障,可能引起差动保护的误动作。

因此将式(6-1)改写成:

$$\begin{bmatrix}\dot{I}_u-\dot{I}_v\\\dot{I}_v-\dot{I}_w\\\dot{I}_w-\dot{I}_u\end{bmatrix}=\frac{1}{k_1}\begin{bmatrix}\frac{\sqrt{3}+1}{2} & \frac{\sqrt{3}-1}{2}\\-\frac{\sqrt{3}-1}{2} & \frac{\sqrt{3}+1}{2}\\-1 & 1\end{bmatrix}\begin{bmatrix}\dot{I}_\alpha\\\dot{I}_\beta\end{bmatrix}\tag{6-2}$$

式(6-2)中,电流变换关系与 k_z 无关,由式(6-2)的电流变换关系构造变压器差动保护动作方程时,不会误动作。

根据式(6-2)的原副边电流的平衡方程,差动电流为

$$\left.\begin{aligned}I_{CDA}&=|\dot{I}_u-\dot{I}_v|-\frac{1}{2k_1}[(\sqrt{3}+1)\dot{I}_\alpha+(\sqrt{3}-1)\dot{I}_\beta]\\I_{CDB}&=|\dot{I}_v-\dot{I}_w|+\frac{1}{2k_1}[(\sqrt{3}-1)\dot{I}_\alpha+(\sqrt{3}+1)\dot{I}_\beta]\\I_{CDC}&=|\dot{I}_w-\dot{I}_u|-\frac{1}{k_1}(-\dot{I}_\alpha+\dot{I}_\beta)\end{aligned}\right\}\tag{6-3}$$

制动电流为

$$\left.\begin{aligned}I_{ZDA}&=|\dot{I}_u-\dot{I}_v|+\frac{1}{2k_1}[(\sqrt{3}+1)\dot{I}_\alpha+(\sqrt{3}-1)\dot{I}_\beta]\\I_{ZDB}&=|\dot{I}_v-\dot{I}_w|-\frac{1}{2k_1}[(\sqrt{3}-1)\dot{I}_\alpha+(\sqrt{3}+1)\dot{I}_\beta]\\I_{ZDC}&=|\dot{I}_w-\dot{I}_u|+\frac{1}{k_1}(-\dot{I}_\alpha+\dot{I}_\beta)\end{aligned}\right\}\tag{6-4}$$

根据式(6-3)的差动电流和式(6-4)的制动电流,可以实现图 6-4 和图 6-5 所示的比率差动保护动作特性。

图 6-4 的两段动作特性的动作方程如式(6-5)所示，图 6-5 的三段动作特性的动作方程如式(6-6)所示。

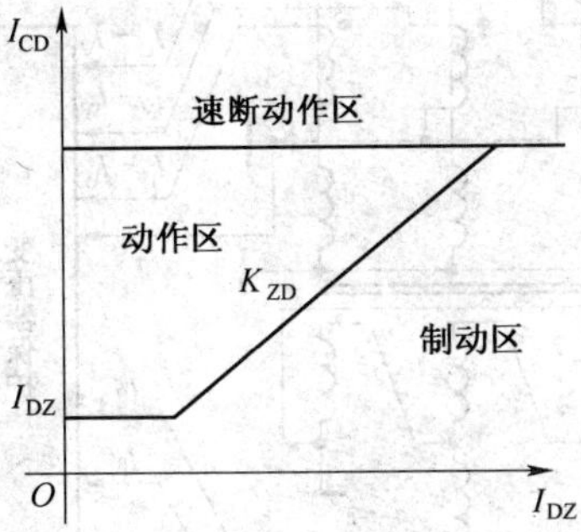

图 6-4　两段折线动作特性

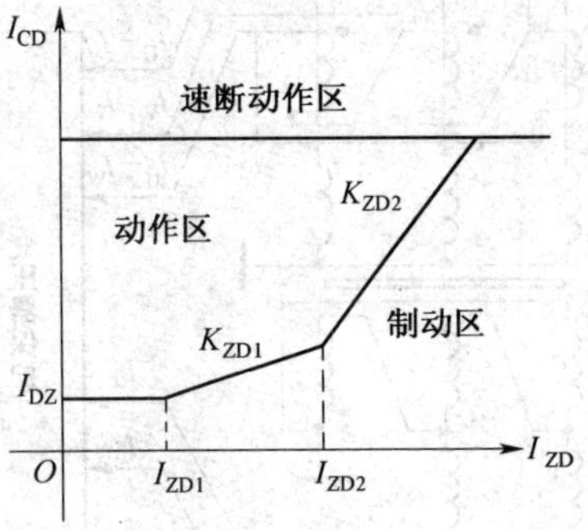

图 6-5　三段折线动作特性

$$\left.\begin{aligned}&I_{CDi}\geqslant I_{DZ}\\&I_{CDi}\geqslant I_{SD}\text{或}I_{CDi}\geqslant K_{ZD}I_{ZDi}\\&I_{A2}/I_{A1}\leqslant K_{YL}\cap I_{B2}/I_{B1}\leqslant K_{YL}\cap I_{C2}/I_{C1}\leqslant K_{YL}\end{aligned}\right\}\quad(6\text{-}5)$$

$$\left.\begin{aligned}I_{CDi}\geqslant I_{SD}\text{或}\begin{cases}I_{CDi}\geqslant I_{DZ}, & \text{当 } I_{ZDi}\leqslant I_{ZD1}\\ I_{CDi}\geqslant K_{ZD1}[I_{ZDi}-I_{ZD1}]+I_{DZ}, & \text{当 } I_{ZD1}\leqslant I_{ZDi}\leqslant I_{ZD2}\\ I_{CDi}\geqslant K_{ZD1}[I_{ZD2}-I_{ZD1}]+K_{ZD2}I_{ZDi}+I_{DZ}, & \text{当 } I_{ZDi}\geqslant I_{ZD2}\end{cases}\\ I_{A2}/I_{A1}\leqslant K_{YL}\cap I_{B2}/I_{B1}\leqslant K_{YL}\cap I_{C2}/I_{C1}\leqslant K_{YL}\end{aligned}\right\}\quad(6\text{-}6)$$

式中　$I_{CDi}=I_{CDA},I_{CDB},I_{CDC}$——各相差动电流；

$I_{ZDi}=I_{ZDA},I_{ZDB},I_{ZDC}$——各相制动电流；

I_{A1}、I_{B1}、I_{C1}——变压器高压侧 U、V、W 相基波电流；

I_{A2}、I_{B2}、I_{C2}——变压器高压侧 U、V、W 相二次谐波电流；

K_{YL}——二次谐波闭锁系数；

K_{ZD}——两段折线的比率制动系数；

K_{ZD1}、K_{ZD2}——三段折线动作特性的两个比率制动系数；

I_{DZ}——差动继电器的动作电流；

I_{DZ1}、I_{DZ2}——两个拐点制动电流的整定值；

I_{SD}——差动速断元件的动作电流。

2. 阻抗匹配平衡变压器差动保护接线方式

当原边电压互感器接线方式分别为△接或 Y 接时，阻抗匹配平衡变压器差动保护接线方式如图 6-6 所示。

阻抗匹配平衡变压器的保护与常规变压器的保护一样，还需配置高压侧三相过电流保护，低压侧单相过电流保护，零序过电流保护等。

(二)Scott 平衡变压器的保护原理

日本高速铁路全部采用 Scott 平衡变压器，我国京秦、大秦和郑武电气化铁路也采用 Scott 平衡变压器作为牵引主变压器。日本高速铁路对 Scott 平衡变压器配置的保护主要有：比率制动差动保护、高压侧过电流保护、低压侧过电流保护、过负荷保护、失压保护、重瓦斯保护、轻瓦斯保护、压力保护、过热保护、油面过低保护等。此处主要介绍差动保护原理。

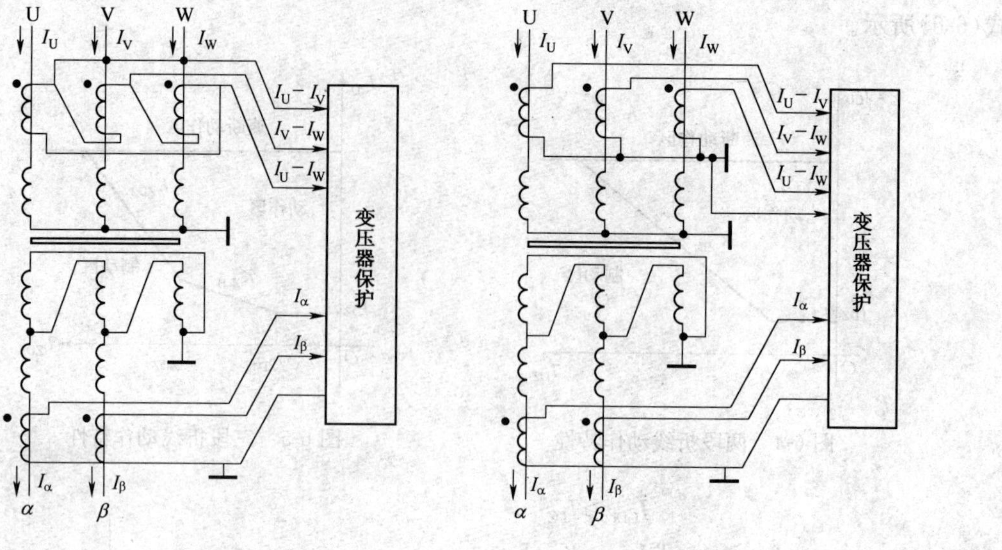

(a)　(b)

图 6-6　阻抗匹配平衡变压器差动保护接线

(a)原边绕组△形接线;(b)原边绕组 Y 形接线

1. Scott 平衡主变压器电流变换关系

Scott 平衡变压器的接线如图 6-7 所示。

Scott 平衡主变压器的原次边电流变换关系如下式：

$$\begin{bmatrix}\dot{I}_u\\ \dot{I}_v\\ \dot{I}_w\end{bmatrix}=\frac{1}{\sqrt{3}K}\begin{bmatrix}2 & 0\\ -1 & \sqrt{3}\\ -1 & -\sqrt{3}\end{bmatrix}\begin{bmatrix}\dot{I}_\alpha\\ \dot{I}_\beta\end{bmatrix} \qquad (6\text{-}7)$$

2. Scott 平衡变压器的差动保护原理

电磁型、晶体管型或集成电路型差动保护，由两个差动继电器构成。

差动继电器 1 的平衡方程为

$$[\dot{I}_u]=\frac{2}{\sqrt{3}K}[\dot{I}_\alpha] \qquad (6\text{-}8)$$

差动继电器 2 的平衡方程为

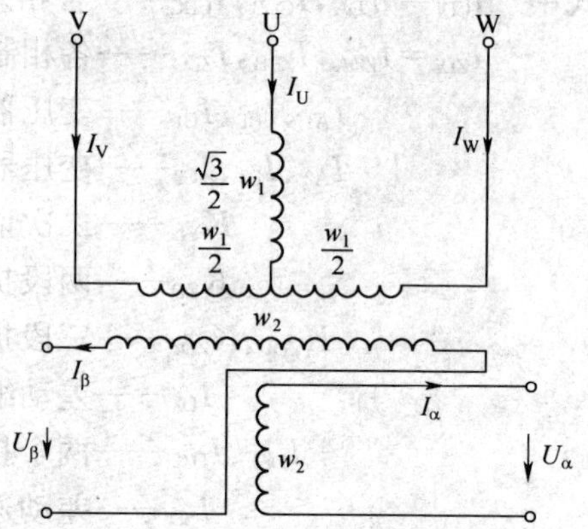

图 6-7　Scott 平衡变压器的接线图

$$\dot{I}_v-\dot{I}_w=\frac{2}{K}\dot{I}_\beta \qquad (6\text{-}9)$$

若按式(6-8)和式(6-9)的平衡方程实现差动保护，当高压侧三相电流互感器变比相同，低压侧两相电流互感器变比相同时，需要在高压侧 U 相电流互感器二次侧增加辅助变流器，如图 6-8 所示。

若采用微机型差动保护，当高压侧三相电流互感器变比相同，低压侧两相电流互感器变比相同时，可采用式(6-7)的平衡方程，通过计算机软件计算不同平衡方程中的各种系数。差动保护判据和动作特性与阻抗匹配平衡变压器类似。

3. Scott 平衡变压器差动保护接线

采用电磁型继电器、晶体管型继电器等实现的 Scott 平衡变压器差动保护的接线如图 6-8 所示，采用微机实现的 Scott 平衡变压器差动保护的接线如图 6-9 所示。

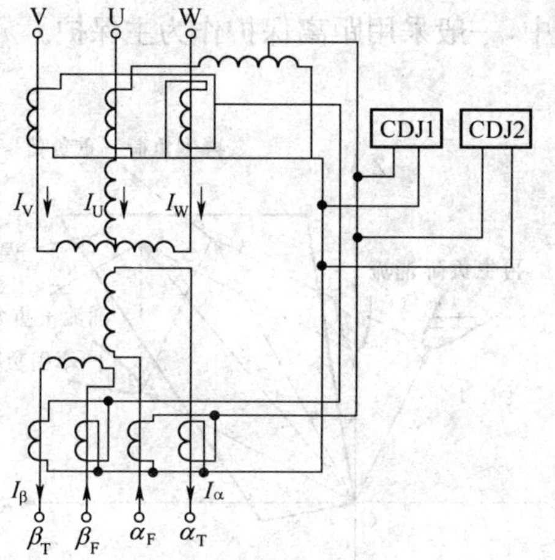

图 6-8　Scott 平衡变压器采用常规保护接线图

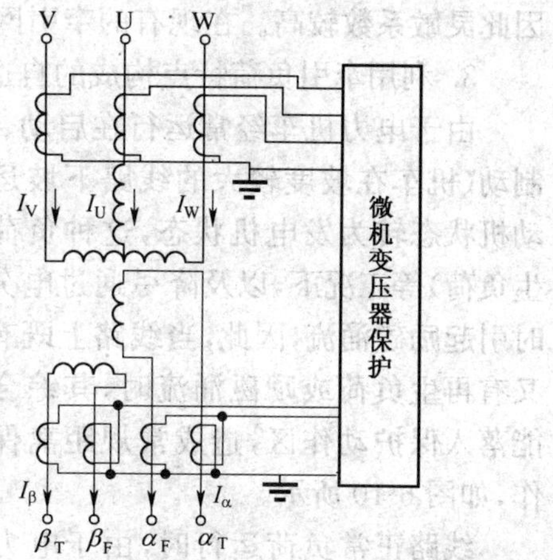

图 6-9　Scott 平衡变压器采用微机保护接线图

主变压器保护的配置可以随变电所接线、系统容量、运行方式、系统参数的变化而有所变化。

三、牵引网馈线保护

1. 牵引负荷的特点

牵引负荷是单相、移动、变化的负荷，主要与线路情况、机车类型、列车重量和运行速度有关。尤其是在运输繁忙的区段上，当一个馈电臂上有数列车运行时，其馈线电流可在极宽的范围内变化。牵引网与牵引负荷具有如下特点：

(1)交—直型电力机车负荷的非线性决定了牵引负荷电流中含有丰富的谐波成分。

(2)牵引网供电臂长度一般为 20～40 km，且牵引网阻抗较大，而高速铁路负荷电流较大，因此，最大负荷电流可能大于最小短路电流。当牵引供电系统发生故障时，接地电流非常大，对故障点的破坏也更为严重，所以要求对故障检出时间必须缩短。

(3)电力机车在运行过程中，频繁在启动、牵引调速、再生制动等工况之间转换，各种工况下，牵引变电所感知的电气参数有很大的差异，将直接影响牵引网馈线保护的动作行为。

(4)牵引供电系统在变电所、分区亭设有电分相，电力机车司机按操作规程进行降弓操作时，如果电力机车从一个供电臂通过电分相进入另一个供电臂，电力机车上的变压器进行一次空载投入，则当电力机车通过电分相时将产生励磁涌流。当电力机车司机未按规程操作带电(不降弓)通过电分相时，容易引起异相短路。

(5)牵引供电方式种类较多；牵引网结构复杂，接触网上可能设有串联电容补偿装置，也可能未设串联电容补偿装置；短路故障类型较多，有常规短路故障，也有断线接地故障。

(6)由于牵引负荷为移动负荷，因此，接触网故障发生的几率较电力系统输电线路要频繁得多。

牵引负荷具有的上述特点都对牵引供电系统的保护产生不利的影响，所以再简单套用一般三相电网的保护已不能充分满足系统的基本要求。

2. 牵引网馈线的距离保护

牵引网馈线距离保护是反映故障点到保护安装处之间阻抗(距离)的保护,馈线的测量阻抗可以通过该相测量电压与电流相除求得。由于它能同时反映线路故障时电压、电流的情况,因此灵敏系数较高。在现有的牵引网馈线保护装置中,一般采用距离保护作为主保护。

3. 利用牵引负荷特点构成的自适应距离保护

由于电力机车经常运行在启动、调速、再生制动(机车在坡度较大的线路下坡运行时由电动机状态转为发电机状态,这种负荷称之为再生负荷)等工况下,以及降弓通过电分相再合闸时引起励磁涌流,因此,当线路上既有正常负荷又有再生负荷或励磁涌流时,其综合负荷就可能落入保护动作区,造成常规距离保护的误动作,如图 6-10 所示。

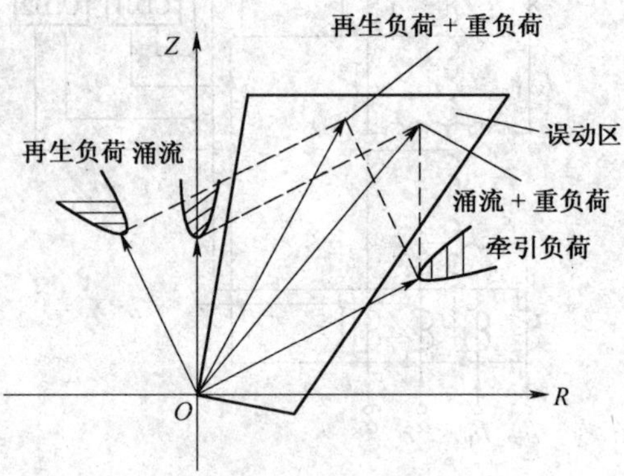

图 6-10 牵引负荷特性

线路正常负荷运行时,由于电力机车为整流负荷,含有丰富的奇次谐波,其中以三次谐波的成分最高,一般可达到 20%～30%,当存在再生负荷时,三次谐波的含量可以达到 40%。而机车通过电分相或空载投入 AT 牵引网时,产生的励磁涌流中含有丰富的二次谐波分量。与之相比,当接触网发生短路故障时,由于电力机车被旁路,短路电流基本为正弦波。因此,可以根据谐波成分的大小来区分负荷电流和故障电流。

定义综合谐波含量为

$$K=\frac{I_2+I_3+I_5+I_7}{I_1} \tag{6-10}$$

式中 I_1、I_2、I_3、I_5、I_7——负荷电流中的基波、二、三、五、七次谐波。

阻抗继电器的动作方程为

$$\begin{aligned} R&\leqslant\frac{1}{1+K}R_{zd} \\ X&\leqslant\frac{1}{1+K}X_{zd} \end{aligned} \tag{6-11}$$

式中 R、X——阻抗继电器的测量电阻和电抗;

R_{zd}、X_{zd}——阻抗继电器的电阻和电抗整定值。

牵引供电系统正常运行时,$K>0$,从而使 R_{zd} 和 X_{zd} 乘以一个小于 1 的系数,相当于把多边形阻抗继电器的线路边和负荷边收缩了。而机车运行于再生制动状态、通过电分相或空载投入 AT 牵引网时,电流中的谐波分量会比正常运行时更大,阻抗继电器的动作边界也缩小了。例如,当 $K=15\%$时,阻抗继电器的动作边界自动缩小 13%;当 $K=35\%$时,阻抗继电器的动作边界自动缩小 26%。而当馈线发生常规故障时,$K\approx0$,即 R_{zd} 和 X_{zd} 乘以 1,从而保证阻抗继电器的动作边界不变。

通过分析可知,自适应距离保护利用实时检测到的综合谐波含量对阻抗继电器的动作边界进行实时在线调整，即实时修改保护定值，实现了保护的自适应。

目前国内牵引网馈线保护的阻抗元件一般采用图 6-11 的动作特性，图中虚线和箭头的指向为阻抗继电器的动作边界随 K 增大而收缩的方向。φ_1 为躲涌流偏移角；φ_2 为阻抗元件容性偏移角；φ_L 为线路阻抗角；R_{ZD}为阻抗元件边电阻整定值；X_{ZD}为阻抗元件边电抗整定值。对于阻抗各段来说，区别只在于线路边高度。

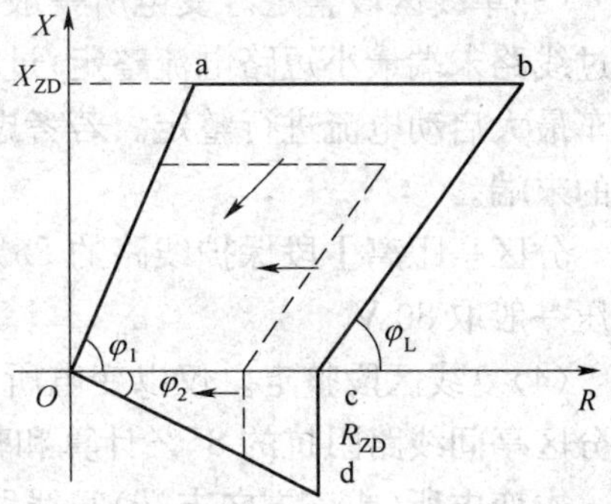

图 6-11　自适应阻抗继电器动作特性

设保护测量电压、电流分别为 $\dot{U}$、$\dot{I}$，表达式为

$$\dot{U}=U_C+jU_S;\dot{I}=I_C+jI_S \quad (6\text{-}12)$$

设测量阻抗为 $Z=\dot{U}/\dot{I}=R+jX$，则

$$R=\frac{U_SI_S+U_CI_C}{I_S^2+I_C^2};X=\frac{U_SI_C-U_CI_S}{I_S^2+I_C^2} \quad (6\text{-}13)$$

式中　U_S、U_C——基波电压的正弦、余弦分量；

I_S、I_C——基波电流的正弦、余弦分量；

R、X——测量电阻和电抗。

阻抗多边形的具体动作特性表达式：

$$\begin{matrix} -R\tan\varphi_2\leqslant X\leqslant 0 & 0\leqslant X\leqslant\frac{1}{1+K}X_{zd} \\ & \text{或} \\ 0\leqslant R\leqslant\frac{1}{1+K}R_{zd} & X\cot\varphi_1\leqslant R\leqslant X\cot\varphi_L+\frac{1}{1+K}R_{zd}\end{matrix} \quad (6\text{-}14)$$

上式在负荷阻抗整定小时，将产生较大的计算误差。因此，在实际应用中，把上述不等式的两边同乘以$(1+K)$，从而得到修正后的自适应距离保护判据。设 K_h 为谐波加权倍数，则考虑谐波制动效果后的实测电阻、电抗可以由式(6-15)表达：

$$\begin{aligned} R_h&=(1+KK_h)R \\ X_h&=(1+KK_h)X \end{aligned} \quad (6\text{-}15)$$

显然，加权系数越大，抑制效果就越明显。例如，WKH-891 型馈线保护装置中，当 $K_h=2$、$K=0.25$ 时，阻抗元件将缩小到在 0.5 倍定值下动作。修正后的保护判据如下：

$$\begin{matrix} -R_h\tan\varphi_2\leqslant X_h\leqslant 0 & 0\leqslant X_h\leqslant X_{zd} \\ & \text{或} \\ 0\leqslant R_h\leqslant R_{zd} & X_h\cot\varphi_1\leqslant R_h\leqslant X_h\cot\varphi_L+R_{zd}\end{matrix} \quad (6\text{-}16)$$

4. 牵引网的保护方式和整定计算

牵引网馈线保护功能的配置及整定原则随具体线路变电所的接线型式、牵引网的供电方式、是否考虑越区供电、有无开闭所的不同而不同。

(1)单线区段配置。在变电所一般应配置Ⅰ、Ⅱ段距离保护、电流速断保护、过流保护、一次重合闸，可选配电流增量保护；在分区亭一般应配置Ⅰ段距离保护、电流速断保护、检有压一次重合闸。

(2)复线区段配置。在变电所一般应配置Ⅰ、Ⅱ、Ⅲ段距离保护、电流速断保护、过流保护、一次重合闸，可选配电流增量保护、反时限过流保护、上下行连锁和二次重合闸、后加速保护；在分区亭一般应配置正向Ⅰ、Ⅱ段距离保护、反向Ⅲ、Ⅳ段距离保护、电流速断保护、检有压一次重合闸，选配过流保护。

对有开闭所的线路，开闭所配正向Ⅰ段距离保护和电流速断保护。

(3)单线区段整定。变电所一般情况下，距离Ⅰ段保护线路全长的85%；电流速断保护按躲过线路末端最小短路电流整定；过流Ⅰ段按躲过最大负荷电流整定；电流增量保护可按一台机车最大启动电流进行整定。若考虑越区供电方式时，不同处是距离Ⅱ段保护要延长到供电臂的末端。

分区亭距离Ⅰ段保护线路的85%长度，电流速断按分区亭最大负荷电流整定，重合闸检有压一般取80 V。

(4)复线区段整定。仅以变电所三段距离保护为例说明其整定原则：距离Ⅰ段可按变电所至分区亭间线路阻抗的85%计算和整定；距离Ⅱ段可按正常运行方式下保护本变电所—分区亭—本变电所(或该方向末端)间线路阻抗的120%计算和整定；距离Ⅲ段可按(分区亭并联)越区供电运行方式下保护本变电所—分区亭—相邻变电所(或该方向末端)间线路阻抗的120%计算和整定。

四、动力变压器保护

动力变压器一般由27.5 kV母线供电，低压侧为10 kV，容量为1 000 kV·A左右。一般采用电流速断保护、过电流保护、负序电压保护。

五、动力馈线保护

采用过电流保护。

第二节　直流牵引变电所的继电保护

一、地铁供电系统的构成

地铁的供电系统一般包括电源系统、牵引供电系统和动力照明供电系统三部分。其中牵引供电系统由牵引变电所和牵引网组成，供给地铁列车牵引用电；动力照明供电系统则负责供给车站(场)、区间等各类照明以及风机、水泵、电梯、空调等动力设备和通信、信号等自动化设备的用电。

电源系统主要由地铁沿线根据用电容量和地铁线路的长短建设的地铁专用的主变电所组成。主变电所的进线都是采用电力系统的110 kV电网电压，给牵引变电所和降压变电所供电。

牵引供电系统主要由牵引变电所、整流机组以及牵引网等组成。牵引变电所是将35 kV交流电经变压器，整流器转换为直流1 500/750 V，给牵引网和接触轨供电；整流机组是完成降压，把交流电变成多相交流并转换为直流电能的重要设备。

动力照明供电系统主要由降压变电所组成。降压变电所是将35 kV电网电压降为400 V，提供车站的动力和照明等电源。

地铁供电系统的主接线如图6-12所示。

典型直流牵引变电所的电气主接线如图6-13所示。

图中，102、103为进线断路器，来自于主变电站的两段不同的35 kV母线；101、104为出线断路器，给两边相邻的降压变电所供电。201、202为直流进线开关；211、212、213、214为直流馈线开关，分别给上行和下行接触网供电。2112、2134为接触网分段隔离开关，仅当该站直流停止供电时才能合上。

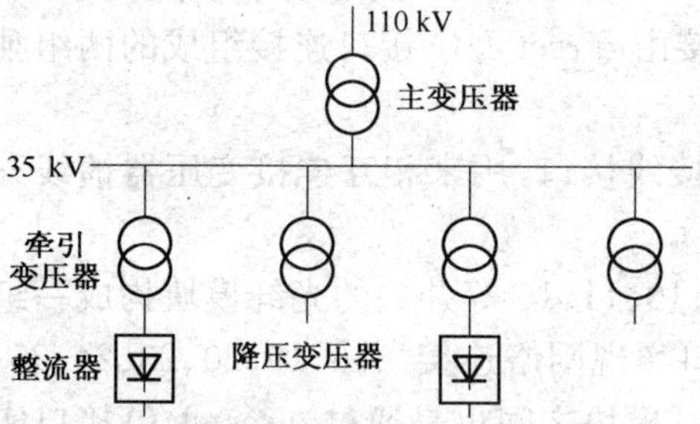

图 6-12　地铁供电系统主接线

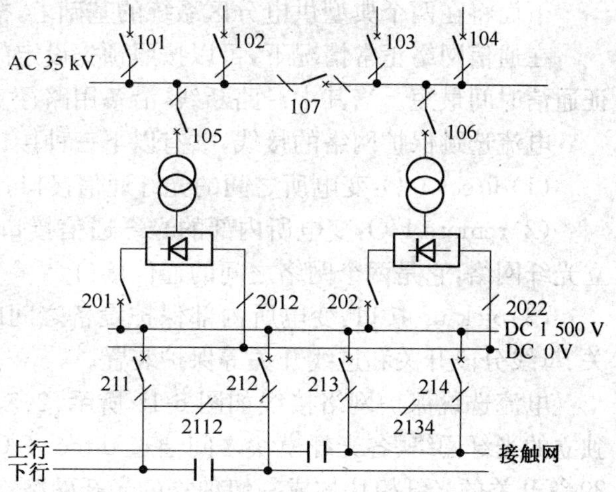

图 6-13　典型直流牵引变电所电气主接线图

二、主要保护形式介绍

保护功能的实现方式有两种：一种是通过继电器二次回路构成保护，另一种是采用微机保护装置。目前，城市轨道交通线路均采用微机综合保护装置。

1. 线路纵联差动保护

线路纵联差动保护是利用辅助导线传送信息，比较线路两侧流过电流的幅值和相位的保护。

线路纵联差动保护的原理是环流法，即在线路两侧装有相同变比的电流互感器，两侧电流互感器的同极性端子相连接，保护装置接在差流回路内。它的保护范围，就是两侧电流互感器所包围的范围，在保护范围以外短路时，差动保护不会动作。因此，不需要与相邻开关的保护在整定值和动作时间上配合，构成无延时的速动保护。

2. 电流选跳保护

电流选跳保护是一种新型的保护方式，它利用微机综合保护装置上的光纤模块，通过光纤接线，在保护装置之间传递信息，实现信息共享，通过微机综合保护装置内的逻辑程序判断，来实现电流选跳保护。

电流选跳保护依靠装置的光纤模块在装置之间传递故障信息，运用逻辑编程在极短的时间内自动判断故障所在区间，从而实现故障切除的选择性和速动性。

图 6-14 为双环网络系统典型的两个供电分区接线图。

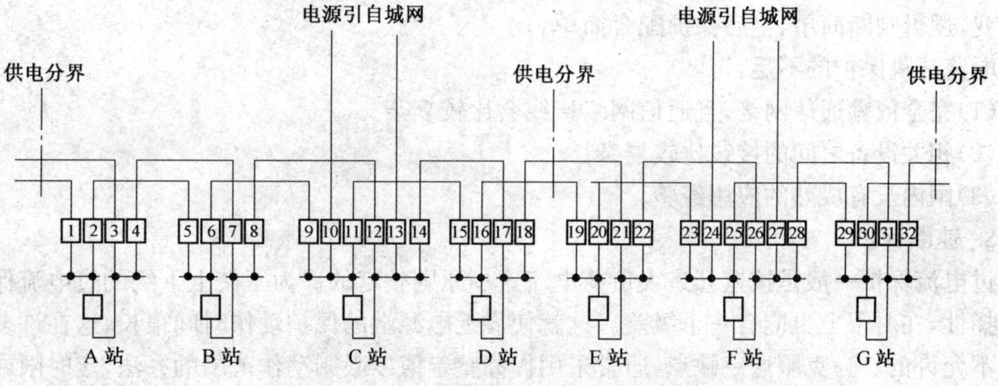

图 6-14　典型的两个供电分区接线示意图

下面将在两个典型供电分区系统的基础上，搭建电流选跳保护光纤通信网络。

在通信网络正常情况下，可以按照预先设定的一个最短路径实现装置之间的信息互联，保证通信时间最短。当其中一路断线，沿备用路径实现通信。

电流选跳保护网络的接线，共有以下三种接口形式。

(1)direct I/O：变电所之间的光纤通信接口，连接 8 个装置组成单独的光纤网络。

(2)remote I/O：变电所内部的光纤通信接口，连接由 direct I/O 接口连接组成的两组独立光纤网络，它是两个网络之间的通信接口。

(3)pick up 接口：变电所内部保护设备之间的硬接线接口，用来相互连接变压器馈线开关、母线分段开关和进线开关等保护装置。

电流选跳保护网络接线如图 6-15 所示，2、5、6、9、10、11、15 等开关的光纤模块构成一组独立的光纤网络，各光纤模块之间通过 direct I/O 接口实现网络连接。16、19、20、23、24、25、29 等开关的光纤模块构成一组独立的光纤网络，各光纤模块之间也是通过 direct I/O 接口实现网络连接。两组独立的光纤网络之间(即 15 和 16 之间)通过 remote I/O 接口实现网络联通。每组光纤网络基本由 7 个光纤模块组成，并且为了接线方便合理，remote I/O 接口相接的两个光纤模块均设在同一座变电所内。

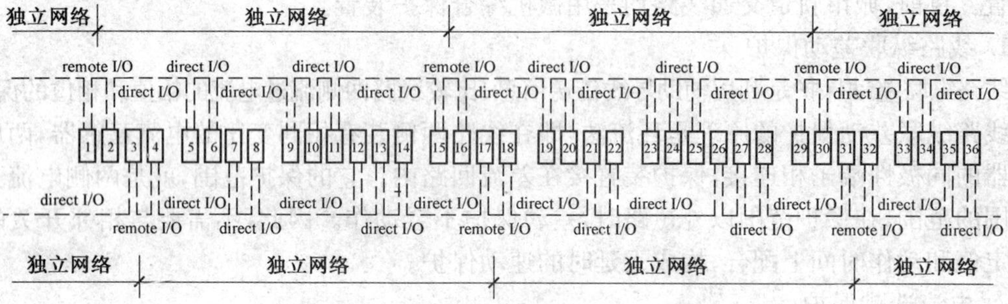

图 6-15　电流选跳保护网络接线示意图

对于选跳方案来说，光纤接线对方案的影响重大。为提高电流选跳保护的可靠性，该保护装置采用冗余光纤模块构成双光纤通道网络，两通道互为备用。

正常情况下，只投入电流选跳主保护，同时闭锁后备保护。当保护装置在线检测出电流选跳主保护故障时，解除闭锁，并启动后备保护。

电流选跳保护符合可靠性、速动性、选择性和灵敏性的配置基本原则，并考虑了运行方式的改变，逻辑判断简单，主后保护配合简单。

电流选跳保护的不足：

(1)完全依赖通信网络，且通信网络接线会比较复杂。

(2)相关设备之间的接线比较复杂。

(3)国内没有成熟的应用经验。

3. 速断保护

过电流保护一般是按避开最大负荷电流这一原则整定的。为了使上下级的过电流保护具有选择性，在时限上也应有一个级差。这就使靠近电源端的保护动作时间很长，这在许多情况下是不允许的。为克服这一缺点，通常采用提高整定值以限制动作范围的办法，定时限或无时限动作，这种保护就叫电流速断保护。

电流速断保护不能保护线路全长，只能保护线路的一部分。

4. 过电流保护

过电流保护包括定时限过电流保护和反实限过电流保护两种形式。

(1)定时限过电流保护。为了实现过电流保护的动作选择性，各保护的动作时间一般按阶梯原则整定。即相邻保护的动作时间，自负荷向电源方向逐级增大，且每套保护的动作时间是恒定不变的，与短路电流的大小无关。具有这种动作实限特性的过电流保护称为定时限过电流保护。

(2)反实限过电流保护。动作时间随短路电流的增大而减小的保护称为反实限过电流保护。使用在输电线路上的反实限过电流保护，能更快地切除被保护线路首端的故障。

反实限过电流保护的动作时间与过电流大小成反比，即过电流越大，保护越快，过电流越小，保护越慢。

5. 零序电流保护

零序电流保护适用于中性点经小电阻接地的电力系统。实现零序电流保护功能有以下两种形式：

(1)零序电流保护装置由零序电流互感器和继电器两大部分组成。将零序电流互感器直接套入中压电缆出线上，当中压输电线路发生单线故障时，可以做到定时限控制开关跳闸并发出信号，迅速可靠地切除故障。

(2)采用微机综合保护装置。零序电流保护、速断保护、过电流保护可以统一由微机综合保护装置来实现。此时，也可不设单独的零序电流互感器。通过过电流保护，速断保护用的电流互感器采集电流信号接入微机综合保护装置，由微机综合保护装置经过程序运算得出零序电流。

6. 合环选跳功能

合环选跳是指在特殊情况下(如检修进线开关设备等)，进线开关和母线开关在倒闸切换过程中，为了不影响供电的连续性，当两个进线电源投入工作时，允许母线分段开关短时合闸，此时，两个进线开关和母线开关处于选跳状态。

一般在电源开闭所设合环选跳功能，在母线分段开关柜上设合环选跳转换开关，该转换开关设 4 个位置:选跳 1 号进线、选跳 2 号进线、选跳母线分段、退出。

正常运行时，合环选跳转换开关置于退出位。

当采用合环选跳方式时，可以合环选跳 1 号进线开关或 2 号进线开关或母线分段开关。

7. 配电变压器保护

(1)熔断器保护。熔断器组合电器要求能承受变压器的过负荷电流。当变压器的低压侧发生三相短路时，组合电器中熔断器的某一相断开，使三相短路变成两相短路。率先开断相熔断器的撞击器会触发负荷开关的分闸机构，以使负荷开关的三相全部断开，在触发分闸的过程中，另两相熔断器继续受到两相短路电流的加热。如果短路电流不够大或触发及开断的时间比较短，则两相短路的开断由负荷开关来承担，否则，由熔断器来承担。

(2)断路器保护。和采用熔断器保护比较，采用断路器保护虽然成本较高，但它具有整定简单灵活，动作安全可靠性高，运行维护方便等优点，所以，在城轨供电系统中，在许多场合容量低于 400 kV·A 的变压器仍然采用断路器作为中压侧保护设备。

①电流速断保护。在常见的变压器接线中，一般采用瞬时电流速断保护作为电流保护的第一段，其保护范围按躲过配电变压器低压侧可能产生的三相最大短路电流来整定。

②过电流保护。过电流保护的整定原则，是按躲过变压器可能出现的最大负荷电流来考虑的。必须满足两个条件，一是正常情况下，出现最大负荷电流时不应动作，二是保护装置在外部故障切除后应能可靠地返回。

③过负荷保护。用来保护变压器的过负荷，保护装置的动作电流，应躲过变压器的额定电流。

(3)温度保护。当变压器温度升高，一般达到温度报警限值时，输出超温报警信号；若温度继续升高达到温度跳闸极限时，变压器已不能继续运行，须向二次保护回路输入超温跳闸信号，使变压器迅速退出运行。

(4)零序电流保护。目前，城市轨道交通采用 D，Yn11 接线的配电变压器，其零序电抗等于正序电抗，对于低压侧单相接地短路，中压侧装三相式过电流保护，灵敏度一般能满足要求。若中压侧的三相过电流保护的灵敏度不能满足要求，还应单独设零序电流保护。

8. 直流速断保护(大电流脱扣保护)

直流速断保护，又叫大电流脱扣保护。大的短路电流对线路会造成巨大的损坏，应在其电流峰值之前立即切断。

大电流脱扣保护是一种基于电流幅值的保护，当被保护线路出现很大的短路电流时，大电流脱扣保护能在短路电流幅值达到电流峰值之前迅速地将短路电流切断。大电流脱扣属于直流馈线回路的断路器的本体装置，采用电磁脱扣的原理，当短路点距离变电所越近时，短路电流的上升率越大，电磁脱扣跳闸时间也就越短，一般固有动作时间仅为几毫秒。大电流脱扣保护对于接触网近端短路故障灵敏性非常高，因此大电流脱扣保护主要用于近端短路保护。

大电流脱扣保护动作电流整定值为 $I_{dz}<KI_{dmin}$，其中 K 为可靠系数，I_{dmin} 为被保护线路短路电流的最小值。

9. 电流上升率 di/dt 及增量 ΔI 保护

电流上升率 di/dt 和电流增量 ΔI 保护又称 DDL 保护，是一种反映电流变化趋势的保护，既能切除近端短路电流，也能切除大电流脱扣保护不能切除的故障电流较小的远端短路故障；既能避免单独的 di/dt 保护受干扰而误动，又克服了电流增量 ΔI 保护存在拒动的缺点。

上升率 di/dt 和电流增量 ΔI 保护是根据故障电流和正常工作电流在上升率上的不同特点来实现保护功能的，两者的不同点是故障电流的上升率是正常工作电流上升率的几十倍甚至上百倍。

在实际运用中，di/dt 和 ΔI 是通过相互配合来实现保护功能的，而且这两种保护的启动条件通常都是同一个预定的电流上升率。在启动后，两种保护进入各自的延时阶段，互不影响，哪个保护先达到动作条件就由它来动作。一般情况下，di/dt 保护主要针对中远距离的非金属性短路故障，ΔI 主要针对中近距离的非金属性短路故障(金属性直接短路故障由其自身的电磁脱扣装置来跳闸)。

以下详细介绍两种保护的动作过程。

(1)di/dt 电流上升率保护

在运行中，保护装置不断地连续检测馈线电流及其电流变化率 di/dt，并将 di/dt 与设定值 E 和 F 比较。当电流上升率在给定时间 t_1 内高于保护设定的电流上升率 E 时，di/dt 保护启动，进入延时阶段。若在整个延时阶段电流的上升率都高于保护的整定值，则保护动作启动，若在延时的阶段电流上升率回落到保护整定值 F 之下，则保护返回。

下面举例说明 di/dt 电流上升率保护的保护动作特性：如图 6-16 表示一个电流波形在

两种保护整定值下的动作情况。在图中分别用“(1)”和“(2)”来代表这两种情况。图中，a 点电流上升率高于 di/dt 保护整定值，保护启动。在 b 点，对于情况(1)来说保护延时达到 di/dt 保护延时整定值，且在 ab 间电流上升率始终高于 di/dt 保护整定值，保护动作；对于情况(2)，在 c 点，电流上升率回落到保护整定值以下，而此时保护延时整定值尚未达到，保护返回。

(2)电流增量 ΔI 保护

在 di/dt 保护启动的同时 ΔI 保护也启动进入保护延时阶段，从 ΔI 保护启动的时刻开始，继电器以启动时刻的电流作为基准点计算相对电流增量。若电流上升率一直维持在 di/dt 保护整定值之上，在达到 ΔI 延时值后，电流增量达到 ΔI 保护整定值，则保护动作。在计算电流增量的过程中允许电流上升率在相对较短的时间内回落到 di/dt 保护整定值之下。只要这段时间不超过 di/dt 返回延时整定值，则保护不返回；反之保护返回。如图 6-17 是电流增量保护的动作特性图，图中 F 为 di/dt 的整定值，在 E 点曲线电流上升率超过 F，K 为故障时的最小电流增量，t_2 为 ΔI 延时整定值。当检测到的电流增量小于 K 时，可以肯定不是故障情况；若大于 K 则有可能是故障情况，需检测其他参数(如 t 或 I)来进一步判断。

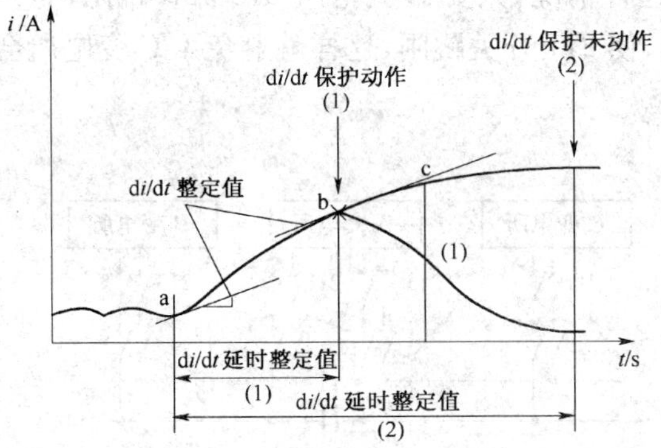

图 6-16　di/dt 电流上升率保护动作特性图

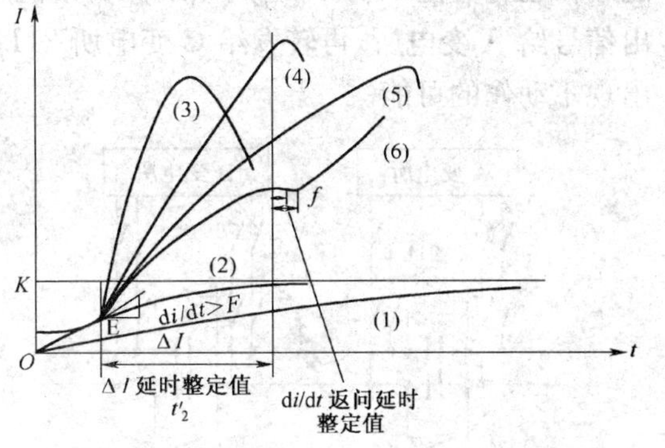

图 6-17　电流增量 ΔI 保护动作特性图

对上述电流增量 ΔI 保护动作特性图进行分析：

①曲线(1)的电流增量小于 K，肯定不是故障情况，该电流曲线实际表示机车在距离牵引变电所很远处启动时的机车启动电流。

②曲线(2)的电流增量小于 K，也肯定不是故障情况。

③曲线(3)的电流增量虽然超过 ΔI 整定值，但电流变化率的延时时间不足(小于 t_1)，在这一段时间内不作 ΔI 的判断，经过几毫秒的延时后电流就开始下降，故不是故障情况。该曲线实际表示列车的电杆架接触，电容器充电的线路电流曲线。

④曲线(4)的电流增量超过 ΔI 整定值，延时时间也满足，故可以肯定是故障情况。

⑤曲线(5)的电流增量超过 K，有可能是故障情况。再检测电流上升持续时间，发现其值超过了 di/dt 延时整定值，则肯定是故障情况。如果此时没能通过检测时间 t 参数来激活电流变化率 di/dt 保护，则电流增量保护动作使直流馈线断路器跳闸清除故障。

⑥曲线(6)的电流增量超过 K，有可能是故障情况。在电流上升的过程中，电流上升回落到 di/dt 整定值以下，且超过了 di/dt 返回延时值，因此保护返回。在 f 点保护重新启动，并以 f 点作为新基准点。该曲线是列车驶进车站的电流变化曲线。

10. 直流双边联跳保护

双边联跳保护是一种为了保证更加安全地向接触网供电，在故障情况下确保相邻变电所可靠跳闸而设置的保护。双边联跳保护能够增强主保护的可靠性和灵敏性。下面以某地铁线路为例详细分析双边联跳保护的基本原理。

如图 6-18，在 A 变电所无故障的情况下，由 A 变电所 211 馈线开关和 B 变电所开关共同供电给接触网，A 变电所越区隔离开关处于打开状态。若在 d 点发生短路，由于 B 变电所距离短路点比较近，故 B 变电所馈线保护中的瞬时保护和大电流脱扣保护先动作，B 变电所 213 开关跳闸，而短路点距离 A 变电所比较远，经过一段延时后，A 变电所 211 开关的延时保护也应该动作。B 变电所 213 馈线保护动作的时候向本站联跳装置发出一个跳闸信号，B 变电所联跳装置通过站间的联络线向 A 变电所联跳装置 211 发出跳闸信号。这是在无故障情况下的双边联跳保护原理。

如图 6-19，在 A 变电所有故障的情况下，A 变电所运行退出，A 变电所越区隔离开关合上，由 B 变电所 211 开关同时供电给接触网。若这时也在 d 点发生短路，同理，B 变电所开关 213 先动作，由于短路点距 C 变电所较远，延时保护有可能不动作，故 C 变电所 211 保护有可能动作也有可能不动作，但是联跳保护就能解决这种情况，只要 B 变电所 213 保护跳闸，它发出信号给 A 变电所，再转发给 C 变电所 211 开关，使 211 开关跳闸，这样就避免了 C 变电所会出现不动作的可能。

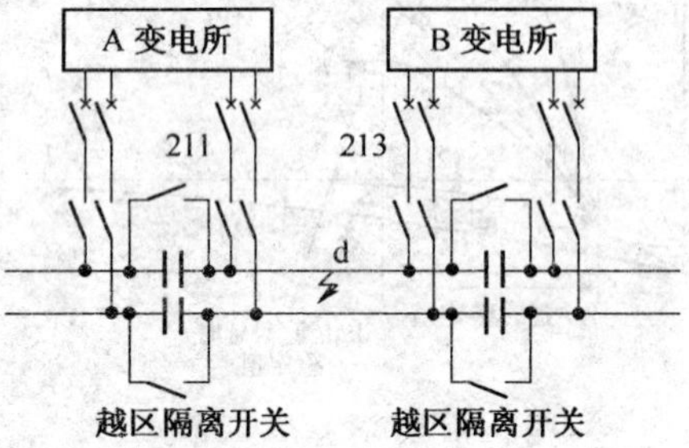

图 6-18　相邻变电所接线示意图

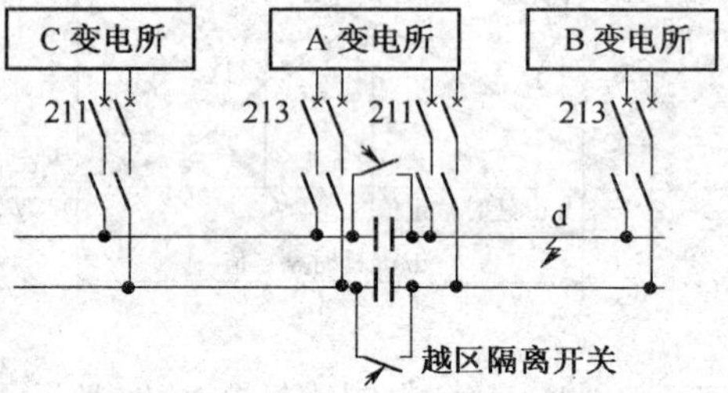

图 6-19　A 变电所故障时供电接线示意图

所以，根据上述对双边联跳保护的介绍，双边联跳保护确实能保证相邻变电所的可靠跳闸，是一种安全可靠的后备保护。

11. 自动重合闸功能

自动重合闸能在线路发生瞬时性故障消除后使线路重新投入运行，从而在最短时间内恢复整个系统的正常运行状态。而在地铁直流牵引供电系统中，也经常会发生一些瞬时性故障，所以使用自动重合闸能够提高整个供电系统的可靠性。

自动重合闸在以下几种情况下，不应动作：

(1)手动跳闸时不应动作。当运行人员手动操作或遥控操作使断路器跳闸时，不应自动重合闸。

(2)手动合闸于故障线路时，保护装置使断路器跳闸后，不用重合。因为在手动合闸前，线路上没有电压，如合闸到已经存在故障的线路上，则线路故障多属于永久性故障。

(3)在永久性故障情况下，重合闸不应再动作。因为在永久性故障时，多次重合将使系统遭受多次冲击，可能会使断路器损坏，扩大事故。

自动重合闸的动作原理是：当线路发生故障时，断路器跳闸，然后启动自动重合闸将断路器重新合闸一次，若故障是瞬时性故障，合闸后能迅速恢复系统的供电；若重合闸次数超过预定的次数，合闸仍不成功，则判断故障为永久性故障，不再进行合闸，闭锁重合闸回路。

12. 定时限过流保护

定时限过流保护是一种基于电流幅值的保护，它的保护原理是：在保护控制单元中预先整定电流 I_{max} 和时间 T 值，再利用通过直流馈线断路器所检测的电流值和预先设定的电流 I_{max} 和时间 T 值相比较，当所检测到的馈线电流值在时间 T 内超过 I_{max} 值时，过流保护装置动作，使直流馈线断路器来清除故障；当检测到的馈线电流值在时间 T 内不超过 I_{max} 值时，过流保护装置不动作。

定时限过流保护和大电流脱扣保护相比较，其优点在于定时限过流保护电流整定值较低，时限较长，故其启动时不需要躲过机车启动最大电流，而靠延时就可以区分故障电流和机车启动电流。由于定时限过流保护有一定的动作时限，一般为十几秒到几十秒之间，故其缺点在于不能快速地将故障切除。

根据对整定电流 I_{max} 值的设定，可分别设定为正向的 I_{max+} 值和反向的 I_{max-} 值，故可将定时限过流保护分为正向过流保护和反向过流保护。明显地，I_{max} 值应小于大电流脱扣保护装置动作值 I_{ds}。

13. 直流低电压保护

低电压保护一般作为后备保护使用，与其他保护互相配合，而不作为单独的保护使断路器跳闸。它和定时限过流保护一样，也预先设定了整定值 U_{flow} 和延时时间 t_{uf}，但 U_{flow} 和 t_{uf} 的设定必须考虑最大负载下列车的启动电流以及启动持续时间，以和列车正常运行时的运行情况相互配合。

当接触网短路发生时，直流输出电压迅速降低，低电压 U_f 保护装置连续不断地测量远离电源点压降 U_f。若所测量压降 $U_f < U_{flow}$，则低电压保护启动；若 $U_f < U_{flow}$ 的持续时间大于设定的延时时间 t_{uf} 时，低电压保护动作使短路器跳闸将故障切除。故与定时限过流保护一样，低电压保护动作也要同时满足两个条件，即 $U_f < U_{flow}$ 和 $\Delta t > t_{uf}$。

14. 接触网热过负荷保护

接触网热过负荷保护是对接触网而增设的一种保护，因为当线路处于过负荷状态时，即使线路上没有发生任何短路故障，接触线的温度也会上升。当热过负荷电流流过时，虽然不会引起巨大的破坏，但若此电流持续时间较长，其产生的热量可能导致供电导体特别是接触网变软，引起这些设备不同程度的损坏。

接触网热过负荷保护主要是根据接触网的电阻率、电阻率修正系数、长度、横截面积和电流等计算出接触网的发热量，再由经验公式给出接触网的电缆温度，如图 6-20 所示为接触网热过负荷保护动作图，当测量的电缆温度超过 T_{alarm} 给出报警，超过 T_{trip} 则跳开给该接触网供电的直流开关。开关跳开后，当电缆温度冷却至低于 $T_{reclose}$ 时，重新合上直流开关，继续给该接触网供电。

接触网热过负荷保护的整定曲线应和接触网的固有曲线相互配合，由于接触网的固有曲线是一条以电流为变量的反时限曲线，故可根据接触网热特性曲线绘制出接触网热过负荷保护整定的保护曲线，如图 6-21 所示。另外，接触网热过负荷保护的整定曲线也必须与馈线电流保护相互配合。

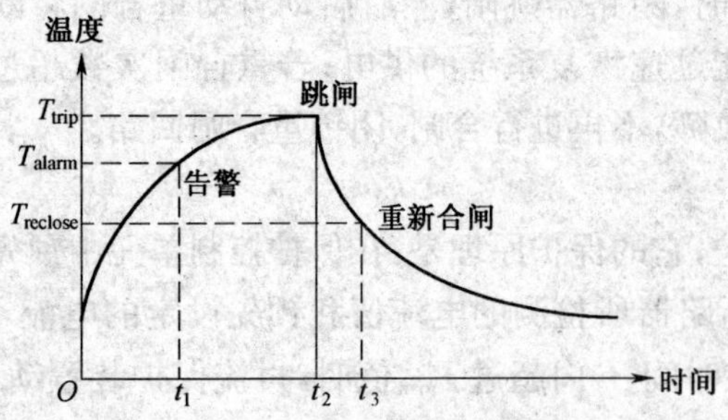

图 6-20　接触网热过负荷保护动作图

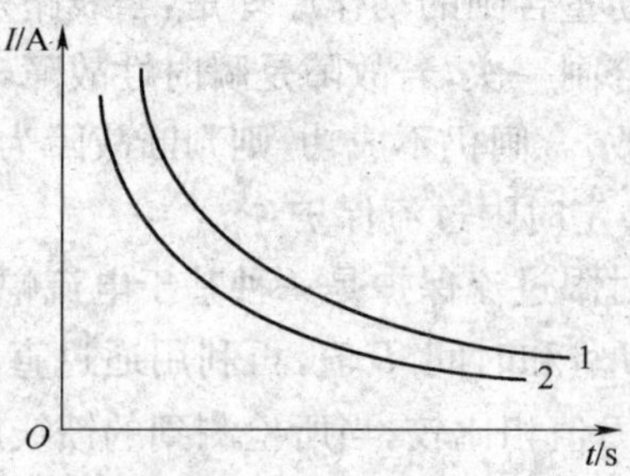

图 6-21　接触网热过负荷保护整定曲线

15. 直流设备框架泄露保护

由于地铁直流开关柜的正极与柜体发生故障时，会对设备尤其是对人体安全造成严重的威胁，所以为了保证设备和人身的安全，地铁车站均设置了一个综合的接地装置。地铁直流牵引变电所的所有设备的接地也均接在变电所综合接地装置中。

为了减少杂散电流进入地铁主体结构、设备和与其有关的设施，地铁直流供电系统都采用不接地系统，直流供电设备采用绝缘安装。钢轨通过绝缘垫和地绝缘，正常情况下钢轨对地之间存在着很大值的泄漏电阻。

如图 6-22 所示为变电所内所有直流设备和钢轨的接地情况。

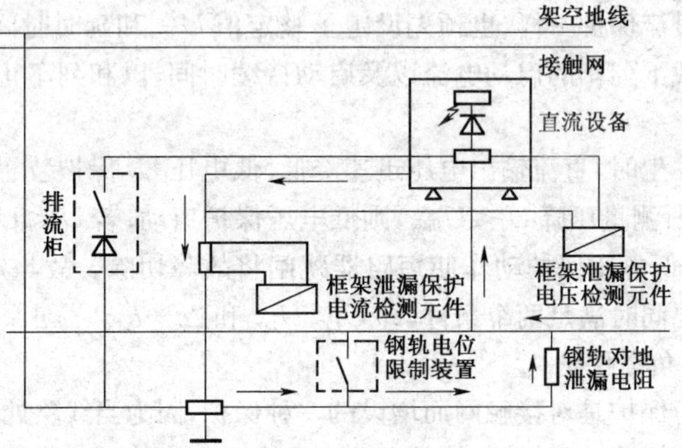

图 6-22　框架泄漏保护及钢轨电位限制装置接线示意图

如图所示，框架泄漏保护主要由电流检测元件和电压检测元件构成。电流检测元件是接在绝缘的开关柜外壳和变电所接地网之间的，有一个能承受 100 kA 短路电流、电阻为 0.15 mΩ 的分流器和它并联使用。电压检测元件是一端接在直流电源负极，一端接在设备外壳的元件，在测量电压时，0.15 mΩ 的分流器形成的电压趋于零，可以忽略不计。

框架泄漏保护的原理分别为：

(1)电流检测原理。在直流供电系统正常运行的情况下，电流检测回路是没有电流的。一旦任何一个直流设备内正极对外壳发生短路故障时，接地电流就会通过电流检测元件流入接地网，再通过钢轨与地之间的绝缘泄露电阻回到钢轨。当接地电流达到了整定值时，电流检测元件动作，跳开 35 kV 断路器以及所有直流断路器将故障切除。并且故障切除后，需人工复归框架保护才能使断路器重新投入使用。

(2)电压检测原理。当直流设备内正极对外壳发生短路故障时,地电位会升高,此时电压检测元件就会在钢轨和地之间检测到一个电压,并且将检测到的电压值与电压检测元件整定值相比较,若检测电压值大于电压检测元件整定值时,电压检测元件以整定的时间动作,断开35 kV 断路器以及所有直流断路器,并且通过双边联跳保护,使相邻牵引变电所向相同供电区段供电的断路器断路。与电流检测元件一样,故障排除后,需要人工复归框架泄露保护才能使断路器重新投入使用。

(3)另外,供电系统还装设了排流柜,在排流柜不投入使用的情况下,电压检测元件可以作为电流检测元件的后备保护。由于认为很难控制钢轨对地的绝缘泄露电阻的大小,若出现钢轨对地绝缘性能好,接地电流小,电流检测元件很有可能不动作,但是电压检测元件可以检测到故障的地和钢轨之间的电压,可以跳闸动作将故障切除。

16. 低压配电系统保护

低压配电系统保护主要设以下几种保护类型:

(1)长延时保护。长延时保护主要用于配电回路的过负荷保护。

(2)短延时保护。短延时保护主要用于配电线路下级配电开关瞬动保护的后备保护。

(3)瞬动保护。瞬动保护主要用于配电线路的短路故障保护。

三、高压系统保护设置

高压系统保护包括主变电所进线、桥开关和主变压器保护。

1. 主变电所高压进线保护

对于主变电所高压进线,应主要考虑单相接地短路和相间短路,对应这两种故障形式,设相应的保护装置。

对于单相接地短路,应设零序电流保护。对于相间短路,可装设线路纵联差动保护和过电流保护装置。

2. 主变电所高压桥开关保护

如果主变电所高压侧采用桥式接线,则高压桥开关的保护形式,应和高压进线的保护形式一致,主要应考虑单相接地短路和相间短路。

3. 主变压器保护

对于主变压器在出现下列故障及异常情况下,应装设相应的保护装置:

(1)绕组及其引出线的相间短路和在中性点直接接地侧的单相接地短路。

(2)绕组的匝间短路。

(3)外部相间短路引起的过电流。

(4)中性点直接接地电力网中,外部接地短路引起的过电流及中性点过电压。

(5)过负荷。

(6)油面降低。

(7)变压器温度升高或油箱压力升高或冷却系统故障。

当主变压器保护采用油浸式变压器时,应装设瓦斯保护。当壳内故障产生轻微瓦斯或油面下降时,应瞬时动作于信号;产生大量瓦斯时,应动作于断开主变压器和各侧断路器。

对于主变压器外部相间短路引起的主变压器过电流,应装设过电流保护。

对于中性点直接接地的高压电力网中,当主变压器中性点直接接地运行时,对外部单相接地引起的过电流,应装设零序电流保护。

对变压器温度升高和冷却系统故障，应装设可作用于信号或动作于跳闸的温度保护装置。

四、中压系统保护设置

中压系统的保护包括主变电所中压进线保护，主变电所中压馈线保护，主变电所中压母线分段开关保护，电源开闭所进线保护，电源开闭所中压联络馈线保护，电源开闭所母线分段开关保护，变电所进线保护，变电所联络馈线保护，变电所母线分段开关保护，变电所母线 PT（线路 PT）保护，牵引整流机组保护和配电变压器保护。

1. 主变电所中压进线保护

对于主变电所中压进线保护，应结合中压线路的下列故障或异常运行，装设相应的保护装置。

(1)对于相间短路，应装设电流速断保护和过电流保护。

(2)对于单相接地短路，当主变压器中性点直接接地时，应装设零序电流保护；当主变压器中性点非直接接地时，在中压母线上应装设零序电压报警装置。

(3)对于过负荷，应装设过负荷保护。

2. 主变电所中压馈线保护

对于主变电所中压馈线保护，应结合中压线路的下列故障或异常运行，装设相应的保护装置。

(1)相间短路，应装设电流速断保护和过电流保护。当采用电流速断保护和过电流保护不能满足选择性、灵敏性或速动性要求时，可采用线路纵联差动保护作为主保护，电流速断保护和过电流保护作为后备保护。

(2)单相接地短路，保护装置的处理方式与主变电所中压进线单相接地短路保护中的相同。

3. 主变电所中压母线分段开关保护

主变电所中压母线分段开关应装设过电流保护和速断保护，其中，速断保护仅在开关合闸瞬间投入，合闸完成后自动解除。

4. 电源开闭所进线保护

对于电源开闭所进线保护，应结合下列故障或异常运行，装设相应的保护装置。

(1)相间短路，应装设电流速断保护和过电流保护。电流速断保护分为无时限电流速断保护和带时限电流速断保护。当不允许带时限切除短路故障时，应设无时限速断保护；当无时限速断保护不能满足选择性动作时，可设带时限速断保护。

(2)单相接地短路，保护装置的处理方式与主变电所中压进线单相接地短路保护中的相同。

5. 电源开闭所中压联络馈线保护

对于电源开闭所中压联络馈线保护，应结合中压线路的下列故障或异常运行，装设相应的保护装置。

(1)相间短路，应装设电流速断保护和过电流保护。电流速断保护分为无时限电流速断保护和带时限电流速断保护。当不允许带时限切除短路故障时，应设无时限速断保护；当无时限速断保护不能满足选择性动作时，可设带时限速断保护。当采用电流速断保护和过电流保护不能满足选择性、灵敏性或速动性要求时，可采用线路纵联差动保护或电流选跳保护作为主保护，电流速断保护和过电流保护作为后备保护。若选用电流选跳保护作为主保护时，当本站中压网络馈线设电流选跳保护时，相邻变电所对应的中压网络馈线也应设电流选跳保护，两开关的电流选跳保护结合在一起，保护该段中压线路。

(2)单相接地短路，保护装置的处理方式与主变电所中压进线单相接地短路保护中的相同。

6. 电源开闭所母线分段开关保护

电源开闭所母线分段开关保护应装设过电流保护和速断保护，其中，速断保护仅在分段开关合闸瞬间投入，合闸完成后自动解除。

7. 变电所进线保护

对于变电所进线保护，应结合中压线路的下列故障或异常运行，装设相应的保护装置。

(1)相间短路，保护装置的处理方式与电源开闭所中压联络馈线保护中相间短路处理方式相同。

(2)单相接地短路，保护装置的处理方式与主变电所中压进线单相接地短路保护中的相同。

8. 变电所联络馈线保护

对于变电所联络馈线保护，应结合中压线路的下列故障或异常运行，装设相应的保护装置。

(1)相间短路，保护装置的处理方式与电源开闭所中压联络馈线保护中相间短路处理方式相同。

(2)单相接地短路，保护装置的处理方式主变电所中压进线单相接地短路保护中的相同。

9. 变电所母线分段开关保护

变电所母线分段开关应装设电流保护和速断保护，其中，速断保护仅在分段开关合闸瞬间投入，合闸完成后自动解除。

10. 变电所母线 PT(线路 PT)保护

变电所母线 PT 和线路 PT 保护，包括 PT 断线报警和零序电压报警。

PT 断线报警：母线 PT 或线路 PT 一次回路熔断器熔断信号，二次回路微断开关的分闸信号，若母线 PT 或线路 PT 装在隔离手车上，还应包含 PT 手车的非工作位置信号。

零序电压报警：适用于中压消弧线圈接地系统，采用三相五柱式 PT，通过开口三角形绕组测零序电压。

11. 牵引整流机组保护

牵引整流机组主要设下列一些保护：

(1)速断保护。属基本配置功能，用于保护牵引变压器一次侧短路。速断保护定值应躲过牵引变压器励磁涌流，对牵引变压器一次侧最小短路具有速动性。

(2)过流保护。属基本配置功能，保护牵引变压器的过负荷、二次侧短路和支流母线短路。

(3)过负荷保护。属选配功能，牵引变压器设两套牵引整流机组，构成等效 24 脉波整流。牵引整流机组过负荷能力参照 GB 50517—2003 标准：100% I_e——连续运行；150% I_e——运行 2 h；300% I_e——运行 1 min。由于牵引整流机组有较高的过负荷能力，因此可不设过负荷保护，若要设过负荷保护，则应为过负荷报警。

(4)温度保护。属基本配置功能，分牵引变压器过温报警、牵引变压器超温跳闸、整流变压器过温报警、整流变压器超温跳闸。

(5)零序保护。属选配功能，适用于小电阻接地系统。若过流保护满足灵敏度要求时，可不设。若过流保护无法满足灵敏度要求时,还须单设零序保护。

(6)整流器硅元件保护。属基本配置功能,整流器硅元件保护的具体设置,需结合所选用的整流器的形式而定。

(7)被直流设备框架泄漏保护联跳。属基本配置功能,当直流设备框架泄漏保护启动后,联跳牵引整流机组中压侧馈线开关以及本站内所有直流断路器及相邻牵引变电所直流馈线断路器,将本站内直流牵引供电系统完全断电隔离。

(8)联跳直流进线开关。适用于直流进线开关为断路器的情况。当直流进线采用隔离开关时,无此功能。当牵引整流机组中压侧馈线开关跳闸后,联跳直流进线断路器分闸,可以将牵引整流机组断电分离。

12. 配电变压器保护

一般情况下,当配电变压器容量较小时,配电变压器中压侧可采用熔断器保护,也可采用断路器配置的微机综合保护装置。

当配电变压器容量较大时,配电变压器中压侧应采用断路器配置的微机综合保护装置,设过负荷保护和过电流保护,而当过电流保护时限大于 0.5 s 时,还应设电流速断保护。

五、直流系统保护设置

从直流主接线形式的构成角度考虑,直流系统的保护可分为直流进线保护、直流馈线保护和框架泄漏保护。

1. 直流进线保护

(1)电流速断保护。该保护为直流断路器本身自带的一种大电流脱扣保护,当直流进线采用直流断路器时,本身自带该保护,当直流进线采用隔离开关时,则无此保护。

(2)逆流保护。属选配功能,当直流进线采用隔离开关时才需设逆流保护。

当整流器出口发生短路故障时,逆流保护启动,联跳所有牵引整流机组中压侧开关和所有直流馈线开关。

(3)被牵引整流机组中压侧开关联跳。属选配功能,当直流进线采用断路器时才设此功能。当牵引整流机组中压侧开关动作跳闸后,应联跳对应的直流进线断路器,将牵引整流机组断电隔离。

(4)被框架泄漏保护联跳。适用于直流断路器,若直流进线采用隔离开关,则无此功能。当框架泄漏保护启动时,应联跳本站内所有直流断路器、牵引整流机组中压侧馈线开关、相邻牵引变电所对应的直流馈线断路器,将本站内直流牵引供电系统断电隔离。

2. 直流馈线保护

(1)电流速断保护。属基本配置功能,该保护为直流断路器本身自带的一种大电流脱扣保护。

(2)电流变化率 di/dt 及增量 ΔI 保护。属基本配置功能,用于对牵引网中远距离短路进行保护。

(3)线路故障测试及自动重合闸。属基本配置功能,直流馈线设带有线路故障性质判断的自动重合闸装置。

(4)热过负荷保护。属选配功能,当牵引网采用接触网供电方式时可以设此保护功能。

(5)车站 IBP 盘紧急分闸。属选配功能,当车站内设有 IBP 盘时需配备该功能。

(6)被框架泄漏保护联跳。属基本配置功能,当框架泄漏保护动作后,联跳本站内所有馈线开关,并联跳相邻牵引变电所对应的馈线开关。

(7)被进线开关联跳。属选配功能,当进线采用断路器时需设此功能。当一路进线故障跳闸后,另一路进线再分闸。或者当一路进线分闸后,另一路进线再故障跳闸。则联跳所有馈线开关,实现变电所联跳保护功能。

(8)被相邻牵引变电所直流馈线断路器联跳。属基本配置功能,当相邻牵引变电所的一台直流馈线断路器因故障跳闸后,则联跳本站的直流馈线断路器,实现变电所联跳保护功能。

(9)变电所联跳保护。属基本配置功能,应当指出,虽然直流馈线断路器设置了多重保护,但都属于近后备保护,无远后备保护。当开关失灵时,将无法切除故障电流。

考虑到直流断路器的失灵情况,在牵引变电所直流系统各开关处设联跳保护,当直流进线开关或直流馈线开关中,有任意一台开关拒动时,发出联跳信号,将本牵引变电所范围内所有直流进线断路器或直流馈线断路器联跳分闸,实现短路电流的完全切除。

(10)大双边联跳自动转换保护。属基本配置功能,当正线中间线路上的任意一座牵引变电所退出运行时,通过大双边联跳自动转换功能,将两侧牵引变电所直流馈线的联动信号连接起来,自动形成大双边联跳方式的转换。

3. 直流设备框架泄漏保护

属基本配置功能。在牵引变电所内,各牵引直流设备共同设一套直流设备框架泄漏保护装置,设在负极柜内。

六、低压系统保护设置

1. 低压进线保护

(1)长延时保护。低压进线的长延时保护整定电流应等于或接近于配电变压器低压侧额定电流。

(2)短延时保护。短延时保护整定电流应大于或等于馈电回路中断路器最大瞬动保护整定值的1.3倍。时限可取0.4 s。

(3)瞬动保护。为了便于与低压侧馈线回路的选择性配合,一般情况下,低压进线断路器不设瞬动保护。

2. 低压母线分段开关保护

低压母线分段断路器的保护装置应和低压进线断路器的保护装置一致,一般采用两级保护:长延时保护、短延时保护。

低压进线断路器和低压母线分段断路器的短延时保护应至少保持一个时间级差,当进线断路器的时限取0.4 s时,母线分段断路器的时限应取0.2 s。

3. 低压馈线开关保护

低压馈线断路器一般设以下三种保护:

(1)长延时保护。低压馈线断路器长延时保护的动作整定值应结合低压配电系统的接线形式及下一级开关的整定值统筹考虑。

(2)瞬动保护。低压馈线断路器的瞬动保护,应和下一级开关的瞬动保护之间,考虑动作选择性配合。

(3)接地故障保护。当低压配电系统采用TN接地形式时,若瞬动保护等满足灵敏度及切断时间要求时,可用瞬动保护兼做接地故障保护用,而不设单独的接地故障保护元件。当配电线路较长,接地故障电流较小,一般短路保护难以满足接地故障保护灵敏度的要求,这时,可以采用零序电流保护或漏电保护，实现接地故障保护功能。

复习思考题

1. 电气化铁路牵引变电所一般设哪些保护？
2. 简述牵引负荷的特点。
3. 简述牵引网馈线自适应距离保护的原理。
4. 地铁牵引变电所有哪些主要的保护形式？
5. 简述双边联跳保护的基本原理。
6. 什么是电流上升率 $\mathrm{d}i/\mathrm{d}t$ 和电流增量 ΔI 保护？简述其保护原理。

第七章　接触网基础

第一节　接触网的特点及要求

一、接触网的基本特点

接触网是沿铁路线架设的为电力牵引机车提供电源的特殊供电装置，它的用途是将变电所输出的电能通过接触网的接触导线供给沿线运行的电力机车。接触网的特殊性表现在三个方面：露天设备、无备用、机电一体化，这也是接触网的基本特点。

接触网是沿铁路线架设的露天设备，分布区域广，气候对其状态有重大影响。气候条件的变化对接触网的运营状态，如线索的弛度、张力，接触悬挂的弹性，网上零件的机械位置和机械松紧度，设备的电气性能都有重大影响，严重时还会造成重大行车事故。因此，接触网的设计、施工、运营都必须认真研究气候对接触网状态的影响。

接触网是沿铁路线架设的无备用设备，一旦出现故障就会影响行车。由于接触网特殊的工作环境和工作状态，它不能像其他电气设备一样设置备用设备。而接触网的运营状态和运行安全对电气化铁路的运营安全又有重大影响。因此应该利用现代科技加强接触网的在线检测，真正实现接触网的状态维修。

接触网不仅在电气上要能满足电力机车牵引功率、电气强度、电压水平、绝缘安全等一系列电气技术的要求，而且在机械上应能满足机械强度、机械位置、弓网动态弹性等一系列机械技术上的要求。因此，接触网是一个典型的机电复合体。

二、牵引供电对接触网的基本要求

为了满足接触网全天候不间断地向电力机车提供电能、保证弓网之间的良好匹配特性、提高接触网的性价比，接触网应能满足以下几个方面的基本要求：

(1)设备安全可靠，在恶劣气候条件下能保证向电力机车正常供电。

(2)有足够的机械强度，保证接触悬挂具有可靠的稳定性。

(3)有足够的电气强度，保证在牵引高峰时正常地向电力机车提供电能。

(4)网上设备的空间位置不影响受电弓取流。

(5)网上设备的质量应轻且分布均匀，保证接触网的弹性尽量一致。

(6)有足够的防腐蚀性能和耐磨性能，使用寿命应尽可能长。

(7)在保证接触悬挂稳定性的前提下，结构应尽量简化，有利于施工、维护及事故抢修。

(8)在最高运行速度下，弓网离线率应在可容许的范围内。

总的来说，要求接触网无论在任何条件下，都能保证良好地供给电力机车电能，保证电力机车在线路上安全、高速运行，并在符合上述要求的情况下，尽可能地做到节省投资、结构合理、维修简便、便于新技术的应用。

随着高速、重载、大密度运输的发展，电力机车的运行速度和牵引负荷不断提高，这对接触网提出了更高的要求。改善接触悬挂弹性、提高接触网的波动速度已成为接触网发展的核心要求。

第二节　接触网的基本组成

电气化铁道接触网是沿铁路线上空架设的向电力机车供电的特殊形式的输电线路，也称为架空式接触网，如图 7-1 所示。从结构形式看可分为以下几个组成部分。

(1)接触悬挂：主要包括承力索、吊弦、接触线及连接它们的零件等。与电力机车受电弓直接接触的是接触线。接触悬挂种类很多，图 7-1 所示为弹性链形悬挂。

(2)支持装置：支持装置由腕臂、拉杆(或压管)、定位装置等连接件组成，用来悬吊和支持接触悬挂，并将其负荷传递给支柱或其他建筑物。根据接触网所在区间、车站和大型建筑物而有所不同，图 7-1 所示为区间所用形式。

(3)支柱与基础：支柱与基础用以承受接触悬挂和支持装置的全部负荷，并把接触悬挂固定在规定的位置和高度上。支柱有金属支柱和钢筋混凝土支柱。

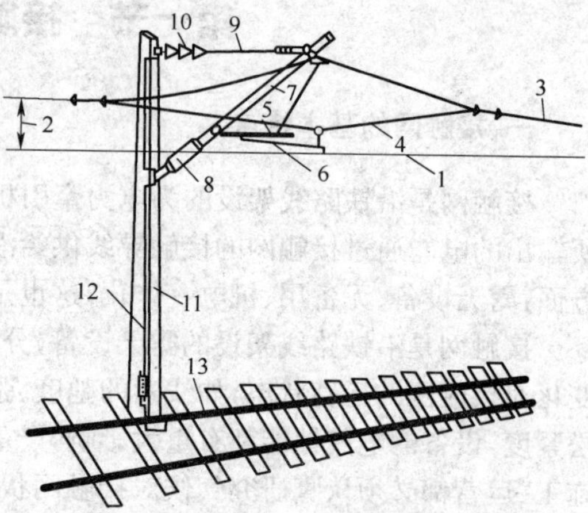

图 7-1　接触网的组成

1—接触线；2—吊弦；3—承力索；4—弹性吊弦；5—定位管；6—定位器；7—腕臂；8—棒式绝缘子；9—拉杆；10—悬式绝缘子串；11—支柱；12—接地线；13—钢轨

一、接触悬挂

接触悬挂包括接触线、吊弦、承力索、中心锚结、补偿装置以及连接它们的零件等。接触悬挂是通过支持装置架设在支柱上的。其作用是将电能输送给电力机车。电力机车接受电能是通过受电弓滑板与接触导线的接触实现的。理想情况应该是在受电弓沿接触线滑行的整个过程中，接触线的高度保持不变，受电弓对接触线的压力保持不变，即接触悬挂具有均匀的弹性，在悬挂内不出现硬点。

为了使受电弓对接触线的压力保持不变，要求接触线距轨面的高度尽量相等，需要变化时不应出现陡度。接触悬挂应具有良好的稳定性，避免在受电弓沿接触线滑行时出现上下振动以及在横向风力作用下的摆动，因而要求接触悬挂的结构能适应气候变化的要求。

(一)接触悬挂线索

1. 承力索

承力索的作用是通过吊弦将接触线悬挂起来以减少其弛度。载流承力索还要承载一部分牵引电流以减小牵引网阻抗，降低接触网电压损耗和能耗。

对承力索的要求是材质要柔软，能承受较大的张力，并且在温度变化时弛度变化要小。

承力索的结构是单芯式的多层绞线，由一根金属线在中心，其外面绕若干层金属线制成。为使绞线结构紧密，每一层绕的方向都和前一层绕的方向相反，这样在受外力，特别是扭力时各层不致松开。为适合一般操作习惯，最外一层向右绕。

承力索的材质现有铜和钢两种。铜承力索导电性能好，可以降低接触网压损和能耗，抗腐蚀性能高，适合于环境潮湿、污染及腐蚀严重地区使用。由于消耗铜过多，且存在机械强度低，不能承受较大的张力，温度变化时弛度变化也大，不利于悬挂要求等缺点，目前已很少采用。钢承力索特点是强度高，耐张力大，安装弛度小且弛度变化也小，适于悬挂要求，既节省铜又使造价降低，所以得到广泛采用，其缺点是电阻大，导电性能差，不耐腐蚀，在污染、潮湿地区使用时，会降低使用寿命，在平常情况下也要采取防腐措施。

铜承力索的规格和性能见表 7-1。符号的意义：TJ 表示铜绞线，后面数字表示截面积。

表 7-1　铜承力索规格表

型号	截面(mm^2)	股数和单股直径(mm)	计算直径(mm)	有效电阻(Ω/km)	单位重量(kg/km)	标准制造长度(m)
TJ-70	70	19×2.14	10.6	0.28	618	1 500
TJ-95	95	19×2.49	12.4	0.20	837	1 200
TJ-120	120	19×2.80	14.0	0.158	1 058	1 000
TJ-150	150	19×3.15	15.8	0.123	1 338	800

钢承力索用的是镀锌钢绞线，根据在线芯外层绕的层数(一层或二层)分为 7 股或 19 股两种。除了沿线路悬挂接触线的纵向承力索外，还有横跨的横向承力索，上、下部固定绳，中心锚结的辅助绳，弹性吊弦的辅助绳，补偿装置的补偿绳，锚柱拉线等均采用镀锌钢绞线。一般使用情况如下：

纵向承力索用 GJ-70；

补偿装置补偿绳用 GJ-50；

中心锚结辅助绳用 GJ-50；

弹性吊弦辅助绳用 GJ-10；

软腕横向承力索用 GJ-70；

软横跨上部固定绳用 GJ-50；

软横跨下部固定绳用 GJ-50；

锚柱拉线用 GJ-70。

部分常用镀锌钢绞线的规格及性能见表 7-2 和表 7-3。

近年来，为了简化接触网结构，降低牵引网阻抗，研制出一种铝覆钢—铝混绞线载流承力索，也叫铝包钢承力索。在没有加强线的区段，可采用这种载流承力索来替代加强线与钢承力索，既起导电作用，又作承力之用，实际上也是“以铝代铜”，替代早期电气化区段的铜承力索。

铝覆钢—铝混绞线是铝覆钢线和铝线合绞而成，主要以铝覆钢线中的钢芯部分承力，覆铝层铝和铝线载流，导电性能、机械强度和抗腐蚀性能都较好。

铝覆钢—铝混绞线产品型号为 GLZ，其中 G—(铝覆)钢，L—铝，Z—载流。目前有 A、B、C、D 四种序号，序号后的数字表示铝截面积(mm^2)，截面结构示意图如图 7-2 所示，其主要物理性能见表 7-4。A、B 型可代替 GJ-70，作一般承力索用，也可起到降低牵引网阻抗的作用；C、D 型可代替 GJ-70＋LGJ-185，既可起到加强线作用，又可作承力索，两者兼之。

承力索目前使用的类型较多，其技术性能差异也较大。从国际情况来看，承力索的类型均较单一，普遍采用铜或铜合金绞线。从技术角度来分析，承力索与接触线采用同类材质，可改善接触网的性能，简化施工，提高施工精度，免去电气连接类线夹的特殊处理程序，并可降低运营维护的工作量。我国的运营实践也表明：铜或铜合金材质的承力索技术性能可靠、安全性好。为了提高系统的安全可靠性，干线电气化铁路承力索一般采用铜或铜合金绞线，一些次要线路（如矿山铁路、地方专用线等）承力索可采用其他材质的绞线。

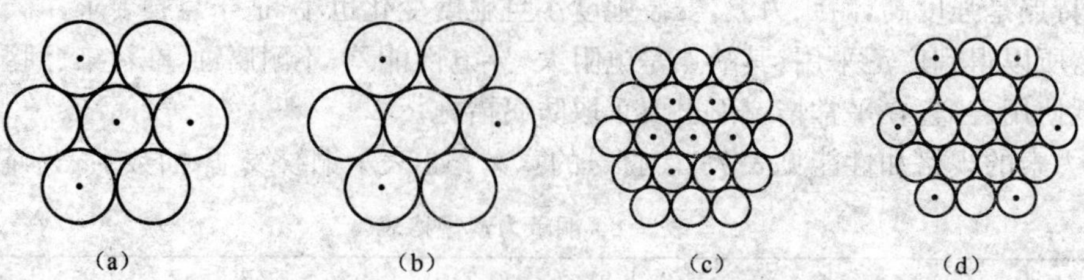

图 7-2　铝覆钢—铝混绞线结构示意图

(a)GLZA-56；(b)GLZB-65；(c)GLZC-120；(d)GLZD-125

表 7-2　7 股镀锌钢绞线规格性能表

单股钢绞线钢丝 1×7=7											
标称截面(mm²)	钢绞线外径(mm)	股数及单股外径(mm)	总截面(mm²)	抗拉强度(kg/mm²)	钢绞线破坏拉断力不小于(kg) 钢丝标称抗拉强度不小于(kg/mm²)						单位质量(kg/km)
					100	110	120	130	140	150	
10	4.2	7×1.4	10.77	140～190							92.3
12	4.5	7×1.5	12.36								105.5
14	4.8	7×1.6	14.07								120.5
16	5.1	7×1.7	15.88	130～190							136.0
18	5.4	7×1.8	17.78		1 620	1 780	1 960	2 120	2 230	2 440	152.2
22	6.0	7×2.0	21.98		2 010	2 210	2 420	2 620	2 820	3 020	188.2
26	6.6	7×2.2	26.60	120～190	2 440	2 660	2 930	3 170	3 420	3 670	227.7
30	7.2	7×2.4	31.34		2 900	3 200	3 480	3 780	4 070	4 360	270.9
35	7.5	7×2.5	34.35		3 150	3 460	3 780	4 100	4 410	4 730	293.9
37	7.8	7×2.6	37.17	120～180	3 410	3 740	4 100	4 440	4 780	5 120	318.2
43	8.4	7×2.8	43.05		3 950	4 350	4 740	5 140	5 530	5 930	368.6
50	9.0	7×3.0	49.49	120～170	4 540	5 000	5 450	5 910	6 360	6 820	423.7

表 7-3　19 股镀锌钢绞线规格性能表

单股钢绞线钢丝 1×19											
标称截面(mm²)	钢绞线外径(mm)	股数及单股外径(mm)	总截面(mm²)	抗拉强度(kg/mm²)	破坏拉断力不小于(kg) 钢丝标称抗拉强度不小于(kg/mm²)						单位质量(kg/km)
					100	110	120	130	140	150	
10	4.0	19×0.8	9.55	140～200							81.4
12	4.5	19×0.9	12.08								102.9
14	5.0	19×1.0	14.92	140～220							127.0
18	5.5	19×1.1	18.05								153.7
20	6.0	19×1.2	21.48								182.9
25	6.5	19×1.3	25.21	140～190							214.7
30	7.0	19×1.4	29.23								249.2

续上表

单股钢绞线钢丝 1×19											
标称截面（mm^2）	钢绞线外径（mm）	股数及单股外径（mm）	总截面（mm^2）	抗拉强度（kg/mm^2）	破坏拉断力不小于(kg) 钢丝标称抗拉强度不小于(kg/mm^2)						单位质量（kg/km）
					100	110	120	130	140	150	
35	7.5	19×1.5	33.58	130～190							284.8
40	8.0	19×1.6	38.18								325.3
45	8.5	19×1.7	43.10								367.4
50	9.0	19×1.8	48.26		4 330	4 760	5 210	5 640	6 070	6 500	411.1
60	10.0	19×2.0	59.66		5 350	5 900	6 430	6 970	7 510	8 040	508.2
70	11.0	19×2.2	72.20	120～190	6 500	7 140	7 790	8 440	9 090	9 720	615.0
85	12.0	19×2.4	85.88		7 710	8 480	9 270	10 000	10 800	11 550	731.5
100	13.0	19×2.6	100.89	120～180	9 050	10 050	10 850	11 750	12 650	13 550	859.4

表 7-4　铝覆钢—铝混绞线主要物理性能

技术参数 型号	GLZA-56	GLZB-65	GLZC-120	GLZD-125
股数×直径(mm)/覆铝厚度(mm)	7×4.0/0.4	7×4.0/0.4	19×3.2/0.35	19×3.2/0.4
导线外径(mm)	12	12	16	16
钢截面积(mm^2)	32.169	24.12	34.36	27.13
铝截面积(mm^2)	55.795	63.8	118.44	125.6
综合拉断力(N)	51 238	41 693	52 042	54 936
允许张力(N)	17 079	13 891	17 344	18 305
直流电阻(Ω/km)	0.614 4	0.505 3	0.274 5	0.257 8
载流量(80℃)(A)	252	262	385	396
弹性模数(MPa)	103 721	92 577	86 554	80 795
线胀系数(1/℃)	15.7×10^{-6}	16.7×10^{-6}	18.4×10^{-6}	18.4×10^{-6}
单位重量(kg/km)	402	369	588	565

2. 接触线

接触线是接触网最重要的部分，机车通过受电弓与其接触获得电能。为了使接触线及受电弓滑板磨耗均匀、增加接触悬挂的稳定性，接触线沿线路中心布置成"之"字形，如图 7-3 所示。接触线在定位点处偏离线路中心线的水平距离在直线区段叫"之"字值，在曲线区段叫拉出值，一般通称为拉出值。

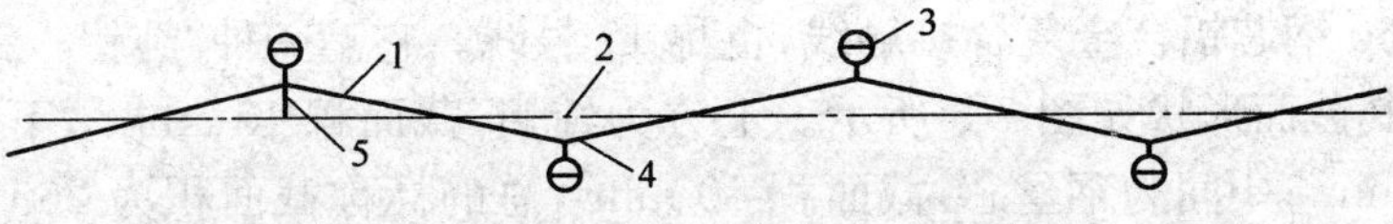

图 7-3　接触线在直线区段的布置示意图

1—接触线；2—线路和受电弓中心；3—支柱；4—定位点；5—拉出值

接触线的工作不能脱离电力机车的受电弓。受电弓的最大工作宽度为1 250 mm，考虑到受电弓和接触线的摆动以及接触线受风偏移等因素，确定接触线在受电弓上允许的工作范围为中部的1 000 mm，即从受电弓中心线起两侧各 500 mm，接触线的悬挂应保证不超过这个范围。

定位点处接触线与轨平面的垂直距离称为接触线高度，简称导高。导高受列车运输最大货物限界、隧道及建筑物最低净空高度的影响，其最高一般不大于6 500 mm；最低不小于5 700 mm，困难情况(带电通过5 300 mm超限货物)不小于5 650 mm。允许偏差±30 mm。

两相邻定位点的接触线的高度差与该跨距的比值称为接触线坡度(或高度变化率)，该值要求在 1‰～3‰之间。

接触线多由铜合金、铝合金制造，其横截面如图 7-4 所示，沟槽供安装吊弦线夹和定位线夹。其符号含义：T 表示铜，C 表示电车线，G 表示沟形，数字表示截面积(mm^2)。TCG-100 用于区间及站场正线；TCG-85 用于站场站线。

铜接触线具有电气性能好，耐腐蚀，使用寿命较长及施工架设方便等优点。但由于铜的资源在我国尚不富有，为了节约用铜，在 20 世纪 70 年代初，我国开始使用钢铝接触线，与 TCG-100 和 TCG-85 型接触线相对应，钢铝接触线的规格为 GLCA－$\frac{100}{215}$和 GLCB－$\frac{80}{173}$。其符号含义是：G 表示钢，L 表示铝，C 表示电车线，A、B 表示序号，分式中的分母为钢和铝的总截面积，分子为当量铜电车线的截面积(mm^2)。因钢铝的导电性能比铜要差，用加大钢铝截面积的办法，使其达到铜导线等同导电性能的截面积，通常称为当量截面积。如 GLCA－$\frac{100}{215}$型钢铝接触线，表示 215 mm^2 的钢铝线的导电性能相当于 100 mm^2 的铜导线。这种电车线为一种复合材料的导线，其上部为铝材，用以导电，下部为钢材，是工作部分，用以承受张力和满足耐磨要求(简称为上下复合式钢铝接触线)。

与铜电车线比较，钢铝接触线具有强度较高，不易拉断及耐磨等优点。但存在耐腐蚀性能较差、出现硬弯后不易调直、硬点不易消除、受电弓通过时易于打弓及钢铝结合部可能产生开裂等缺点。

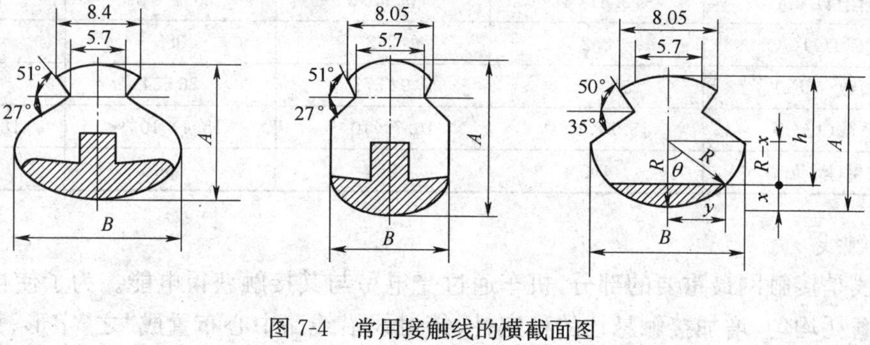

图 7-4　常用接触线的横截面图

(a)GLCA-100/215；(b)GLCB-80/173；(c)TCC 系列

20 世纪 70～80 年代，我国研究并试用了一些新型的接触线。主要有以下三种。

(1)FGLC260 钢芯铝合金复合接触线，也称 11 号线。它是一种“纯铝—钢芯—铝合金”结构的复合导线，其截面形状如图 7-5 所示。上方为纯铝，截面积 134 mm^2；下部工作面为铝合金，截面积 116 mm^2；中间为钢丝芯，截面积 10 mm^2，总的标称截面积为 260 mm^2。符号含意是：F—复合，G—钢芯，L—铝合金，C—电车线。研究结果表明，这种复合接触线具有施工性能好、耐磨性好、摩擦面光滑均匀、无连续火花和取流性能好等优点。

(2)HL_4C 型(热处理铝镁硅稀土)合金接触线。铝合金采用热处理铝镁硅稀土合金，其截面形状与铜接触线相似，如图 7-6 所示。截面积为 200 mm^2。符号含意是：H—合金，L_4—铝镁硅稀土，C—电车线。研究结果表明这种接触线耐腐蚀性能良好、机车取流好、耐磨耗、加工工艺简单、有利于施工和维修，可延长使用寿命。

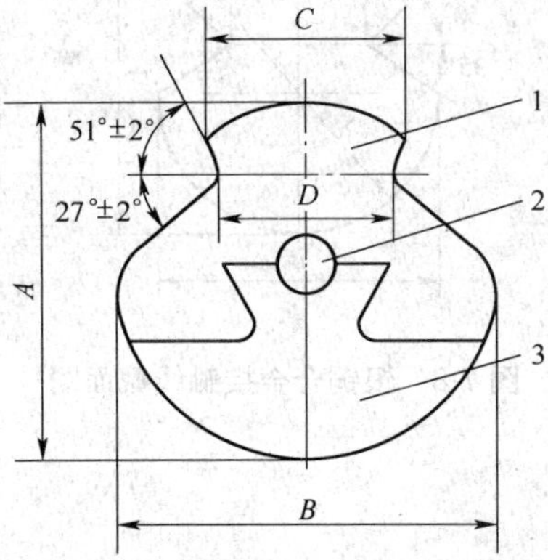

图 7-5　钢芯铝合金复合接触线

1—铝；2—钢芯；3—铝合金

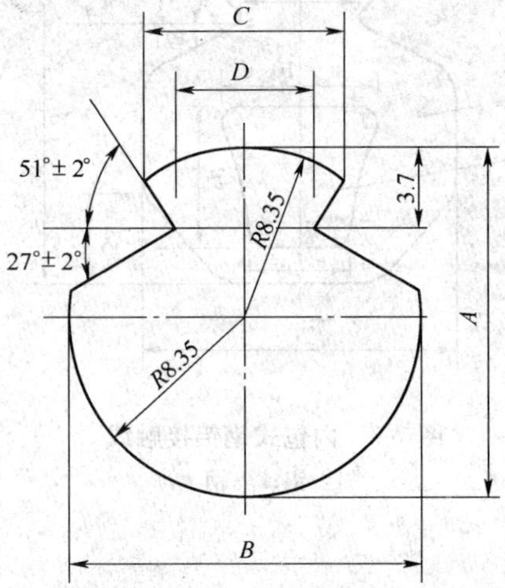

图 7-6　热处理铝镁硅稀土合金接触线

(3)GLCN250 型内包式钢铝接触线。这是在 GLC 型钢铝接触线基础上进一步研究的新型复合导线，主要是对钢面结构加以改进，截面形状如图 7-7 所示。其特点是作为承受机械力的钢被包在导电用的铝的内部，并采用 10PCuRe 耐大气腐蚀钢，这样避免了钢面露在大气中容易受到的腐蚀。尤其是由于库存和施工期的锈蚀，往往造成电化开通初期，受电弓取流时形成所谓“火龙”，取流条件差，运行状态恶劣，采取钢面内包后，可以有效地避免这种不良状态。同时，在底部外包的一层铝经过一段时间磨耗后才露出钢面，加之钢截面形状设计为倒梯形，大大提高了允许磨耗的高度，使钢面得到充分利用，从而进一步提高使用寿命。目前研制成功的 GLCN250 型内包式钢铝接触线，铜截面为 62 mm^2，铝截面为 188 mm^2，总标称截面积为 250 mm^2。符号含意是：G—钢，L—铝，C—电车线，N—内包式。

20 世纪 90 年代以前，我国有色金属比较紧缺，对采用铜接触线较为谨慎，因此钢铝接触线应用较多。但运营经验表明，钢铝接触线的安全可靠性较差，且其本身回收再利用价值较低。随着社会的不断发展和进步，人们对铁路运输质量的要求越来越高，任何一次弓网事故都将中断列车运行，打乱正常的运输秩序，影响铁路的信誉。目前已不推荐使用钢铝接触线。

随着电气化铁路的大幅度提速和高速电气化铁路的建设，进入 90 年代以后，我国研制了 CTHA-110 型、CTHB-120 型银铜合金接触线（也称为 AgCu110、AgCu120），MgCu-120 型镁铜合金接触线也有使用，其截面形状如图 7-8 所示。铜合金接触线以其抗拉强度高、耐高温性能好的优势逐渐被人们所认可，目前已成为我国繁忙干线或提速干线接触导线的主流产品。

在接触网的运营过程中，由于弓网间的相互作用，接触线的工作面会被磨损，这种磨损叫接触线的磨耗。为了保证接触线在一定张力下不断线，每年至少要进行一次接触线磨耗测量。当全锚段接触线平均磨耗超过该型接触线截面积的 25%时应更换该锚段的全部接触线，局部磨耗超过 30%时可局部补强，局部磨耗达到 40%时应切换。

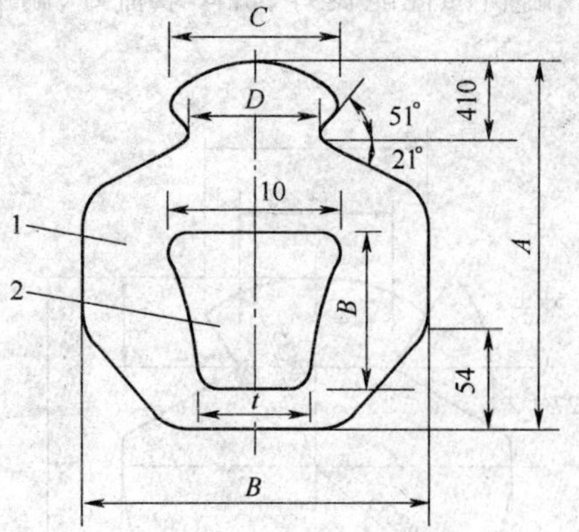

图 7-7　内包式钢铝接触线
1—铝；2—钢

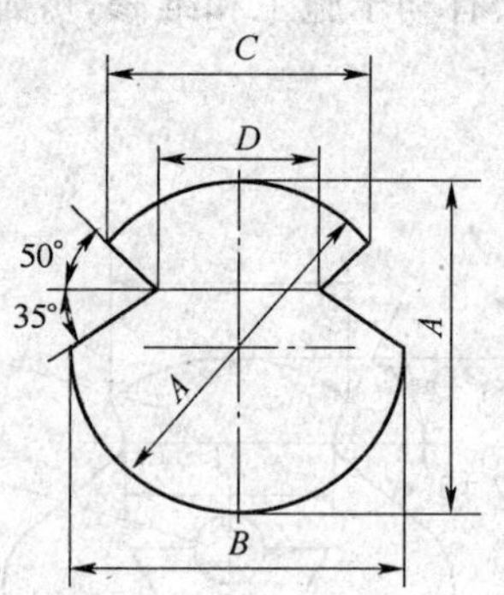

图 7-8　银铜合金接触线截面图

3. 吊弦

吊弦的作用是连接承力索和接触线并将接触线的重量和弛度传递给承力索。在链形悬挂中，接触线是通过吊弦悬挂到承力索上的，利用调节吊弦的长短来保证接触悬挂的结构高度、接触线的弛度、接触线距轨面的高度以及线岔处的水平、抬高，改善接触悬挂的弹性，调整接触线的弛度，保证接触线与受电弓良好滑擦，提高电力机车受电弓取流质量。吊弦是不应有电流通过的，如发现吊弦有温升、发红或烧伤就说明该段接触网正常导流有问题。

吊弦分为普通吊弦、弹性吊弦、滑动吊弦和整体吊弦。

普通吊弦是用直径 4 mm 的镀锌铁线制成的，一般由二节或三节连在一起，故又称环节吊弦，如图 7-9 所示。它安装在支柱悬挂点处（简单链形悬挂）及跨距中，其长度为安装吊弦处承力索与接触线间的距离。温度变化时，由于接触线和承力索的材质不同，接触线相对承力索的伸长和缩短不同，吊弦会产生纵向位移。而吊弦在两根线索间，相对于垂直方向便出现偏角。但是安装后的普通吊弦长度不能变化，所以在吊弦出现偏角时，只能使接触线上移，最终导致接触线高度发生变化，偏角过大，使吊弦的拉力加大，反之，接触线受到的张力在不同的位置也就不同。从安全运行和保证电力机车受流质量考虑，规定在极限最高温度和极限最低温度时，吊弦的偏角在半补偿链形悬挂时不得超过 30°，在全补偿链形悬挂时不得超过 20°，如图 7-10 所示。

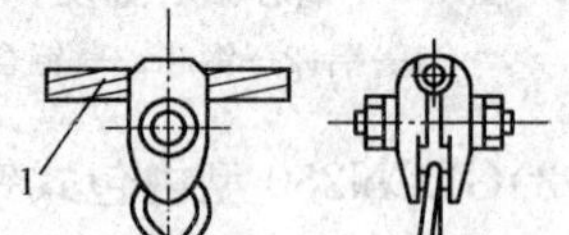

图 7-9　普通吊弦
1—承力索；2—接触线；3—吊弦线夹

在跨距中的普通吊弦长度是不变的，然而在支柱悬挂点处因定位器的作用，其重量和接触线的受力与跨距中间的情况有所不同。因此，电力机车受电弓通过支柱悬挂点处就会增加弓与网的摩擦力。为了改善支柱悬挂点处的工作条件，采用弹性吊弦能得到比较满意的效果。

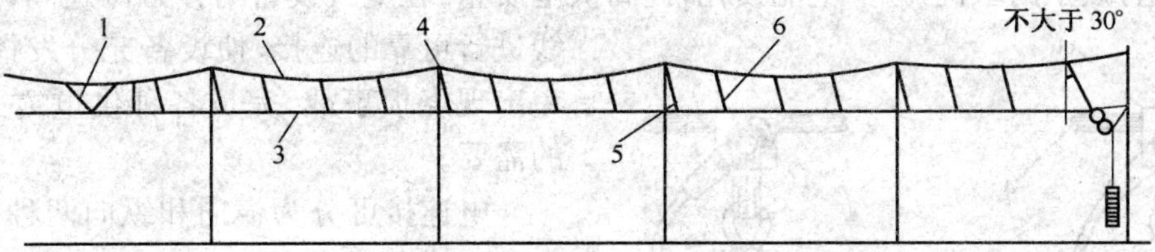

图 7-10　吊弦偏斜示意图

1—中心锚结；2—承力索；3—接触线；4—支柱；5—定位器；6—吊弦

弹性吊弦只安装在支柱悬挂点处，用来减小定位器硬点的影响，改善该点的弹性。弹性吊弦由辅助绳和普通吊弦组成。辅助绳目前采用10 mm^2 截面的钢绞线。弹性吊弦型式有两种，如图7-11所示。图中实线部分为Y形，用于接触线正定位；虚线部分为Ⅱ形，用于接触线的反定位处及软横跨上。

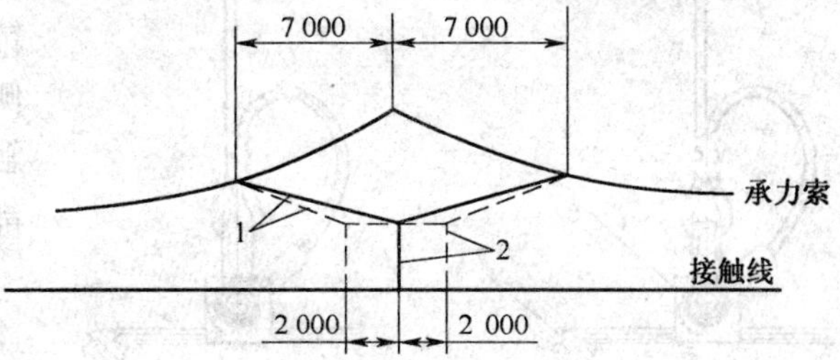

图 7-11　弹性吊弦

1—辅助绳；2—普通吊弦

在极限温度下安装普通吊弦、弹性吊弦，若其倾斜角超过允许范围，就要采用滑动吊弦。如，在隧道内因受净空高度的限制，接触网结构高度较小，吊弦较短，偏斜角易超过允许范围，所以在隧道内多采用滑动吊弦。所谓滑动吊弦就是吊弦的一端可沿线路方向移动，其形式多种多样。

我国目前大量采用的是ϕ4.0 mm铁线的环节式吊弦，其存在的主要问题首先是耐腐蚀性差，使用寿命短；其次是强度低，安全裕度小；再者，当受电弓通过时导线抬升在环节处造成吊弦线磨损，产生电火花烧伤；另外环节式吊弦一般采用现场调整吊弦长度来调整接触线高度，增加了现场施工量。

根据线路提速的要求，结合国外的运行经验，在接触网施工中，开始在正线上采用整体吊弦。整体吊弦在材质上使用机械强度高、耐腐蚀性强的铜合金绞线，增长使用寿命；同时线材与线夹的连接改用压接工艺，连接可靠，整体性好，在电气上没有环节的断点，避免了磨损及电火花烧伤；吊弦的长度是根据不同跨距利用计算机进行预配的，使接触网处于受控状态；施工安装一次到位，通常不需再进行调整，因此可大大提高接触悬挂的运行可靠性，为运营的少维修、无维修创造条件。

整体吊弦主要有两种形式，即：压接式整体吊弦和可调式整体吊弦。其零件主要有接触线吊弦线夹、承力索吊弦线夹、心形环、压接管、连接线夹及吊弦线、调整螺栓等。整体吊弦结构如图7-12所示。整体吊弦施工精度、工艺要求较高，必须准备充分、测量准确、精确计算、严格控制安装精度和工艺。

整体吊弦具有如下特点：

(1)由于吊弦与线夹间为压接连接工艺，接续可靠，工艺简单，机械强度高，整体导流式结构，避免了环节吊弦产生的磨损和电火花烧蚀等情况；

(2)耐腐蚀、寿命长，适于机械化加工制作，有利于批量生产；

(3)一般来说，经过精确计算后，一次性安装不需调整，减轻了维修工作量。

4. 电连接和电连接线

电连接由电连接线和电连接线夹组成。其作用是连接几组接触悬挂，保证电路的畅通；实现并联供电，减小网阻抗，减少电能损耗，提高供电质量；在电气设备与接触网之间，用电连接线进行可靠的连接，使设备充分发挥作用，避免出现烧损事故，完成各种供电方式和检修的需要。

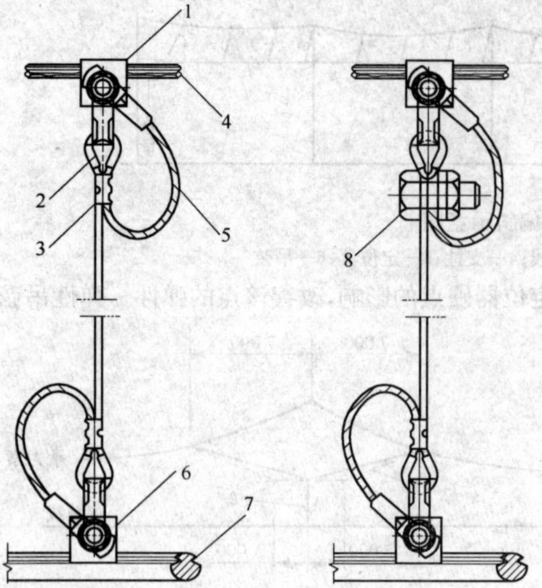

图 7-12　整体吊弦

(a)压接式整体吊弦；(b)可调式整体吊弦

1—承力索吊弦线夹；2—心形环；3—压接管；4—承力索；5—导流尾线；6—接触线吊弦线夹；7—接触线；8—可调螺栓

电连接可分为横向和纵向两种。在三跨和四跨锚段关节处的电连接为纵向电连接，其作用是，使供电分段或机械分段处两侧接触悬挂实现电的连通，在检修和事故处理时，可通过隔离开关达到电分段的目的。如绝缘锚段关节和非绝缘锚段关节，转换柱靠锚柱侧安装的电连接线，电分段处隔离开关与接触悬挂间的电连接线，线岔处的电连接线等都称为纵向电连接。

沿线路每隔一定距离将承力索和接触线连接起来的电连接为横向电连接，其主要作用是实现并联供电。如在载流承力索区段，为使承力索上的电流通过接触线流向受电弓，需要每隔 200～250 m 在承力索与接触线间，安装一组电连接线；为满足机车启动时所需的大电流，在站场两端机车启动处所安装的将几股道接触悬挂并联起来的两组跨越股道间的电连接也为横向电连接；当隧道内为简单悬挂、隧道外为链形悬挂时，应在隧道口承力索与接触线间安装横向电连接线，这样可以避免承力索电流经吊弦流向接触线，防止吊弦烧损。另外，当供电线上网点在站场时，在上网点处各股道间也应安装横向电连接。

为了保证接触悬挂的弹性均匀，减少电连接线和接触线连接处的硬点，便于电连接线部分烧损后伸长使用，通常将电连接线在承力索和接触线之间部分做成 3～5 个弹簧状的圆圈，最下面一圈距接触线 200 mm 左右，圈的直径应为软铜线直径的 3～5 倍、铝绞线直径的 10～15 倍。

电连接线一般和隔离开关配套使用，其结构有 A、B、C、D、E 五种形式，如图 7-13 所示。

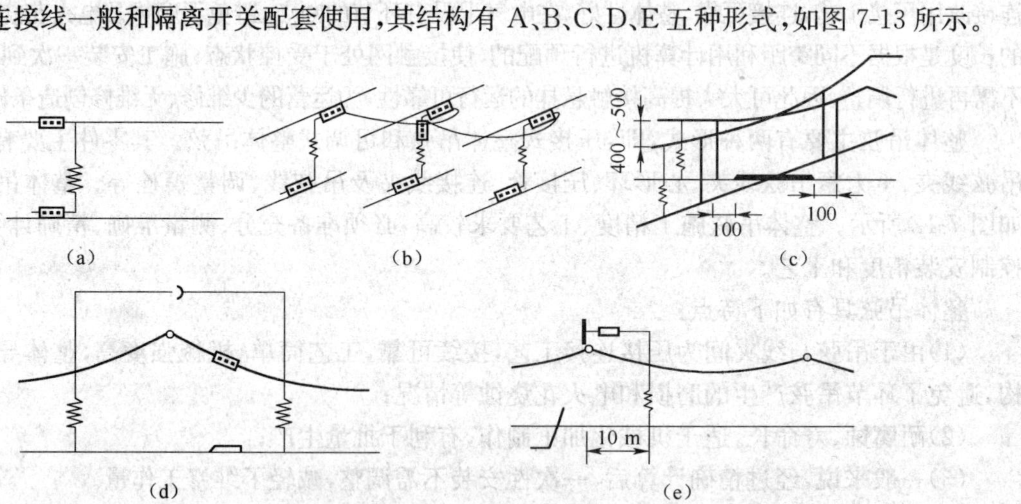

图 7-13　电连接线结构分类

(a)结构 A；(b)结构 B；(c)结构 C；(d)结构 D；(e)结构 E

结构A安装于载流承力索区段的隧道入口处。在该处由于隧道净空较低，承力索只能硬锚于隧道口，造成接触悬挂在此的截面积突然减少，为避免隧道口的吊弦烧毁，应在此处安装连接线。

结构B安装于多股道站场，使多股接触悬挂并联供电，降低网阻抗。

结构C安装于线岔、锚段关节处，使线岔、锚段关节处两只悬挂实现电的连通。

结构D安装于绝缘锚段关节距转换柱内侧5 m处，站场分段绝缘器距分段绝缘器外端1.5 m处，通过隔离开关实现悬挂间电路的通断。

结构E安装于有避雷器的地点，其作用是连接接触网和避雷器。

(二)接触悬挂的分类

根据悬挂有无承力索，可将接触悬挂分成简单接触悬挂和链形接触悬挂两大类。

1. 简单接触悬挂

简单接触悬挂，是由一根或几根平行的接触导线直接固定在支持装置上的接触悬挂。它具有结构简单，施工与维修方便，对隧道净空要求低，投资少造价低等特点。其缺点是弛度大、弹性不均匀，导致高速运行的机车取流质量较差。因此，简单接触悬挂只用在机车运行速度较低，取流较小的线路上。如机车整备线、厂矿企业的直流电气化铁道和其他临时线路中。简单接触悬挂按其结构的不同，可分为以下几种形式。

(1)未补偿简单接触悬挂。未补偿简单接触悬挂的接触导线终端下锚方式，是通过一组绝缘元件固定在支柱上，如图7-14所示。

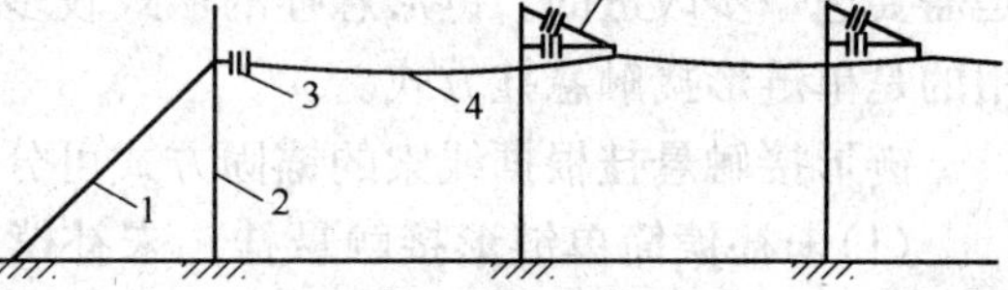

图7-14　未补偿简单接触悬挂

1—下锚拉线；2—下锚柱；3—悬式绝缘子串；4—接触线；5—支持装置

当温度发生变化时，由于接触线热胀冷缩的物理特性，使导线的张力和弛度的变化很大。电力机车受电弓在这种状态的接触滑行下，工作状态很不理想，因为其跨距内接触线各点弹性很不均匀。特别是高速滑行的受电弓在通过支柱悬挂定位点时，很容易脱离接触而产生电弧，从而烧伤接触线及受电弓。另一方面也可能因张力过大而使接触线被拉断，造成严重的事故。所以未补偿简单接触悬挂一般用于车速较低的线路。

(2)带补偿的简单接触悬挂。带补偿的简单接触悬挂，就是在每个锚段接触线的两端都装有张力补偿装置，并且各支柱悬挂点的定位装置采用绞接式，使接触线能随温度的变化沿线路方向自由伸缩，如图7-15所示。但是由于支柱间的跨距不能太小，接触线的弛度还是较大，接触线在支柱定位点处仍然是个硬点，跨距内接触线的弹性也不均匀，故也不能适宜高速运行的要求，一般很少采用。

(3)带补偿的弹性简单接触悬挂。带补偿的弹性简单接触悬挂的接触导线终端下锚方式是通过补偿装置固定在支柱上，在悬挂点上加装8～16 m长的弹性吊索，通过弹性吊索再悬挂接触线，如图7-16所示。这样将大大减小接触线的弛度，消除悬挂点处产生的硬点，从而改善了机车取流条件，机车运行速度可以提高。从目前发展趋势来看，此种悬挂的适用范围正在扩大。

2. 链形接触悬挂

接触线通过吊弦(或辅助索)悬挂到承力索上的悬挂，称为链形悬挂。链形悬挂中的承力索在接触线的上方，用腕臂上的钩头鞍子(或悬吊滑轮)来固定。接触线通过吊弦悬挂在承力

索上，增加了悬挂点，调整吊弦的长度能使接触线在整个跨距内对轨面的高度保持一致，减小

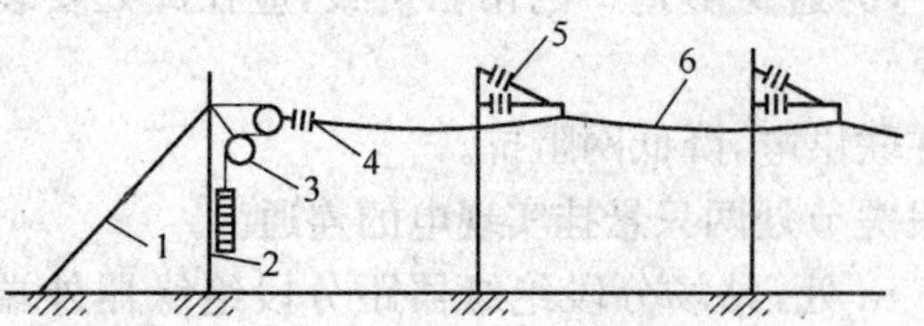

图 7-15　带补偿的简单接触悬挂
1—下锚拉线；2—下锚柱；3—补偿装置；
4—悬式绝缘子串；5—支持装置；6—接触线

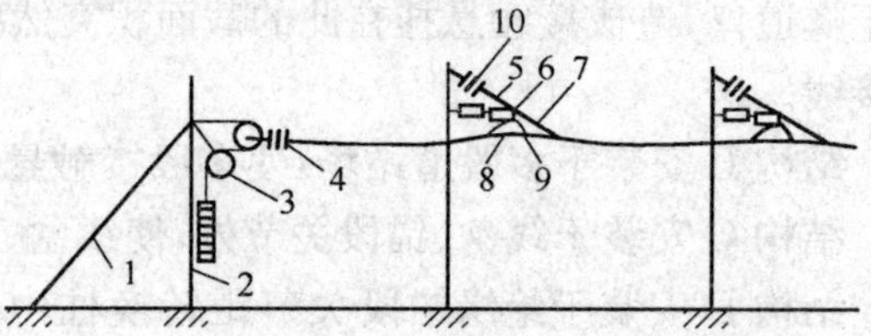

图 7-16　带补偿的弹性简单接触悬挂
1—下锚拉线；2—下锚柱；3—补偿装置；4—悬式绝缘子串；
5—棒式绝缘子；6—拉杆；7—腕臂；8—定位器；
9—吊索；10—悬式绝缘子串

了接触线在跨中的弛度，改善了接触悬挂的弹性。同时，因承力索和吊弦的存在增加了接触悬挂的稳定性。

在国外（如日本）的高速铁路上，为使接触网弹性更好，并增加接触悬挂的稳定性，以适应机车取流大及高速行车的需要而采用了双链形弹性悬挂，即在承力索与接触线间增加一根辅助承力索，如图 7-17 所示。

由于链形悬挂具有高度一致，弹性均匀，稳定性好等优点，所以机车有较好的取流条件，适用于运量大，速度高的干线上。但存在着结构复杂、投资大、施工和维修任务量增加等缺点，这是需要进一步改进的。链形悬挂的形式较多，有单链形、双链形和多链形等。我国目前主要采用的是单链形接触悬挂方式。

链形接触悬挂根据线索的锚固方式可分为以下几种。

(1)未补偿简单链形接触悬挂。未补偿简单链形接触悬挂方式，其承力索和接触线在下锚处均为硬锚（即死固定），支柱定位点处的吊弦是普通吊弦，如图 7-18 所示。当温度变化很大时，承力索和接触线的张力和弛度变化亦很大，造成机车受电弓取流不好，一般不采用。

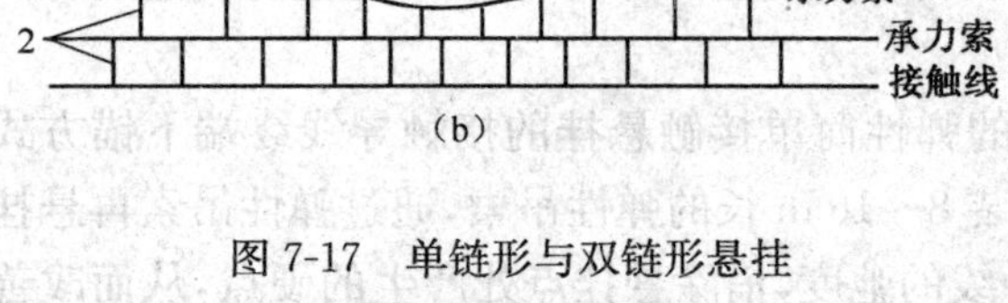

图 7-17　单链形与双链形悬挂
(a)单链形；(b)双链形
1—弹性吊弦；2—吊弦

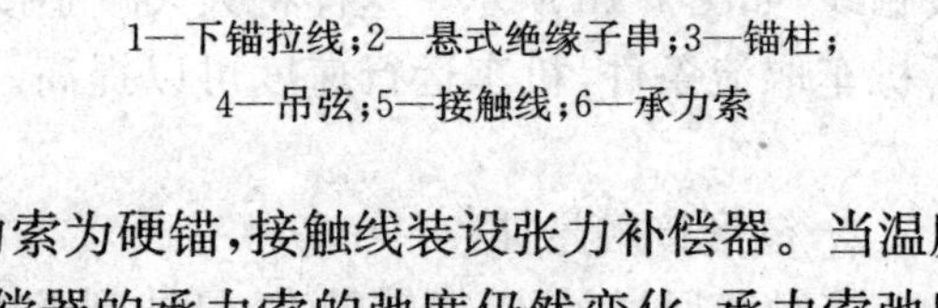

图 7-18　未补偿简单链形接触悬挂
1—下锚拉线；2—悬式绝缘子串；3—锚柱；
4—吊弦；5—接触线；6—承力索

(2)半补偿链形悬挂。半补偿链形悬挂的承力索为硬锚，接触线装设张力补偿器。当温度变化时，接触线的张力不变，但是没有装设张力补偿器的承力索的弛度仍然变化，承力索弛度变化直接影响着接触线的工作状况。这种悬挂具有下锚结构简单，断线后容易修复，弹性均匀

等优点。存在的问题是弛度变化大，结构高度大，对支柱容量及高度要求高，调整困难，隧道净空要求高等。

半补偿链形悬挂根据定位点处吊弦形式，分为半补偿简单链形悬挂和半补偿弹性链形悬挂两种。

半补偿简单链形悬挂的结构如图 7-19 所示。当温度变化时，接触线在坠砣的作用下，有纵向位移，而承力索基本上没有纵向位移，由此引起吊弦和定位器的偏移。每处的偏移在接触线上都产生水平张力，在极限温度下，会使接触线的张力在锚段中部和末端的数值相差很大，导致整个锚段内接触线的弹性不均匀，尤其在支柱定位点处，因采用普通吊弦，会造成明显的硬点，显然不利于机车取流。这种悬挂方式一般只用于车速不高的铁路支线上和车站侧线等处。

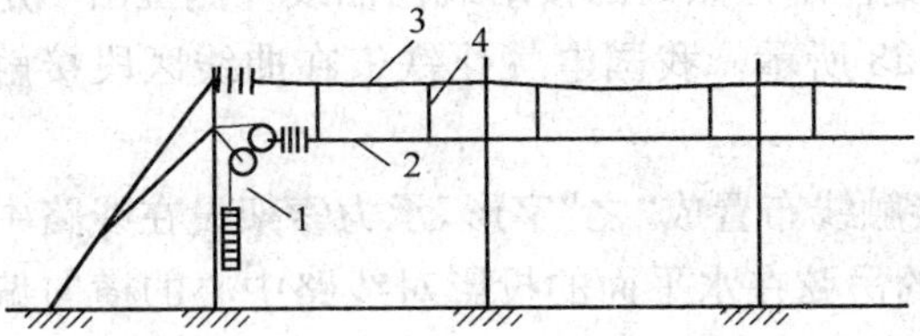

图 7-19　半补偿简单链形悬挂
1—张力补偿器；2—接触线；3—承力索；4—吊弦

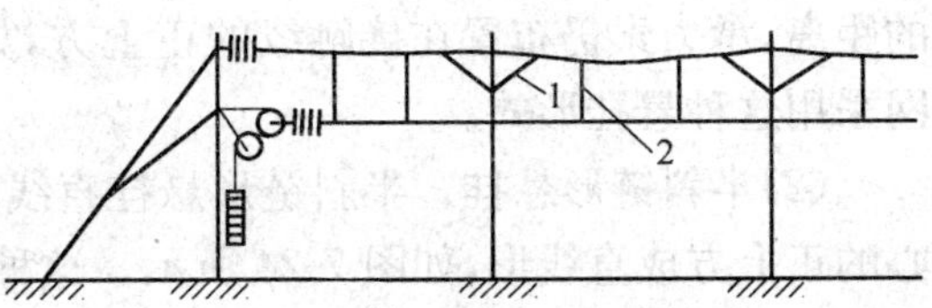

图 7-20　半补偿弹性链形悬挂
1—弹性吊弦；2—普通吊弦

半补偿弹性链形悬挂的结构形式如图 7-20 所示。弹性链形悬挂是指在支柱处的悬挂是通过一根长为 15 m，型号为 GJ-10 镀锌钢绞线（称为弹性吊弦辅助绳）悬挂在承力索上，再在辅助绳上安装吊弦，称作弹性吊弦。为了避免定位处短吊弦在接触线上发生纵向位移时偏斜过大，短吊弦与辅助绳用“夹环”连接。这样，当温度发生变化时，短吊弦在接触线上发生纵向位移时偏斜就不会太大，使受电弓在支柱定位处和跨距中部对于接触线抬高的差别较小，改善了支柱定位处接触线的弹性，提高了整个锚段内接触悬挂的均匀程度，有利于电力机车良好的取流。这种悬挂方式一般用于铁路干线和车站的正线上。

(3)全补偿链形悬挂。全补偿链形悬挂在锚段两端下锚处承力索和接触线均设有张力补偿器，当温度变化时，在补偿器的作用下，承力索和接触线均发生纵向位移，大大减小了吊弦的偏移，并且承力索和接触线的张力几乎保持不变。因此，接触线高度变化很小，更有利于机车取流。

全补偿链形悬挂具有承力索及接触线张力不变的特点。与半补偿链形悬挂相比，具有弹性更均匀、弛度变化小、调整方便、结构高度小、对支柱容量及高度要求较小等优点。但下锚结构较复杂。

全补偿链形悬挂按支柱定位处吊弦形式的不同可分为：全补偿简单链形悬挂和全补偿弹性链形悬挂两种。

全补偿简单链形悬挂在支柱定位点处采用的是普通吊弦，此处仍会出现硬点，产生弹性不均匀的现象，这种悬挂形式使用较少，如图 7-21 所示。

全补偿弹性链形悬挂在支柱定位点处采用了弹性吊弦，使支柱处接触线的弹性得到了改善，并使全锚段内的弹性更趋于均匀，所以它用于高速行车的铁路干线的区间或站场的正线股道，如图 7-22 所示。

链形接触悬挂按其接触线和承力索布置的相对位置又可分为以下几种：

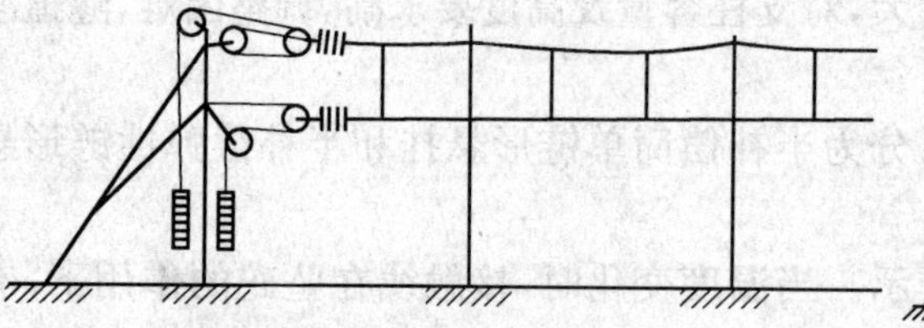

图 7-21　全补偿简单链形悬挂

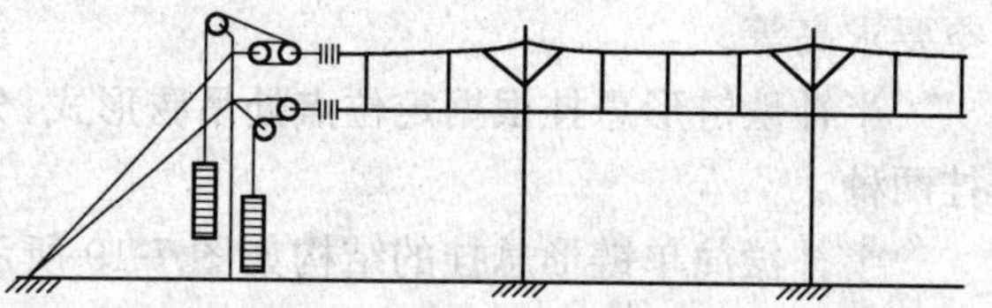

图 7-22　全补偿弹性链形悬挂

(1)直链形悬挂。直链形悬挂的承力索和接触线布置在同一垂直平面内,即承力索和接触线在水平面上的投影完全重合。在直线区段,为了使受电弓滑板磨耗均匀,接触线布置成"之"字形。在曲线区段,接触线布置成受拉状态,即把支柱定位点处的接触线向曲线外侧拉出一定的距离,承力索仍布置在接触线的正上方,如图 7-23 所示。我国电气化铁道在曲线区段接触网采用这种悬挂形式。

(2)半斜链形悬挂。半斜链形悬挂直线区段接触线布置成"之"字形,承力索架设在线路中心的正上方成直线形,如图 7-24 所示。这种悬挂的吊弦在水平面的投影对线路中心的横向偏移值不大。与直链形相比,半斜链形悬挂风稳定性好,施工方便,所以应用广泛。我国在直线区段采用这种悬挂方式。

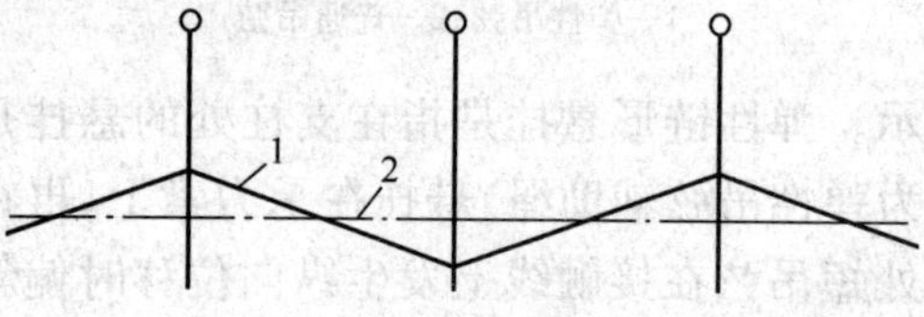

图 7-23　直链形悬挂
1—承力索和接触线;2—线路中心线

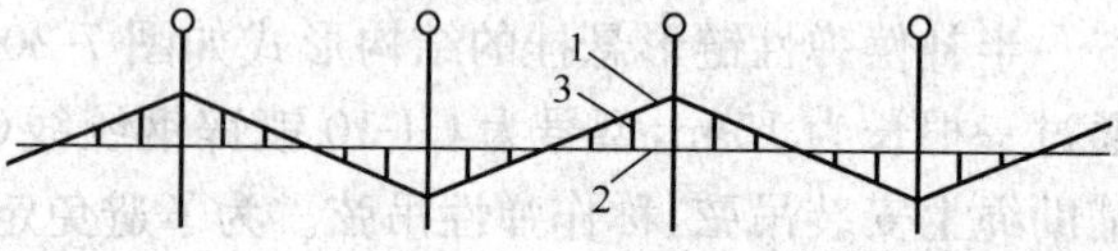

图 7-24　半斜链形悬挂
1—接触线;2—承力索及线路中心线;3—吊弦

(3)斜链形悬挂。斜链形悬挂在直线区段承力索和接触线均布置成"之"字形,但两者的"之"字方向相反。因此,承力索与接触线的水平投影有较大的位移,吊弦安装后与铅垂方向有较大的倾角,如图 7-25 所示。

在曲线区段斜链形悬挂承力索对接触线有相当大的外侧位移,在整个跨距内通过吊弦把接触线向外侧拉,吊弦是偏斜的,接触线易扭转,线索间有明显的横向水平力,如图 7-26 所示。

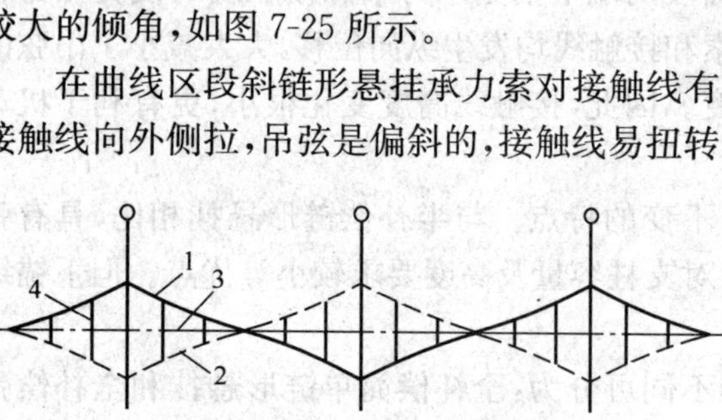

图 7-25　直线上斜链形悬挂
1—接触线;2—承力索;3—线路中心线;4—吊弦

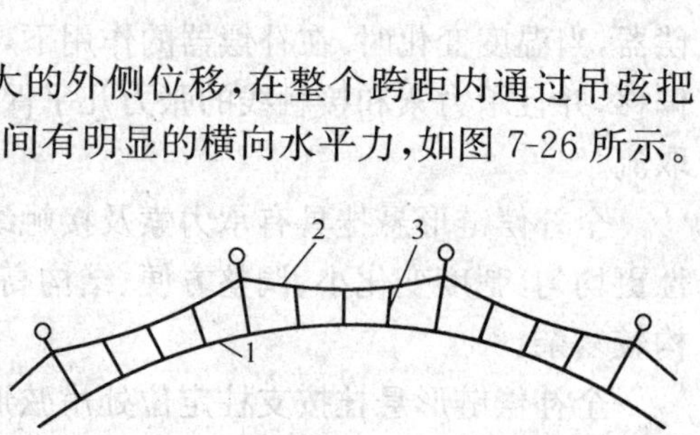

图 7-26　曲线上斜链形悬挂
1—接触线;2—承力索;3—吊弦

斜链形悬挂设计计算烦琐,施工、维修困难,造价较高。但它风稳定性好,可采用较大的跨距。目前我国没有采用这种悬挂形式。

(三)接触网线岔

在站场上,站线、侧线、渡线、到发线总是并入正线的。如果线路设一个道岔,接触网就必须设一个线岔(也称架空转辙器),道岔的形式多种多样,因而线岔的形式也多种多样。线岔的作用是保证电力机车受电弓安全平滑地由一条接触线过渡至另一条接触线,达到转换线路的目的。线岔可分为交叉线岔和无交叉线岔。

1. 交叉线岔

在两接触线交叉处用限制管固定,并限制两相交接触线位置的设备,亦称为接触网线岔。

当机车受电弓从一股道通过线岔时,由于受电弓有一固定宽度,因此在未运行到两导线交叉点时,即已接触到另一股道接触线,该处被称为线岔始触点。在接触瞬间,本股道接触线因受电弓抬升力的作用已有一升高值,而相邻股道接触线仍保持原有高度,此时会出现两导线不等高现象,为保持两导线在始触点基本等高,使受电弓在始触点处不发生刮弓和钻弓事故,两导线交叉点处应安装一个限制管。

交叉线岔的结构如图 7-27 所示,它由两支接触线和一根限位管组成。限位管被定位线夹固定在正线接触线上,其长度由线岔距中心锚结的距离确定。

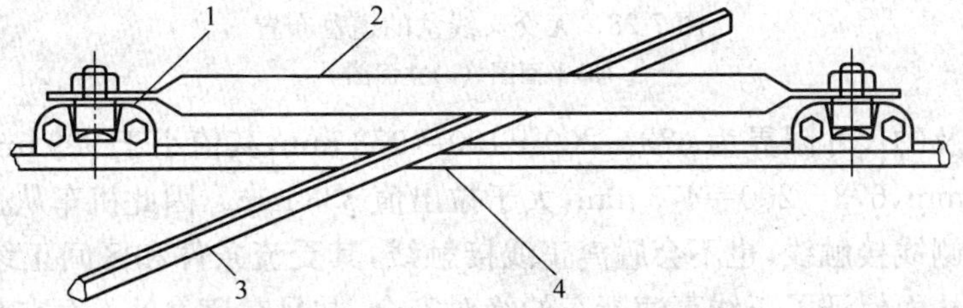

图 7-27　交叉线岔

1—定位线夹;2—限制管;3—侧线接触线;4—正线接触线

2. 无交叉线岔

无交叉线岔就是在道岔处,正线和侧线两组接触悬挂无相交点。我国自广深线开始,逐渐在(准)高速线路的正线道岔中使用无交叉线岔。无交叉线岔的优点是正线和侧线两组接触线既不相交、不接触,也没有线岔设施,故既不会产生刮弓事故,也没有因线岔形成的硬点,提高了接触悬挂的弹性均匀性,从而保证在高速行车时,消除打弓、钻弓及刮弓的可能性。

无交叉线岔应能保证正线高速通过时不受侧线接触悬挂的影响,同时在机车从正线驶向侧线或从侧线驶入正线时都能平稳顺利地过渡。

无交叉线岔的道岔布置如图 7-28 所示。无交叉线岔的道岔柱位于正线和侧线的两线间距的 660 mm 处,正线拉出值约为 330 mm,侧线相对于正线的线路中心最近距离为 999 mm,距侧线线路中心 333 mm,侧线接触线在过线岔后抬高下锚,O 点为道岔岔心,O' 点为理论岔心,D 点为道岔柱的位置。

如图 7-28(b)为立面图,用来表示垂直方向上接触线的布置。不相交的正线和侧线两支接触线在线岔过渡区不在同一平面上。图中虚线为接触线正常高度水平线,正线接触线在理论岔心方向,比定位点处略低,在辙岔方向以 4‰的坡度升高。而侧线相反,在理论岔心方向抬高后去下锚,在辙岔方向以 −3‰的坡度降低。在定位处,两承力索也存在着高度差,远离支柱的一支,抬高量为 300 mm(相对于水平支承力索)。

图 7-29 为机车通过无交叉线岔时的过渡状态示意图。无交叉线岔的最大优点是保证机车能从正线高速通过。在平面布置时,应使侧线接触线位于正线线路中心以外 999 mm。因为,机车受电弓一半宽度为 673 mm,考虑受电弓摆动 200 mm,富余量 100 mm,则机车受电弓

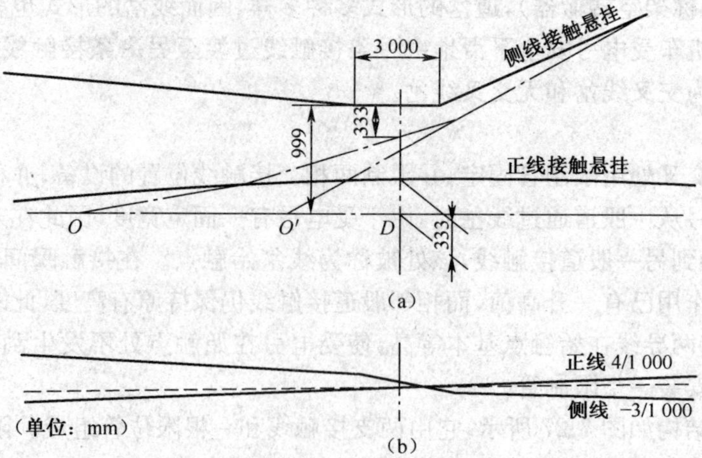

图 7-28　无交叉线岔的道岔布置

(a)平面图；(b)立面图

在侧线侧可能触及的尺寸限界为 673＋200＋100＝973 mm，其值小于 999 mm；如果机车受电弓反向摆动 200 mm，673－200＝473 mm，大于拉出值 333 mm。因此机车从正线通过岔区时，受电弓不会触碰侧线接触线，也不会脱离正线接触线，其受流条件和区间正线一样，而与侧线接触悬挂无关。从而保证了正线高速行车的绝对安全，并且在道岔处不存在相对硬点。

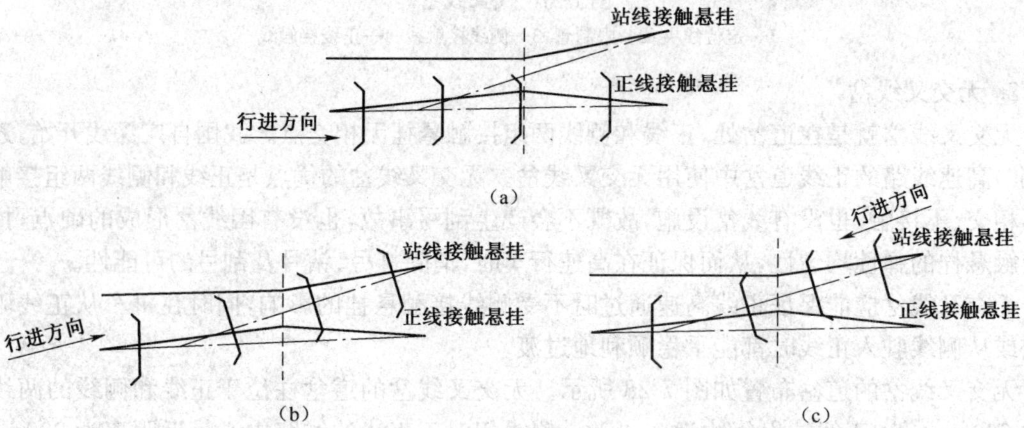

图 7-29　机车通过无交叉线岔时的过渡状态示意图

(a)正线高速通过；(b)由正线进入侧线；(c)由侧线进入正线

当机车从正线进入侧线时，在线间距 126～526 mm 间为受电弓与侧线接触线的始触区，如图 7-29(b)所示，此时，因侧线接触线被抬高下锚，侧线接触线高于正线接触线，过岔时，侧线接触线相对正线接触线高度以－3‰坡度降低，因而，受电弓可以顺利过渡到侧线接触悬挂。

在机车由正线向侧线过渡开始时，因侧线接触线比正线接触线有较大的抬高，受电弓不会接触侧线接触线而从正线接触线上受流。随着机车的前进，由于在定位点处受电弓中心与正线接触线之间的距离较小，受电弓经过等高区后逐渐滑离正线接触线，而此时侧线接触线逐渐降低至正常高度。因而，受电弓可以顺利过渡到侧线接触悬挂。

当机车从侧线进入正线时，在线间距 806～1 306 mm 之间为受电弓与正线接触线的始触区,如图 7-29(c)所示。此时,因正线接触线比侧线接触线高 4‰坡度,过岔后,渡线被抬高下锚,正线接触线高度又低于侧线,因而,受电弓可以顺利过渡到正线接触悬挂。

在机车从侧线向正线开始过渡时,由于侧线低于正线,所以仍由侧线供电,受电弓进入正线接触悬挂的始触区,受电弓滑板的侧面与正线接触线开始接触。经过等高区以后,由于侧线接触线比正线接触线抬高,随着机车的继续前进,受电弓将逐步脱离侧线接触悬挂而平滑地过渡到正线接触悬挂。

（四）锚段及锚段关节

为满足接触网在供电和机械两方面的需求,需将接触网分成若干一定长度且相互独立的分段,每一个分段叫一个锚段。划分锚段有六个目的:

(1)便于接触网的机械分段和电分段;

(2)便于安装张力补偿器和其他设备;

(3)提高供电灵活性;

(4)缩小事故范围;

(5)保证吊弦及定位器的偏移不超出规定值;

(6)改善悬挂弹性,便于受电弓取流。

锚段长度的确定,受多种因素的限制,首先考虑发生事故的影响范围大小,其次考虑当温度变化时,在坠砣的作用下线索的伸缩会引起吊弦的偏移,定位器的偏移,腕臂的偏移。这些偏移会使线索产生张力增量,锚段越长,温度变化越大,所引起的张力增量也就越大,张力增量过大,超过某一数值后,是相当危险的。因此,在极限温度下,中心锚结处和补偿器一端的张力差不得超过规定值。对于半补偿链形悬挂规定值为接触线额定张力的 15%;对于全补偿链形悬挂,除考虑接触线张力差外,还要考虑承力索的张力差,规定值为不超过承力索额定张力的 10%;目前,锚段长度除特殊地段需进行张力验算外,一般均按经验取值确定,见表 7-5。

表 7-5　链形悬挂锚段长度经验取值表

悬挂类型	锚段所在线路情况	锚段长度(m)
半补偿链形悬挂	直线区段(一般)	1 600
	直线区段(困难)	1 800
	直线和曲线各占一半时	1 300
	曲线占 70%以上时	1 100
全补偿链形悬挂	直线区段(一般)	1 800
	曲线区段(困难)	2 000
	曲线占 70%以上时	不超过 1 500

在隧道内应尽量避免进行分段,但隧道长度超过 2 000 m 时,应在隧道内设置锚段关节。

锚段与锚段之间的衔接部分称为锚段关节。锚段关节应能使电力机车受电弓平滑、安全地从一个锚段过渡到另一个锚段,且弓线接触良好,取流正常。

锚段关节按用途可分为非绝缘锚段关节和绝缘锚段关节两种,前者除有机械分段功能外还有电分段功能,后者仅有机械分段功能。

按锚段关节所占跨距数目可分为二跨、三跨、四跨锚段关节。目前常用的是三跨和四跨锚段关节。

1. 非绝缘锚段关节

非绝缘锚段关节只起机械分段的作用,不进行电分段,故又称为电不分段锚段关节。非绝缘锚段关节通常是由 3 个跨距组成,它包括两棵锚柱和两棵转换柱。为实现相邻两锚段在电路上的连通,锚段关节中设有电连接线。通过这些设备就能够实现锚段的衔接和过渡,其结构如图 7-30 所示。

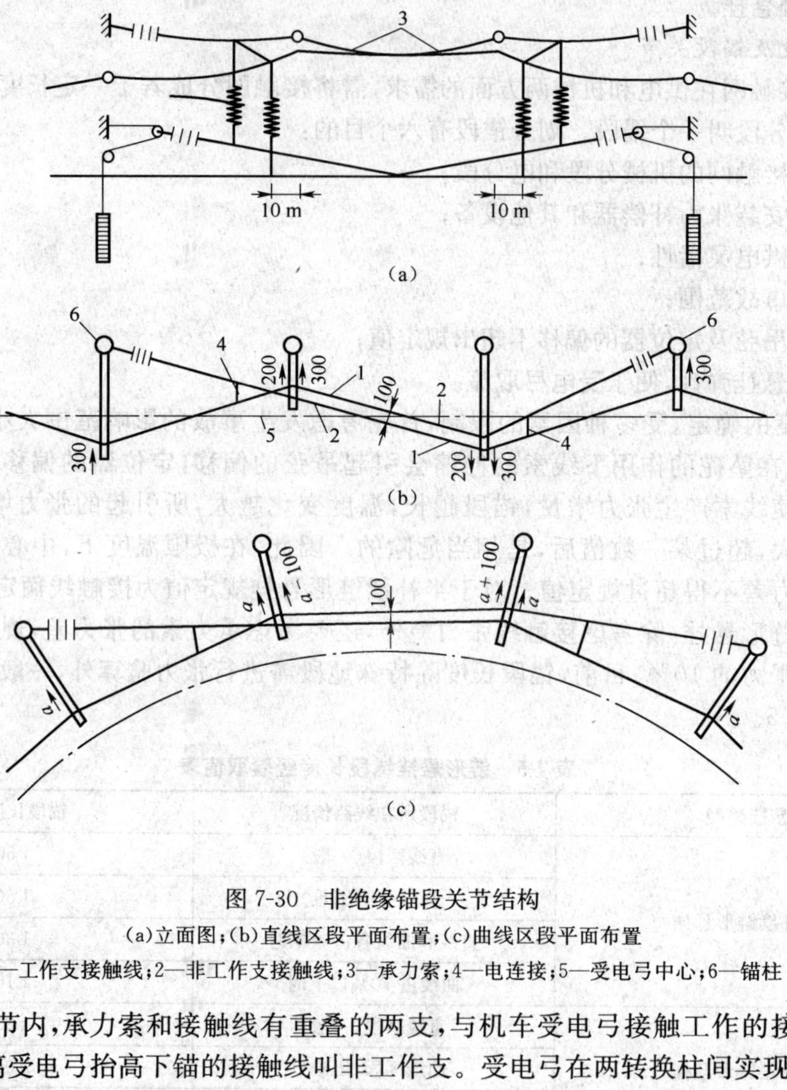

图 7-30　非绝缘锚段关节结构

(a)立面图;(b)直线区段平面布置;(c)曲线区段平面布置

1—工作支接触线;2—非工作支接触线;3—承力索;4—电连接;5—受电弓中心;6—锚柱

在锚段关节内,承力索和接触线有重叠的两支,与机车受电弓接触工作的接触线叫工作支,另一支脱离受电弓抬高下锚的接触线叫非工作支。受电弓在两转换柱间实现锚段过渡。

非绝缘锚段关节的技术要求如下:

(1)锚段关节内两条接触线的立体交叉点应在两棵转换柱之间的中间位置。

(2)两棵转换柱之间的两支接触线在水平面上的投影应平行,两接触线的水平间距应是 100 mm。

(3)在转换柱处,非工作支接触线比工作支接触线抬高 200 mm。下锚处非工作支接触线比工作支接触线抬高 500 mm。

(4)两组电连接应分别安装在转换柱至锚柱间的跨距内,距转换柱 10 m 处。

2. 绝缘锚段关节

绝缘锚段关节既起机械分段的作用,又起同相电分段的作用,故又称为电分段锚段关节。

绝缘锚段关节通常是由 4 个跨距配合一台隔离开关组成。它包括两棵锚柱、两棵转换柱和一棵中心柱。电力机车的受电弓在中心柱处实现锚段的转换过渡。隔离开关设置在一侧两线不交叉的一棵转换柱上，其结构如图 7-31 所示。

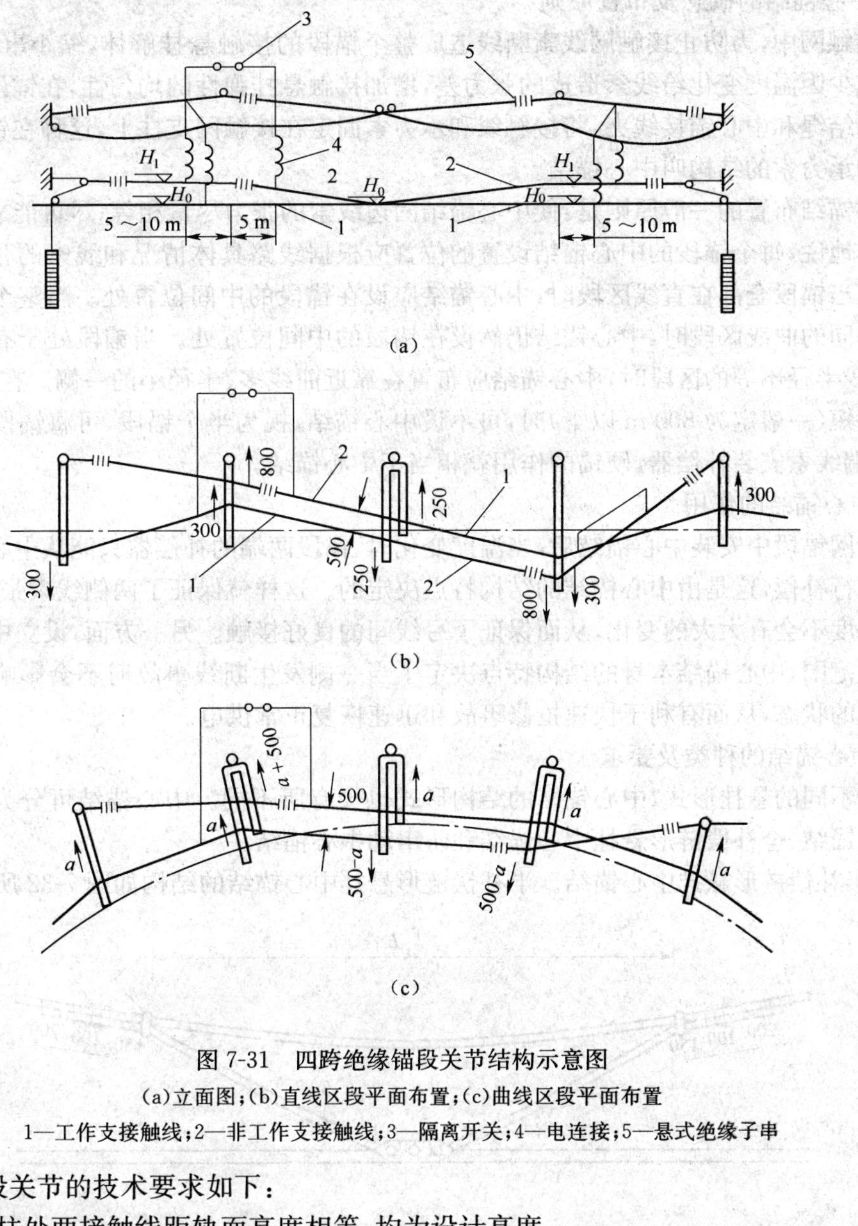

图 7-31　四跨绝缘锚段关节结构示意图

(a)立面图；(b)直线区段平面布置；(c)曲线区段平面布置

1—工作支接触线；2—非工作支接触线；3—隔离开关；4—电连接；5—悬式绝缘子串

绝缘锚段关节的技术要求如下：

(1)中心柱处两接触线距轨面高度相等，均为设计高度。

(2)两棵转换柱之间的两支接触线在水平面上的投影应平行，两接触线的水平间距应是 500 mm。

(3)在转换柱处，非工作支接触线比工作支接触线抬高 500 mm。

(4)下锚支接触线和承力索在转换柱内侧加装一串(4 片)悬式绝缘子。

(5)在转换柱至锚柱之间距转换柱 10 m 处，各装一组电连接线。两个锚段的电路连通或断开由隔离开关控制。

虽然接触网出于机械受力和供电方面的需要，必须设置锚段关节，但毕竟锚段关节存在着结构复杂，检修、调整麻烦，弹性差等缺点，因此在接触网布置中尽量少用，以便提高接触网的供电质量。

（五）中心锚结

1. 中心锚结的概念及布置原则

在接触网中，为防止接触网线索断线造成整个锚段的接触悬挂解体，缩小事故的范围，同时为了减少因温度变化给线索造成的张力差，增加接触悬挂弹性的均匀性，在锚段中心位置通过中心锚结绳和中心锚接线夹，将接触线和承力索固定在接触网支柱上，这种在锚段中部固定接触线和承力索的结构叫中心锚结。

中心锚结布置的一般原则是：使中心锚结两边线索的张力尽量相等；尽可能靠近锚段的中部。具体地说，每个锚段的中心锚结设置的位置应根据线路具体情况和线索的张力增量计算来确定。当锚段全部在直线区段时，中心锚结应设在锚段的中间位置处。当整个锚段处在曲线半径相同的曲线区段时，中心锚结仍然设在锚段的中间位置处。当锚段处于有直线又有曲线，且曲线半径不等的区段时，中心锚结应布置在靠近曲线多、半径小的一侧。在特殊情况下，锚段长度短（一般定为 800 m 以下）时，可不设中心锚结，视为半个锚段，可将锚段一端线索硬锚，另一端线索安装补偿器，硬锚的作用就相当于中心锚结。

2. 中心锚结的作用

接触网锚段中安装中心锚结后，当温度变化时，锚段两端的补偿器只能从中心锚结点分别向两端进行补偿，这是由中心锚结的结构特点决定的。这样就保证了两侧线索张力均匀，使接触线的弛度不会有太大的变化，从而保证了弓线间的良好接触。另一方面，设立中心锚结可以缩小事故范围，中心锚结本身的结构特点决定了当一侧发生断线事故时不会影响中心锚结另一侧悬挂的状态，从而有利于快速抢修事故和迅速恢复正常供电。

3. 中心锚结的种类及要求

对于不同的悬挂形式，中心锚结的结构形式也会有所不同。中心锚结可分为半补偿链形悬挂中心锚结、全补偿链形悬挂中心锚结和防窜动中心锚结。

（1）半补偿链形悬挂中心锚结。半补偿链形悬挂中心锚结的结构如图 7-32 所示。

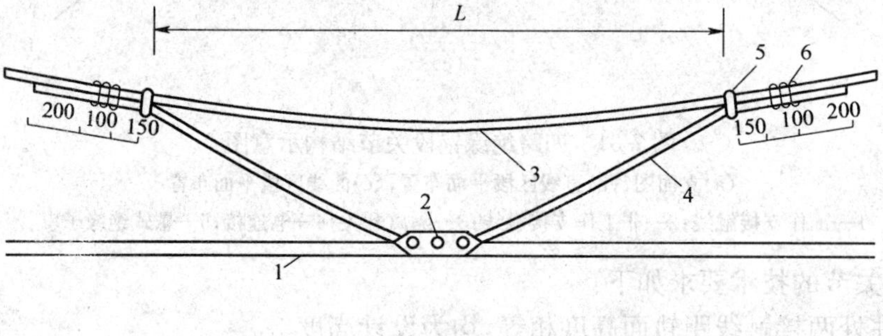

图 7-32　半补偿链形悬挂中心锚结

1—接触线；2—中心锚接线夹；3—承力索

4—辅助绳；5—钢线卡子；6—绑扎线段

用 GJ-50 镀锌铜绞线（19 股）作为中心锚结辅助绳，用中心锚接线夹把辅助绳中部和接触线夹固在一起。然后把辅助绳两端分别用正反两个钢线卡子紧固在承力索上，使得接触线在中心锚接线夹处相对于承力索是固定不动的。

对中心锚结安装的要求：

①中心锚结长度 L 应大于或等于所在跨距中心处接触线与承力索间距的 20 倍，但不得小于 15 m。

②中心锚结的结构不得侵入弹性吊弦内，中心锚结辅助绳在承力索上的固定线夹距支柱处弹性吊弦不得小于 1 m。

③辅助绳两边长度应相等，每端用一正一反安装的两个钢线卡子与承力索紧固，两钢线卡子间距为 150 mm，再用同材质绑线把辅助绳绑扎在承力索上，长度为 100 mm，最外端留出约 200 mm 的绳头。

④中心锚接线夹处要比定位点处接触线高度高出 20～30 mm，以免在线夹安装处形成硬点，线夹两边的辅助绳张力应相等，但切不可造成明显的负弛度。

⑤中心锚接线夹安装不得偏斜，以免碰挂受电弓。

半补偿链形悬挂中心锚结长度及辅助绳长度见表 7-6。

表 7-6　半补偿中心锚结长度及辅助绳长度

跨距长度(m)	51～65	41～50	≤40
中心锚结长度(m)	25	20	15
辅助绳长度(m)	26	21	16
弹性链形悬挂 b(m)	0.5		2
简单链形悬挂 b(m)	0.5		

注：b 为钢线卡子与最近吊弦的距离。

(2)全补偿链形悬挂中心锚结。全补偿链形悬挂时，接触线和承力索都装有张力补偿器，接触线仅仅通过辅助绳固定于承力索上，就起不到中心锚结的作用。采用的方法是接触线的中心锚结结构形式和半补偿链形悬挂相同，用一根 GJ-70 镀锌钢绞线作为承力索的中心锚结辅助绳，在中心锚结跨距两端用钢线卡子把辅助绳与承力索固定在一起。两端的辅助绳分别通过一串悬式绝缘子硬锚到与中心锚结所在跨距相邻一个跨距的支柱上，这两棵支柱需打拉线，以保证受力平衡。

在站场上，早期采用的全补偿链形悬挂中心锚结结构较复杂，需架设钢梁，用来固定线索中心锚结绳，不便于安装和维修，因此站场全补偿链形悬挂中心锚结按区间结构设置。

全补偿链形悬挂中心锚结结构如图 7-33 所示。全补偿链形悬挂中心锚结安装的基本要求与半补偿链形悬挂中心锚结安装基本相同。

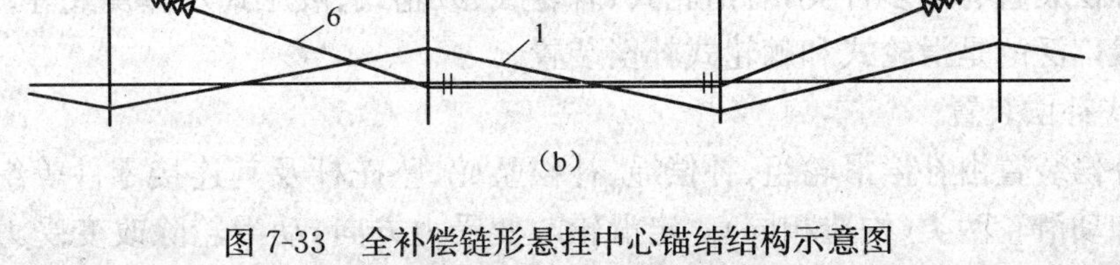

(a)

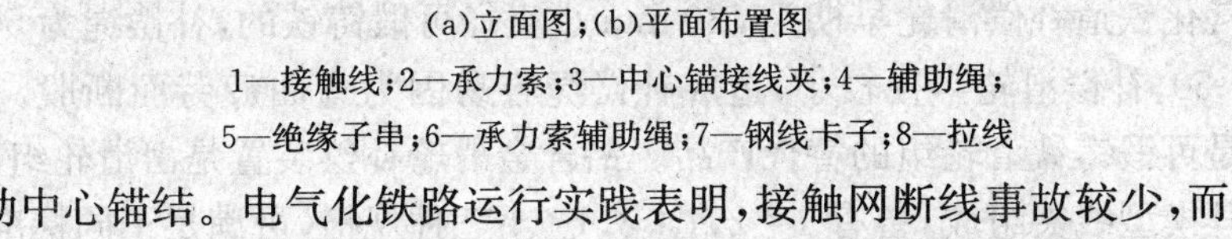

(b)

图 7-33　全补偿链形悬挂中心锚结结构示意图

(a)立面图；(b)平面布置图

1—接触线；2—承力索；3—中心锚接线夹；4—辅助绳；
5—绝缘子串；6—承力索辅助绳；7—钢线卡子；8—拉线

(3)防窜动中心锚结。电气化铁路运行实践表明，接触网断线事故较少，而且影响范围不大，为了保证站场作业人员和行人的安全，不宜设置结构复杂的中心锚结。因此，从京秦线电气化铁路开始，在站场设置了能防止接触悬挂窜动而不考虑断线的防窜中心锚结。其优点是结构简单，安装方便。缺点是不防断线。防窜中心锚结在站场内的正线及站线锚段的中间位置设置，结构如图 7-34 所示。

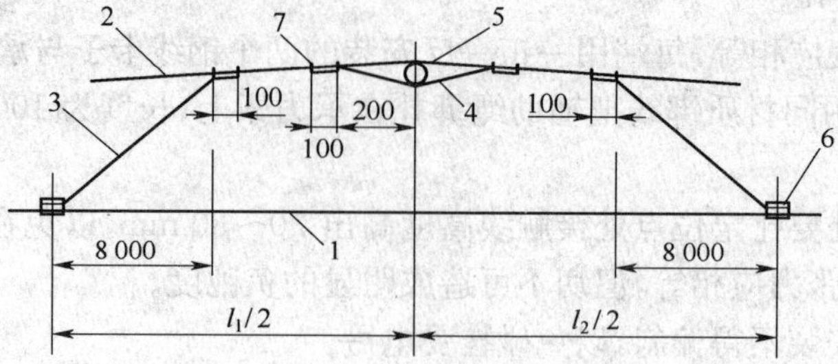

图 7-34　站场防窜中心锚结

1—接触线；2—承力索；3—GJ-50 辅助绳；4—GJ-70 辅助绳；5—悬吊滑轮；6—中心锚接线夹；7—钢线卡子；l_1，l_2—相邻跨距长度

接触悬挂窜动的原因主要有：接触悬挂架设于线路坡道上，在具有坡度的情况下，由于悬挂本身的重量，便有沿下坡方向的分力作用于悬挂，成为诱发窜动力；在曲线内侧旋转腕臂的回转均偏向一方，使悬挂向同一方向移动，形成诱发窜动力；风压等外力的作用产生的悬挂整体的移动诱发窜动；受电弓对接触线的接触滑动摩擦，使悬挂向同一方向移动诱发窜动。上述四个方面的原因，有时可能会重叠出现，所以接触悬挂显示复杂的窜动。

（六）补偿装置

接触网补偿装置，又称张力自动补偿器，它安装在锚段的两端，并且串接在接触线承力索内，它的作用是补偿线索内的张力变化，使张力保持恒定。因为在大气温度发生变化时，接触线或承力索会发生伸长或缩短，从而使线索内张力发生变化，这时就会影响到接触线或承力索的弛度也发生变化，因而使受流条件恶化。为改变这种情况，一般在一个锚段两端，在接触线及承力索内串接张力自动补偿装置后，再进行下锚。

对张力自动补偿装置的要求有二：其一，补偿装置应灵活，在线索内的张力发生缓慢变化时，应能及时补偿，传送效率不应小于 97%；其二，具有快速制动作用，一旦发生断线事故或其他异常情况，线索内的张力迅速发生变化时，补偿装置还应有一种制动功能。一般对于全补偿的承力索内的补偿装置，如不具备这种功能时，还需专门增加断线制动装置，以防止在一旦发生断线时，坠砣串落地而造成事故扩大、恢复困难。

接触网补偿装置有许多种类，有滑轮式、棘轮式、鼓轮式、液压式及弹簧式等。我国电气化铁道中使用最广泛的是滑轮式和棘轮式补偿装置。

1. 滑轮式补偿装置

滑轮式补偿装置由补偿滑轮组、补偿绳、补偿坠砣、坠砣杆及其连接零件等组成。补偿滑轮有定滑轮和动滑轮两类（构造相同）。定滑轮改变受力方向，动滑轮除改变受力方向外还可省力。我国电气化铁道补偿滑轮早期为 130 mm 小直径可锻铸铁的，补偿绳为 50 mm^2（19 股）镀锌钢绞线 GJ-50，补偿滑轮半径较小，造成补偿绳容易因为弯曲疲劳而断股。目前，铝合金滑轮补偿装置是可锻铸铁滑轮组的替代产品。铝合金滑轮补偿装置是由滑轮组、不锈钢丝绳、连接框架及双耳楔型线夹组成，备有 1∶2，1∶3，1∶4 三种规格，可满足不同标准张力要求，其结构形式如图 7-35 所示。滑轮轮体按不同组合要求，备有 270 mm，205 mm，165 mm 三种直径,材质为 ZL114A 铝合金,制造工艺为国际先进的金属模低压铸造,补偿绳为不锈钢丝绳。

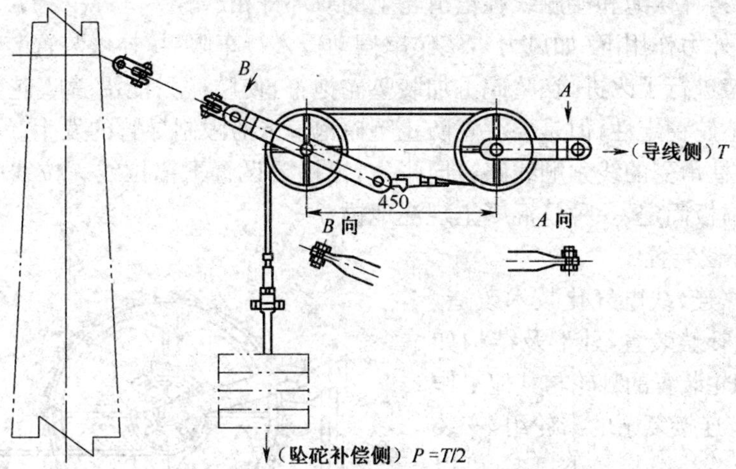

图 7-35　1∶2 传动比补偿滑轮组结构示意图

与可锻铸铁滑轮相比,铝合金滑轮重量轻、强度高、耐腐蚀性能好、轮径大;柔韧的不锈钢丝绳与大直径的轮槽贴合密切,是镀锌钢绞线和小轮径滑轮无法比的;2 个滚动轴承比一个滚动轴承受力更加均匀,转动平稳、灵活;加上在结构、设计、制造方面都精良的连接框架,保证了铝合金滑轮补偿装置具有较高的机械强度和传动效率,且重量轻、寿命长。铝合金滑轮补偿装置的主要缺点是随着变比的增大,整套装置的体积和重量也明显增加,在空间受限制的隧道等处安装困难。

坠砣块一般采用混凝土或灰口铸铁制成,每块约重 25 kg,重量误差不大于 3%,呈中间开口的圆饼状。铸铁坠砣和混凝土坠砣相比,坠砣串的长度较短,可以获得更大的补偿范围,在锚段长度较长(比如大于1 600 m)时,能满足补偿坠砣移动范围要求。但是造价较高,易丢失。

坠砣杆一般为直径 16 mm 圆钢加工制成,上端有单孔焊环,底部焊有托板。坠砣杆的型号规格,根据其放置坠砣块数量的不同分为三种:17 型、20 型和 30 型。型号中的数字表示坠砣杆所悬挂坠砣的数量。

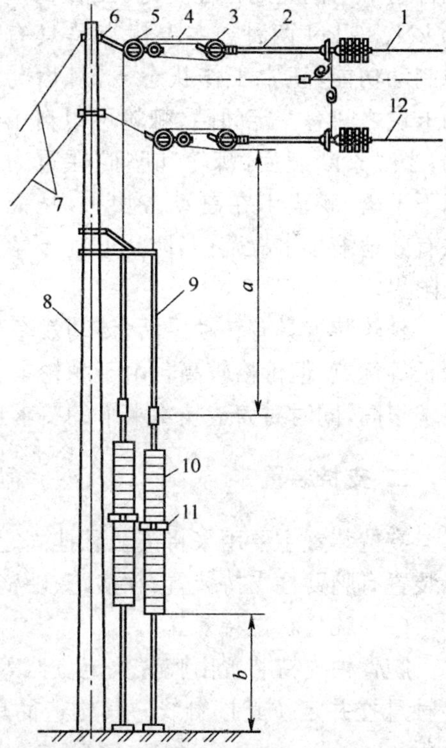

图 7-36　全补偿下锚结构图

1—承力索;2—杵环杆;3—动滑轮;4—补偿绳;5—定滑轮;6—承锚角钢;7—拉线;8—锚柱;9—限制导管;10—坠砣;11—坠砣抱箍;12—接触线

早期电气化铁道接触网全补偿安装采用了接触线、承力索在支柱异侧下锚的安装方式。运行表明,这种安装方式下,支柱顶端的定滑轮顺线路方向上的偏角不可调整,造成补偿绳和滑轮轮槽发生偏磨,严重时补偿绳可能从轮槽中脱出。目前,补偿装置的安装趋于使用同侧下锚,即接触线、承力索在支柱同侧下锚,如图 7-36 所示。同侧下锚时，补偿滑轮在补偿绳的拉力作用下，和补偿绳在一条直线上，可以减少偏磨。同侧下锚时，要注意防止承力索补偿绳和接触线补偿滑轮上的双环杆相磨。

为了防止在外力作用下（如风力），坠砣串摆动侵入行车限界，补偿装置装设有限界架。提速以后，对限界架进行了改进，在坠砣上加装坠砣抱箍，使坠砣只能沿着坠砣限制导管方向上下移动，增强了坠砣稳定性，但是要注意防止坠砣抱箍卡滞限制导管的发生。

为了平衡锚柱承受的线索顺线路方向张力，锚柱要设置下锚拉线。拉线的固定有两种方法，一种是埋设锚板固定，一种是混凝土现浇地锚。

2. 棘轮式补偿装置

哈（尔滨）大（连）线电气化技术改造，引进了德国棘轮补偿装置，外形及结构如图 7-37 所示。棘轮装置的棘轮与其他工作轮共为一体，没有连接复杂的滑轮组，安装空间比铝合金滑轮补偿装置小很多，可以解决空间受限时的补偿问题。棘轮本体大轮直径为 566 mm，小轮直径为 170 mm，传动比为 1∶3，补偿绳为柔性不锈钢丝绳，比普通不锈钢丝绳性能更好，工作荷重有 30 kN、36 kN 两种。主要优点是具有断线制动功能，正常工作状态下，棘齿与制动卡块之间有一定间隙，棘轮可以自由转动；当线索断裂后，棘轮和坠砣在重力作用下下落，棘齿卡在制动卡块上，从而可以有效地缩小事故范围，防止坠砣下落侵入限界。

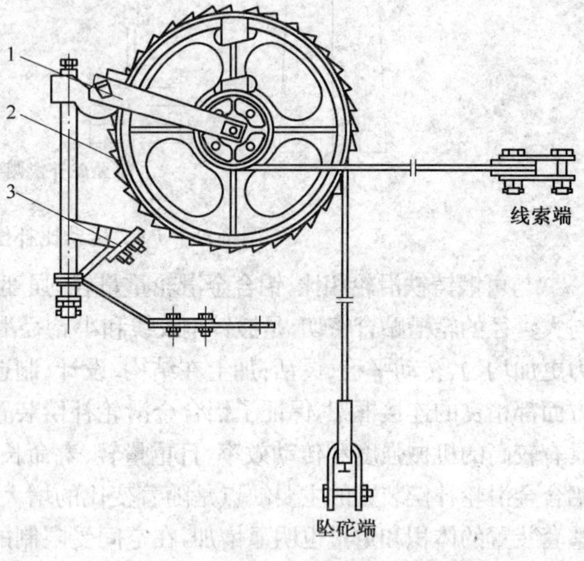

图 7-37　棘轮补偿装置外形及结构图

1—框架；2—棘轮本体；3—制动卡块

棘轮装置具有转动灵活、传动效率高（与铝合金滑轮补偿装置相当）、防腐性能好、使用寿命长等优点，但价格较高。由于棘轮本体形状复杂、轮径大、薄壁部位多，因而制造上对设备的要求很高，同时对铸造技术水平的要求也很高。

二、支持装置

支持装置主要用来将接触悬挂固定在要求的高度上，并将接触悬挂的重量传给支柱。支持装置有腕臂柱支持装置、软横跨、硬横跨及大型建筑物（如桥梁、隧道等）上的支持装置等。

（一）腕臂柱支持装置

腕臂柱支持装置由腕臂及定位器等组成，腕臂由钢管（或合金材料）制成，一般只悬吊一支接触悬挂并定位其接触线。其构造简单，安装方便，广泛应用于区间及站场上有条件使用的处所。

腕臂柱根据其使用处所和所要求的功能，可分为中间柱、非绝缘转换柱、绝缘转换柱、中心柱和锚柱等，不同的腕臂柱，它的支持装置结构也有所区别。

1. 中间柱支持装置

在中间支柱上，只安装一个腕臂，悬吊一支接触悬挂并把承力索和接触线定位在所要求的位置上，这种支持装置称为中间柱支持装置。区间中除锚段关节处的支柱外，其余均为中间柱，所以中间柱支持装置是用量最大的支持结构形式。在线路的直线区段，支柱一般立于线路的同一侧，但是接触线需要按“之”字形布置，其拉出值（偏离线路中心线的值）一般在支柱点处要变换方向，所以定位为一正一反，如图 7-38 所示（件号 6 用于正定位，虚线件号 7 用于反定位）。

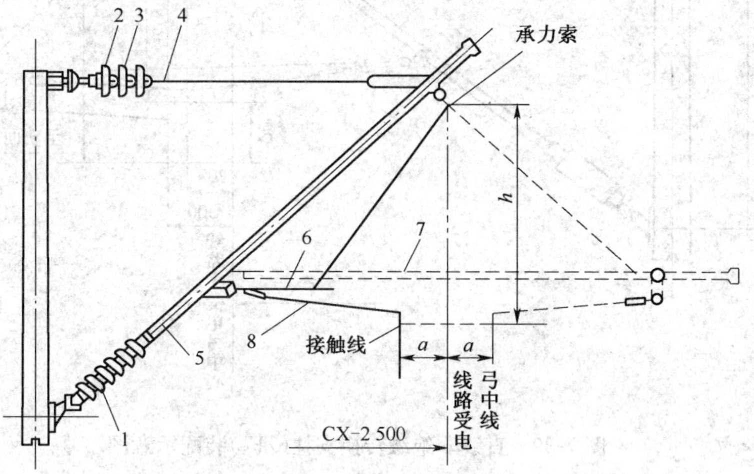

图 7-38　链形悬挂直线中间柱支持装置结构

1—棒式绝缘子；2—耳环悬式绝缘子；3—杵头悬式绝缘子；4—水平拉杆；5—腕臂；6、7—定位管；8—定位器；a—拉出值；h—结构高度

正定位是指拉出值拉向支柱一侧，此时定位器受拉，这时使用件号 6 定位方式，接触线通过定位器 8 与定位管 6 用定位钩、定位环连接，当机车受电弓通过定位点时，该点向上抬升，这样的弹性较好。反定位是指拉出值拉向支柱的对侧，此时采用图 7-38 中所示虚线部分的定位方式，仍使定位器受拉，以产生与上述正定位同样的效果。在线路的曲线区段，支柱应尽量设于曲线外侧，使定位器处于受拉状态，这时可采用定位拉线替代定位管的软定位器结构。当支柱必须设于曲线内侧时，则采取与直线上类似的方法，仍使定位器受拉，这时应采用反定位器结构。

2. 非绝缘转换柱支持装置

对于三个跨距的非绝缘锚段关节，中间的两根支柱称为转换柱，它悬吊两支接触悬挂，其中一支为工作支，一支为非工作支。工作支的接触线与受电弓接触，非工作支的接触线比工作支接触线抬高约 200 mm，不与受电弓接触，承力索和接触线一起通过转换柱拉向锚柱下锚。因此，转换柱需要安装两套腕臂和定位器等组成的支持装置。两支接触悬挂的接触线在平面上平行，水平距离保持 100 mm，两支接触悬挂在电气上是连通的，在靠近锚柱一侧用电连接线连接起来。转换柱的悬挂形式有两种，一种称为 ZF_1 转换柱，其工作支靠近支柱侧，非工作支远离支柱侧。ZF_2 转换柱为工作支远离支柱侧，非工作支靠近支柱侧。其中 Z 表示直线，F 表示非绝缘，下标 1 与 2 分别表示两种类型。以 ZF_2 为例的直线非绝缘转换柱安装形式如图 7-39 所示。

3. 绝缘转换柱支持装置

在绝缘锚段关节处，关节的两端紧邻锚柱内侧的支柱称为绝缘转换柱。因此每一绝缘锚段关节同样也有两根转换柱。在绝缘转换柱上需要安装两套支持装置，分别悬吊两支互相绝缘的接触悬挂，其中一支为工作支，另一支为非工作支。电力机车运行到绝缘锚段关节处的时

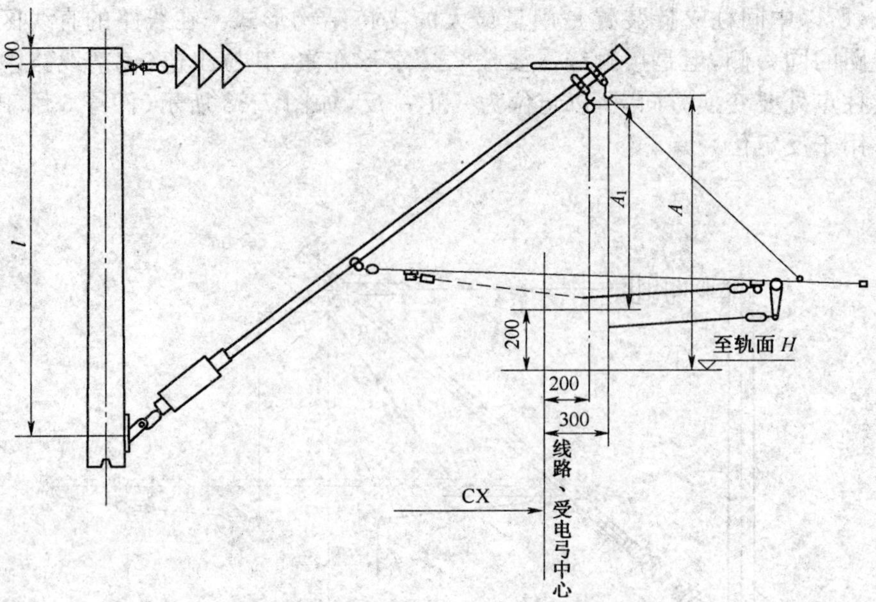

图 7-39　直线非绝缘转换支柱(ZF_2)装配示意图

候，转换柱上的工作支接触线与受电弓接触，非工作支的接触线抬高约 500 mm，不与受电弓接触，通过转换柱支持装置拉向锚柱下锚。这时考虑到电气安全的要求，承力索和接触线均串联有悬式绝缘子水平拉紧，再向锚柱下锚。两支悬挂的接触线在水平面上平行，空气间隙为 500 mm，电气上互相分开。转换柱上设隔离开关一台。

转换柱的悬挂形式有两种：ZJ_1 转换柱为工作支远离支柱侧，非工作支靠近支柱侧；ZJ_2 转换柱为工作支靠近支柱侧，而非工作支远离支柱侧。以 ZJ_1 为例的直线区段绝缘转换柱安装形式如图 7-40 所示。

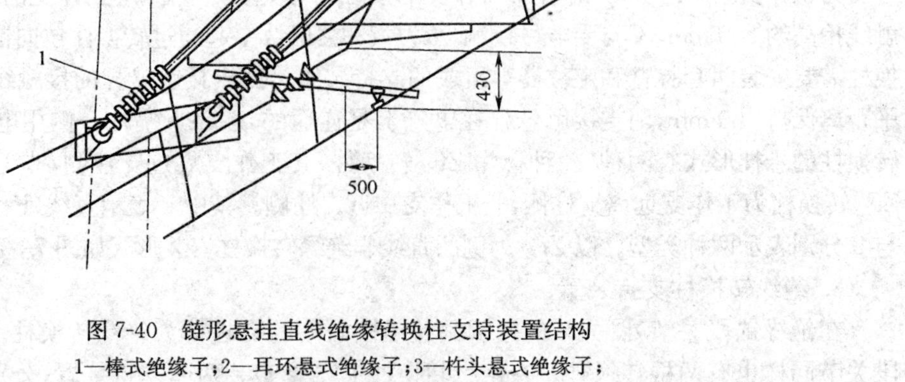

图 7-40　链形悬挂直线绝缘转换柱支持装置结构

1—棒式绝缘子；2—耳环悬式绝缘子；3—杵头悬式绝缘子；

4—T 形水平拉杆；5—腕臂

4. 同相分段绝缘中心柱支持装置

位于四跨绝缘锚段关节的两转换柱之间的支柱，称为中心柱。所以中心柱只有在绝缘锚段关节中才设置。在中心柱上同样要安装两套支持装置，在中心柱上悬吊的两支接触悬挂均为工作支，两根接触线等高。当受电弓通过时，同时接触两根接触线，使之平稳地过渡。两支悬挂的接触线在平面上平行，空气间隙为 500 mm，电气上能互相分开。两支接触悬挂在中心柱两侧均经转换柱拉向锚柱下锚。在直线上中心柱支持装置的安装形式如图 7-41 所示。

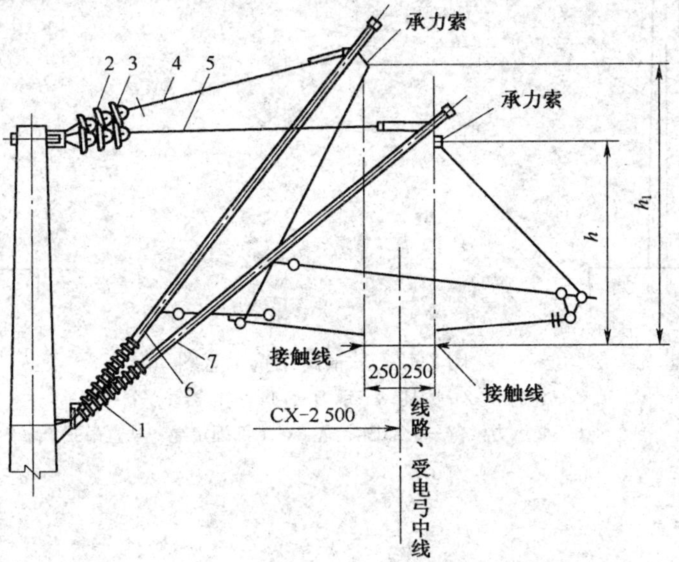

图 7-41　链形悬挂绝缘锚段关节直线中心柱支持装置结构

1—棒式绝缘子；2—耳环悬式绝缘子；3—杵头悬式绝缘子；

4、5—水平拉杆；6、7—腕臂；h、h_1—结构高度

从图中可以看出，在中心柱处电力机车的受电弓同时接触两支接触线，因此绝缘锚段关节两端的锚段上的电源，必须是同相电源，否则将发生异相短路事故。

5. 锚柱支持装置

锚柱用来紧固锚段两端的承力索和接触线，同时还可在垂直线路方向悬吊接触悬挂。它位于锚段关节处两锚段的终端。锚柱在顺线路方向供接触悬挂下锚用(打拉线)。其锚固形式主要有半补偿链形悬挂和全补偿链形悬挂下锚两种。锚柱在垂直线路方向用于悬吊接触悬挂及定位其导线，它与中间柱的安装形式相同。

(二)软 横 跨

软横跨由一对软横跨柱、横向承力索和上、下定位绳组成。在车站，因股道多且线间距离小，不能设置腕臂柱时采用软横跨。横向承力索承受各支接触悬挂的重量，为使张力不致过大，其驰度值不小于两柱间距离的 1/10。上定位绳作为固定各支接触悬挂的承力索用；下定位绳供安装定位器以定位各支接触悬挂的接触线。软横跨跨越的股道数目不宜超过 8 股，跨越股道过多时，将造成绳索受力过大，施工、调整较困难，同时，还使下定位绳产生弛度，有可能导致刮、碰受电弓。软横跨结构示意图如图 7-42 所示。软横跨与硬横跨比较，造价略低，施工安装较为方便。但它由绳索组成，稳定性稍差，不利于高速行车区段使用。在股道较少的站

场，软横跨柱逐渐由预应力钢筋混凝土柱替代钢柱。目前我国广泛采用的软横跨安装形式如图 7-43 所示。

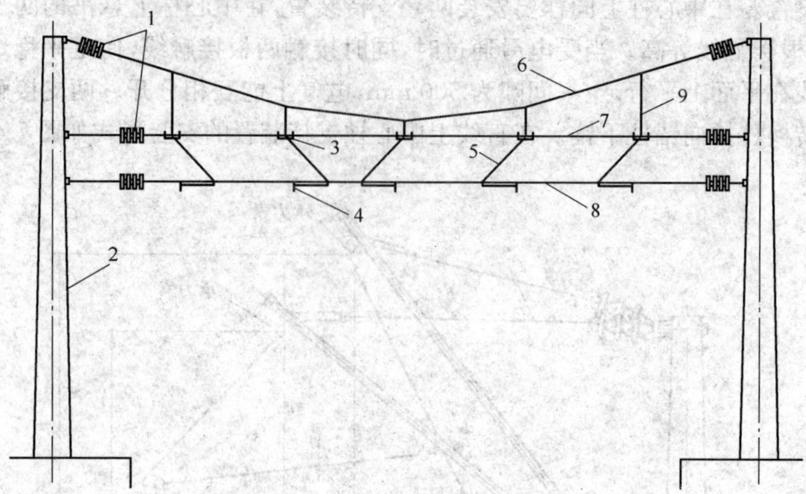

图 7-42　软横跨结构示意图

1—绝缘子；2—支柱；3—承力索；4—定位器；5—斜拉线；
6—横承力索；7—上部固定绳；8—下部固定绳；9—直吊弦

图 7-43　软横跨安装示意图

1—横向承力索；2—上、下定位绳；3—承力索；4—接触线

(三)硬 横 跨

硬横跨由两个立柱和一组钢横梁组成，使用条件同软横跨。钢横梁及所有接触悬挂的重量荷载，均竖直传给立柱，所以硬横跨立柱受的弯矩较软横跨柱要小，因而硬横跨立柱的容量较小。从安装形式看，立柱高度要求相对也要低，安装简便，有利于实现机械化施工。硬横跨上各支接触悬挂之间的相互干扰小，调整较方便，稳定性较好，有利于高速行车。其缺点是：施工要求比较严格，有一定的难度；造价略高于软横跨；钢横梁在线路上方，维修较困难。硬横跨

的安装形式如图 7-44 所示。

图 7-44　硬横跨示意图

（四）大型建筑物上的支持装置

接触网通过桥梁和隧道等大型建筑物时，可以利用这些建筑物安装悬挂构件或支柱，用以悬吊和支撑接触悬挂。

1. 隧道内的支持装置

隧道内的悬挂可以利用隧道壁，而不需设立支柱。由于隧道内的净空是十分有限的，因而隧道内接触悬挂支持装置的安装，必须充分有效地利用有限的净空，以满足有关安全净距及技术的要求。

既有线路的隧道净空一般都比较小，在满足行车速度要求的条件下，为了避免开挖隧道，目前广泛采用简单悬挂。图 7-45 所示的悬挂点是由两个瓷质棒式绝缘子组成纵向 V 形结构形式，中间安装有一根滑动管，当温度变化引起接触线顺线路方向位移时，吊弦可沿管滑动，以改善接触悬挂的弹性。这种悬挂形式，要求隧道净空直线上不小于6 100 mm，曲线上不小于6 200 mm（由内轨面算起）。接触线最低点距轨面连线的高度为5 370 mm，允许带电通过高度为5 000 mm的货物列车，也可在停电后用蒸汽机车或内燃机车牵引通过高度为5 300 mm装载高度的货物列车（尚留有 70 mm 裕度）。图 7-46 为采用 E-01 环氧树脂绝缘子的纵向人字形的悬挂形式，在满足上述货物装载高度条件下，要求的隧道净空高度可降低 50～150 mm（如降低 150 mm 时，定位部分需局部开挖隧道）。以上两种悬挂形式的接触网跨距一般为 13～15 m。

新建的铁路隧道，一般都考虑了电气化铁路安装接触悬挂的要求，净空高度在满足带电通过5 300 mm超限货物的条件下，可以安装链形悬挂。当前，我国铁路电气化区段已广泛采用全补偿简单链形悬挂，其在隧道内的安装形式如图 7-47 所示。根据隧道所在线路的情况，无论是在直线上，还是在曲线上，接触网的跨距均限定在 35～42 m。

在双线隧道净空足以采用链形悬挂时，可在隧道顶部的中间部位设置立柱（利用埋置螺栓固定），在立柱上安装与腕臂柱相同的支持结构，悬吊与支撑接触悬挂。立柱按上、下行线路分开设置，而且在平面上错开布置，在保证两条线路接触网各部位间有足够的空气间隙的条件下，做到机械上各自独立，即使一条线路的接触网发生故障，也不影响另一条线路的接触网的供电。

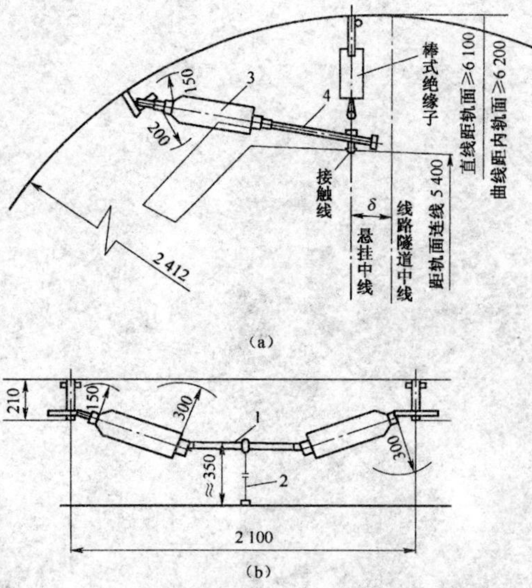

图 7-45　采用瓷质棒式绝缘子的简单悬挂安装图

(a)横断面图;(b)纵断面图

1—滑动管;2—吊弦;3—棒式绝缘子;4—定位管

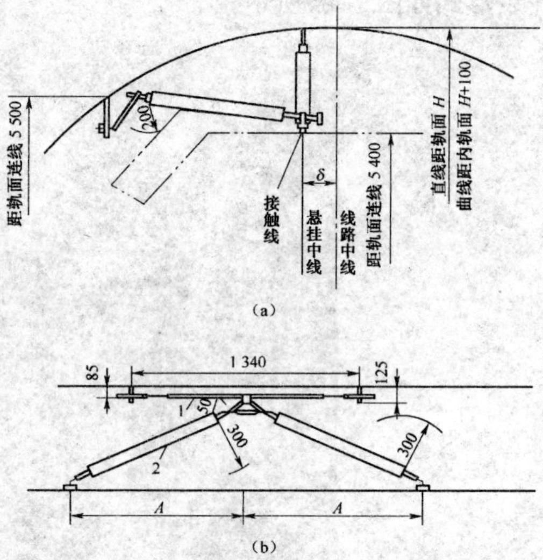

图 7-46　采用 E-01 环氧树脂绝缘子的简单悬挂安装图

(a)横断面图;(b)纵断面图

1—加长滑动管;2—环氧树脂绝缘子

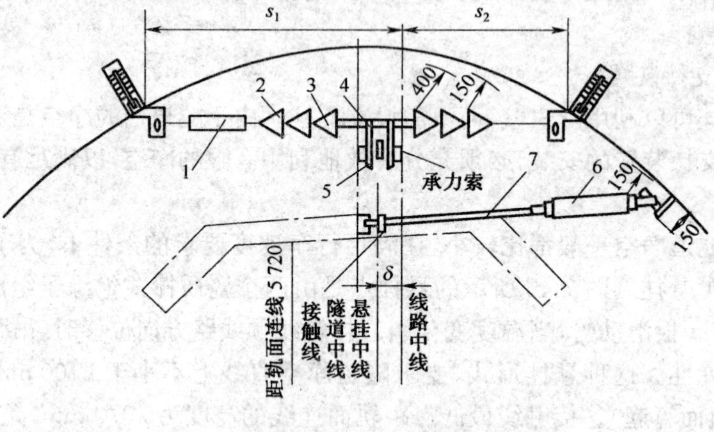

图 7-47　隧道内全补偿链形悬挂安装图

1—调整螺栓;2—杵头悬式绝缘子;3—耳环悬式绝缘子;4—带耳滑轮支架;5—滑轮;6—棒式绝缘子;7—定位管

2. 桥梁上的支持装置

桥梁上接触网的安装,当为上承桥梁时,可将支柱安装在桥梁墩台顶帽上或墩台身上;当为下承钢桁梁桥时,可利用钢梁结构安装悬挂点,悬吊接触悬挂。

(1)在桥梁墩台上安装钢柱。在桥梁墩台的顶帽上,有条件时可以直接将斜腿钢柱安置于顶帽上,如图 7-48 所示。但要尽量避免支柱内缘与桥梁栏杆等结构物发生干扰。桥梁钢柱上使用的腕臂、定位器等装置与腕臂柱相同。

有的桥梁墩台顶面较狭窄,不能安装斜腿钢柱时,可借助于支架及接腿来安装钢柱。

(2)在多线路桥梁上安装硬横跨。山区铁路,因地形条件限制,有的站场股道架设在多线桥上,其线间距离不能安装腕臂柱时,支柱需设置在两最外股道外侧的桥墩上。如果采用软横跨，必将造成在桥墩上安装高度高、容量大的软横跨柱的不合理现象，此时可设置硬横跨。图 7-49 所示的是在三线桥上安装的硬横跨。在桥墩两边顶帽上，各安装一根斜腿钢柱作硬横跨立柱，其上架设一组钢横梁用来悬挂接触网，并在立柱的适当位置安装一根定位绳，供各股道接触线定位用。

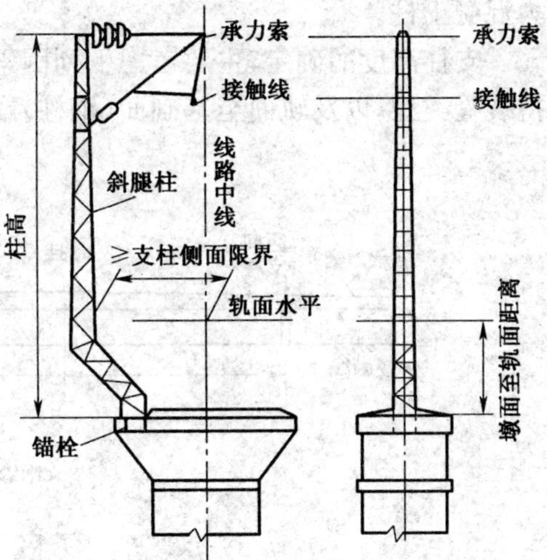

图 7-48　斜腿柱在墩台顶帽上安装示意图

3. 在下承钢桁梁桥上安装支持结构

当接触网通过下承钢桁梁桥时，可利用桥梁构件作支持结构。一般在满足各项技术要求下，桥梁净空内只能通过接触线，如采用链形悬挂，承力索需利用由型钢(槽钢或角钢)制成的"门"形构件作为支持构件，将其悬吊在桥梁上方。接触网的跨距，考虑接触线的最低高度并结合悬挂点在桥梁上安装的可能来确定。下承桥内链形悬挂安装的立面及悬挂点断面示意图如图 7-50 所示。

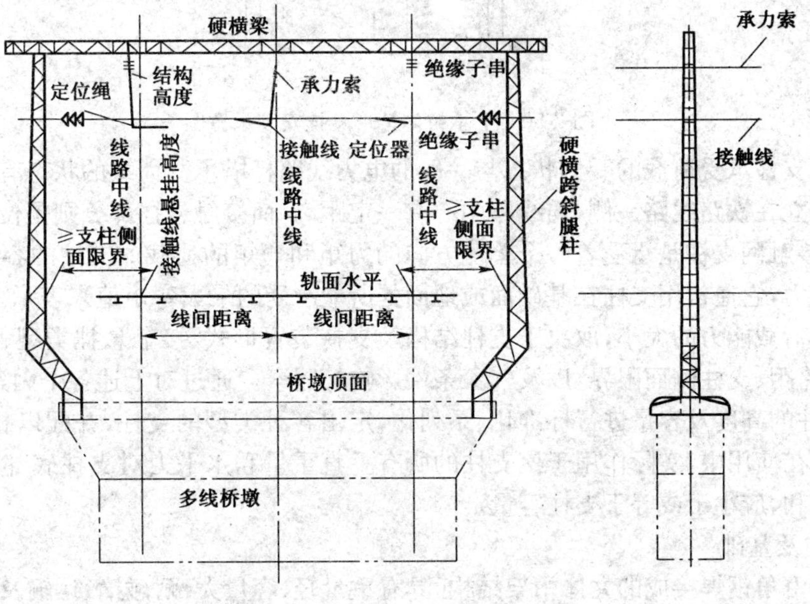

图 7-49　桥上硬横跨安装示意图

三、支柱与基础

接触网支柱是用来安装支持装置、悬吊接触悬挂和附加线索、承受接触网因受气象条件(冰和风)影响而产生的各类荷载的。这些荷载将通过基础传递给大地。

根据其用途不同，支柱分为两大类，即腕臂支柱和软横跨支柱。腕臂支柱主要用于区间，软横跨支柱用于站场。制作支柱的材质通常使用钢材和混凝土，因此把支柱分为钢柱和预应力混凝土柱。

支柱高度的确定，主要考虑下列因素：接触线距轨面的高度及结构高度、接触悬挂类型、支持装置类型，以及轨面至基础面（钢柱）或至支柱处地面（预应力混凝土柱）的距离。

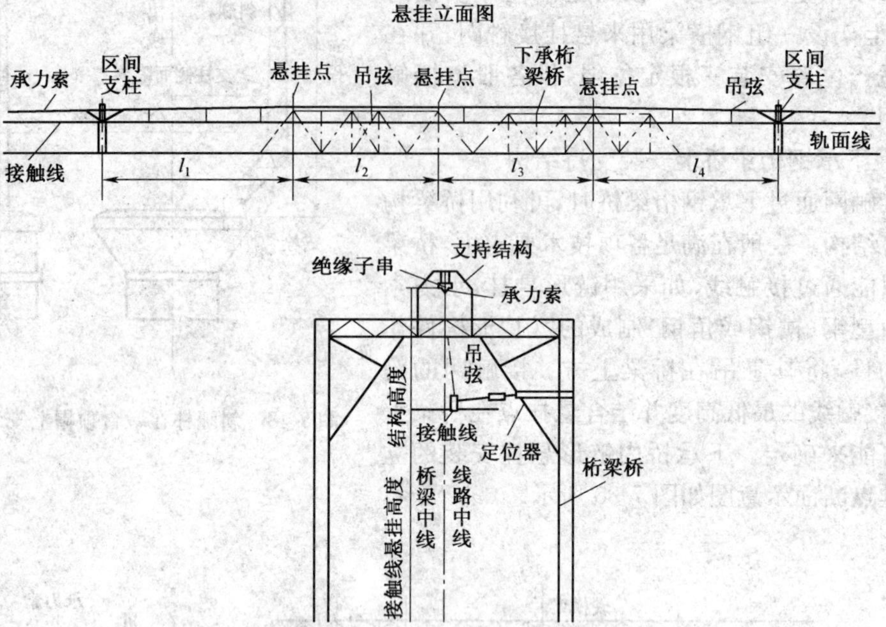

图 7-50　下承桥内链形悬挂安装示意图

接触网支柱承受荷载的受力状态与一般的电力线路杆塔承受荷载的状态有所不同。接触网支柱是竖立在铁路线路一侧，与线路中心有一定距离，而接触悬挂部分则是位于线路中心的上方，所以接触网支柱是承受着一个单侧方向的力矩和弯矩的荷载。支柱的容量是指支柱承受荷载的能力，它通常用支柱在基础面或地面处所能承受的最大弯矩值来表示。容量的大小，即支柱承受荷载能力的大小，取决于支柱结构及支持装置形式、接触悬挂类型、悬挂导线的数量、接触网跨距、支柱侧面限界，以及气象条件影响等因素。通过对上述各个因素的计算分析、整理，将支柱的高度及容量进行标准化、系列化，定出各种类型的支柱，并配以相应的基础，供工程使用。在使用中，实际作用于该支柱的所有垂直重量和水平力对支柱底部（或地面处）产生的弯矩总和，应小于或等于支柱容量。

1. 钢柱及基础

钢柱是由角钢焊接成的立体桁架结构，具有重量轻、容量大、耐碰撞、运输及安装方便等优点。但存在用钢量大，造价高，耐腐蚀性能差，需定期进行除锈、涂漆防腐，维修不便等缺点。从节约钢材及方便运营维护的角度出发，要求尽量少采用。现在涂漆防腐已改为镀锌防腐，提高了防腐性能，延长了维修周期。

钢柱主要用于跨越股道比较多，需要支柱高度较高、容量较大的软横跨柱，其次用作桥梁墩台上安装的支柱。现在用的软横跨钢柱的高度有 13 m 和 15 m 两种，其外形尺寸如图 7-51 和图 7-52 所示。

常见钢柱类型见表 7-7。其组成符号含义：G 表示钢柱，分母数字表示支柱的高度（m），分子数字表示支柱容量（kN · m），如有两个分子数字时，分子后一个数字表示该支柱还承

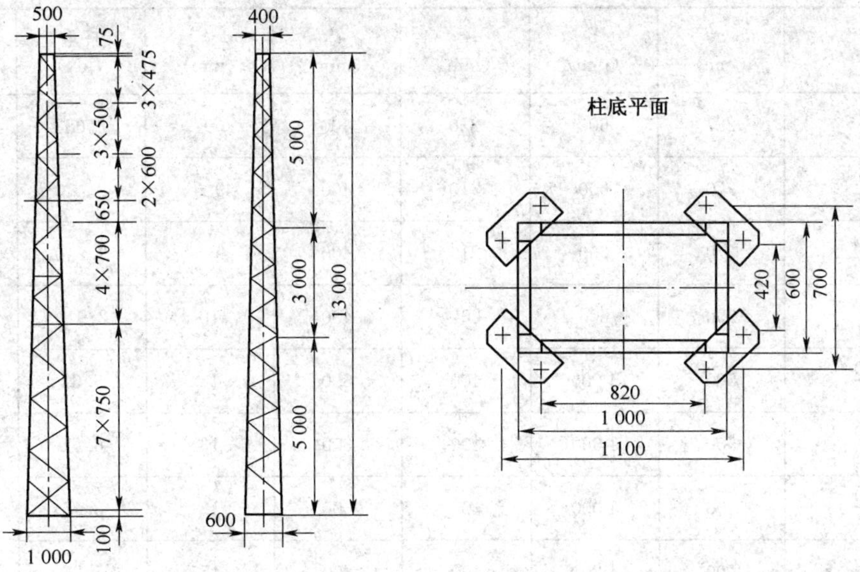

图 7-51　13 m 软横跨钢柱外形

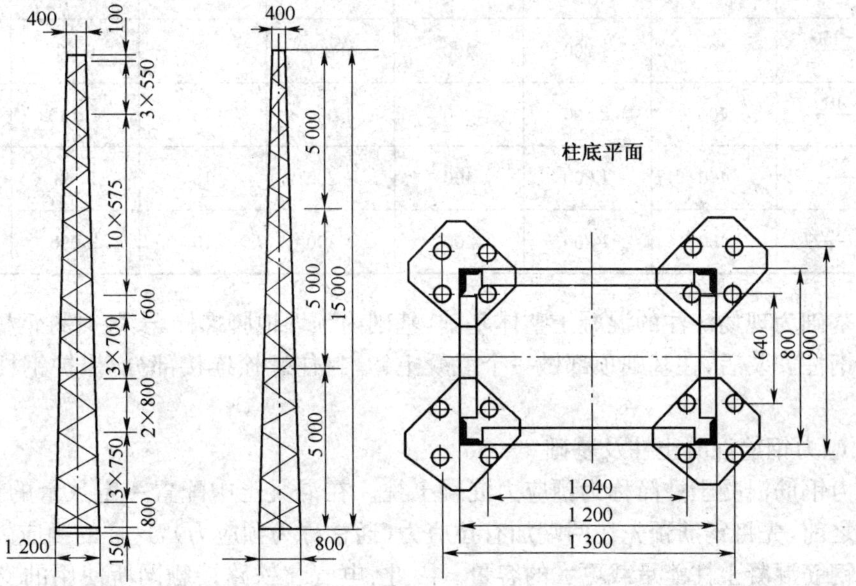

图 7-52　15 m 软横跨钢柱外形

载下锚容量(kN·m)，这种类型的钢柱可以同时承受两个相互垂直方向的荷载。如 G50/9.5，其中分子 50 表示垂直于线路方向的支柱容量(kN·m)，分母 9.5 表示钢柱的高度(m)。而 G_F(250－250)/15 中，G_F 表示分腿式锚柱，分子(250－250)分别表示垂直线路方向和顺线路方向(下锚方向)的支柱容量(kN·m)，分母 15 表示钢柱的高度(m)。目前，在设计中常用普通钢柱代替锚柱，以求节约，其办法是将容量提高一级，并打拉线，此时钢柱符号用 G_M 表示。

表 7-7　钢柱型号参考表

型号 尺寸	a (mm)	b (mm)	c (mm)	d (mm)	l (mm)	支柱重量 (kN)	使用范围
$G\frac{70}{9}$	287	600	220	400	9	2.688	桥支柱或区间中间柱
$G\frac{50}{9.5}$	270	600	210	400	9.5	2.470	
$G\frac{100}{9.5}$	270	600	210	400	9.5	3.240	
$G\frac{70}{10}$	250	600	200	400	10	2.910	
$G\frac{150}{13}$	500	1 000	400	600	13	5.63	双线路腕臂柱
$G\frac{200}{13}$	500	1 000	400	600	13	6.51	
$G\frac{200}{13}$	500	1 000	400	600	13	5.15	软横跨柱
$G\frac{200}{15}$	400	1 200	400	800	15	5.86	
$G\frac{250}{15}$	400	1 200	400	800	15	6.32	
$G_M\frac{200-250}{13}$	500	1 000	400	600	13	5.58	软横跨柱、锚柱(带拉线)
$G_M\frac{250-250}{15}$	400	1 200	400	800	15	6.81	
$G_F\frac{150-400}{13}$	400	2 500	500	1 000	13	1.135	分腿锚柱
$G\frac{250-250}{15}$	400	1 200	400	1 200	15	9.83	软横跨支柱
$G\frac{350-250}{15}$	400	1 200	400	1 200	15	1.095	

钢柱基础为现场浇注的混凝土整体基础，基础内预埋地脚螺栓，安装时将钢柱拧固于地脚螺栓上。钢柱安装后，在基础顶部做一个混凝土帽，封住螺栓连接部分，保护钢柱底部不受积水腐蚀。

2. 预应力钢筋混凝土柱及基础

预应力钢筋混凝土柱简称为预应力混凝土柱。在混凝土中配置一定数量的钢筋，并在浇注混凝土之前，先将钢筋预先在两端加有拉应力(通常称为预应力)，这样的预应力钢筋混凝土柱较普通钢筋混凝土柱能承载更大的容量。因此，电气化铁路接触网所使用的支柱均为预应力钢筋混凝土柱。

预应力混凝土柱有横腹杆式和环形等径两种。

横腹杆式预应力混凝土柱是一种把支柱与基础做成一体的整体柱，而且根据载荷性质的特点，设计具有方向性，主要按垂直线路方向的受弯力矩来设计支柱断面。断面呈工字形，外形四面从底部至顶部有一定的锥度，以节约钢材；工字中间连接部分，即凹进部分沿支柱高度设计有形似口字的横腹杆，有利于攀登。这种支柱不需防腐处理，减少了维修工作量，使用寿命较长。但预应力混凝土支柱较笨重，生产较复杂，而且经不起碰撞，在运输、施工中应加以注意。目前已广泛用作区间腕臂柱，其外形尺寸如图 7-53 所示，其规格见表 7-8。在站场上，也部分采用这种形式的软横跨柱。考虑到运输与安装时起吊装卸因素，制造重量不宜过大，设计容量有限，目前最大容量为 350 kN · m，只适用于跨越股道不多的站场。

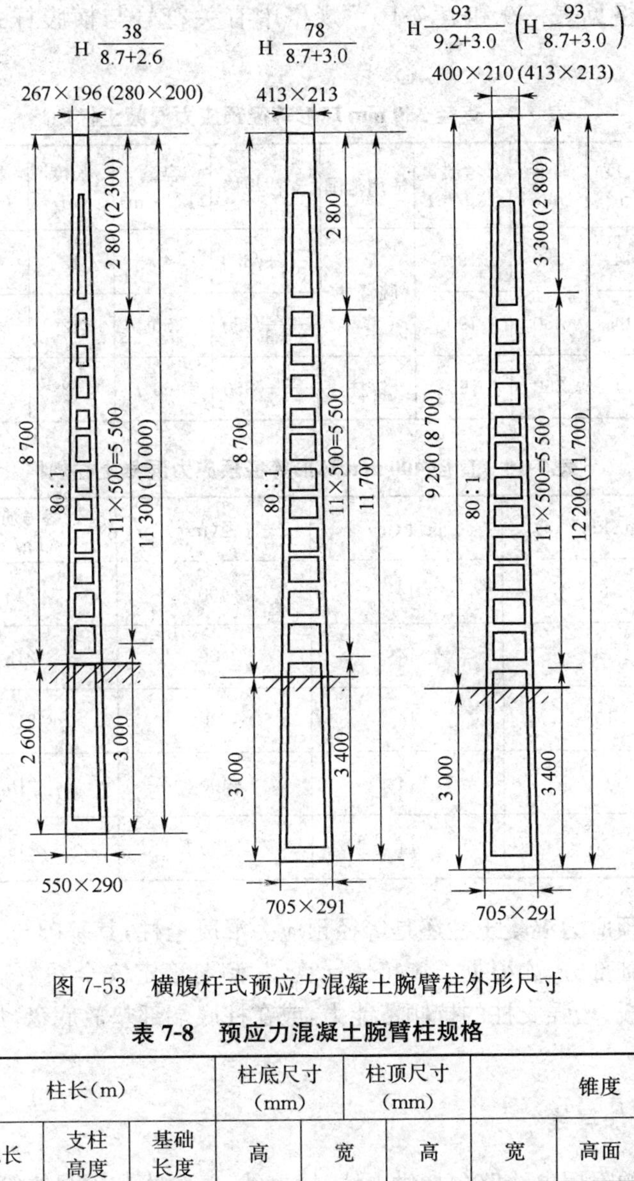

图 7-53 横腹杆式预应力混凝土腕臂柱外形尺寸

表 7-8 预应力混凝土腕臂柱规格

支柱规格	柱长(m)			柱底尺寸(mm)		柱顶尺寸(mm)		锥度		设计质量(t)
	总长	支柱高度	基础长度	高	宽	高	宽	高面	宽面	
$H\frac{60}{9.2+3.0}$	12.2	9.2	3.0	705	291	400	210	$\frac{1}{40}$	$\frac{1}{150}$	1.84
$H\frac{78-250}{8.7+3.0}M$	11.7	8.0	3.0	705	291	413	213	$\frac{1}{40}$	$\frac{1}{150}$	1.73
$H\frac{93}{8.7+3.0}$	11.7	8.0	3.0	705	291	413	213	$\frac{1}{40}$	$\frac{1}{150}$	1.73

注：H 表示混凝土柱，M 表示顺线路方向打拉线可以承受双向荷载，分子的前一个数字表示垂直线路支柱的容量(kN · m)，后一个数字表示顺线路的下锚容量(kN · m)。

离心式环形等径预应力混凝土柱是在专门的离心机上，利用旋转产生离心力将混凝土浇灌在圆钢模中形成圆柱制造而成的。它与横腹杆式支柱相比，制造机械化程度较高，生产周期短，运输方便，损耗率低，制造长度较灵活。这种环形等径混凝土柱内的钢筋是沿着圆的周边布置排列，因此支柱的受力无方向性，但材料消耗量稍多，而且在攀登时较困难，维修也不方便，目前还未大量推广使用。现在生产有 350 mm 和 400 mm 两种直径的环形等径支柱，其规格见表 7-9 和表 7-10。规格中有关符号与横腹杆式预应力混凝土支柱相同。

表 7-9　直径 350 mm 环形等径预应力混凝土柱规格

支柱规格	容量（kN·m）	长度（m）	杆径（mm）	参考质量（kg/m）	适用范围	支柱规格	容量（kN·m）	长度（m）	杆径（mm）	参考质量（kg/m）	适用范围
$\frac{40}{11+3}\phi350$	40	14	350	190	腕臂柱	$\frac{40}{9+3}\phi350$	40	12	350	190	腕臂柱
$\frac{50}{11+3}\phi350$	50	14	350	190		$\frac{50}{9+3}\phi350$	50	12	350	190	
$\frac{60}{11+3}\phi350$	60	14	350	195	锚柱	$\frac{60}{9+3}\phi350$	60	12	350	195	锚柱

表 7-10　直径 400 mm 环形等径预应力混凝土柱规格

支柱规格	容量（kN·m）	长度（m）	杆径（mm）	参考质量（kg/m）	适用范围
$\frac{60}{11+3}\phi400$	60	14	400	215	腕臂柱
$\frac{80}{11+3}\phi400$	80	14	400	215	
$\frac{100}{11+3}\phi400$	100	14	400	215	锚柱
$\frac{60}{9+3}\phi400$	60	14	400	215	腕臂柱
$\frac{80}{9+3}\phi400$	80	14	400	215	锚柱

无论是横腹杆预应力混凝土柱还是等径预应力混凝土柱，其基础与支柱均连成一整体，地下埋入部分即为基础部分，如根据土壤特性计算，其倾覆稳定安全系数不足时，可在支柱地下埋入部分加装横卧板，增强支柱的抗倾覆能力，或在柱底端部垫放底盘，加大底部受力面积，以增加稳定性。

四、接触网的附加导线

接触网上常用的附属电线路包括供电线、捷接线、并联线和加强线等。

1. 供电线

供电线又称馈电线，用 F 表示，它的主要作用是将牵引变电所的电能输到接触网，一般指从牵引变电所向接触网供电的线路。在牵引变电所附近，接触网都安设有分相绝缘器，由牵引变电所引出的供电线应分别送至分相绝缘器两侧的接触网上。根据牵引电流的大小，供电线采用一根或两根并列送电。当牵引变电所离接触网较远时，其供电臂出口端与接触网之间的供电线单独架设，一般情况供电线在顺线路方向与接触网同杆架设，可在支柱田野侧另设支架来悬挂供电线。

当采用双根供电线并列供电时，应将两根导线悬挂于不同的高度，垂直间距不应小于 2.0 m，以避免在外力或风力影响下互相发生碰撞和摩擦。

供电线常用的线材为 LJ-150 或 LJ-85 两种铝绞线，线索的弛度应按技术要求用弛度板进行观测确定。

2. 捷接线

在多山地区和运输繁忙的电气化线路上，由于迂回曲线多，坡度大，使接触网中通过的电流大，往往会增加电能损耗，造成经济上的损失，同时在供电臂的末端由于电能损耗而使接触网电压下降，这对于电力机车的牵引力和运行速度都有影响。为此，可在迂回线路相隔较近的区段上架设捷接线，以提高接触网电压，保证电力机车的正常运行，如图 7-54 所示。

捷接线的跨距可以大一些，以便减少支柱数量，但导线张力较大，因此一般采用 LGJ-120 钢芯铝绞线。

3. 并联线和加强线

并联线和加强线的作用相同，即减少线路的电能损耗和线路的电压降，提高供电臂末端电压。在供电臂较长、坡道大、弯道迂回较多的线路上，可采用并联导线的办法。并联线路系一相一地的架空电力线路，采用钢芯铝绞线架设，其截面根据线路具体情况计算选择。长距离并联线路施工较困难，目前较少采用。实际上，前面讲到的捷接线就是一种局部范围内的并联线路。

当铁路比较平直时，采用架空电力线式的并联线路就不经济了，可改为沿接触悬挂架设，将支柱上的腕臂适当加长，使并联导线悬挂在承力索的上方，更好地起并联供电的作用，这种架线方式称为加强线，如图 7-55 所示。

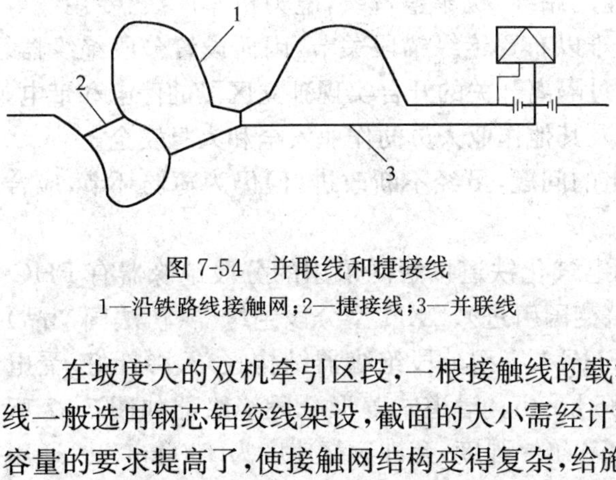

图 7-54　并联线和捷接线

1—沿铁路线接触网；2—捷接线；3—并联线

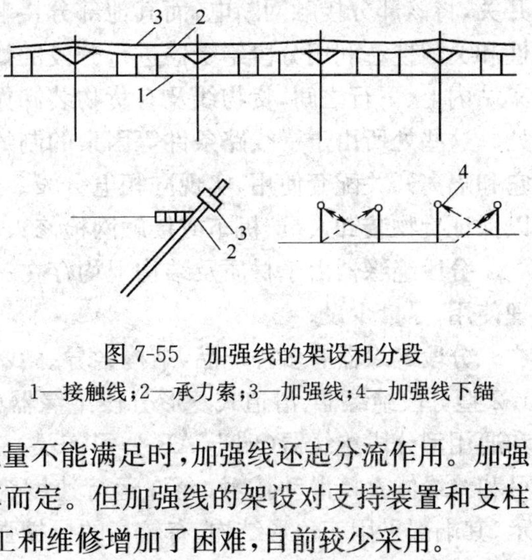

图 7-55　加强线的架设和分段

1—接触线；2—承力索；3—加强线；4—加强线下锚

在坡度大的双机牵引区段，一根接触线的载流量不能满足时，加强线还起分流作用。加强线一般选用钢芯铝绞线架设，截面的大小需经计算而定。但加强线的架设对支持装置和支柱容量的要求提高了，使接触网结构变得复杂，给施工和维修增加了困难，目前较少采用。

另外，接触网的附加导线还有 BT 供电中的吸上线和回流线，AT 供电中的正馈线和保护线等。

第三节　接触网的供电分段和设备

一、接触网的电分段

接触网是一种特殊形式的供电线路，为了保证供电的可靠性和灵活性，并缩小停电事故发生的范围，要进行电气分段。被分段的接触网在电气方面是独立的，并用隔离开关连接。当某区段发生事故或停电进行检修时，可以打开相应段的隔离开关使该区段无电，而不致影响其他各段接触网的运行。

接触网分段有横向分段和纵向分段两种形式。接触网线路之间进行的电分段称为横向电分段,如用于复线上下行股道间,车站、站场各股道间的接触网电分段。接触网沿线路方向进行的电分段称为纵向电分段,如沿线路方向各供电臂之间的分段,如图 7-56 所示。横向电分段由分段绝缘器、悬式绝缘子(用于软横跨)实现;纵向电分段在交流电气化铁道区段同相电之间,是靠绝缘锚段关节或分段绝缘器实现的,而不同相电则采用分相绝缘器实现。

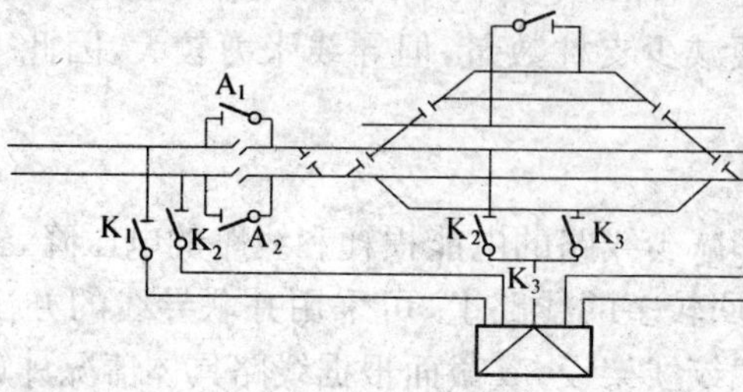

图 7-56　接触网电分段示意图

1. 分段绝缘器

分段绝缘器又称分区绝缘器,是接触网电气分段的常用设备。在正常情况下,机车受电弓带电滑行通过。当某一侧接触网发生故障或因检修需要停电时,可打开分段绝缘器处的隔离开关,将该部分接触网断电,而其他部分接触网仍能正常供电,从而提高了接触网运行的可靠性和灵活性。利用分段绝缘器进行分段的处所主要有:同一车站内不同车场之间及复线区段车站内上、下行之间,货物线及有货物装卸作业的站线,机车整备线,电力机车库线、专用线等处。这些处所由于受线路条件等因素的制约,难以布置绝缘锚段关节,因而设置分段绝缘器。它和隔离开关配套使用,实现同相电分段。通过隔离开关的开合实现独立区段的停电和带电,以保证货物装卸人员、机车或接触网检修人员及其他作业人员的作业安全和人身安全。

分段绝缘器由于材质及结构上均存在一定的问题,虽经不断改进,但仍为薄弱环节,应合理使用,尽量少设。

分段绝缘器有多种产品,结构各异。我国电气化铁道接触网采用的分段绝缘器有 FHC-1.2 型分段绝缘器、滑道式菱形分段绝缘器(由英国引进)、DXH 型分段绝缘器(仿法国产品)和通用型分段绝缘器(瑞士 AF 公司产品)。FHC-1.2 型分段绝缘器结构轻巧、弹性好、受电弓和绝缘体直接滑动接触,允许运行速度为 85 km/h。滑道式菱形分段绝缘器如图 7-57 所示,其端部采用三角形结构,有较高的机械强度和绝缘强度,允许运行速度为 160 km/h。通用型分段绝缘器(AF 分段绝缘器)的绝缘元件为玻璃纤维棒,表面覆盖聚四氟乙烯,允许行车速度为 200 km/h。

2. 绝缘子

绝缘子是接触网中广泛应用的重要部件之一,绝缘子用以悬吊和支持接触悬挂并使带电体与接地体间保持电气绝缘。

绝缘子质量及其性能的优劣对接触网的工作状态有着很大影响。绝缘子在使用中将承受高电压(包括过电压)、各种负载、震动等机械和电气方面的影响,同时环境污染、尘埃等都会影响绝缘子工作状态。因此,对绝缘子性能及技术状态应有足够的重视。

接触网所采用的绝缘子大多是在瓷土中加入石英和长石烧制而成的表层经釉化处理的瓷

绝缘子,近年也有用玻璃或聚氟乙烯等高分子复合材料制成的绝缘子。根据绝缘子的结构不同,可将其分为悬式绝缘子和棒式绝缘子。

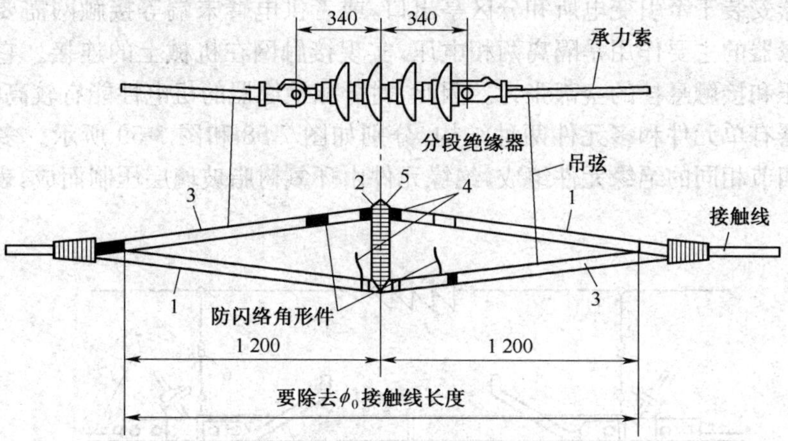

图 7-57　滑道式菱形分段绝缘器

1—玻璃纤维树脂绝缘板;2—桥绝缘子安装座;3—导流板;4—防闪络角隙;5—桥绝缘子

悬式绝缘子主要用于导线下锚处、水平拉杆、软横跨、锚段关节及附加悬挂等处,在这些地方一般采用由数个悬式绝缘子连接在一起组成的悬式绝缘子串,实现导线对地绝缘或导线与导线之间的绝缘。接触网线索下锚处的绝缘子串一般由 4 个悬式绝缘子组成,非下锚处的绝缘子串一般由 3 个悬式绝缘子组成,污染较严重地区可加一个悬式绝缘子或改用防污型绝缘子。悬式绝缘子由钢帽、杵头、耳环、瓷体四部分组成。钢帽和杵头之间是绝缘瓷体。

悬式绝缘子只能承受拉力,承受压力的地方则应采用棒式绝缘子。棒式绝缘子为瓷质绝缘子,按使用情况分为区间、站场腕臂支撑(含压管)用绝缘子和隧道悬挂、定位用绝缘子;按使用环境分为普通型绝缘子、防污型绝缘子及双重绝缘型绝缘子三种类型。防污型棒式绝缘子按防污等级又可分为轻污、中污和重污三种类型。双重绝缘型棒式绝缘子适用于 AT 供电区段。

3. 隔离开关

隔离开关是接触网中用得较多的供电设备,它由导电刀闸、瓷柱、交叉连杆、底座、传动杆、操动机构组成。其主要作用是连通或断开接触网中各分段供电部分,增加接触网供电的灵活性。它主要安装于绝缘锚段关节、车站装卸线、机车整备线、BT 变压器等处。隔离开关有带接地刀闸和不带接地刀闸两种。

二、接触网的电分相及自动过分相技术

在单相交流牵引供电系统中,电力机车是由单相电供电的,为了平衡电力系统的 U、V、W 各相负荷,一般要实行 U、V 相轮流供电。所以 U、V 相之间要进行分开,这称为电分相。电分相通常由分相绝缘器实现。在变电所出口处及两牵引变电所之间(供电臂末端)必须设电分相装置。

电分相装置包括分相绝缘装置和相应的线路标志。分相绝缘装置根据其实现方法分为分

相绝缘器电分相和锚段关节式电分相。

1. 分相绝缘器

分相绝缘器安装于牵引变电所和分区亭出口，或者供电臂末端等接触网需要分相供电的地方。分相绝缘器的主要作用是隔离两相电压，实现接触网在机械上的连接。它要承受接触网两相相间电压和接触悬挂的全部张力。因此，对分相绝缘器的机电性能有较高的要求。

分相绝缘器有单元件和多元件两种结构，分别如图 7-58 和图 7-59 所示。多元件结构一般由三节或者四节相同的绝缘元件组成，绝缘元件由环氧树脂玻璃层压制而成，表面涂有有机硅油。

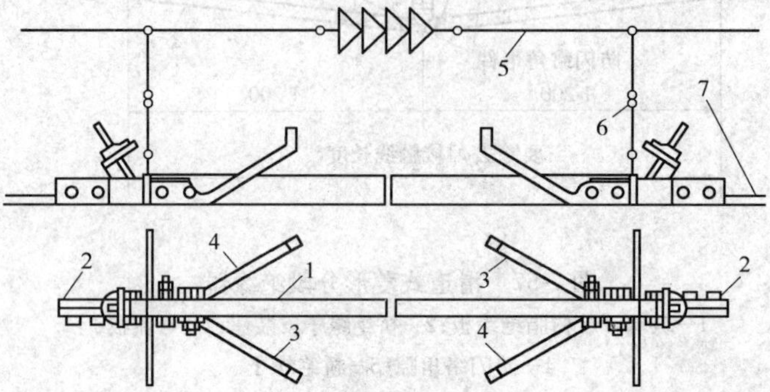

图 7-58　单元件分相绝缘器

1—绝缘元件；2—接头号线夹；3、4—导流角隙；5—承力索；6—吊弦；7—接触线

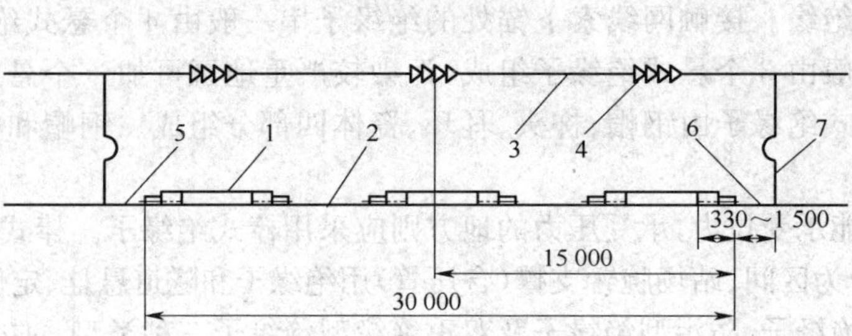

图 7-59　多元件分相绝缘器

1—玻璃钢绝缘件；2—中性区接触线；3—中性区承力索；4—悬式绝缘子

5、6—带不同相位电的接触线；7—吊弦

为了避免电力机车过分相时引起相间短路，分相绝缘区总长度应不低于 30 m，而且列车通过分相绝缘器时必须降弓，因此要在上行和下行方向距分相绝缘器 30 m 处设“合”、“断”字标志，75 m 处设“禁止双弓”标志。由于机车是靠惯性通过分相绝缘器，因此，它不能安置在大坡道的线路上。分相绝缘器的绝缘元件一般安装在距支柱 4. 1 m 处，安设后其绝缘件有效长度不得小于 1. 5 m，且器体应平稳、底部应平滑，不能有硬点。

2. 机车自动过分相技术

高速电气化区段，即使采用 AT 供电方式，每臂长度也只有 30～40 km，若列车以较高的速度运行，则机车每 6～8 min 过一次电分相，若由司机手动操作，一方面影响了行车速度，另一方面不仅耗费司机精力，增加劳动强度，而且过多地分散了司机行车的注意力，行车安全完全依赖于机车司机的注意力和技术水平，没有技术设备保障，对行车安全极为不利。因此，在高速接触网中均采用自动过分相技术。

机车自动过分相技术有地面开关自动切换方式、柱上开关自动断电方式和机车自动断电方式三种。

(1)地面开关自动切换方式。这种方式的工作原理如图 7-60 所示，图中 1JY、2JY 是绝缘锚段关节，当电力机车从 U 相驶来到达位置传感器 1CG 时，位置开关 1ZK 闭合，中性段接触网由 U 相供电；待机车进入中性段达到位置传感器 3CG 时，1ZK 分断，2ZK 随即闭合，中性段由 U 相转为 V 相供电，机车司机不用进行任何操作；待机车驶离 4CG 后，2ZK 分断，中性段失电恢复原状。反向来车时，由控制系统自动识别，控制两台真空开关以相反顺序轮流闭合。机车过中性段时，仅有 0.1～0.13 s 的断电时间。所有开关设备均安设在变电所内。

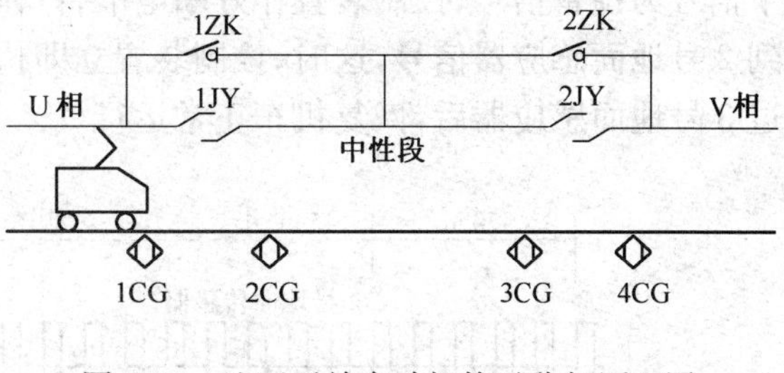

图 7-60　地面开关自动切换过分相原理图

(2)柱上开关自动断电方式。柱上开关自动断电过分相原理如图 7-61 所示。f_1、f_2、f_3、f_4、f_5、f_6 共 6 个分断绝缘器将接触网分隔成 7 段、5 组过渡区。当电力机车位于分段绝缘器 f_1 左边时，该分断绝缘器两端的 1、2 两段接触网通过电磁线圈 a 连接处于同电位；当电力机车通过分段器 f_1 进入 2 段后，受电弓通过电磁线圈 a 取流，真空开关 A 闭合，区段 3 带电；当电力机车通过分段器 f_2 进入区段 3 后，电磁线圈 a 电流为零，真空开关 A 断开，电力机车失电，滑行通过分段绝缘器 f_3、f_4、f_5 和区段 3、4、5；当电力机车通过分段器 f_6 后，受电弓通过电磁线圈 b 取流，开关 B 闭合，区段 5 有电(对机车运行无意义)，机车带电通过分段器 f_6 驶入区段 7，电磁线圈 b 电流为零，开关 B 打开，机车完成一次自动换相。当机车从右向左运行时，过程与此相反。

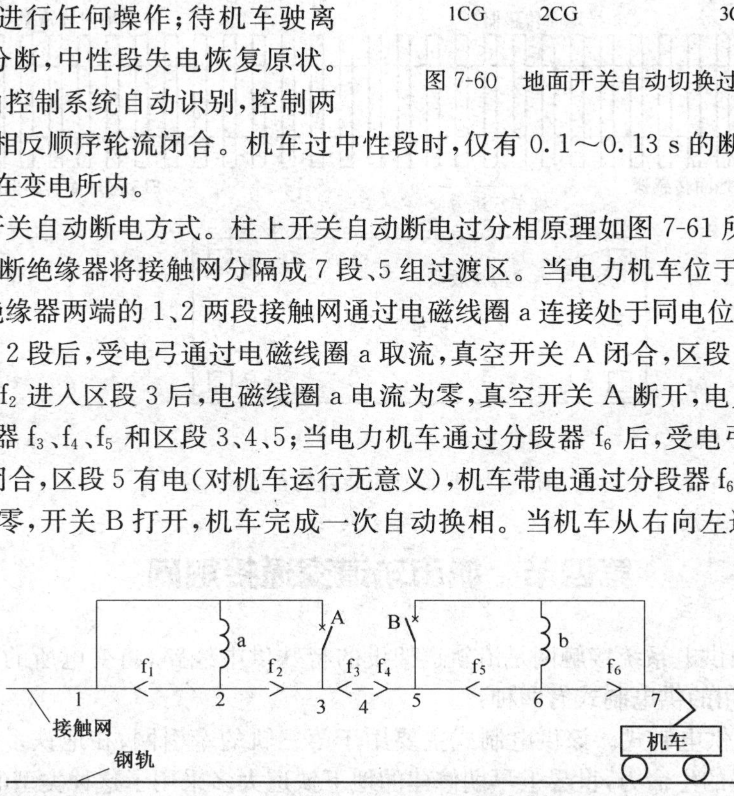

图 7-61　柱上开关自动过分相原理图

(3)车载断电自动过分相装置。车载断电自动过分相对接触网没有特别要求，接触网采用普通分相结构。过分相断电由装于电力机车控制室内和设在电分相区域的地面装置组成，主要包括：

①地面感应装置，称地感器。它安装在电分相区域中的相应位置，能为电力机车进行过电分相提供准确的位置信息。

②车载感应接收装置，称信息接收器。它是安装在电力机车上，专门用于接收地感信息的装置。

③主电路设备。它是实现过电分相时断开、分合主电路电源的主体设备。

④控制设备。它是实现自动化及智能化的主体设备。

其地面感应装置布置如图 7-62 所示。4 个地面感应器为钕铁硼永磁体，磁铁一般预制在水泥块内部或封装在工程塑料内，然后骑跨式固定在铁轨端部，上表面低于钢轨面 15 mm，中心离钢轨内侧面水平距离为 250 mm。车载感应接受器装在机车两端排障器下方的两侧位置。用于接受地面感应器信号，该装置基本不用维护。

机车按照图示方向行进时，2 号、4 号车载感应装置应可靠接收到 1 号地面感应器的信号，这个信号为预备信号，控制装置作好断电准备；在机车继续前进时，1 号、3 号车载感应装置应收到 2 号地面感应器信号，这时，控制装置立即执行断电过分相动作；2 号、4 号车载感应装置经过 3 号地面感应器后，恢复机车正常运行。

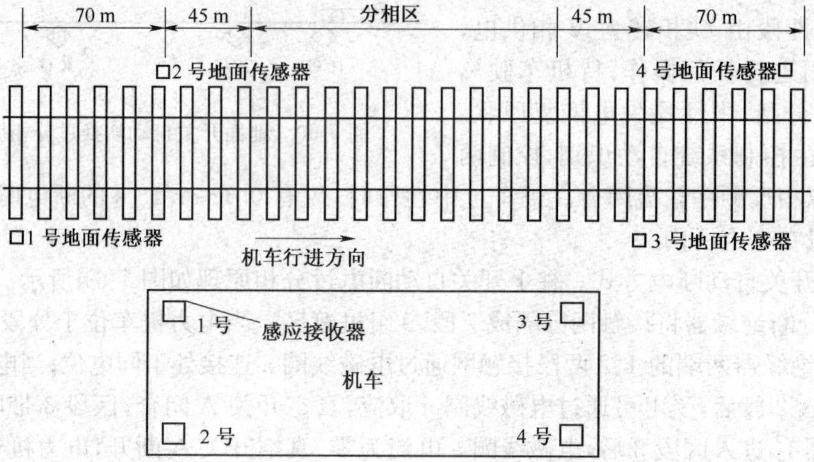

图 7-62　地面感应装置的布置图

第四节　城市轨道交通接触网

城市轨道交通供电系统接触网是沿轨道架设的特殊供电线路，将变电所的电能传送给车辆。目前，主要采用的供电制式有两种：

(1)DC 750 V 供电制式。该供电制式主要用于第三轨的牵引网，在地铁系统的运用具有悠久的历史和很强的生命力，世界上早期修建的地下铁道大多采用了这种类型的牵引网，如伦敦、纽约、莫斯科地铁等。一些特别重视城市景观的城市，或是既有线路采用了第三轨的牵引网，为统一制式起见，至今仍然还在采用这种方式，如北京、新加坡、温哥华、台湾等。

(2)DC 1 500 V 供电制式。由于该制式的经济性和良好的运行状况，以及架空接触网技术的成熟，在重视功效和经济效益的城市轨道交通系统中被大量采用，得到广泛认可。香港虽然在许多方面沿用英国模式，但在城市轨道交通供电制式的选型上，由于第三轨占用了隧道中旅客逃生通道等原因而做出与当时的英国截然不同的选择。日本的城市中，虽然早期有少量的 DC 750 V 第三轨供电的城市轨道交通线路，但是后期却大量、普遍地在城市轨道交通线路中采用了 DC 1 500 V 架空接触网。

城市轨道交通的接触网有 3 大类型：第三轨类接触网、架空柔性接触网和架空刚性接触网。

一、第三轨接触网

第三轨接触网用于城市轨道交通中的地铁、全封闭的城市铁路和轻轨等线路，因其牵引供电线路中的导电轨沿线路在车辆的走行轨旁设置而被形象地称为“第三轨”。第三轨距走行轨中心距离约为1.4 m,距轨面高度约0.44 m(具体数据要根据机车集电靴设置参数而定),由接触导电轨、端部弯头、防爬器、隔离开关和防护罩等组成,并用绝缘子支撑。与之相配合,车辆采用集电靴受流。接触轨通常设在列车前进方向的左侧。绝缘子通常采用额定电压为3 kV的瓷质绝缘子。端部弯头设置在接触轨断口的端部,便于车辆受流器平滑顺利地过渡。为了避免因温度变化及受流器作用引起接触轨窜动,在每一段接触轨中部均设置有防爬器。为引线方便,隔离开关均靠近地面设置,从安全方面考虑,通常将隔离开关安装于柜子中。

一般地,车辆集电靴与导电轨的接触受流方式分为上接触式、侧接触式和下接触式,对应的第三轨也就称为“上接触式第三轨”、“下接触式第三轨”和“侧接触式第三轨”,如图7-63所示。

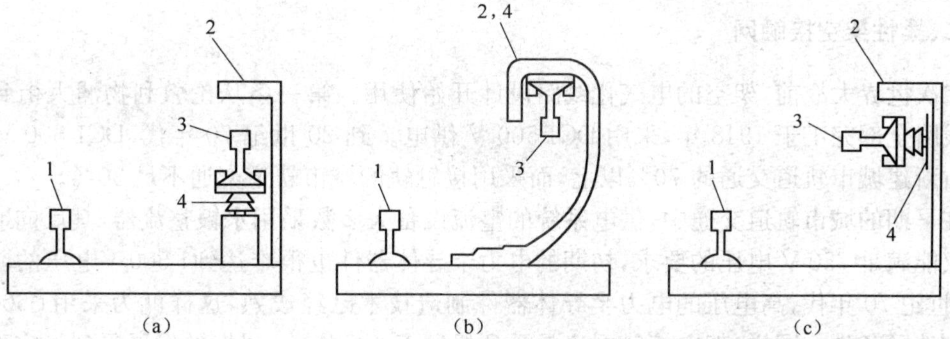

图7-63　常见的第三轨形式

(a)上接触式第三轨;(b)下接触式第三轨;(c)侧接触式第三轨

1—走行轨;2—防护罩;3—导电轨;4—支持绝缘子

1. 上接触式

上接触式接触轨直接放在支持绝缘子上,安装于走行轨的一侧,车辆的集电靴从接触轨上表面取流。接触轨的上方和一侧有防护罩保护,对人员接近和冰雪侵扰有一定防护作用。

上接触式接触轨的结构简单,造价低廉,其导电轨直接放置于支持瓷绝缘子上,导电轨重量对结构的稳定有利,日常检查也一目了然,维护工作量小,机械故障的可能性也小。

上接触式的主要优点是结构稳定可靠、维护方便、造价低,但由于导电面几乎全部暴露在外,在人身安全防护、美观、耐候性等方面低于下接触式和侧接触式。

2. 下接触式

下接触式接触轨向下安装在特殊的防护罩的内侧,防护罩集防护和支持功能于一体,安装在走行轨的一侧。接触轨的上方和两侧都被防护罩屏蔽,车辆的集电靴从接触轨下表面取流。其优点是相对安全、美观、耐候性较好。

在某些特殊的情况下(如乘客掉下站台、车辆在区间发生停车故障而要紧急疏散乘客、车辆维修工作人员疏忽等),由于暴露在外的导电面相对隐蔽,对可能产生的人身安全问题有一定的防护效果。

下接触式接触轨的主要缺点是比上接触式接触轨的运营维护工作量大,相应费用较高。

下接触式接触轨向下安装在防护罩的内侧,接触轨重量对于整体结构起不到稳定作用,因此对防护罩的结构有特殊要求,否则其变形可能会引起接触轨的变形,进而影响到车辆的受流。在检查维护时,必须打开防护罩才能观察到接触轨机械连接和电气接续部件的状态。

3. 侧接触式

侧接触式接触轨类似于上接触式接触轨，都是安装在瓷绝缘子的上部，主要区别是接触轨外形不同，对着车辆受流器的侧立面较为平直。主要优缺点也与上部受流方式基本相同。

与上述两种受流方式相比，侧面受流方式有两个较突出的优点：一是接触轨的终端弯头向侧面外弯，不占下部空间，离积雪较远，也不占上部空间，容易处理与车体的距离关系；在线间距较宽的道岔区，它可以顺道岔导曲线延伸，缩短道岔区的无电区长度。二是它所受到的受流器侧向压力较为稳定，不会因为受流器脱轨而对接触轨和支架产生过大的侧向推力，运行更加安全可靠。

侧接触式接触轨主要在德国、英国等少数国家采用，我国目前没有运营经验和车辆受流器的生产运用经验。

二、柔性架空接触网

二次世界大战前，架空的电气化线路设计开始使用。第一条从伦敦利物浦大街到圣菲尔德的线路全部完工于1948年，采用DC1 500 V供电。到20世纪70年代，DC1 500 V架空接触网占新建城市轨道交通的70%以上，而采用接触轨的城市轨道交通不足30%。

在早期的城市轨道交通中，供电系统的整流设备大多数采用水银整流器，其反向冲击电压水平仅能满足750 V电压的要求，初期的电力半导体器件也很难达到1 500 V电压的要求。到了20世纪70年代，高电压的电力半导体器件制造技术已经成熟，这样就为采用1 500 V电压等级创造了条件。同样，架空接触网也是受到机械工业的影响，早期的发展受到一定程度的制约，此时接触轨由于安装相对简单、实用、易于实现而被许多国家采用。随着技术的不断进步，接触网从设备的安全可靠、降低造价到易安装、易维护、少故障等方面都有了本质上的飞跃，90年代以后包括我国在内的很多国家和地区纷纷提出了针对架空接触网的“少维修，无维修”的口号，加上其相对接触轨而言在人身安全方面的优越条件，后期修建的地下铁道多数采用了DC1 500 V架空接触网方式。

柔性架空接触网在电气化铁道中得到了广泛的应用，适用于城市轨道交通的架空式接触网的悬挂类型大致可分为两大类：半补偿弹性简单悬挂方式、全补偿简单链形悬挂方式。

1. 半补偿弹性简单悬挂

半补偿弹性简单悬挂接触网由支柱（基础）、支持装置、定位装置、接触线（吊索）、补偿装置等组成。

半补偿弹性简单悬挂接触网结构简单，导线的弹性均匀性较差，弓网关系不易匹配，不适用于较高速度行车，因此在城市轨道交通中的车辆段场所的停车线、出库线、月修线、静调线、吹扫线等场地使用较多。半补偿简单悬挂接触网在单股道线路上是通过腕臂上的三角形吊弦悬挂一根接触线，在库内的各种线上是通过各个悬挂点上的三角形吊弦悬挂一根接触线，在多股道线路上则通过软横跨下部定位绳上的滑轮三角形吊弦悬挂一根接触线。图7-64给出了简单悬挂方式接触网示意图。

2. 全补偿简单链形悬挂

全补偿简单链形悬挂接触网的弹性均匀，受流质量好，稳定性较好，弓网关系匹配也较好，适用于较高速度行车，但其结构占用的空间较大，在隧道内使用时需要增加一定的土建工程量（其结构高度根据隧道结构的不同大约在235～375 mm之间）。图7-65则给出了链形悬挂方式在隧道外的实际悬挂示意图。全补偿简单链形悬挂接触网是由支柱（基础）、支持装置、定位装置、接触悬挂、补偿装置等组成。

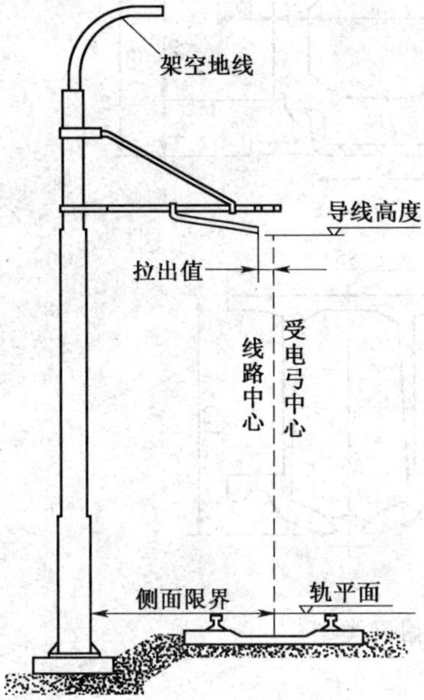

图 7-64　简单悬挂接触网示意图

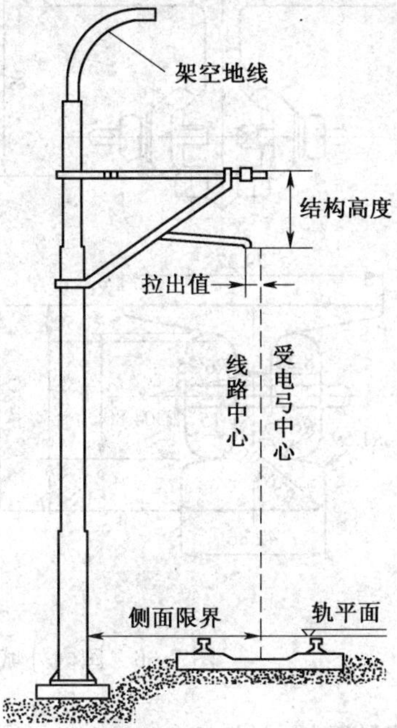

图 7-65　链形悬挂方式在隧道外的实际悬挂示意图

正线柔性全补偿简单链形悬挂接触网技术成熟，经济上相对合理，目前还没有更理想的形式来取代。

目前，在城市轨道交通供电系统架空柔性接触网里都采用 Ris 的银铜接触线，截面积 120 mm^2。此种含 0.1%银合金的接触线具有两个突出的优点：一是耐温好，大幅度提高了接触网系统的抗退火、抗短路能力，克服了铜接触线软化现象；二是抗拉强度好，Ris120 额定张应力也高于同类铜接触线，在接触线截面积磨损 20%后，其额定张应力仍然维持在正常的架设张应力范围之内，使用寿命长，大大提高了运营的可靠性。

三、刚性悬挂接触网

刚性悬挂接触网结构比较简单，由悬挂装置、绝缘子、汇流排等组成。刚性悬挂方式相当于安置在隧道顶部的接触轨。因此，刚性悬挂方式同时具有接触轨和接触网所具有的优点，在 20 世纪 70 年代后期被许多国外的城市所采用。图 7-66 就是国内外在城市轨道交通中使用的刚性接触网的类型。

刚性悬挂接触网经过十几个国家 40 多条地铁的运营，在设计上不断改进，目前已经臻于完善。刚性悬挂试验段在广州地铁 1 号线运行近 5 年，广州地铁 2 号线已经正式使用，受流质量较好。刚性悬挂的国产化率可达到 96%以上，工程造价低于柔性悬挂接触网，在隧道内使用仍能保证较宽的受电弓所需要的空气绝缘间隙，长隧道区间不需要预留接触网下锚空间，汇流排载流截面大、温升小，没有事故断线之虞，不需要辅助馈线，结构稳定可靠，零件种类少，维护简单易行。所以，尽管刚性悬挂在我国使用的时间不长，运营经验不多，在制造、施工、设计等方面还有值得改进之处，但其总体优势得到了业界的肯定，正在许多新建城市轨道交通项目中得到推广，南京地铁 1 号线也在隧道中采用了刚性悬挂方式。

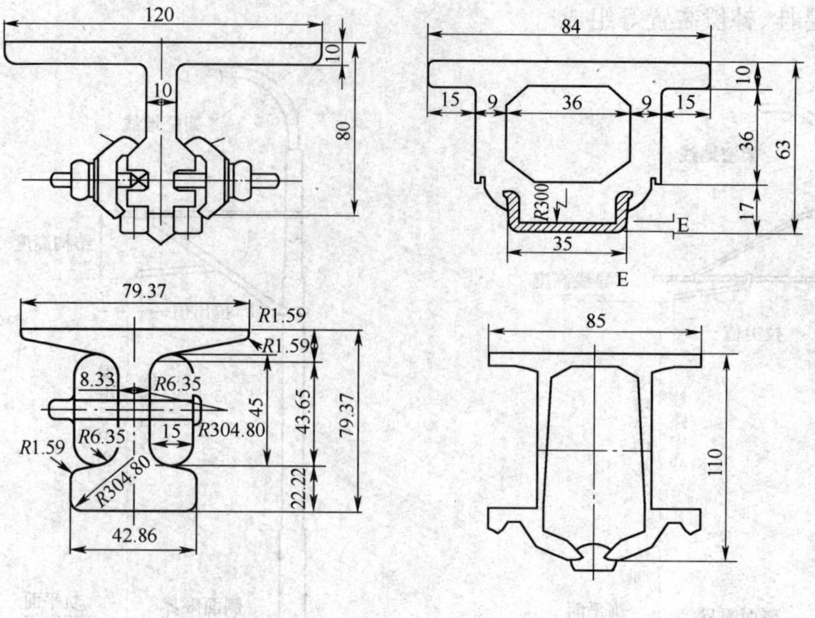

图 7-66　国内外城市常见的刚性接触网类型

四、三类接触网的优缺点

第三轨系统结构简单，使用寿命长，在安装、维护上的费用和工作量要低于架空接触网(相同电压下)，受天气的影响也小得多(除了上接触式外)，并且能够较好地适应小尺寸隧道。

接触轨系统的结构简单，刚性固定、维护工作量小，故障率低，最常见故障为支持绝缘子污秽、裂纹或损坏，无需配备专用的接触轨系统抢修机械。由于接触轨系统的零部件种类少，作业面也低，因此，抢修作业程序也较为简单。

但由于第三轨系统距地面很近，无法做到全方位的人员接近防护是一个主要的缺点。电力操作规程所规定的断电标志(打开断路器有明显的断路点，挂地线)在第三轨系统实行存在困难，对日常维护或紧急情况下的旅客疏散造成不便。也正是由于距地面很近的原因，设备在国内还存在易窃易损的可能。另外，第三轨系统在运行轨道岔处必须留出间隙，在某些环境下会出现列车中断运行的情况，需要使用跳线电缆临时搭接或其他列车救援。再者，由于直流电场的吸附作用和距地面很近的原因，第三轨系统中的绝缘器件容易被污染，加之自然风和雨水无法对绝缘器件产生自洁作用，需要经常清扫，否则极易发生绝缘闪络事故，影响行车。

另外，由于接触轨的不连续性，受流器在滑入接触轨时会受到冲击，当列车速度过高时，冲击力较大，严重时会损坏受流器，因此，采用接触轨受流方式时列车的最高运行速度较低。根据英国的研究，采用第三轨的列车运行极限速度为160 km/h。在国内，采用第三轨的北京地铁列车运行极限速度为90 km/h。

刚性架空接触网与接触轨一样具有结构简单、事故影响范围小、运营维护工作量小等优点，但由于其作业面较高，运营维护仍须配备专用的维护检修车辆。

柔性架空接触网适合列车高速运行。但是，柔性架空接触网结构复杂，零部件多，且有断线之虞；接触线磨耗快，换线周期短；在隧道内，张力补偿下锚要求高，在地面或高架桥上会对城市景观造成一定影响。柔性简单链形架空接触网的接触导线和承力索均带张力，接触网发生短路故障时存在断线隐患，其支持部件除承受各类线索的垂直荷载外，还要承受线索张力引起的各类水平荷载及断线冲击荷载，部件发生故障的几率相对较大。一旦发生断线事故，影响范围较大，同时由于检修作业为高空作业，需要的人员多，抢修和恢复比较困难，需要专用检修设备。

复习思考题

1. 接触网的作用是什么？
2. 接触网有什么样的特点？
3. 接触网的基本组成有哪些？
4. 常用的接触线材料有哪些，对接触线有什么样的要求？
5. 整体吊弦和原来的环节吊弦相比有什么样的优点？
6. 接触悬挂有哪几种形式，分别有什么样的特点？
7. 什么是锚段，什么是锚段关节，什么是中心锚结？它们的作用分别是什么？
8. 分段绝缘器的作用是什么，一般用在何种场合？
9. 自动过分相常用的方法有哪几种，其原理分别是什么？
10. 城市轨道交通的接触网有哪几种类型，分别有什么样的优缺点？

第八章　电力牵引供电远动及综合监控系统

第一节　牵引供电远动及监控系统的功能

远动技术是一门综合性的应用技术，它的基本原理包括数据传输原理、编码理论、信号转换技术原理、计算机原理等。远动技术是调度管理和现代科技的产物，因此它随着科学技术，特别是计算机技术的迅猛发展而不断更新换代。

牵引供电系统的自动化与信息化是保障电气化铁路安全可靠运行的有效手段。电力牵引供电远动及综合监控系统在牵引供电设备安全监控、故障判断处理和运行状态分析等方面都发挥着重要作用，并为牵引供电系统调度管理提供了全新的技术手段。

一、远动技术和远动系统定义

定义一：远动技术是调度端（监控主站）与各执行端（被控端）之间实现遥控、遥测、遥信和遥调技术的总称。

1. 遥控（YK，Remote-control，或者 Tele-control）

遥控是从调度所发出命令以实现远方操作和切换。这种命令只取有限个离散值，通常只取两种状态指令，例如开关的“合”、“分”指令。

2. 遥测（YC，Tele-metering）

遥测是将被控站的某些运行参数传送给调度所。如有功和无功功率、电度、电压、电流等电气参数及接触网故障点等非电气参数。

3. 遥信（YX，Tele-signal）

遥信是将被控站的设备状态信号远距离传送给调度所。如开关位置信号、报警信号等。

4. 遥调（YT，Tele-adjusting）

遥调是调度所直接对被控站某些设备的工作状态和参数的调整。如调节变电站的某些量值（如电压等）。

定义二：远动技术是综合应用“三 C”技术而形成的一门独立学科。

1C—Computation，指计算机技术；

2C—Control，指自动控制理论；

3C—Communication，指通信技术。

定义三：远动系统是指对广阔地区的生产过程进行监视和控制的系统，它包括对必需的过程信息的采集、处理、传输和显示、执行等全部的设备与功能。构成远动系统的设备包括厂站端远动装置、调度端远动装置和远动通道。

按习惯称呼的调度中心和厂站，在远动术语中称为主站（master station）和子站（slave station）。主站也称为控制站（controlling station），它是对子站实现远程监控的站；子站也称为受控站（controlled station），它是受主站监视的或受主站监视且控制的站。计算机技术进入远动技术以后，安装在主站和子站的远动装置分别被称为前置机和远动终端装置（Remote

Terminal Unit,RTU)。

前置机是缓冲和处理输入或输出数据的处理机。它接收 RTU 送来的实时远动信息,经译码后还原出被测量的实际大小值和被监视对象的实际状态,显示在调度室的 CRT 上和调度模拟屏上,也可以按要求打印输出。这些信息还要向主计算机传送。另外调度员通过键盘或鼠标操作,可以向前置机输入遥控命令和遥调命令,前置机按规约组装遥控信息字和遥调信息字向 RTU 传送。

变电站端的远动设备 RTU,或称执行端,实际上就是一个微型计算机系统,用来完成遥测、遥信量的数据采集和发送的功能;接受调度端的控制命令,对变电站进行控制和调节。RTU 对各种电量变送器送来的 0～5 V 直流电压分时完成 A/D 转换,得到与被测量对应的二进制数值;并由脉冲采集电路对脉冲输入进行计数,得到与脉冲量对应的计数值;还把状态量的输入状态转换成逻辑电平"0"或"1"。再将上述各种数字信息按规约编码成遥测信息字和遥信信息字,向前置机传送。RTU 还可以接收前置机送来的遥控信息字和遥调信息字,经译码后还原出遥控对象号和控制状态,遥调对象号和设定值,经返送校核正确后(对遥控)输出执行。所以,RTU 的主要功能就是采集变电站内各开关量的状态、电气量的参数并及时上送调度中心,以及执行控制中心发来的各种操作命令等。

牵引供电远动及综合监控系统的结构如图 8-1 所示,主要由三大部分组成,即装设在电力调度中心的调度端系统,装设在电气化铁路沿线的牵引变电站、分区亭、开闭所内的综合自动化及安全监控系统,以及远动通道。

图 8-1　牵引供电远动与综合监控系统的结构

二、远动系统的分类

从发展的历史上分为硬件远动(或称为布线逻辑远动)和软件远动(或称为微机远动)。硬件远动(布线逻辑远动)有接点式远动装置和无接点式远动装置。其中,接点式远动装置主要元器件是继电器;无接点式远动装置是以晶体管、全集成电路为主要元件。硬件远动按预定的要求进行设计,使构成装置的各部分逻辑电路按固定的时间顺序工作,以完成预定的功能。软件远动(微机远动)有片级设计、模块级设计和系统级设计三类。

(1) 片级设计。用户根据自己的要求选用不同类型的微处理器片、存储器片、输入输出片等联成自己的系统。

(2) 板级或模块级设计。直接采用单板机或软硬件结合的多功能集成模块构成用户系统。

(3) 系统级设计。直接使用具有完整的硬件和软件结构的微型机系统,适当配置一些接口电路,即可方便地构成一个满足用户要求的系统。

微机远动由软件进行控制,除了完成"四遥"功能外,还能进行许多运算处理工作。

从传输方式上划分为循环数字传送方式(称 CDT 方式)和查询传送方式(或问答式,称

Polling 方式)。

1. 循环数字传送方式

以被控端的远动装置为主,周期性地采集数据,并且周期性地以循环的方式向调度端发送数据,即由被控端传送遥测、遥信量给调度端。

2. 查询传送方式

查询传送方式是以调度端为主,由调度端发出查询命令,被控端按发来的命令而工作。从工作方式上划分为 1∶1 工作方式、1∶N 工作方式和 M∶N 工作方式。

(1) 1∶1 工作方式:指在被控端装一台远动装置,在调度端对应地也装一台远动装置。

(2) 1∶N 工作方式:指调度端一台远动装置对应着各被控端的 N 台远动装置。

(3) M∶N 工作方式:指调度端 M 台装置对应被控站 N 台装置。

三、远动系统的性能指标

1. 可靠性

远动监控系统的可靠性是指设备在技术要求所规定的工作条件下,能够保证所规定的技术指标的能力。

可靠性包括设备装置本身的可靠性及信息传输的可靠性两个主要方面。监控系统中每个设备的可靠性一般用平均故障间隔时间(MTBF),即两次偶然故障的平均间隔时间来表示。而整个系统的可靠性通常可以用"可用率"来表示。

$$系统可用率=\frac{运行时间}{运行时间+停用时间}\times 100\%$$

式中停用时间包括故障和维修时间。影响系统可用率的重要因素有:设备的质量、维护检修情况、环境条件、电源供电可靠性及其备用的程度等。

目前,一般远动装置平均故障间隔时间要求控制中心达到5 000 h以上,被控站达到8 000 h以上。

远动信息传输过程中,会因为干扰而出现差错。传输可靠性是用信息的差错率来表示。

$$差错率=\frac{信息出现差错的数量}{传输信息的总数量}\times 100\%$$

差错率包括误比特率、误码率和误字节率,且常用误码率表示,在通常情况下,差错率要求在信噪比大于 15 dB 时,误码率小于 10^{-5}。

2. 系统的容量

通常把遥控、遥调、遥测及遥信等对象的数量,统称为该装置的容量,要求远动装置的容量必须能满足实际用户的远动化要求。

3. 实时性

从提高生产效率、加速事故处理等观点出发,对系统实时性要求是显而易见的。实时性常用"响应时间"来衡量。它是指从发送端事件发生到接收端正确地收到该事件信息这一段时间间隔。例如,一般电气化铁道远动系统的响应时间,遥控、遥信一次平均传输时间小于 2 s,遥测响应时间小于 3 s 等。

4. 抗干扰能力

在有干扰的情况下,远动系统仍能保证技术指标的能力称为远动系统的抗干扰能力。增加抗扰度的方法大致有两种:其一是在信道输入端适当变换信号的形式,使其不易受干扰的影响;其二是在接收端变换环节的结构上加以改善,使其具有消除干扰的滤波和补偿能力。

四、牵引供电远动系统的功能

牵引供电远动系统包括如下一些方面的功能:遥控功能、遥信功能、遥测功能、遥调功能、数据打印功能、人机接口画面显示功能、安全认证功能、事故追忆和重演功能、复示功能、遥信遥测数据转发功能和主站生成系统功能。

(一)遥控功能

远动系统中的遥控对象包括变电所、分区亭内27.5 kV及以上断路器、电动隔离开关、重合闸投切开关、接触网负荷开关等。

1. 单控

单控为对被控站内某一开关设备进行的状态控制、自动装置的投切控制和二次回路的复归控制。系统遥控过程严格按“选择—返校—执行”的原则操作执行,以确保控制操作准确可靠。

开关处于“合”位,需要进行分闸控制,当发出执行命令后,CRT(阴极射线管的显示器)画面上的该开关“红灯闪烁”,直到分闸位置信号返回变“绿灯”为止。同样,开关处于“分”位置,需要进行合闸控制,当发出执行命令后,CRT 画面上的该开关“绿灯闪烁”,直到合闸位置信号返回变“红灯”为止。

远动系统的单控操作前,还具有逻辑效核功能。逻辑效核包含的功能有:当线路地刀合上时,不能够进行合闸操作;当线路负荷很大时,不能够进行分闸操作等。逻辑效核的逻辑条件可以由用户自定义。通过逻辑效核功能,可以大大提高调度操作的可靠性,在一定程度上防止了事故的发生。

2. 程序控制

远动系统在程序控制执行前首先自动检查各控制对象是否具备控制条件,并会列出不具备控制条件的控制对象,在报警框给出提示,以提示操作人员处理。当出现不正常情况时系统能给出明确的提示,提醒值班人员注意。在程控过程中可以人为终止程控的执行。

远动系统的程序控制可以实现分站内程控和站间程控两种方式,在程序控制中同样具有逻辑校核功能。

3. 遥控试验

远动系统在被控站 RTU 上安装遥控模拟开关,在对模拟开关进行状态控制时,通过遥控模拟显示指示灯用以检查遥控过程 RTU 的各环节是否正常。

远动系统在控制站前置系统中具有对遥控模拟开关进行操作的功能,以及提供模拟 RTU 功能。这样可以更进一步地检查遥控过程错误的原因。

4. 开关闭锁控制

远动系统可以对被控站内的任何开关设备的操作进行闭锁。当对闭锁开关进行再操作时,在 CRT 上将显示适当的提示闭锁信息。系统也可对变电所内所有开关进行快速操作闭锁和快速操作解锁。

5. 开关模拟置位操作

当 RTU 或通道故障时,远动系统可手动设置开关的位置状态,此外,CRT 上显示的手动隔离开关的状态亦可以采用手动置位操作方式。

当现场的开关状态量接反或者开关状态是反逻辑，在 CRT 均可以进行手动取反操作。

6. 遥信闭锁、解锁

当 RTU 或通道故障时，为了实时掌握现场开关的实际状态，远动系统可以用鼠标点击闭锁按钮或菜单，闭锁电动开关的遥信，并在 CRT 画面上利用开关模拟置位操作功能对开关手动置位，当点击解锁按钮或菜单时，画面上所有处于闭锁状态的电动开关立即解锁。

7. 全召

当鼠标点击 CRT 画面上的全召按钮或菜单时，远动系统实时召唤该画面所对应的所有站(包括牵引变电所、车站)的遥信与遥测，并刷新带电状态与画面遥测值。

8. 控制命令种类及执行过程

远动系统的控制命令可以分两种：有校核控制和无校核控制。

有校核控制，控制过程分"选择—返校—执行"两步。第一步中选择后，需进行校核。校核成功后才能运行第二步执行操作。

无校核控制，包括信号复归、保护复归、变压器档位调节；控制方式为单步操作，选择命令送出后不经校核执行。

9. 自动控制功能

远动系统在上述遥控基本功能的基础上，还增加了自动控制功能。所谓自动控制功能，就是在变电所等被控站中，一旦某个需要自动控制的条件满足，会自动实现对某个开关的控制。如变压器的铁芯温度过高时，系统会自动遥控可以降低那个铁芯温度的风机开关等。用户可以增加自动控制条件，实现对被控站的闭环控制。

10. 控制摄像头

可以实施对安全监控系统中的摄像头的控制。

(二)遥信功能

远动系统具有采集和处理牵引供电系统中的各种断路器、隔离开关状态、重合闸的投切状态、保护信号的动作与恢复状态及其他报警信息的功能。

远动系统可以监视以下遥信对象的状态：各所、亭遥控对象位置信号；各所、亭中央信号(包括事故总信号、预告总信号、自动装置动作、控制回路断线、控制方式、交流回路故障、直流电源故障、远动电源故障、电压互感器回路断线)；变电所进线电压有压/失压信号；牵引变压器的各类故障信号(含保护动作信号)；各所、亭馈电线的各类故障信号(含保护动作信号)；变电所电容补偿装置的故障信号(含保护动作信号)；变电所动力变压器的各类故障信号(含保护动作信号)；各所、亭液压、气压操作机构的工作状态信号；各所、亭远动装置、远动通道运行状态、程控进行状态的监视信号；各所、亭的大门开闭信号；变电所一次高压电气设备的绝缘在线监测装置信号；远动系统本身的运行状态，如主站设备工作状态、通道工作状态均可以作为特殊的遥信量进行处理，以实现像监视现场开关状态一样监视远动系统本身的运行设备状态；监视防灾报警系统的信息。

1. 正常运行状态的监视

远动系统可以对各被控站牵引供电系统设备运行状态的集中监视。在 CRT 画面上实时显示牵引供电系统及其设备的运行状态。安全监控系统可以对变电所运行视频画面集中监视。

2. 异常运行状态的监视

远动系统可以对各被控站牵引供电系统设备非正常运行状态下的预告信息内容及发生事故的故障信息内容集中监视。

3. 报警提示

远动系统提供了警报信息功能，警报提示包括画面显示、文本信息和音响报警，并提供了警报确认和存储手段。系统可以根据报警条件设置警报级别。

(1) 系统报警条件主要有：变电所(亭)保护及自动装置动作、开关事故跳闸；供电系统异常或故障；供电系统设备异常或故障；主站系统设备故障；RTU 故障或通道信号低电平；系统关键进程和应用程序的故障。

(2) 系统报警处理包括：产生可视信号及声响提示；在 CRT 上显示警报信息；修改相关的显示画面；在实时数据打印机上打印相关信息；值班调度员确认警报；自动输入新的警报至警报表。

(3) 远动系统的警报种类有：越限报警、变位报警、事故报警、设备故障报警和进程故障告警，所有警报将根据警报条件在警报表上分别列出显示。

① 越限报警：对需要报警的值设置上下限，当越限状态变化时，发出越限报警。越限报警通过窗口显示文字，相应数据变色或闪烁，并根据需要打印记录。

② 变位报警：当系统发生正常变位时，CRT 画面中变位点显示变位状态，系统打印变位状态及变化时间、推出文字信息、同时根据需要发出语音告警。

③ 事故报警：发生事故后，系统发出事故告警，跳出事故站点名称；变位点发出醒目闪烁及变色；推出文字信息，详细说明事故原因；语音告警、提醒操作人员直到确认；立即打印各种信息；事故报警会启动事故追忆变位打印。

④设备故障告警：当被控站设备通信中断或主站设备发生故障时，发出告警信息，以提示维护人员及时处理。

⑤进程故障告警：当主站服务器或者工作站的关键进程发生故障时，发出告警信息，以提示维护人员及时处理。

(4) 音响报警：远动系统可以自定义报警级别，并设定每种报警级别的报警方式(其中包括预告音响和事故音响)。例如，当牵引供电系统出现非正常运行时，发出非紧急故障报警，出现事故时发出紧急故障报警，即预告音响和事故音响，两种音响有明显区别。可以在不同的调度工作台上设置不同的报警方式。

4. 显示和处理方式

在显示器和模拟盘上实时显示牵引供电系统及其设备的运行状态，显示器及模拟盘上开关符号的颜色：合闸为红色；分闸为绿色。

当发生事故跳闸时，系统的处理方式为：在故障记录画面中记录故障内容，显示器上报警栏内所发生事故的被控站名闪光(根据报警级别定不同的颜色)。同时此被控站的跳闸开关符号闪光，音响报警产生，等待调度员进行确认处理。当有两个或两个以上的被控站发生事故跳闸或出现非紧急故障时，在报警栏内同时显示两个或两个以上发生故障的被控站名，并在系统另设用于显示故障站名的专用画面上，按故障处理等级对故障站名进行排序，紧急故障优先非紧急故障，同一等级的故障以先到控制中心的故障为优先。此外，还分别在 CRT 上进行显示，同时启动音响报警和打印报警记录，提醒调度员去确认处理。

调度员的操作菜单采用单幅画面整屏显示和整屏多窗口显示，两种方式提供给用户灵活选择。同时通过设置合理的输入校验，以防止调度员的误操作。

显示器除能显示上述各种遥信外，还可显示主接线、站场线路图上供电线路的带电与否的状态。

远动系统的显示可以自由放大、缩小和平移，并提供缩视图，让用户可以更加方便地对画面进行导航等画面操作。

5. 专用画面

(1) 事件记录画面：系统事件记录画面的记录方式以事件发生的时间顺序进行排列（包括发生时间、站名、对象、性质、事件内容等）。并可以按照时间、厂站、事件类型和设备名称进行查询和打印。

(2) 操作记录画面：系统操作记录画面的记录方式以操作时间顺序，并分站进行排列（包括操作时间、站名、对象、性质、操作内容等）。同样可以按照时间、厂站、类型和设备名称进行查询和打印。

(3) 故障记录画面：系统故障记录画面的记录方式以故障发生的时间顺序、并分站进行排列（包括发生时间、站名、对象、性质、故障内容等）。同样可以按照时间、厂站、类型和设备名称进行查询和打印。

(4) 运行记录画面：系统运行记录画面可以显示系统的运行信息（如主备切换记录、操作员登录记录、数据库更新等维护操作的记录）。同样可以按照时间、类型进行查询和打印。

上述各种画面均可以进行存档，并通过刻录机将信息转存。

(三)遥测功能

远动系统可以监视下面这些遥测对象的状态：进线电压；进线电流；主变功率；27.5 kV母线电压；主变一次侧有功电度、无功电度；馈线电流；馈线故障点参数（馈线号、阻抗值、公里标）；电容补偿装置电流；各分区亭闭环电流、接触网末端电压。

1. 遥测参数的采集方式

远动系统对遥测参数的采集方式有下面的方式：电流、电压通过交流采样；电度量通过电度变送器采样；功率通过功率变送器采样；故标量通过原有故标装置输出码和串、并接口实现通信。

2. 显示处理方式

远动系统有如下遥测显示处理方式：在CRT所显示的被控站主接线、供电臂区间的画面上，实时显示电流、电压及功率等测量值；设置专用图表画面用来显示遥测参数，主要有电流、电压、功率等曲线图，电压、电流、电度量棒图，用统计表格图显示电度量、最高最低电压、最大电流统计参数，电流、电压越限时间、复限时间及持续时间的记录表等；可以按日报/月报方式进行显示和存档，日报显示内容主要有每小时的电度量、当日最大电流及出现时间，最高最低电压及出现时间等参数；月报显示内容主要有每天的电度量、当月最大电流及出现时间，最高最低电压及出现时间等参数。

3. 模拟量数据处理

远动系统的模拟量处理包括功率（有功、无功、功率因素、相角）的处理或推算；电压、电流处理。根据系统启动时下装的模拟量的模数转换器值和工程值进行标度转换。根据系统下装的模拟量的阀值，当判别到模拟量值超过阀值时，才刷新实时数据库中该量的值，这样就减轻了系统的负荷。模拟量处理还包括信号抗干扰、数字滤波、数据有效性判断、最大最小值的计算、越限报警处理，最后经格式化处理后形成实时数据并存入实时数据库。越限检查由通信管理机来检查模拟量是否越限。为了避免某些模拟量在限值附近上下波动造成的干扰越限，系统设置了一个越限死区，当模拟量值越过死区时，才认为是有效越限。在所定时间范围内，选出遥测点的量大和最小值，并存入数据库中。远动系统具有过滤零漂的功能。当变电所停电时，所有有功、无功、电压、电流的遥测都应该为0。而由于零漂，造成遥测量有数值。此时，系统可以根据开关状态屏蔽此值，或者通过设置零漂区，当小于零漂值时，系统忽略这个值。

4. 脉冲量处理

远动系统按固定时间间隔对脉冲累计值进行冻结、读取、解冻。脉冲量的输入为接点或通过接口方式。对脉冲量的采集包括接点防动处理、数据有效性合理判别、标度变换、限值校验、为电度量参数提供手动置数功能、检错纠错处理、累计值溢出处理等，经格式化处理后存入实时数据库。

5. 运算法则计算功能

远动系统提供常用计算公式，实现＋、－、×、÷等运算法则，提供了常用的数学函数（ABS、SQRT、INT、MAX、MIN、SIN、TAN 等）以及 $\cos\varphi$ 的计算，同时提供 IF THEN ELSE 条件运算以及与、或、非等逻辑运算。系统还可以根据用户要求提供特殊计算公式。

系统在在线方式下完成所有计算任务，按照数值变换和规定的时间间隔处理计算点或采用实时计算。系统还支持对模拟量、数字量进行计算。在计算中，可使用多种计算类型，也可定义计算类型和计算公式来完成一些特殊计算。由数值变化时进行的计算包括加、减，乘、除运算，以及积分运算。积分运算可以算出正积分、负积分、绝对值积分、代数积分，并可以对遥信量进行积分处理。

6. 遥测数据逻辑校核功能

远动系统具有遥测数据逻辑校核功能。可以根据多种方式来进行校核。如根据流入母线的有功总和为0来校核这些有功和无功的遥测量是否正确，以及根据线路开关状态来判断遥测量和遥信量是否有错。

7. 多源数据处理功能

远动系统具有多源数据处理功能。在一些厂站通信不通的情况下，可以根据其他相关的量来替换这个量，以保证调度系统的最大可用性。如某厂站通信不通，供电臂的电压可以通过该供电臂的对侧厂站的供电臂电压来大致估算，或者通过其他方式采集到的量来替换。

（四）遥调功能

远动系统的遥调对象为变电所有载调压变压器位置调节开关。

1. 遥调功能

远动系统的遥控功能能够实现对有载调压变压器抽头位置的分级调节，同时能显示主变相应抽头和开关位置及相关参数。

2. 自动遥调功能

远动系统可以根据用户输入的自动遥调公式来自动进行遥调。如可以在供电臂电压降到一定数值时自动调节变压器抽头以提高电压。

（五）数据打印功能

远动系统能够实时打印牵引供电系统发生的各种事件，打印记录的内容包括：事件发生的时间、站名、对象、故障或状态内容等。根据需要，系统打印可分为定时打印日报月报、调度员进行操作的人工召唤打印和事件启动打印。

(1) 定时打印：系统定时启动调度员所需的各种报表，如整点记录、日报表、月报表、年报表等。调度员可任意设定打印时间。

(2) 人工召唤打印：操作人员通过人机界面召唤启动打印机已存的报表记录。

(3) 事件启动打印：系统自动将事件处理结果输出，包括：RTU 等设备状态、遥测越限、遥控操作记录、系统操作记录、遥信记录、事件记录等。

(4) 画面拷贝：远动系统还具有彩色画面拷贝功能，调度员可根据需要通过命令操作随时对所需画面进行拷贝记录。

(5) 打印处理：打印软件在流水记录满一页时自动打印，也可指定打印。打印输出中有日期，且年份为 4 位表示。

(6) 远程打印：系统通过 Web 功能，能够在远程查询出各类需要的报表，然后在远程即可以打印出报表。这样领导可以随时查询所需要的报表，并免除了送报表工作，提高报表上报速度。

(7) 报表电子存档：系统的各类报表均可以以电子文档的方式存档，便于信息化管理，并节省了纸张。

（六）人机接口画面显示功能

远动系统的主要人机接口用户画面种类有：供电系统图画面；供电臂接线图画面；变电所主接线图画面；电流、电压、功率、电度量及故测参数等监视图画面；统计参数报表画面，包括日报、月报表等；操作记录和故障记表画面；程序控制卡及操作项目表画面；系统布局图画面、调度主站设备监视画面和通道状态监视画面；报文监视画面；曲线、棒图显示画面；数据库浏览画面；计算量画面；系统配置参数画面。

（七）安全认证功能

远动系统具有很强的安全保护措施，系统提供统一的用户权限管理工具，可以自定义任意多种不同的口令级别（角色），可以整个口令级别（角色）授权，也可以单独对某个用户授权。授权以不同的功能为单元。用户口令全网一致，各操作人员可自行修改自己的口令，确保自己权限不被他人误用。

系统在划分功能责任区管理的基础上，对各等级的运行管理人员进行口令级别设置，确定管理人员的管理范围，确保系统安全正常运行。系统初始时的口令级有调度员级、数据库与应用软件管理级和系统软件维护管理级。系统软件维护管理级的用户可以增加领导级、访客级等其他自定义级别并授予这些级别的权限。

(1) 操作员安全登陆认证口令：操作调度员工作站具备安全操作口令设置功能，每个调度员工作站各设置一台 IC 刷卡机，调度员操作采用 IC 刷卡进入方式，每一个调度员配备一张 IC 卡。

(2) 数据库和应用软件超级管理级口令：只有维护人员才能对系统的数据库和应用软件进行修改，这一口令设置是防止数据库及某些软件模块被误操作所造成破坏，保证系统正常运行。

(3)系统软件维护管理口令：当系统正常运行时，操作系统中的软件硬件参数及设备配置，以及相关信息等不允许被修改，这一口令设置是防止系统及设备参数被修改而引起运行不正常。

远动系统具有对调度员进行不同的调度区域调度权限划分的功能，通过口令设置，限定调度员特定的调度范围，以防止调度员跨区操作。

（八）事故追忆和重演功能

远动系统具有事故追忆功能，可以设定条件或以事故为触发条件将某一时间段或某一事故前后 15 min 的所有发生的情况记录下来。其中包括事故发生时前后各 1 min 的电流、电压等曲线，并可以进行事故回放。通过该系统的事故追忆功能，可以供事故分析人员提供一个强大的事故分析工具。远动系统还具有保存实时断面的功能，不但可以在画面上查询某一历史时刻的画面，调出当时所有的开关状态、带电显示状态，还可以调出遥测量、各类计算量的值、系统设备运行状态、通道状态等实时值。

（九）复示功能

远动系统提供对控制站遥信、遥测数据的转发功能，使得复示系统实现对所管辖范围内牵引供电系统设备的监视，具备开关位置遥信、遥测、历史数据统计存档、记录、曲线等功能，并具备事故重演和事故追忆功能，复示系统主要功能特点如下：

1. 复示系统可实现遥信监视功能

(1)正常运行状态的监视：系统可以对牵引供电系统及供电设备的正常运行状态进行监视。

(2)异常运行状态的监视：系统可以对牵引供电系统及供电设备非正常运行状态下的非紧急故障信息内容及发生事故后的紧急故障信息内容进行监视。

(3)显示和处理方式：在显示器和模拟屏上通过颜色的不同来实时显示牵引供电系统及其设备的运行状态。系统还可显示主接线、站场线路图上线条的带电与否的状态。并设置专用画面（如事件记录画面、操作记录画面、故障记录画面）用于显示遥信内容。

2. 复示系统可实现遥测监视功能

变电所主变电流、变电所进线电压、变压器一次侧功率、电度量、母线电压、变电所馈线电流、当日最大电流、最高最低电压、当月最大电流、最高最低电压、其他遥测量的最大最小值及其出现时间以及过负荷、其他遥测量越限发生时间和持续时间等。

3. 打印及画面拷贝功能

复示系统具有对运行的实时数据的打印及画面拷贝功能。

（十）遥信、遥测数据转发功能

远动系统提供了向其他系统转发数据和接收由其他系统转发数据的功能。如 A 远动系统如果需要一些 B 远动系统的实时数据，或者管理信息系统（MIS）需要 B 远动系统的实时数据，可以通过实时数据转发模块来实现。转发的规约可以采用标准的实时数据转发规约（TASE2 协议，DL476-92 协议）、标准的远动通信协议（IEC870-5-101 规约、CDT 等）或者自定义规约进行数据转发。

（十一）主站生成系统功能

生成系统就是以绘图平台为基础同时实现电力设备建库、建模功能，使图形和数据库录入一体化，画图的同时可在图形上录入数据，使画图和录入数据一次完成，自动建立图形上的设备和数据库中的数据的一一对应关系，达到所见即所得的效果，更快速地生成远动主站系统。

第二节　调度端系统

一、基于局域网的调度端系统

近年来，随着计算机技术、通信技术、控制技术以及系统集成技术的迅速发展，电气化铁道牵引供电系统微机监控技术也得到了迅速发展。目前的微机监控系统，除了能完成常规数据采集与监视控制系统的“四遥”功能外，还可以完成许多其他的数据处理和管理功能，如可以提供各种数据报表、图形曲线，可提供复示终端系统，可与其他系统联网等功能，还可提供操作人员的在线培训、防误操作以及辅助决策等功能。目前在国内电气化铁道牵引供电远动调度端系统中多采用局域网技术实现实时数据和历史数据的分布处理和信息共享。

（一）典型远动调度端系统的硬件设备配置

典型的远动调度端系统的配置如图 8-2 所示。远动调度中心主站系统设备由服务器、调度员工作站、系统维护工作站、前置通信处理机等网络节点设备以及人机接口设备、实时数据及文档管理报表打印机、画面拷贝机、大屏幕模拟屏、UPS 电源设备、GPS 卫星对时系统等外围设备组成，同时提供完善的软件资源。

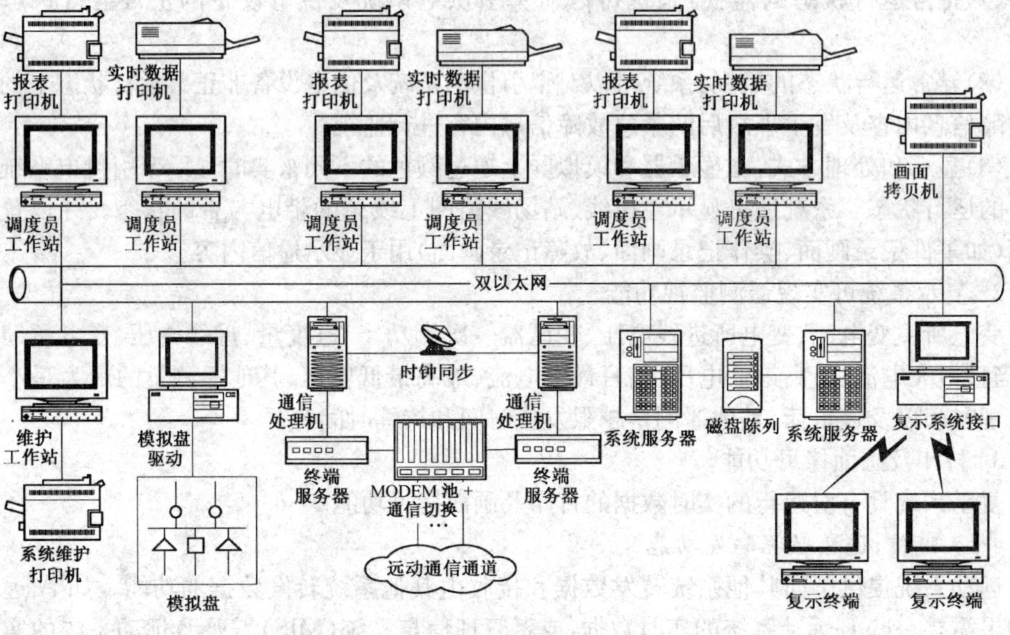

图 8-2　典型的远动调度端系统的配置图

典型远动调度端系统的硬件配置有：

1. 计算机网络

计算机网络采用冗余配置的双网结构，网络通信协议既可以采用 TCP/IP 协议，也可以采用 IPX/SPX 等其他协议。网络具有负载均衡技术，能够实现双网互备同时工作，任一网卡、网络传输介质或交换机出现故障，不会影响网络的正常运行。系统服务器及工作站计算机分别通过双网卡挂接在网络上，可根据需要分担不同的数据传输或平衡网络负荷，能确保任一服务器出现故障时，系统仍能可靠运行。

2. 远动主站服务器

两台服务器多采用主备工作方式，通过网络适配器与计算机网络相连，两台系统服务器同时接收网络上的各种数据，具有相同功能。但正常运行时，仅主系统服务器进行数据流控制及管理，主、备系统服务器支持数据校验以保证完整一致的数据库，系统能对双机工作状态在线检测。为保证系统具有足够的数据存储容量和将来系统的扩充需要，服务器数据存储系统采用双服务器共用磁盘阵列存储方式，磁盘阵列容量为几百 G 甚至更大，根据具体需要，可以扩充至更高容量。

3. 调度员工作站计算机

调度员工作站采用并行工作方式，也可以采用主备工作方式，并提供运行监视及操作界面，能实时监视电气化铁路沿线相关供电设施的运行状态、线路带电状态及监测有关电压、电流数据。调度员工作站能通过显示器对各种故障信息进行实时多窗口动态报警，通过鼠标器和键盘完成对被控站的遥控操作，并进行操作前的合理性判定；同时还可完成各种报表记录、曲线的检索及显示、打印实时数据及报表、拷贝 CRT 屏幕画面、模拟盘操作(如灯光试验、灯光复归、亮暗屏操作)等调度管理任务。调度员工作站配置实时数据打印机，主要用于调度员打印操作记录、故障报警、事件顺序记录、遥测量越限记录、故障点参数等。

4. 维护工作站计算机

维护工作站具备基本系统维护功能，主要用于完成整个系统数据库的建立及修改、画面建立及修改、报表生成、以标准数据库格式完成历史数据库的管理、系统运行参数的定义、修改及系统程序的维护和开发等。此外，还具有对系统运行状态(包括信道、控制站及被控站设备工作情况)的实时监视、对重要工况参数进行实时打印(如系统各个节点机设备的运行状态、被控站工作状态、通道状态等)，以及可以查看系统的各类历史记录数据等。

5. 模拟屏及模拟屏驱动计算机

模拟屏设备由模拟屏驱动器和盘体组成，模拟屏驱动计算机一般采用工业控制计算机，它通过标准通信接口与前置处理设备相联。牵引供电系统中各牵引变电所、分区所的接线图等内容均显示在模拟屏上，并用灯光元件显示各开关设备的运行状态及有关光字牌，用光带方式显示接触网带电状态。对于重要信息可在模拟屏滚动显示窗口中显示，模拟屏具备事故、预告、当地、远动(故障)和事故停钟等标示功能。当发生上述事件时，相应的站名和故障显示光字牌点亮并闪烁，经人工确认后停闪；实时显示时钟由两部分组成，分别显示年、月、日和时、分、秒，显示时钟与系统主时钟同步，其中年、月、日显示时钟每隔 1 min 显示 1 次安全生产天数，时间为 5s；当发生事故时，时、分、秒显示时钟自动停止于事故时间，并不断闪烁，如此时发生第二次事故，则仍显示第一次事故时间，直至人工确认后时钟停闪并恢复正常时间显示。模拟屏在事故发生时还具备音响报警、闪光复归、灯光试验、亮屏暗屏运行等功能，并通过调度员工作站可进行不下位操作。

6. 通信前置计算机

通信前置计算机与远动数据通道接口，主要与各被控站设备进行通信，完成数据的发送、接收及数据的预处理，并具有不同通信规约相互转换功能。两台通信处理机采用冗余结构，主/备工作方式，并实时监视主/备工作状态，具备自动/手动切换功能，具有容错能力并采取了抗干扰措施。正常情况下，两台通信处理机可同时与智能通道切换设备连接完成现场实时数据的采集，并处理为工程化的实时数据存入数据库。如果其中一个出现故障，系统能自动无扰动地切换通信进程到另一台通信处理机。两台通信处理机还具备并行处理功能以支持主/备远动通道并行工作。通信系统可以支持环行通道、星型通道、模拟通道、数字通道等多种形式。

7. 复示接口计算机

复示系统接口计算机除了能够实现向供电段复示终端的实时数据转发，还能够实现对历史数据库的直接访问，并兼作系统的 Web 服务器。复示系统接口与通道可以采用标准的 RS232C/RS485 接口、音频模拟通道、数字通道、专用网络、拨号网络等多种通信方式。其传输的物理层完全满足数据传输的安全性、可靠性要求，接口的物理特性及电气特性满足国际通用性及标准化的要求。复示系统接口机还具有与供电段 MIS(管理信息系统)系统、综合数据平台(或数据仓库)进行接口或者实现与其他系统(如其他远动系统、行车调度系统、铁路局信息管理系统)的实时转发功能。

(二)远动调度端系统的软件结构

软件系统主要以实时数据库为核心，以实时数据库系统、关系数据库管理系统、现场通信与实时信息传输子系统为主线，包含主控、人机界面、图形生成系统、数据库系统、报表系统、报警处理、数据通信等多个模块化组件化软件。远动调度端系统的软件包括的功能模块有：

(1)网络通信子系统：主要与通信工作站以网络报文规约格式进行通信，通信包括两个方向：一是通信工作站将现场报文转换成的网络报文以及其他广播信息传送到调度工作站，还有就是调度工作站需要遥控、遥测时，通过网络报文生成模块生成网络报文发出到通信工作站。

(2)实时数据库系统：实时数据库为调度系统的核心，它主要记录现场各类量的属性，规定各类量的操作方式，系统中报警、操作允许、操作警告(如两条进线不能同时拉开等)。实时数据库分为以下几类：状态量、模拟量、脉冲(数字)量以及对应的关系量。

(3)关系数据库管理系统：管理和维护 SCADA 数据库，完成用户对数据库提出的各种操作查询请求。在调度工作站上没有对数据库进行维护、整理与备份的功能，此功能在数据库服务器和维护工作站上。

(4)图形子系统：调度工作站的图形子系统功能主要是显示各类图形(如：被控站所主接线图画面，实时棒图画面，电流、电压、功率、电度量等监视图画面等)。

(5)画面生成与显示：用于将以专用格式存放的图形文件进行显示并且实现与实时数据库的连接，能够动态反映系统运行情况。

(6)实时棒图：以棒图的方式显示遥测量的值与实时变化情况。该模块现在还没有编制。

(7)各类报警：对现场的故障能够报警，能够判断越限，记录故障标定，能够将报警的数据送往模拟屏。

(8)操作、事件、日志库生成与显示：将系统运行现场的各类事件、操作以及运行的日志记录到数据库中，并能够显示和查询。

(9)实时数据库生成：系统运行之初，在 SCADA 数据库中生成实时数据库。

(10)曲线显示：显示今日数据库的内容，反映今日系统运行的各遥测量的变化情况、发生故障时的系统运行状态等。

(三)远动调度端系统的人机界面操作

1. 调度端监控界面

图 8-3 为一牵引供电远动调度员工作站监控主接线画面，菜单条为用户提供远动系统的

各种功能菜单，菜单项中包含有若干功能选项：监控画面选择、遥控、通信、事件记录、遥测棒图、报表记录、系统和帮助。状态栏提供各监控站的选择按钮、调度布局图选择按钮和牵引供电系统通道结构选择按钮。

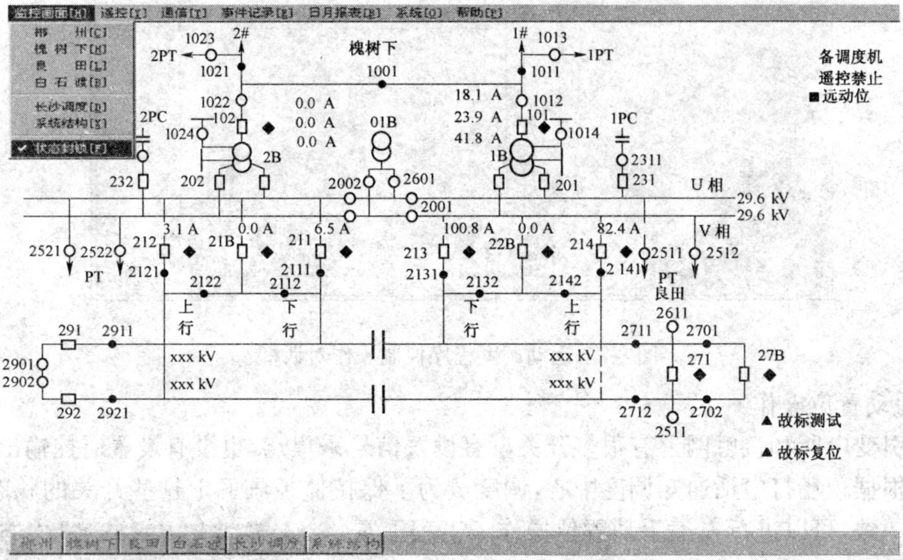

图 8-3　牵引供电远动调度员工作站监控主接线画面

2. 单个设备遥控操作

(1) 调度员身份认证：在进行调度遥控操作之前必须进行调度员的身份确认，只有身份确认无误后才具有遥控操作的许可权限。

(2) 遥控选择：当系统处在可控状态时可将鼠标移到需要控制的隔离开关或断路器等图标上，待鼠标指针变成手指形状时，单击鼠标左键，弹出遥控对话框。

远动调度遥控操作对话框如图 8-4 所示，操作对话框中，“开关名”是指要进行遥控操作的设备对象名称；“状态”是指遥控对象当前所处的状态，即合或分；“操作”是指调度员将要进行的遥控操作；“确认”是一可选项，表示在遥控选择正确、遥控操作执行之前必须给调度员提供再一次的确认机会，以减小遥控出错的概率。

若在“确认”命令按钮上单击，则确认按钮上出现“√”以示确认，再单击执行命令按钮，遥控则开始执行。如果要取消遥控操作，可单击取消命令按钮。

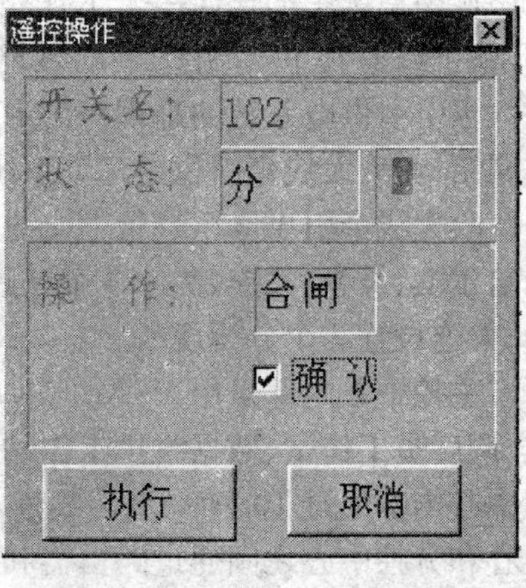

图 8-4　远动调度遥控操作对话框

3. 程控操作

在菜单中选择程控操作项将弹出程控操作对话框，如图 8-5 所示，在列表框中选择程控操作卡号会提示操作内容和操作卡的具体操作步骤，再单击确定复选框，单击执行按钮则程序控制开始执行。如果要取消程序控制操作，单击取消命令按钮。

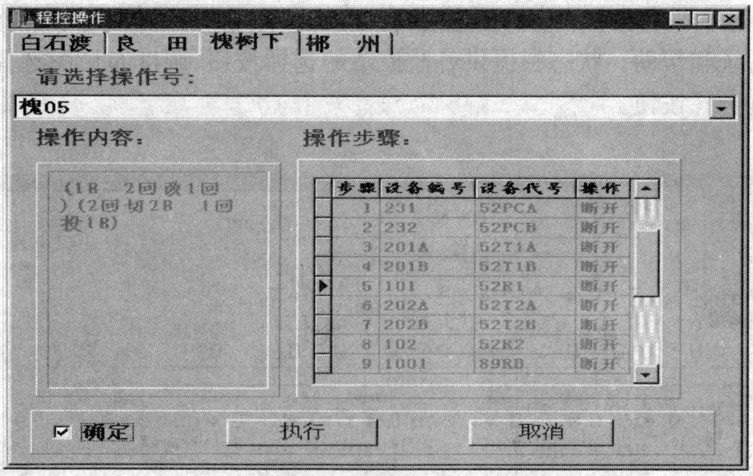

图 8-5　远动调度程序控制操作对话框

4. 手动置位操作

在牵引变电所和接触网上有很多开关没有设置信号采集点，也没有设置遥控输出，所以其状态只能根据现场打电话通知调度中心，调度员为了保持监控画面上这些开关的状态与现场实际状态一致，可以进行人工手动置位操作。工程上常把这类开关称为“手动开关”。当鼠标在某个需要设置显示状态的手动开关上变成手指状态时单击，则会弹出一个手动置位操作对话框，如图 8-6 所示。

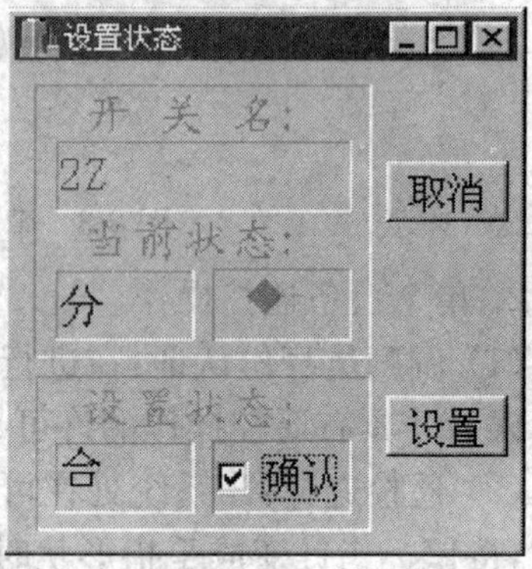

图 8-6　远动调度手动置位操作对话框

二、基于广域网的调度端系统

分布式广域网监控系统将先进的计算机技术、通信技术及自动化技术融为一体，是当今最先进的计算机监控系统。基于广域网的调度端是一个完整的网络系统，在广域网系统中的任何一个工作站上，只要安全权限允许，就可以监视和控制整个广域网内的现场数据和设备。当牵引供电系统的地理跨度太大且调度中心分别设于多个地点时，调度端系统可采用广域网结构，哈大线牵引供电远动系统即采用了这种配置。

哈大线牵引供电系统管辖全线将近950 km复线电气化铁路的 17 个变电所，供电范围包括哈尔滨、长春、大连、沈阳 4 个铁路分局。在沈阳设置一个总牵引供电调度所，在哈尔滨、长春、大连设置 3 个分调度所。

主控中心内部采用 10 M/100 M 自适应局域网连接，主要由主服务器、GPS 全球定位系统、调度员工作站、数据维护工作站、通信前置机、网络设备及其相应的外围设备组成。各分调度中心内部通过 10 M 局域网相连，仅配置有调度员工作站及相应的网络和外围设备。主控中心和分控中心之间通过路由器和高速 MODEM 相连。

基于广域网的高速铁路牵引供电监控系统的优点在于，对于行政隶属不同的调度中心可独立调度管理本分局管内的牵引供电系统，以便于避免供电调度与线路维护之间的工作冲突。但分调度中心通过路由器和调制解调器与主调度中心实现通信，系统的实时响应能力稍差于集中监控系统。

可以预想，随着对 Internet 安全技术的深入研究及其在电力监控系统和电气化铁道远动监控系统中的逐步应用，将来的监控系统将会统一监控界面，基于浏览器的远动监控系统将随着研究的深入逐步达到实际应用阶段。

第三节　变电站(所)综合自动化及安全监控系统

一、变电站(所)综合自动化系统

(一)变电站综合自动化定义

采用常规控制设备加上完备的"四遥"远动装置可实现自动化要求，但要全面满足要求，则必须采用变电站综合自动化技术。变电站综合自动化是指将二次设备(包括控制、保护、测量、信号、自动装置和远动装置)利用微机技术经过功能的重新组合和优化设计，对变电站执行自动监视、测量、控制和协调的一种综合性的自动化系统。它有两个方面的内容：其一，中低压变电站采用自动化系统，以便更好地实施无人值班，达到减耗增效的目的；其二，对高压变电站(220 kV 及以上)的建设和设计来说，要采用新的控制方式，解决各专业在技术上保持相对独立而造成的各行其是、重复投资，甚至影响运行可靠性的弊端。

变电站综合自动化系统是建立在现代计算机技术、数据通信技术、数字信号处理(DSP)和自动化技术等技术基础上发展起来的，它综合了变电站内除交直流电源以外的全部二次设备功能。它以微机保护和计算机监控系统为主体，加上变电站其他智能设备构成功能综合化的变电站自动化系统，随着嵌入式技术和现场总线技术的发展，高速铁路变电站内的被控站系统已发展为分层分布式的综合自动化系统，所谓"分层"是指整个系统分为变电站层和间隔层两个层面。变电站层即主控层，设在主控室，实现系统运行状态的实时监视、可控装置的控制调节、参数设置、报表打印、语音报警等功能，即"四遥"功能；间隔层即现地控制层，保护、监控子层，设在保护小间内，实现针对相关设备的保护、测量、控制、通信等功能。所谓"分布式"是指用多个独立的装置分别独立地完成多种设备的保护监控功能。综合自动化系统的主要功能和整体综合功能包括监控与中央信号、微机保护、故障点自动测距与录波、开关投切、无功自动控制、远动以及自检自诊断等功能。

(二) 变电站综合自动化系统的功能

1. 保护功能

保护包括线路保护、变压器保护、馈出线保护、母线保护、电容器保护、备用电源自投装置以及接地选线装置等，变压器及高压线路则包括主保护和后备保护。作为综合自动化重要环节的微机保护应具有以下功能：

(1) 故障记录报告(分辨率 2 ms)，且掉电保持；

(2) 时钟校时(中断或广播方式或其他方式)；

(3) 实时显示保护主要状态(功能投入情况及输入量值等)；

(4) 与监控系统通信，主动上传故障信息、动作信息、动作值及自诊断信息，接收监控系统命令上传整定值及历史事件，接收监控系统命令投退保护及修改整定值，与监控系统通信采用标准规约。

2. 监测功能

变电站监测包括状态量、模拟量、脉冲量等的监测。

(1) 状态量：变电站监测的状态量有断路器状态，隔离开关状态，变电站一次设备状态及报警信号，变压器分接头位置信号等。

(2) 模拟量：变电站监测的典型模拟量有各段母线电压、线路电压、电流和功率值，馈线电流、电压及功率值、频率等，此外还有变压器油温、变电站室温、直流电源电压、所用电电压和功率等。

(3) 脉冲量：变电站监测的脉冲量指电能表输出的电度量。

3. 事件记录及故障录波测距功能

事件记录包括保护动作序列记录、开关跳合记录。分辨率可根据不同电压等级的要求确定，一般在 1～5 ms 之间。微机保护或监控采集环节必须有足够的内存，能存放多个事件顺序记录，确保当后台监控系统或远方监控主站通信中断时不丢失事件信息。对高压变电站故障录波可根据需要采用两种方式实现，一是配置专用微机故障录波器，并能与监控系统通信；另一种则由微机保护装置兼作记录及测距计算，再将数字化的波形及测距结果送到监控系统，由监控系统存储及打印波形。对低压变电站可给出故障报告，包括故障类型、动作类型及开关遮断电流大小等信息。

4. 控制与操作闭锁功能

操作人员可通过 CRT 屏幕对断路器、隔离开关的开合进行操作，可以对变压器分接头进行调节控制，可对电容器组进行投切。为防止计算机系统故障时无法操作被控设备，在设计上应保留人工直接跳合闸手段。操作闭锁包括以下内容：

(1) 操作出口具有跳、合闭锁功能；

(2) 操作出口具有并发性操作闭锁功能；

(3) 根据实时信息，实现断路器、刀闸操作闭锁功能；

(4) CRT 屏幕操作闭锁功能。只有输入正确的操作口令和监护口令才有权进行操作控制。

5. 同期检测和同期合闸功能

同步检测断路器两侧电压的幅值、相位和频率差，并发出同期合闸启动和停止信号。分为手动和自动两种方式实现，一般应具有两种方式供选择，同期装置可以是独立的设备。

6. 电压和无功潮流就地控制功能

为了将电压和无功潮流调整到预定值，通常通过调整变压器组的分接头以及投切电容器组、电抗器组及调整同步调相器实现。运行方式可手动可自动；人工操作可就地可远方。

7. 远方整定保护定值功能

除当地外还可远方实现查询和整定保护定值。此功能应具有远方/当地闭锁、操作权限闭锁措施。

8. 数据处理与记录功能

历史数据的形成与存储是数据处理的主要内容，它包括上级调度中心、变电管理和保护要求的数据，这些数据主要有：

(1) 断路器动作次数；

(2) 断路器切除故障时故障电流和跳闸操作次数的累计数；

(3) 供电线路的有功、无功，变压器的有功、无功，母线电压定时记录的最大值、最小值及其时间；

(4) 独立负荷有功、无功每天的峰值和最小值，并标以时间；

(5) 指定测点上的趋势，平均值、积分值和其他计算值；

(6) 控制操作及修改整定值的记录。

9. 与远方调度中心通信功能

该功能即常规的远动功能或扩充的远动功能，在实现遥测、遥信、遥控、遥调的基础上还增加了远方修改保护定值、故障录波与测距信号的远传等。所采用的通信规约应适应调度中心的要求，符合国家标准和 IEC 的国际标准。

10. 人机接口界面功能

当变电站有人值班时，人机接口界面功能在当地监控系统的后台机(或称主机)上进行，当变电站无人值班时，人机接口界面功能在远方的调度中心或操作控制中心的主机或工作站上进行。不管哪种方式，操作维护人员面对的都是计算机 CRT 屏幕，操作的工具一般是键盘或鼠标。人机接口界面的主要内容是：

(1) 显示画面与数据、时间、日期；单线图的状态，潮流信息；报警画面与提示信息；事件顺序记录；事故记录；趋势记录；装置工况状态显示；保护整定值；控制系统的配置显示，包括退出运行的装置的显示以及信号流程图表；值班记录；控制系统的设定值显示等。

(2) 输入数据和运行人员代码及密码：运行人员密码更改；保护定值的改设；控制范围及设定的变化；报警界限；告警设置与退出；手动/自动设置；趋势控制等。

(3) 控制操作断路器及隔离开关的操作排序；分接头位置控制；控制闭锁与允许；保护装置的投入或退出；设备运行/检修的设置；当地/远方控制的选择；信号复归等。

(4) 无人值班站的人机联系功能。

无人值班站应保留一定的人机联系功能，以保证变电站现场检修或巡视的需求，能显示站内各种数据和状态量；操作出口回路具有人工当地紧急控制设施；变压器分接头应备有当地人工调节手段。

11. 自诊断功能

系统内应具有自诊断功能，自诊断信息也同采集的数据一样周期性地送往后台机和远方调度中心或操作控制中心。

变电站综合自动化应具有统一时钟的功能。

(三) 变电站综合自动化系统的结构形式

随着电子技术、微机技术、通信技术和网络技术的迅速发展，变电站综合自动化技术也得到了长足的发展，变电站综合自动化系统的体系结构也发生了相应的变化，其系统性能、实现功能、运行可靠性得到不断提高。总结变电站综合自动化系统的发展过程，尽管它们所能实现的功能、综合的程度、适用的场合各有差异，但其结构形式通常可以分为传统改造式、集中组屏式、分层分布式、完全分散式和集中分散结合式等五种形式。

1. 传统改造式的结构形式

传统改造式是指在变电站传统自动化的基础上，改进测控方式，增加监控部分而组成的一类变电站综合自动化系统。这种形式的综合自动化系统还可分为两种类型：一种是保留远方终端装置(RTU)的形式；另一种是取消 RTU 的形式。

(1) 保留 RTU 形式。这种结构的系统由 RTU、微机保护、当地监控等部分组成，如图 8-7 所示。

保护装置的信息可通过遥信回路输入远方终端装置，PC 机及其外设则承担变电站内当地监控任务。变电站对外的信息交换均通过远方终端装置与上级调度通信完成。

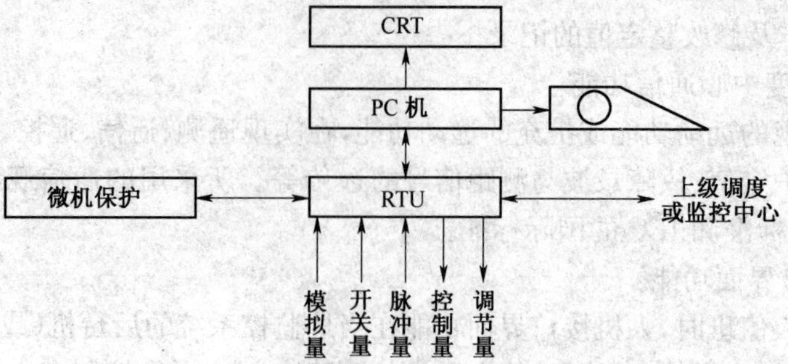

图 8-7　保留 RTU 改造形式的变电站综合自动化系统

这种变电站综合自动化系统的基本特点是：

①结构简单；

②投资少，只在常规远动装置外加当地监控；

③功能简单，综合性能差；

④保留了变电站内原来的二次回路。

(2) 取消 RTU 形式。这种结构的系统主要由微机保护、测控单元、总控单元等组成，如图 8-8 所示。

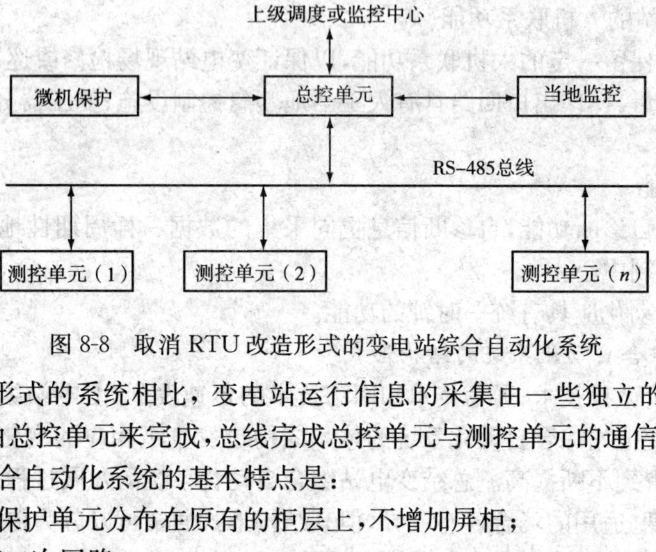

图 8-8　取消 RTU 改造形式的变电站综合自动化系统

与保留 RTU 形式的系统相比，变电站运行信息的采集由一些独立的测控单元来完成，RTU 的有关功能由总控单元来完成，总线完成总控单元与测控单元的通信。

这种变电站综合自动化系统的基本特点是：

①测量、控制、保护单元分布在原有的柜层上，不增加屏柜；

② 不改动原有二次回路；

③ 扩充性较好，增加的测控单元可连接到总线上；

④ 综合性能不高。

2. 集中组屏式的结构形式

集中组屏式结构的综合自动化系统采用不同档次的计算机，扩展其外围接口电路，集中采集变电站的模拟量、开关量和数字量等信息，集中进行计算和处理，分别完成微机监控、微机保护和一些自动化控制等功能。

在这种结构的系统中，按功能划分为高压保护单元、中压保护单元、遥测单元、遥控单元、遥信单元、电能单元、电压无功单元、交流和直流电源等单元。这些单元由一个总控单元加以控制，总控单元以串行通信(RS232，RSJ422，RS485)方式与各单元以及故障录波、监控计算机进行通信，如图 8-9 所示。

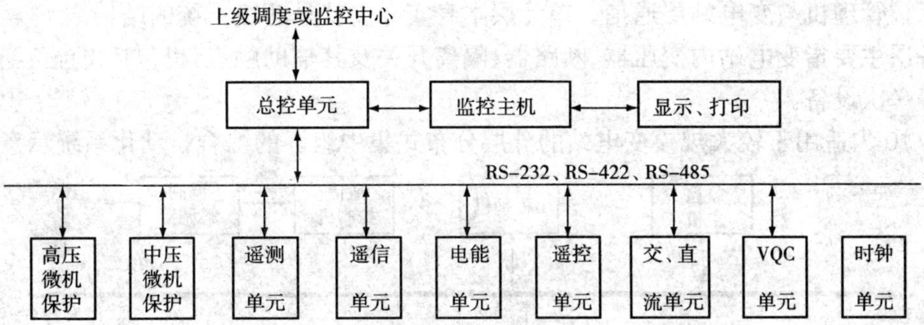

图 8-9　集中组屏式的变电站综合自动化系统

这种集中组屏式的结构是根据变电站的规模，配置相应容量的集中式保护装置和监控主机及数据采集系统，它们安装在变电站中央控制室内。

主变压器和各进出线及所内所有电气设备的运行状态，通过 TA、TV 经电缆传送到中央控制室的保护装置和监控主机。继电保护动作信息往往是取自保护装置的信号继电器的辅助触点，通过电缆送给监控主机。这种系统的主要功能和特点是：

(1) 按功能划分单元；

(2) 功能单元间相互独立，互不影响；

(3) 可集中也可分散安装；

(4) 扩充性好，综合性能较强。

集中组屏式结构最大的缺点是：

(1) 每台计算机功能集中，如果一台计算机出故障，影响面大，因此必须采用双机并行运行的结构才能提高可靠性；

(2) 软件复杂，修改量大，系统调试麻烦；

(3) 组态不灵活，对不同主接线或规模不同的变电站，软、硬件都必须另行设计，工作量大；

(4) 集中式保护不直观。

3. 分层分布式的结构形式

在分层分布式结构的变电站综合自动化系统中，将整个变电站的一次、二次设备分为 3 层，即变电站层、单元层(或称为间隔层)和设备层。在所分的 3 层中，变电站层称为 2 层，单元层为 1 层，设备层为 0 层。每一层由不同的设备或不同的子系统组成，完成不同的功能。

变电站层包括站级监控主机、远动通信机等，变电站层设有现场总线或局域网，供各主机之间和监控主机与单元层之间交换信息，变电站综合自动化系统主要位于 1 层和 2 层。变电站层的有关自动化设备一般安装于控制室，而单元层的设备宜靠近现场安装，以减少控制电缆的长度。在现场通信技术于变电站成熟使用前，单元层的设备仍宜安装在变电站控制室，从而形成了分层分布式系统集中组屏的结构。

单元层一般按断路器间隔划分，具有测量、控制部件或继电保护部件。测量和控制部件负责该单元的测量、监视、断路器的操作控制和联锁及事件顺序记录等功能；保护部件负责该单元线路或变压器、电容器的保护、故障记录等功能。因此，单元层本身是由各种不同的单元装置组成的，这些独立的单元装置直接通过局域网、总线和主监控机进行通信。也可能设有数据采集管理机和保护管理机，分别管理各测量、监视单元和各保护单元，然后集中由数据采集管理机和保护管理机与变电站层通信。单元层本身实际上就是两级系统的结构。

设备层主要指变电站内变压器、断路器、隔离开关及其辅助触点，也包括电流互感器、电压互感器等一次设备。

图 8-10 为适用于较大规模变电站的分层分布式集中组屏的综合自动化系统示意图。

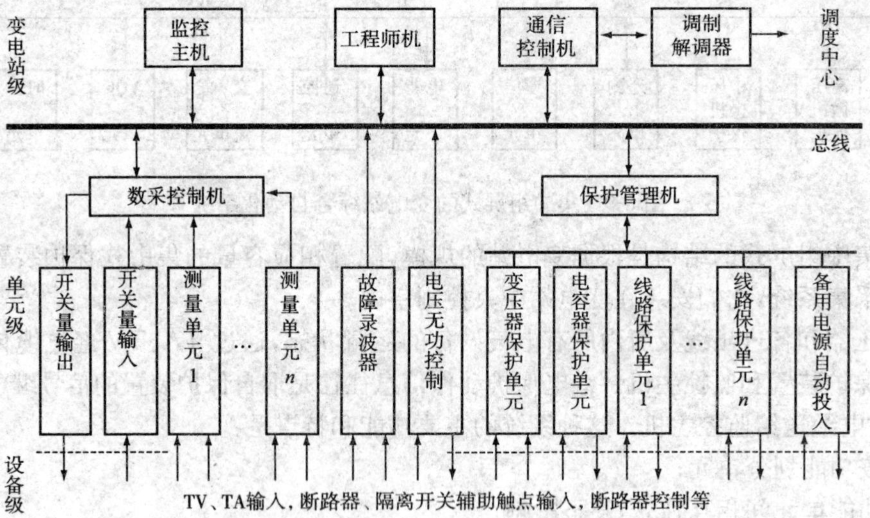

图 8-10　适用于较大规模的分层分布式集中组屏综合自动化系统框图

分层分布式集中组屏综合自动化系统有如下特点：

(1) 分层分布式的配置。为了提高综合自动化系统的可靠性，系统采用按功能划分的分布式多 CPU 系统。系统的功能单元包括：各种高、低压线路保护单元；电容器保护单元；主变压器保护单元；备用电源自投控制单元；电压、无功综合控制单元；低频减负荷控制单元；数据采集与处理单元；电能计量单元，等等。每个功能单元由一个 CPU 组成，多数 CPU 采用单片机。主变压器保护单元由多个 CPU 完成。

在综合自动化系统的管理上，采取分层管理的模式，即各保护功能单元由保护管理机直接管理。一台保护管理机可以管理多个单元模块，它们间可以采用双绞线用 RS-485 接口连接，还可通过现场总线连接。而模拟量和开关量的输入/输出单元，由数采控制机负责管理。正常运行时，保护管理机监视各保护单元的工作情况，如果某一保护单元有保护动作信息或保护单元本身工作不正常，立即报告监控机，再送往调度中心。调度中心或监控机也可以通过保护管理机下达修改保护整定值等的命令。数采控制机则将各数采单元所采集的数据和开关状态送监控机，并由监控机送往调度中心。数采控制机还接受由调度中心或监控机下达的命令。总之，保护管理机和数采控制机可明显地减轻监控机的负担，协助监控机承担对单元层的管理。

变电站层的监控机(或称上位机)，通过局部网络与保护管理机和数采控制机通信。在无人值班的变电站，监控机主要负责与调度中心通信，使变电站综合自动化系统具有 RTU 的功能，完成“四遥”任务。在有人值班的变电站，监控机除了负责与调度中心通信外，还负责人机联系，使综合自动化系统通过监控机完成当地显示、制表打印、开关操作等功能。

对于规模较小的变电站，数采控制机直接完成与调度通信的任务。而对于规模较大的变电站，变电站层可能设有通信控制机，专门负责与调度中心的通信，并设有工程师机，负责软件开发与管理等功能。

(2) 继电保护相对独立。继电保护装置是电力系统中可靠性要求非常高的设备。在综合自动化系统中，继电保护单元宜相对独立，其功能不依赖于通信网络或其他设备。在分层分布式系统集中组屏结构的变电站综合自动化系统中，各保护单元要有独立的电源，保护的输入仍由电流互感器和电压互感器通过电缆连接，输出跳闸命令也通过常规的控制电缆送至断路器的跳闸线圈，保护的启动、测量和逻辑功能独立实现，不依赖通信网络交换信息。保护装置通过通信网络与保护管理机传输的只是保护动作信息或记录数据。为了无人值班的需要，也可通过通信接口实现远方读取和修改保护整定值。

(3)具有与系统控制中心通信功能。综合自动化本身已具有完整的功能，不必另设独立的RTU装置，不必为调度中心单独采集信息，而将综合自动化系统的信息直接传送给调度中心，同时也接受调度中心的控制、操作命令和在线修改保护定值命令，并加以执行。

(4)模块化结构，可靠性高。由于采用模块化结构，各功能模块都由独立的电源供电，输入/输出回路都相互独立，任何一个模块故障，只影响局部功能的实现，不影响全局，系统的可靠性得到提高。

(5)管理维护方便。分层分布式系统采用集中组屏结构，全部屏安装在室内，工作环境好，电磁干扰相对开关柜附近较弱，且管理和维护方便。

(6)需要电缆较多。对于规模较大的变电站，由于设备分布较广，安装时需要的控制电缆相对较多，增加了电缆投资。

4. 完全分散式的结构

完全分散式的综合自动化系统是指以变压器、断路器、母线等一次主设备为安装单元，将保护、控制、输入/输出、闭锁等单元就地分散安装在一次主设备的开关柜上，安装在主控制室内的主控单元通过现场总线与这些分散的单元进行通信，主控单元通过网络与监控主机联系。

这种完全分散式结构的综合自动化系统在实现模式上可分为两种：

一种是保护、测量、控制完全合一，实现变电站综合自动化系统的高度综合，如图 8-11 所示。

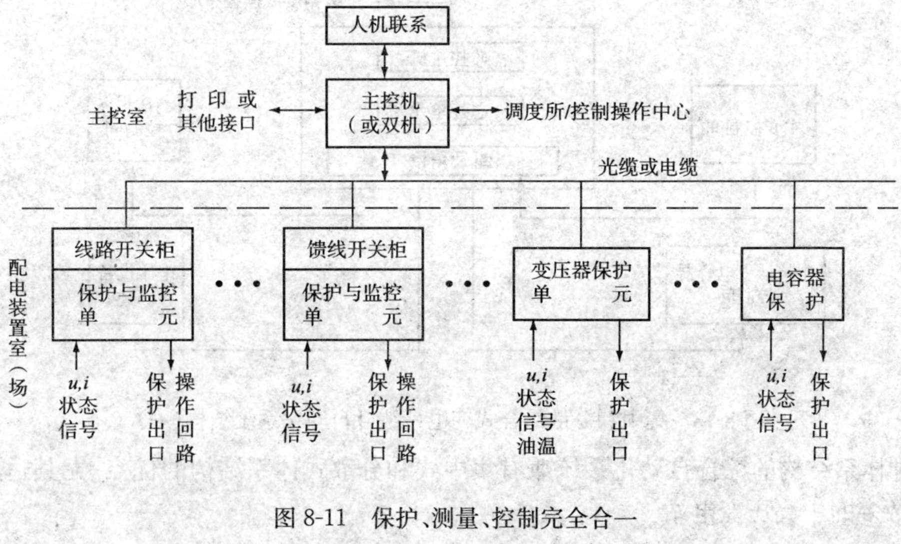

图 8-11　保护、测量、控制完全合一

另一种是保护相对独立，测量和控制合二为一实现的完全分散式变电站综合自动化系统，如图 8-12 所示。

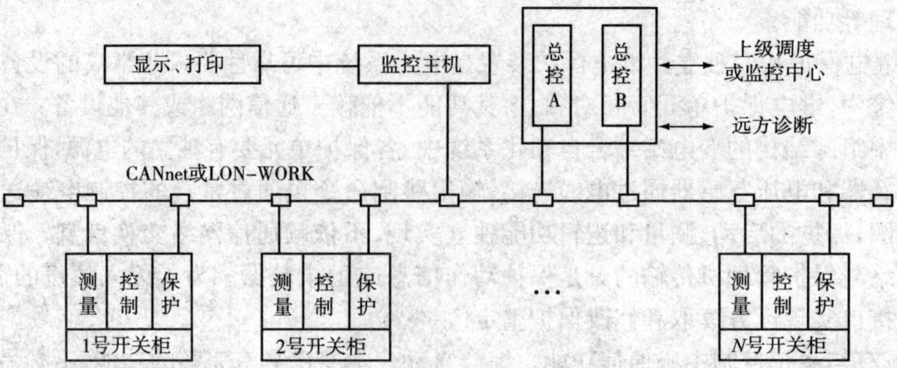

图 8-12　保护相对独立，测量和控制合二为一

这种完全分散式结构的综合自动化系统的主要特点是：

(1)系统部件完全依主设备分散安装；

(2)节约控制室面积；

(3) 节约二次电缆；

(4)综合性能强。

5. 集中分散结合式的结构

集中分散结合式的结构既有集中部分又有分散部分。按照集中和分散的不同结合还可以分为两种形式。

(1) 局部集中-总体分散结构。对于枢纽级 220 kV 变电站、500 kV 变电站，或者进出线路多，或者不同电压等级的母线多，它们要控制、测量、保护的主设备较多，完全采用分散式结构，在管理、通信、电缆使用等方面均不优越，一种适应的方式就是根据变电站的电压等级和规模，设置几个设备控制小间，将测量、控制、保护集中组屏安装在这些小间，多个设备小间由所级总控单元集中管理，这样便形成了总体分散、局部集中的集中—分散式模式，如图 8-13 所示。

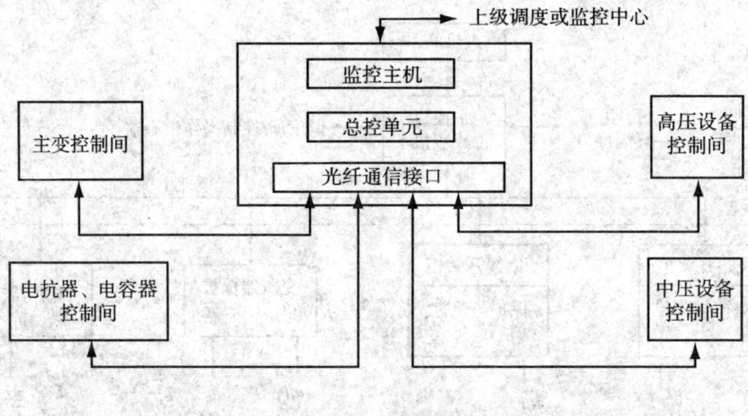

图 8-13　集中和分散结合式变电站综合自动化系统结构(一)

这种体系结构的综合自动化系统兼有集中式和分散式体系结构的优点，尤其适用于容量大、进线数多的中高压变电站。

(2) 高压集中-配电分散结构。这种结构的变电站综合自动化系统就是将配电线路的保护和测控单元安装在开关柜内，而将高压线路保护和主变压器保护装置等采用集中组屏，形成分散和集中相结合的结构。按每个电网元件或回路(如:一条出线、一台变压器、一组电容器等)为对象，集测量、保护、控制为一体，设计一个机箱。对6～35 kV的配电线路，可以将这个一体化的保护、测量、控制单元分散安装在各个开关柜中，然后由监控主机通过光纤或电缆网络，对它们进行管理和交换信息，形成分散式的结构。对于高压线路保护装置和变压器保护装置，仍采用集中组屏安装在控制室内，形成集中式的结构。整个变电站则形成既分散又集中相结合的结构。其结构框图如图8-14所示。

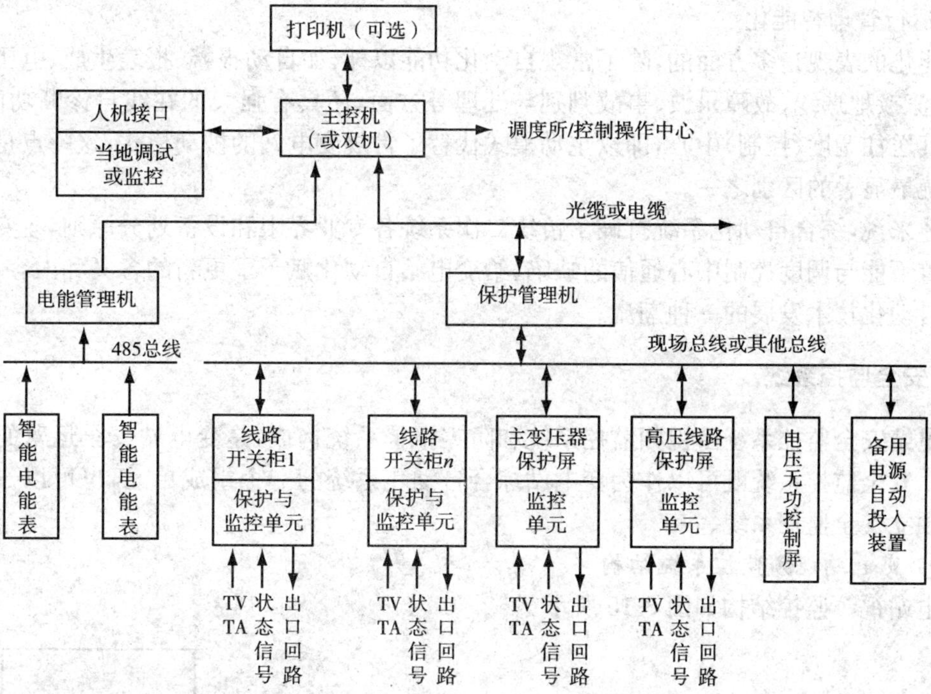

图8-14　集中和分散结合式变电站综合自动化系统结构框图(二)

集中和分散结合式变电站综合自动化系统既有集中式的优点、又有分散式的优点，主要包括：

(1) 配电线路的保护和测控单元，分散安装在各开关柜内，简化了变电站二次部分的配置，大大缩小了控制室的面积。

(2)高压线路保护和主变压器保护采用集中组屏结构，保护屏安装在控制室或保护室中，工作环境好，有利于提高可靠性。

(3)简化了变电站二次设备之间的互连线，节省了大量连接电缆。

(4)各模块与监控主机间通过局域网络或现场总线连接，原来变电站内大量的信号传输改变为数据传输，抗干扰能力强，可靠性高。

(5) 分层分布式结构可靠性高，组态灵活，检修方便。

(四)综合自动化技术的特点

综合自动化技术相对于常规变电站二次系统，主要有以下特点：

1. 设备操作、监视微机化

综合自动化系统的各个子系统全部微机化，其内涵中还包括系统的功能软件化和信号数字化的内容，完全摒弃了常规变电站中各种机电式、机械式、模拟式设备，大大提高了二次系统的可靠性和电气性能。操作、监视完全微机化，且方便地通过人机联系系统（MMI）对变电站实施监视和控制。

2. 通信局域网络化、光缆化

计算机局域网络技术和光纤通信技术在综合自动化系统中得到普遍的应用。因此，系统具有较高的抗电磁干扰的能力，能够实现高速数据传输，满足实时性要求，组态更灵活，易于扩展，可靠性大大提高，而且大大简化了常规变电站繁杂量大的各种电缆，方便施工。

3. 运行管理智能化

智能化的表现是多方面的，除了常规自动化功能以外，如自动报警、报表生成、电压无功调节、小电流接地选线、故障录波、事故判别与处理等方面，还具有强大的在线自诊断功能，并实时地将其送往调度（控制）中心，即以主动模式代替了常规变电站的被动模式，这一点是与常规二次系统最显著的区别之一。

总体来说，综合自动化系统打破了传统二次系统各专业界限和设备划分原则，改变了常规保护装置不能与调度控制中心通信的缺陷，给变电站自动化赋予了更新的含义和内容，代表了变电站自动化技术发展的一种潮流。

二、安全监控系统

变电站安全监控系统由视频监控系统和防灾报警系统构成，是变电站安全运营的重要设备之一。安全监控系统既可以作为变电站综合自动化系统的一个组成单元，也可以作为一套完整的独立安全监控系统。

（一）变电站视频监控系统结构

变电站视频监控结构如图 8-15 所示。

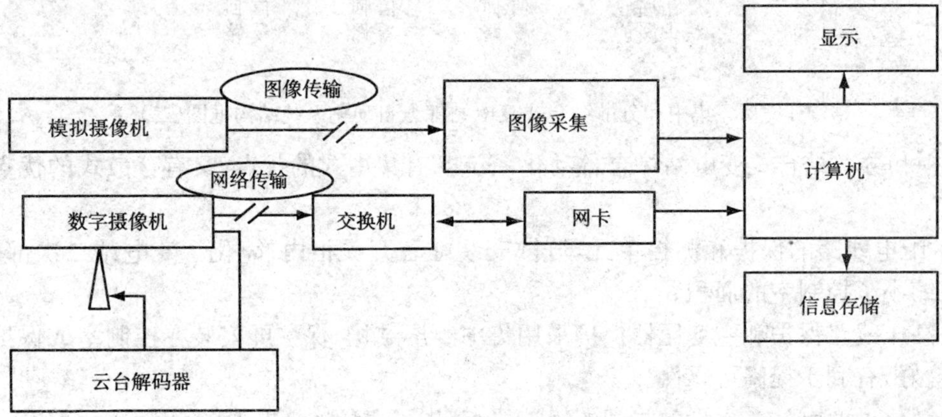

图 8-15　变电站视频监控结构图

（二）变电站视频监控系统配置

图 8-16 是一个典型的变电站视频监控系统配置，整个系统分为主控端和被控端两大部分。

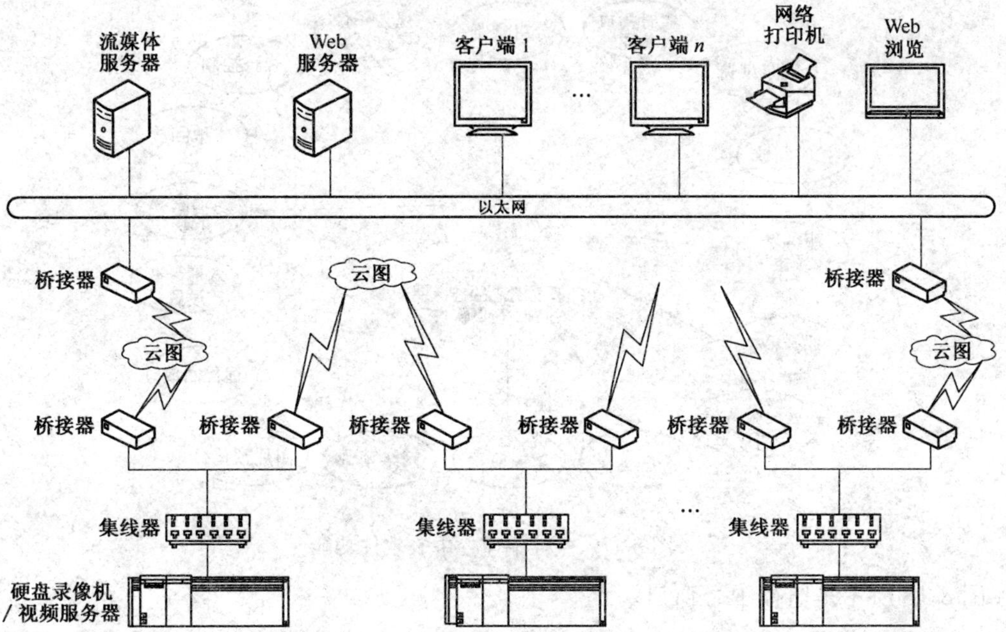

图 8-16　变电站视频监控系统配置图

(三)变电站视频监控系统主控端的硬件设备和软件功能

以太网上部分就是主控端系统。操作员可以通过客户端或 Web 浏览器,对远程数字硬盘录像机/数字视频服务器上的数据进行访问,并且可以通过友好的人机界面实现对终端设备的控制(如云台、快球),还可以接受终端报警信息,通过打印设备对操作日志、报警日志、事件日志等事件进行打印,便于更好的分析和确定事故责任。

1. 主控端的硬件设备

主控端的硬件设备主要有服务器、Web 服务器、客户机、Web 浏览计算机和网络打印机,都通过网络实现资源的共享和操作,操作员通过客户端和 Web 浏览器对远方终端进行控制。

(1) 服务器。服务器上安装有数据库,记录和管理分布在远方的所有数字硬盘录像机/数字视频服务器以及报警信息;同时提供流媒体服务器;流媒体主要是解决多个用户同时访问同一数字硬盘录像机/数字视频服务器上的数据时造成广域网拥挤,影响视频接受的问题。

(2)Web 服务器。Web 浏览主要是从 Web 服务器获得监控页面,Web 服务器上存储了浏览器所需要的运行组件,负责发布带有相应控制的页面。

(3)客户机。通过客户机访问数字硬盘录像机/数字视频服务器的方式,用户通过客户机可以对视频进行预览和控制。

(4)Web 浏览计算机。用户可以通过网页浏览器打开监控页面,从网页中可以对多个通道的视频进行预览和控制。

(5)网络打印机。通过网络打印机用户可以打印需要的信息,便于存储后更好的分析。

2. 主控端监控中心软件功能

主控端监控中心软件功能如图 8-17 所示,主要有:实时浏览、实时播放截图、分组预览、视频图像参数设置、云台控制、服务器录像、录像下载、图片检索、本地参数设置、远程服务器参数设置、本地录像、录像检索、服务器状态查询、网络预览、图片预览、远程回放、按时回放、本地回放等功能。

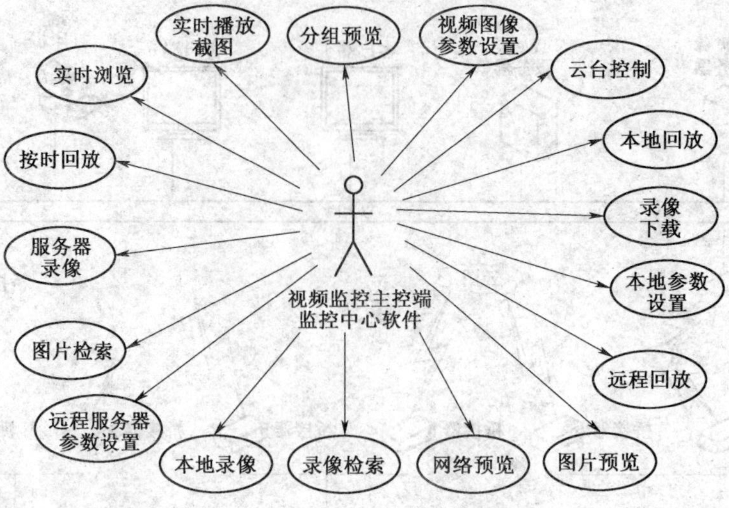

图 8-17　主控端监控中心软件功能

图 8-18 所示是监控中心窗口。

图 8-18　监控中心窗口

（四）变电站视频监控系统被控端的硬件设备和软件功能

1. 被控端的硬件设备

被控端设备主要由三个部分组成，分别是现场信号采集设备、数字录像机/数字视频服务器和网络传输设备部分。

(1) 现场模拟信号采集设备,如:摄像机、烟感探测器、温感探测器、玻璃破碎探测器、红外对射器、门磁、目帘等设备。

(2) 数字录像机/数字视频服务器,是集数字录像机和数字视频服务器为一体的设备,在该设备中数字视频服务器主要负责视频信号流、报警信号流和控制信号流的采集、处理和传输,该设备的数字录像机主要完成录像功能。

(3) 网络传输部分,主要负责把被控端数字录像机/数字视频服务器里的数据通过网络传输,有交换机、网桥、路由器等网络设备。

2. 被控端的软件功能

数字录像机/数字视频服务器多采用功能强大的嵌入式软件,主要功能有:

(1) 压缩功能:能对输入的模拟视频和音频信号进行数字化采样,然后对采样的数据进行压缩。

(2) 录像功能:能把数字化后压缩的视频和音频信号记录到硬盘上,并具备多种录像触发方式。如手动录像、计划录像、报警录像、移动侦测录像。

(3) 备份功能:能把记录在硬盘上的视频和音频信号通过外部接口(如 USB、IEEE1394 等)备份到各种移动介质上。

(4) 网络功能:能将压缩或记录在硬盘上的视频和音频信号通过网口输出。

(5) 云台镜头控制:能通过控制键盘、硬盘录像机面板或网络来控制云台、镜头。

(6) 报警输入输出:能接收、处理和输出报警信号,具备报警联动功能。

(7) 键盘支持:可以通过控制键盘来控制一台或多台硬盘录像机。

第四节　远动通信系统

一、远动通信基本概念和术语

通信设备分成两种基本类型,如终端这样输出数据的通信数据终端设备,称为 DTE(Data Terminal Equipment);又如调制解调器这样的输入数据的通信设备,称为 DCE(Data Communication Equipment)。除此之外在远动通信系统中还有连接调度端与变电站远方终端单元(Remote Terminal Unit,RTU)之间的数据通道,即通信通道,通道分数字通道和模拟通道两种,数字通道有光纤通道、ISDN(一线通)等,模拟通道有电话线复用载波通道等。传统的牵引供电远动系统多采用模拟通道,采用模拟通道传输数字信号信息要采用调制解调器等通信设备。计算机之间通信,一般分为并行方式和串行方式,而串行方式又分为同步方式和异步方式,作为远动通信,通常采用异步方式。串行传输按信息传输方向和时间可分为单工通信、半双工通信和全双工通信三种方式,单工通信是指仅能在一个方向传输信息,不能反方向传输;半双工通信是指信息可以双向传输,但不能同时传输,在任一通信时刻,只能向一个方向传输;全双工通信是指通信双方可同时进行双向传输信息,两个传输方向完全独立。

帧:在串行异步通信的情况下,数据之间的传输是以字节为单位进行传输的,构成一个字节的那些数据单元被称为数据位,在数据位的前、后加上起始位、停止位和奇偶校验位。这个过程被叫做成帧。

起始位:起始位总是加在帧开始,提醒接收设备接收数据开始,起到同步作用。一个起始位是一个 SPACE 或二进制 0。

数据位：一个字符所使用数据位数根据不同协议而不同，称这些位数为字符位数据或字长。通常是8位或7位。数据位被传输时是从一个字符的最低数据位开始，最高数据位在最后。

奇偶校验位：奇偶校验是检验正在传输的数据是否正确被接收的一种方法。发送设备将根据数据位的内容附加一个位0或1，接收设备检查此奇偶校验位是否还保持与其他位的正确关系。

停止位：在每个帧的末尾总要发送一个停止位。这个停止位可以是1位、1.5位或2位。最常用的是1位。

二、常用的远动通信信道

在实际应用中通常采用的远动通道有：架空明线或电缆；电力线载波信道；光纤信道；微波信道等。

1. 架空明线或电缆

架空明线或电缆是专用有线信道，其中电缆信道使用较多。常用的电缆类型是由多根相互绝缘的导体，按一定的方式绞合而成的线束，其外面包有密闭的外护套，必要时还有外护层进行保护。音频电缆是联系调度所与载波终端站的中间环节，也是调度所与近距离发电厂、变电站之间的主要通信方式。

2. 电力线载波信道

利用架空电力线路导线作为信息传输的媒介，是电力系统特有的一种通信方式，具有高度的可靠性和经济性，且与调度管理的分布基本一致，因此它是电力系统的基本通信方式之一，也是目前电力系统的主要通信方式，但这种通信方式，由于可用频谱的限制，不能满足全部需要。通信频率主要有300 bit、600 bit、1 200 bit等。

3. 光纤信道

利用光波作为传输媒介，借助于光纤维进行通信。光纤通信具有通信容量大、通信质量高、抗电磁干扰、抗核辐射、抗化学侵蚀、重量轻、节省有色金属等一系列优点。

4. 微波信道

微波通信方式是在一定范围内以大气为媒介进行直线传播的一种通信方式。这种通信方式传输比较稳定可靠，通信容量大，噪声干扰小，通信质量高，适宜作为通信干线。其主要缺点是一次投资大，电路传输有衰减，远距离通信需要增设中继站，当地形复杂时，选站比较困难。

三、IEC 60870-5系列通信协议

（一）IEC 60870-5系列传输协议

20世纪90年代，国际电工委员会IEC TC 57工作组陆续为变电站和调度中心之间传输远动信息制定了国际标准IEC 60870-5系列传输协议，它借鉴了网络通信协议的分层技术，将协议分为链路层和应用层两层。链路层用IEC 60870-5-1、IEC 60870-5-2描述；应用层的基础部分由IEC 60870-5-3、IEC 60870-5-4、IEC 60870-5-5描述。应用层直接映射到链路层。IEC 60870-5系列协议根据应用领域定义了一系列配套标准：IEC 60870-5-101基本远动任务配套标准（我国电力行业标准DL/T 634-1997非等效采用该标准）；IEC 60870-5-102电力系统电能计量传输配套标准（我国电力行业标准DL/T 719-2000等同采用该标准）。这些国际标准完全满足电力系统中各种网络拓扑结构对非平衡式和平衡式传输远动信息的需要，得到了广泛的应用。

IEC TC 57 工作组又在 IEC 60870-5-101 的基础上，制定了 IEC 60870-5-104——采用标准传输协议子集 IEC 60870-5-101 的网络访问协议。因此只要 RTU 或变电站自动化系统采用了 IEC 60870-5-101 传输协议，若在 RTU 或变电站自动化系统和调度中心之间通过网络传输远动信息，应用服务数据单元几乎无需变化，只需增加相应的网络硬件和软件，开发的工作量非常小，易于实现和推广。

IEC TC 57 工作组还制定了 IEC 60870-5-103 继电保护设备信息接口配套标准（我国电力行业标准 DL/T 667-1997 等同采用该标准）和 IEC 61850 变电站通信网络和系统标准。

2000 年 6 月，IEC TC 57 SPAG 会议决定以 IEC 61850 标准作为制定电力系统无缝通信系统体系标准的基础，实现将来的统一传输协议。

（二）IEC 60870-5-101 基本远动任务配套标准

IEC TC 57 工作组为变电站和调度中心之间传输远动信息制定了传输规约 IEC 60870-5 系列国际标准，又制定了一系列配套标准，其中的第 101 篇：IEC 60870-5-101 基本远动任务配套标准，即我国电力行业标准 DL/T 634-1997，简称 101 规约（2002 年出版第 2 版 DL/T 634.5101-2002）。

传统的远动通信规约一般不分层，而 IEC 60870-5 系列远动规约分为以下两层：链路层，由 IEC 60870-5-1 和 IEC 60870-5-2 描述；应用层，基础部分由 IEC 60870-5-3，IEC 60870-5-4，IEC 60870-5-5 描述。网络层、传输层、会话层、表示层都为空层，应用层直接映射到链路层。

IEC 60870-5-101 基本远动任务配套标准就是针对 IEC 60870-5 系列标准中 FT1.2 异步字节传输帧格式，对物理层、链路层、应用层、用户进程作了大量具体的规定和定义。为了使兼容远动设备之间进行互换，IEC 60870-5-101 还对类型标识和传送原因等规定了严格的定义，也允许在其定义之外由制造厂和用户另行定义，但对其严格定义的内容，兼容远动设备不得违反。

表 8-1　可变帧长帧格式

启动字符(68H)
L
L 重复
启动字符(68H)
控制域(C)
链路地址域(A)
链路用户数据(可变长度)
帧校验和(CS)
结束字符(16H)

传输方式分为非平衡方式和平衡方式传输两种。

非平衡方式传输：只有主站启动各种链路传输服务，并且子站在主站请求时才传输。这种传输方式对于所有网络结构都可适用。但是在点对点和多点对点的网络结构中，非平衡方式传输没有充分发挥这种网络的内在潜力。

平衡方式传输：主站和子站可以同时启动链路传输服务，所以必须有一对全双工的通道。

（三）IEC 60870-5-101 规约的帧格式

101 规约的数据帧格式有两种，分别为可变帧长帧格式和固定帧长帧格式。

表 8-2　固定帧长帧格式

启动字符(10H)
控制域(C)
链路地址域(A)
帧校验和(CS)
结束字符(16H)

1. 可变帧长帧格式

可变帧长帧格式见表 8-1，启动字符为 68H，结束字符为 16H，并且由于链路用户数据长度可变，故总帧长可变。

2. 固定帧长帧格式

固定帧长帧格式见表 8-2，启动字符为 10H，结束字符为 16H，总帧长固定。

其中控制域的定义见表 8-3。

表 8-3　控制域的定义

<table>
<tr><th></th><th>D7</th><th>D6</th><th>D5</th><th>D4</th><th>D3 D2 D1 D0</th></tr>
<tr><td>主站→子站</td><td rowspan="2">0
DIR
传输方向位
1</td><td rowspan="2">1
PRM
启动报文位
0</td><td>FCB
帧计数位</td><td>FCV
帧计数有效位</td><td rowspan="2">功能码</td></tr>
<tr><td>子站→主站</td><td>ACD
要求访问位</td><td>DFC
数据流控制位</td></tr>
</table>

控制域可由报文的传输方向分为由主站启动传输过程使用的控制域 C1 和由子站启动传输过程使用的控制域 C2。以下以 C1 为例说明控制域的各位的定义，C2 与之类似。

传输方向位 DIR：DIR＝0，表示报文是由主站向子站传输；DIR＝1，表示报文是由子站向主站传输。

启动报文位 PRM：PRM＝1，表示主站为启动站；PRM＝0，表示子站为启动站。

帧计数位 FCB：主站向同一个子站启动新一轮传输时，将 FCB 位取相反值，主站为每一个子站保留一个帧计数位的拷贝，若超时没有从子站接收到所期望的报文，或接收出现差错，则主站不改变帧计数位的状态，重复传送原报文，重复次数为 3 次。若主站正确收到子站报文，则该一轮的传输服务结束。

帧计数有效位 FCV：FCV＝0，表示帧计数位(FCB)的变化无效；FCV＝1，表示帧计数位的变化有效。发送/无回答服务、重传次数为 0 的报文、广播报文时无需考虑报文丢失和重复传输，无需改变帧计数位(FCB)的状态，因此这些帧的计数有效位为 0。

要求访问位 ACD：ACD＝1，表示子站希望向主站传输 1 级数据。

数据流控制位 DFC：DFC＝0，表示子站可以继续接收数据；DFC＝1，表示子站数据区已满，无法接收新数据。

功能码则标志了报文的帧类型、业务功能等信息，最多可以有 16 个。

(四)IEC 60870-5-101 规约的链路传输规则

101 规约采用窗口尺寸为 1 的链路传输规则，即由主站向子站触发一次传输服务，或者成功完成，或者报告产生错误，之后才能开始下一轮的传输服务。对于发送/确认和请求/响应传输服务在传输过程中收到干扰，用等待－超时－重发或等待－超时方式发送下一帧。本标准内采用的链路服务级别为 3 级，如表 8-4 所示。

表 8-4　链路服务级别

链路服务级别	功　能	用　处
S1	发送/无回答	由主站向子站发送广播报文
S2	发送/确认	由主站向子站设置参数和发送遥控、设点、升降和执行命令
S3	请求/响应	由主站向子站召唤数据，子站以数据或事件数据回答

1. 发送/无回答(SEND/NO REPLY)服务

(1) 服务原语。

主站：链路层从用户接收请求原语 REQ(SEND/NO REPLY)，若链路层可以传输即开始数据传输，若链路层不能传输，则链路层回送一个否定确认原语给用户。

子站：若链路层收到数据后，向子站用户发出指示原语并将接收到的报文给用户。

(2) 传输规则。只有在前一轮服务结束之后，才能开始新一轮的发送。

2. 发送/确认(SEND/CONFIRM)服务

(1) 服务原语。

主站：链路层从主站用户接收到请求原语 REQ(发送/确认、重传次数)触发一次发送/确认(SEND/CONFIRM)过程，若不能传送报文，链路层向主站用户回送一个否定确认原语(否定发送/确认 NEG SEND/CONFRM、差错状态)。

主站从子站收到否定确认，链路层将否定确认原语送给主站用户。当达到最大的重传次数，传送还未成功，链路层将否定确认原语送给主站用户。

主站从子站接收到确认，链路层将确认原语送给主站用户。

子站：从主站接收到报文，该站链路层向子站用户发出一个传送报文数据的指示原语。

(2)传输规则。只有在前一轮传输结束之后，才能开始新一轮的发送；当子站正确收到主站传送的报文时，子站立即向主站发送一个确认帧；若子站由于过载等原因不能接收主站报文时，子站则应传送忙帧给主站。

3. 请求/响应(REQUEST/RESPOND)服务

(1)服务原语。

主站：链路层在前一轮传输过程结束之后，从用户接收请求原语 REQ(请求/响应 REQUEST/RESPOND、重传次数)，触发一次请求/响应传输，若链路层不能传输，则链路层向用户回送一个否定确认原语否定请求/响应、差错状态)。

若主站从子站接收到响应报文，链路层送一个确认原语 CON(响应请求)给用户。

若主站从子站接收到否定确认，即子站没有所要求的数据，则链路层送一个否定确认原语(对请求的否定响应、差错状态)给用户。

若主站已达到重传次数而没有收到子站的回答，链路层将否定确认原语 CON(对请求的否定响应、传输差错)给用户。

子站：当接收到一个请求帧即发出指示原语给用户，若有所请求的数据，则用户回答一个带数据的响应原语 RESP 给链路层，否则回送一个无所请求的数据的响应原语 RESP。

(2)传输规则。只有在前一轮传输过程结束之后，才能触发新一轮的请求帧(REQUEST帧)。

子站接收到请求帧后，如有所请求的数据则发响应帧，如无所请求的数据则发否定的响应帧。

4. 等待一超时一重发和等待一超时

(1) 等待一超时一重发。主站未收到子站发过来的确认帧或响应帧，超时后按服务用户给定的重传次数重传原报文，直至等于重传次数为止。

(2)等待一超时。主站未收到子站发过来的确认帧或响应帧，超时后即结束这一次传输服务，启动新一轮传输服务。

四、IEC 60870-6 系列通信协议简介

IEC 60870-6 系列通信协议是国际电工委员会第 57 技术委员会第 7 工作组(IEC TC57 WG07)制定的一套与 ISO 和 ITU-T 兼容的用于电力系统控制的计算机数据通信协议。IEC 60870-6 系列中先后出了 TASE. 1 (Tele-control Application Service Element)和 TASE. 2 两个互不兼容的通信协议体系，现在 TASE. 2 已经取得了主导地位，成为广泛使用的国际标准，

TASE. 2 也称为 ICCP (Inter Control-Center Communication Protocol)即 SCADA/EMS 等电网调度控制中心之间的通信协议。这套协议实际上不只用于电力调度控制中心之间的通信，也用于大型变电站与电网调度控制中心之间的通信，我国已决定将 IEC 60870-6 系列等同采用为电力行业标准。

五、UCA 通信协议体系简介

UCA (Utility Communication Architecture)即公共设施通信协议体系，是由美国电科院(EPRI)主持制定的一套通信协议。UCA 通信协议体系具有广泛的适用性，该体系不但适用于电力系统也适用于自来水、煤气等公共设施行业的监控通信。美国电科院制定 UCA 通信协议的初衷是想通过协议的标准化来解决不同厂商设备之间的互操作(Interoperation)问题。UCA 通信协议体系主要由两部分组成：

1. 现场设备模型(Field Device Model)

这部分由变电站及配电设备通用对象模型(GOMSFE)和通用服务模型(CASM)组成。GOMSFE 采用面向对象建模方法为变电站及配电系统中的 RTU、有载调压、继电保护等设备定义了标准数据模型及处理方法。CASM 定义了 UCA 体系中设备模型的通用服务模型及这些模型与 MMS 之间的映射关系。

2. 实时数据库信息交换(ICCP)

在 UCA 体系中，这部分被称为 TASE. 2 (Tele-control Application Service Element 2)，在北美地区也叫 ICCP，由以下 3 个文件组成：

(1)TASE. 2 Service and Protocol 。该文件给出了与遥控、数据访问、报告等功能有关的基本服务和协议，并给出了它们与 MMS 之间的映射关系。

(2)TASE. 2 Object Models。该文件给出了与 SCADA、电厂发电调度、负荷预测等有关的对象模型，并给出了这些模型与 MMS 之间的映射关系。

(3)TASE. 2 Application Profile。这部分主要给出了 EMS，SCADA 等控制中心之间信息交换的通信协议规范。

UCA 通信协议体系本身并不是国际标准，但是它与 IEC 的一些标准有着重要的联系：UCA 通信协议体系中的 ICCP 被 IEC 采用，成为 IEC 60870-6 系列；UCA 通信协议体系中的 Field Device 模型被吸收到 IEC 61850 协议体系中。UCA 通信协议体系对后续国际标准的最大贡献在于方法论，该体系所采用的面向对象建模技术、MMS 技术等先进技术都被 IEC 在制定 IEC 60870-6，IEC 61850 时广泛采用，这无疑对后续协议体系的发展产生了重要的影响。

六、IEC 61850 系列通信协议简介

IEC 61850 是国际上关于变电站自动化系统的第一个完整的通信标准体系，其目标是解决变电站自动化系统的内部通信问题，对应用功能和通信之间中心接口标准化，从而在不同的制造商之间实现良好的互操作性，以适应通信及应用技术的快速发展。它采用面向对象的建模技术，使数据对象具有自描述的特性，使不同厂商的自动化设备实现互操作和系统的无缝集成成为可能。与传统通信协议体系相比，在技术上 IEC 61850 有如下突出特点：

(1)对象建模技术；

(2)分层、分布体系；

(3)抽象通信服务接口(ACSI)和特殊通信服务映射(SCSM)技术；

(4)MMS技术；

(5)互操作性；

(6)未来的、开放的体系结构。

该标准表现出的优越性，使得其从开始起草就受到了国内外的广泛关注，西门子、ABB和阿尔斯通等国际著名厂商更是投入了大量的人力物力进行IEC 61850产品的研发，以期能够占领变电站自动化技术的制高点，在未来的市场中抢得先机。目前国外大公司对IEC 61850的研究已经成熟，并且初步推出IEC 61850的产品。国内许多电力企业也在调研，希望将来采用IEC 61850标准达到降低系统的集成费用和维护成本，提高系统的可靠性，这将对未来的变电站自动化领域的技术发展产生深远影响。

七、IEC 61970系列通信协议简介

IEC 61970系列标准，又称为能量管理系统应用程序接口(EMS-API)。它的最初草案是接受了美国EPRI CCAPI项目的成果。在1994年7月的CCAPI会议上，项目组开始以美国电科院的操作员培训仿真系统EU300为基础建立公共信息模型(Common Information Model,CIM)，在1996年被国际上接受作为CIM的初始草案，而国外的EMS开发商也开始关注和使用CIM。到2002年，工作组在原来吸收了对象管理组织OMG的DAF的基础上，又吸收了美国CCAPI的通用接口定义以及互操作实验的成果等作为组件接口规范CIS，而直到现在CIM和CIS仍在不断的修改和完善中。

在国外，IEC TC57 WG13工作组一直致力于IEC 61970系列标准的完善和实验。目前，IEC 61970标准的CIM Base部分已是正式的，其余部分也日趋完善。国外的EMS-API互操作实验进行了多次，前面主要是针对CIM部分的，后面主要是基于CIS部分的。我国在IEC 61970标准的研究上一直紧跟国际步伐，也进行了多次互操作实验。

同时，IEC 61970标准已被ABB，Alstom，Siemens，SISCO和ICL等开发商用于SCADA监控、能量管理系统和调度员培训仿真等多种应用。在国内，几乎所有的省调和大型地调的招标文件中都有遵循IEC 61970标准系列的要求，南瑞、电科院、东方电子、清华大学和鲁能积成电子公司等EMS开发单位都在研制基于IEC 61970标准的新一代调度自动化系统。浙江金华地区电网的能量管理信息系统就是国内IEC 61970标准成功应用的典型。

复习思考题

1. 电气化铁道牵引供电远动系统的主要作用和功能是什么？

2. 远动系统由哪几部分组成？相互关系如何？

3. 远动系统的功能与变电站(所)综合自动化系统的功能上有何主要异同？

4. 遥测量与遥信量有何不同？你认为牵引变电所哪些量属于遥信量，哪些量属于遥测量？

5. 牵引变电所为什么要实施遥控操作？遥控操作时要注意些什么？

6. 你如何看待IEC 60870-5、IEC 61970、IEC 61850等国际规约在国内牵引供电远动及综合自动化系统中的应用情况？为什么？

第九章　电力机车与动车组

第一节　概　　述

机车是铁路运输的牵引动力。铁路车辆大都不具备动力装置，需要把客车或货车连挂成为车列，由机车牵引沿着钢轨运行。在车站上，车辆的转线以及货场取送车辆等各项调车作业，也都要由机车完成。

电力机车本身不携带能源，靠接受接触网送来的电流，由牵引电动机来驱动机车的车轮。电力机车具有功率大、热效率高、速度快、过载能力强和运行可靠等主要优点，而且不污染环境，特别适用于运输繁忙的铁路干线和隧道多、坡度大的山区铁路。

电力机车是从接触网上获取电能的，接触网供给电力机车的电流有直流和交流两种。由于电流制不同，所用的电力机车也不一样，基本上可以分为直-直流电力机车、交-直流电力机车、交-直-交流电力机车三类。

直-直流电力机车采用直流制供电，牵引变电所内设有整流装置，它将三相交流电变成直流电后，再送到接触网上。因此，电力机车可直接从接触网上取得直流电供给直流串励牵引电动机使用，简化了机车上的设备。直流制的缺点是接触网的电压低，一般为 1 500 V 或 3 000 V，接触导线要求很粗，要消耗大量的有色金属，加大了建设投资。

交-直流电力机车大多数都采用工频(50 Hz)交流制。在这种供电制下，牵引变电所将三相交流电变成 25 kV 工频单相交流电，而把交流电变成直流电的任务则在机车上完成。这种方式由于接触网电压比直流制时提高了很多，接触导线的直径可以相对减小，从而减少了有色金属的消耗和建设投资。因此，工频交流制得到了广泛采用，世界上绝大多数电力机车都是交-直流电力机车。

采用直流串励电动机的最大优点是调速简单，只要改变电动机的端电压，就能很方便地在较大范围内实现对机车的调速。但是这种电机由于带有整流子，使制造和维修很复杂，体积也较大。而交流无整流子牵引电动机(即三相异步电动机)在制造、性能、功能、体积、重量、成本及可靠性等方面远比整流子电机优越得多。它之所以迟迟不能在电力机车上应用，主要原因是调速比较困难。改变端电压不能使这种电机在较大范围内改变速度，而只有改变电流的频率才能达到目的。因此，只有当电子技术和大功率晶闸管变流装置得到迅速发展的今天，才能生产出采用三相交流电机的先进电力机车。交-直-交电力机车从接触网上引入的仍然是单相交流电，它首先把单相交流电整流成直流电，然后再把直流电逆变成可以使频率变化的三相交流电供三相异步电动机使用。这种机车具有优良的牵引能力，很有发展前途。

把动力装置分散安装在每节车厢上，使其既具有牵引力，又可以载客，这样的客车车辆叫做动车。而动车组就是几节自带动力的车辆和几节不带动力的车辆编成一组。

带动力的车辆叫动车，不带动力的车辆叫拖车。动车组技术源于地铁，是一种动力分散技术。一般情况下，我们乘坐的普通列车是依靠机车牵引的，车厢本身并不具有动力，是一种动力集中技术。而采用了“动车组“的列车，车厢本身也具有动力，运行的时候，不光是机车带动，车厢也会“自己跑”，这样把动力分散，更能达到高速的效果。

作为一种适合铁路中短途旅客运输的现代化交通工具，动车组的分类有多种：按照传动类型，可分为电动车组和内燃动车组；按照动力形式，可分为动力集中型和动力分散型；按照传动方式，又可划分为电传动和液力传动两种类型。

由于动车组可以根据某条线路的客流量变化进行灵活编组，可以实现高密度小编组发车以及具有安全性能好、运量大、往返不需掉转车头、污染小、节能、自带动力等优点，受到国内外市场的青睐，被誉为21世纪交通运输的“新宠儿”。

第二节　电力机车

一、电力机车的发展概况

电力机车的发展历史是从直流制到交流制，其中交流制又是从单相交流制到三相交流制的。

1. 直流制

20世纪30年代以前，大多数国家的电气化铁路采用的是直流电力机车。电力机车从接触网上获得的是直流电，而接触网上的直流电是由在牵引变电所里把交流电变成直流电后再送到接触网上的。其原理如图9-1所示。

直流制接触网电压有600 V(城市电车)、750 V（城市地下铁道)、1 500 V(城市地下铁道和矿山)和3 000 V(矿山和铁路干线电力机车)。电力机车的启动和调速主要靠调压变阻器及牵引电机的串联与并联来实现的。

2. 单相交流制

从20世纪50年代中期开始，电气化铁路向单相工频交流制发展。我国的铁路电气化建设正是从这个时期开始。第一段电气化铁路宝(鸡)成(都)线上的宝(鸡)—凤(州)段最初是按直流制设计的，后来经过反复论证比较改为单相工频交流制，使我国电气化铁路一起步就跨入了世界先进行列。

单相工频交流制的接触网额定电压为25 kV，经机车顶部的受电弓将电能引入机车，每台机车上装设有一套把交流电变换成直流电的整流装置，变压整流成直流电后供给牵引电动机，其原理如图9-2所示。

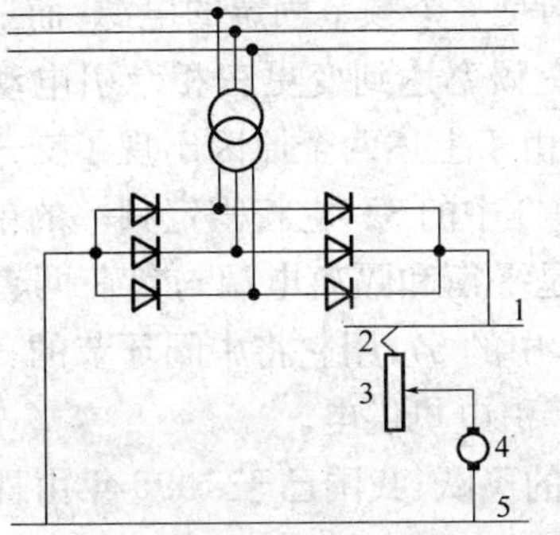

图9-1　直流电力机车原理图

1—接触网；2—受电弓；3—调压变阻器；4—直流牵引电动机；5—钢轨

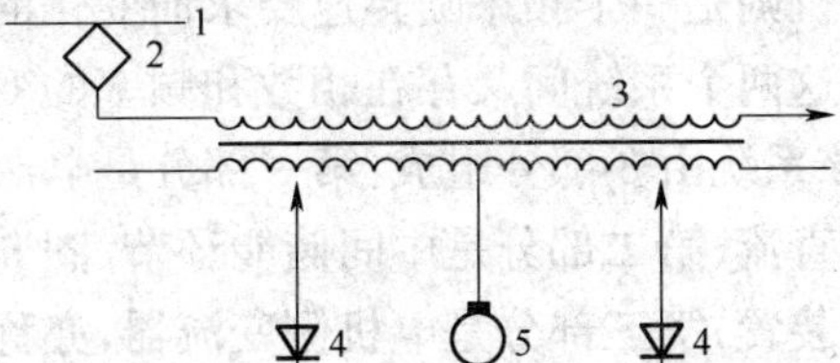

图9-2　单相交流电力机车原理图

1—接触网；2—受电弓；3—变压器；4—整流器；5—直流串励牵引电动机

3. 三相交流制

上述直流制、单相交流制均采用直流串励牵引电动机。这种电机因带有整流子，在制造和维护检修等方面均较复杂。而交流无整流子牵引电动机(即三相异步电动机)在制造、性能、功率、体积、重量、成本、维护及可靠性等方面远比整流子电机优越得多。以前，由于技术上还不能很好的解决大功率交流异步电动机的经济调速问题，所以这种电机在牵引方面未得到很快的发展。相反，长期以来各种牵引电机几乎都为整流子牵引电机所占领。

由于电力电子技术和晶闸管(即可控硅)变流装置的迅速发展，特别是大功率晶闸管性能不断的提高和半导体集成电路的迅速发展，以及可关断晶闸管(GTO)在大功率变流装置上的广泛应用，为交流电机变频调速提供了新的技术途径。三相交流制又称交-直-交系统，其原理如图 9-3 所示。

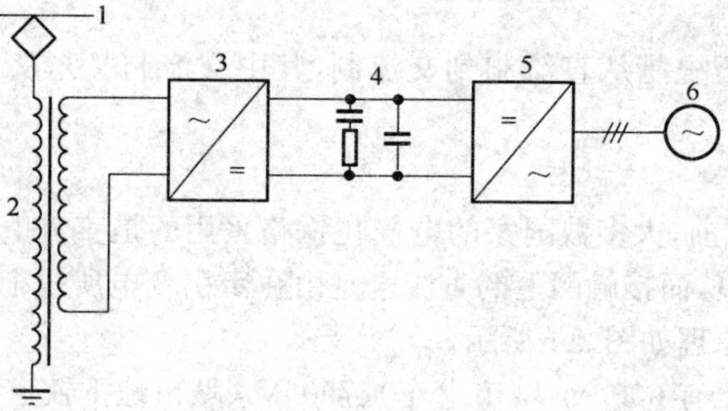

图 9-3　交-直-交电力机车原理图

1—接触网；2—变压器；3—电源侧变流器；4—中间储能环节；
5—电机侧变流装置(逆变器)；6—三相牵引电动机(三相异步电动机)

从图 9-3 中可以看出，交-直-交电力机车仍是由接触网供给单相交流电，而牵引电动机为三相异步电动机，要调节异步电动机的转速，目前比较理想的方法是改变交流电的频率，所以这种电力机车首先把单相交流整流成直流，然后再把直流逆变成可以使频率变化的三相交流电，供异步电动机使用。

所谓交-直-交系统，是指牵引功率传递过程中电能在形式上的变化。三相交流电机基本上是一个平稳的功率负荷，而单相电网是一个脉动的功率电源，所以这种电源系统与三相电机负荷之间必须有一个电能平衡装置。另一方面，单相电网是一个频率固定的电源，而三相牵引电动机则是一个频率随转速要求而变化的系统(即用改变频率达到变更三相牵引电动机的转速)，这两个系统间又存在相数和频率的变换问题。正是由于上述两个原因出现了交-直-交系统，该系统由 3 部分组成：第一部分是电源侧变流器(图 9-3 中的 3)，它将固定频率的单相电源变为直流；第二部分是中间储能环节(图 9-3 中的 4)，它是平衡和隔离电源与负荷两者之间的过渡装置；第三部分是电机侧变流器，亦称逆变器(图 9-3 中的 5)，用它将中间环节的直流电变为可以平滑调整频率和电压的三相交流电源，并向三相牵引电机供电。

交-直-交传动系统应用到电力机车上显示出技术上的飞跃，我国已于 1996 年由株洲电力机车厂制造成功了交-直-交原形机车，今后机车电传动技术必将有一个快速发展。目前，国外(如法国)已经采用了单相电源不经中间的直流环节，而直接变换为频率可调的三相交流电，这就使电传动系统结构更为简单，机车重量也更轻，更有发展前途。20 世纪 90 年代以来，发达国家机车电传动已由交-直传动全面发展到交流传动，交-直传动的机车已停止生产。我国有关部门也已拟定规划，争取完成电力机车由直流传动到交流传动的转换。

下面对铁路上常用的交-直型电力机车及交流传动电力机车进行介绍。

二、交-直型电力机车

1. 直流串励电动机

电力机车上，将电能转换为机械能，主要是由牵引电动机来完成的。如前所述，无论是直-直型电力机车，还是交-直型电力机车，其牵引电机均为直流串励牵引电动机。

(1)直流串励电动机的工作特性。直流电动机由于励磁型式的不同，其持性各异。按励磁线圈接入电枢的方式不同分为串励、并励和复励。只有串励电动机才适合于电力牵引，其接线原理及特性如图 9-4 所示。

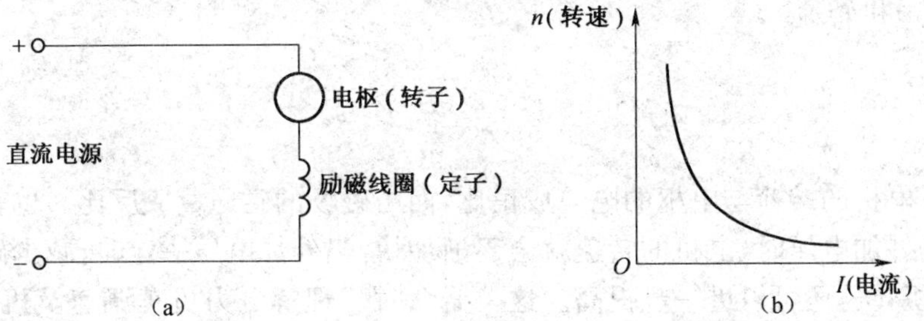

图 9-4　直流串励电机特性与原理图

(a)接线原理；(b)特性曲线

串励牵引电机具有人们常说的牛马特性。即上坡时，电流很大，速度可以很慢，但理论上不会停车(即特性曲线不会与横坐标相交)，即所谓的爬坡像牛一样的有劲；而在平直区段行驶时，电流很小，速度很快，理论上可以达到无限快(即特性曲线不会与纵坐标相交)，即所谓的平道行驶像马一样跑的快。

电动机的构造主要包括定子和转子两部分，如图 9-5 所示。

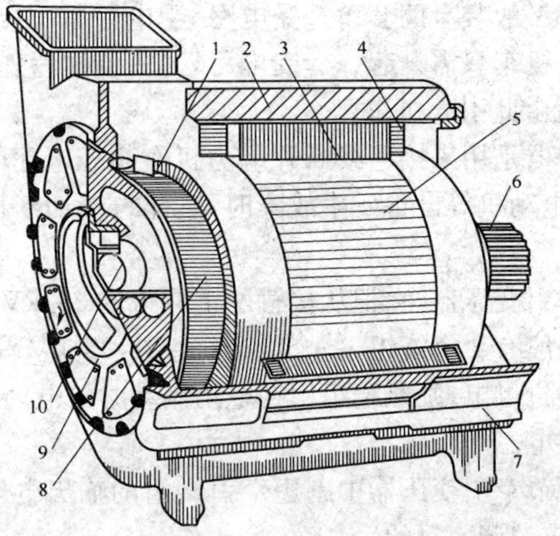

图 9-5　直流串励电动机

1—电刷；2——机体；3—磁极；4—电磁线圈；5—转子；

6—齿轮；7—抱轴承；8—换向器；9—滚珠轴承；10—转子轴

定子由机座、励磁绕组和电刷等组成，用来形成磁场。

转子又叫电枢，由电枢轴、电枢绕组和整流子等组成。定子上的电刷紧贴整流子，直流电由电刷经整流子而进入电枢绕组后，在定子形成的磁场作用下，使转子转动，将电能转变成机械能，并通过电枢轴上的主动齿轮传给动轮上的从动齿轮，使机车运行。

(2)直流串励牵引电动机的调速。当电动机的电枢(转子)在磁场内旋转时，电枢绕组内即产生感应电势，其值由下式求得

$$E=K\Phi n \tag{9-1}$$

式中 E——电机电势(近似电机外加电压)；

K——常数(对某一具体电机而言，极对数、导体数等确定后，K 为一定数)；

Φ——磁极的磁通量；

n——电机转速。

则

$$n\propto\frac{E}{\Phi} \tag{9-2}$$

这说明了电机的转速与电枢的电势成正比，而与磁场的磁通量成反比。也就是说：当逐渐提高电动机的外加电压时，电机的转速就会逐渐加快；当外加电压一定时，减少磁通(亦即减少励磁电流)电机转速还可以进一步提高。这一概念对于理解电力机车调速及机车高速下使用削弱磁场进一步提高机车运行速度极为重要。

电力机车上设有各种复杂的电气设备，而所有的电气设备，则分别安装在主电路、辅助电路和控制电路这三条电气回路中。下面以常见的 SS_8 型电力机车为例，介绍其各部分电路的组成及其作用。

2. 交-直型电力机车的主电路

主电路将产生机车牵引力和制动力的各种电气设备连成一个电系统，实现机车的功率传输。主电路中包括的电气设备主要有受电弓、主断路器、主变压器(即牵引变压器)、整流调压线路、电抗器、牵引电动机和制动电阻等。

(1)受电弓：机车顶部一般装有两套单臂受电弓，受电弓紧压接触网导线滑行摩擦从电网上取得电流。机车运行时机车只需升起一套受电弓，另一受电弓作为备用。接触网上送来的 25 kV 工频单相交流电就由此引入机车。

(2)主断路器：主断路器是用来接通或断开电力机车高压电路的。当主电路发生短路、接地或整流调压电路、牵引电动机等设备发生故障时，它能自动切断机车电源，实现对机车上设备的保护。

(3)主变压器：又称牵引变压器，它把从接触网上取得的 25 kV 高压电降低为牵引电动机所适用的电压。变压器一般有 4 个绕组：一个原边绕组接 25 kV 高压电；3 个副边绕组，其中牵引绕组用来向牵引电动机供电；励磁绕组用在电阻制动时给电动机提供励磁电流；辅助绕组用来给机车的辅助电机供电。

(4)调压开关：用来调节牵引变压器中副边牵引绕组的输出电压，从而使牵引电动机的端电压得以改变，以达到机车的调速目的。

(5)电抗器：由于牵引电动机本身的电感极小，不足以将整流后的电流滤平到所需要的范围。因此，在牵引电动机电路中串接一个增大电感的平波电抗器，以减小整流电流的脉动。

SS_8 型电力机车的主电路具有如下特点：

(1)主传动采用串励脉流电动机驱动。电动机的速度采用端电压无级调压和无级磁场削弱方式进行调速。

(2)电压调节采用三段半控桥相控整流无级调压;磁场削弱采用晶闸管分路的无级调节。因而机车在整个调速区内均是无级的。

(3)电动机的供电按转向架独立供电,即一组整流器对同一转向架的 2 台并联电动机供电。当一组整流器故障时,可保持机车 1/2 的牵引力;当 1 台电机故障时,可保持机车牵引力的 3/4。

(4)采用加馈电阻制动,在低速区可以有较大的制动力。

(5)电流、电压的测量采用传感器方式,可使高压与测量控制系统隔离。

(6)主电路中设有各级电流的短路和过载保护,过电压、接地、小齿轮滞缓等保护。

按照功能划分,主电路包括网侧电路、整流调压电路和磁场削弱电路、牵引电动机电路、制动电路,下面分别予以介绍:

(1)网侧电路。网侧电路如图 9-6 所示,网侧电路为 25 kV 高压电路。

单相工频交流电流从接触网流入升起的受电弓,经主断路器 QF、主变压器的高压绕组 AX,进入车体、轮对,经钢轨返回变电所。

高压电压互感器 1TV 是检测机车所在位置的接触网电压的电器,变比为 25 kV/10 0V,它接在主断路器之前。二次侧通过保护用自动开关 QA,接网压表 1PV、2PV 及电度表 PJ 的电压线圈,升起受电弓,就可判断接触网是否有电。

主断路器 QF 除接通和开断机车的总电源外,当主电路发生短路、过流、接地等故障时,还起最后一级保护作用。

在主断路器的隔离闸刀一端(71 号线)接有避雷器 F,用以抑制操作过电压及雷击过电压。

机车每一轴端装有接地电刷 1E～4E,用以构成回流电路,以防止电流流过车轴轴承产生电腐蚀。轮对的另一轴端装有速度传感器 SD1～SD4,用以检测轮对的转速。

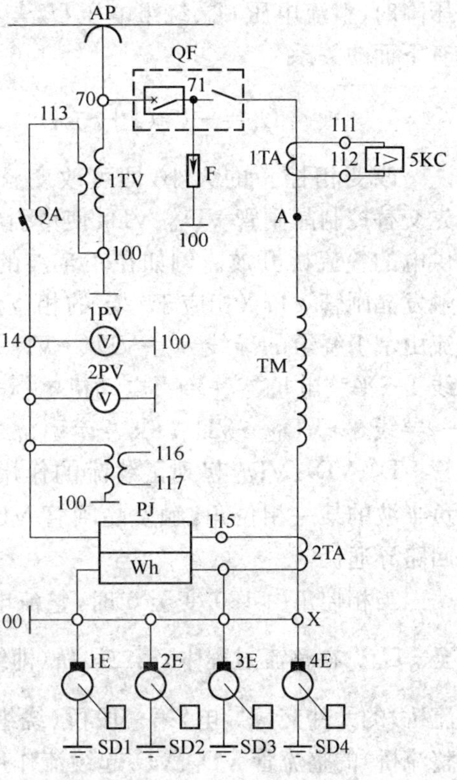

图 9-6　网侧电路原理图

(2)整流调压电路。电气化铁路上行驶的电力机车所需用的电源都是从接触网上供给的单相工频交流电。无论是交-直电力机车还是交-直-交电力机车,都有一个把交流电变成直流电的过程。这一任务是由机车上的整流机组来完成的。随着科学技术的发展,电力电子器件的广泛应用,电力机车的整流电路也在不断的改进。从最早试制采用的水银整流器(引燃管)中抽式全波整流桥,改进为用二极管取代引燃管的中抽式全波整流桥,由于调压方式仍采用以过渡电抗器作级位转换的低压侧调压开关调压,所以在过渡电抗器的跨接电路中会产生很大的环流。为克服这一难题,消除级位间转换电路中的环流,利用二极管的反向截止特性,组成过渡硅机组取代过渡电抗器。但是过渡硅机组结构比较复杂,在级位转换过程中,元件抗过电压的能力要求高，于是整流电路又作了改进，将中抽式整流电路改为单拍式双开口桥式整流调压电路。随着电力机车的升级换代，机车的整流电路又采用桥式全波整流、低压侧调压开关与晶闸管相控相结合的调压方式，实现了调压开关的平滑调压，减小了谐波分量并减轻了对通信的干扰。

随着牵引电动机的功率不断增大，电子元器件的性能和功能不断增强，电力机车的整流调压电路开始统一采用不等分三段桥顺序控制的相控调压方式，图 9-7 为一个单元整流调压的简化电路，总的调压方式是通过机车上的主变压器次边的牵引绕组的供电与晶闸管相控角的变化来实现。

网侧 25 kV 电压经主变压器降压，牵引绕组 $a_1-b_1-x_1$、a_2-x_2 的绕组电压已降至 686.8 V，其中 a_1-b_1、b_1-x_1 的绕组电压分别为 343.4 V。这些绕组与相应的整流元件构成了三段不等分整流桥。

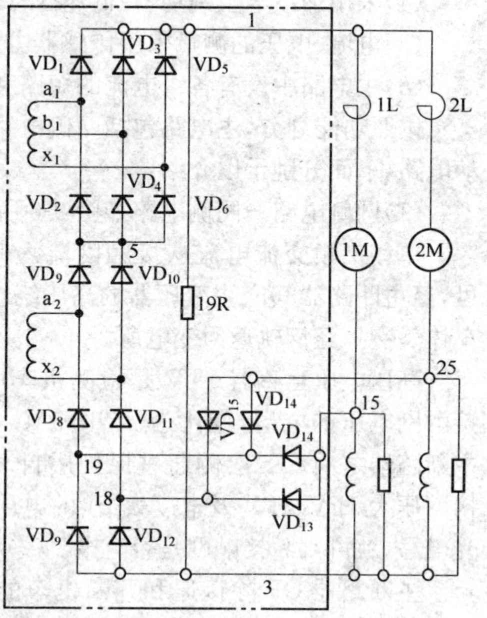

图 9-7　不等分三段桥相控整流调压电路图

对半控整流桥来说，在忽略电抗压降与电阻压降时，整流电压 U_d、绕组电压 U_2 与相控角 α 间有下面的关系

$$U_d=\frac{\sqrt{2}}{\pi}U_2(1+\cos\alpha)$$

改变相控角的大小，即可改变整流电压值。先交替控制晶闸管 VD_{10}、VD_{11} 使牵引绕组 a_2-x_2 供电的整流桥开放。例如在正半波的某一时刻，触发晶闸管 VD_{11}（相应于一定的相位角），这时电流由牵引绕组的导线 α_2→VD_7→VD_2→VD_1→导线 1→平波电抗器→牵引电动机电枢→励磁绕组→导线 3→VD_{12}→VD_{11}→x_2→牵引绕组→a_2，二极管 VD_1、VD_2、VD_{12} 起到了续流的作用。同理，在负半波的某一相位角，触发晶闸管 VD_{10}，电流则沿另一回路导通。

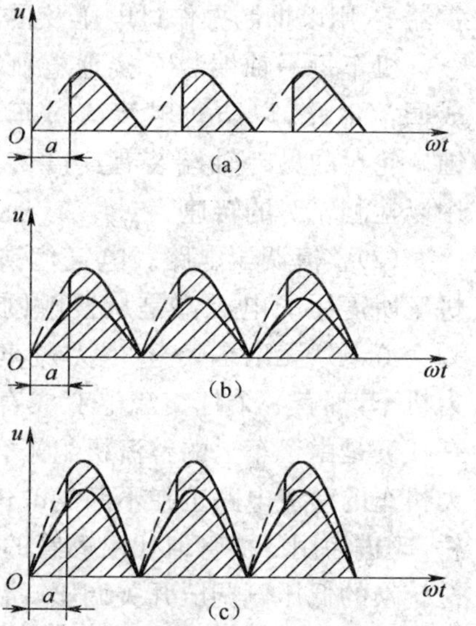

图 9-8　整流电压的波形

当相控角由 180°变至 0°时，整流电压由零逐渐上升至 $\frac{1}{2}U_d$。在整流过程中，第二段桥（即绕组 a_2-x_2 所连整流桥）的元件交替导电，第一段桥（绕组 $a_1-b_1-x_1$ 所连整流桥）的整流管 VD_1、VD_2 起续流作用。整流电压波形如图 9-8(a)所示。

当晶闸管 VD_{10}、VD_{11} 即将满开放时，投入绕组 a_1-b_1 段的整流桥，即交替触发晶闸管 VD_3、VD_4；同时继续减小晶闸管 VD_{10}、VD_{11} 的相控角直至满开放，即在电压过零点时触发晶闸管 VD_{10}、VD_{11}，这时控制晶闸管 VD_3、VD_4 的相控角，使电压继续上升。

当电源为正半周时，若在相控角 α 时触发晶闸管 VD_4，则电流由牵引绕组 a_1→VD_1→导线 1→平波电抗器

→牵引电动机电枢→励磁绕组→VD_{12}→VD_{11}→x_2→牵引绕组→a_2→VD_7→VD_4→b_1→牵引绕组→a_1。与上述不同的是有两段牵引绕组即 a_1-b_1、a_2-x_2 投入了工作。

当电源为负半周时，与上述不同的是整流元件 VD_2、VD_3 导电，VD_1、VD_4 截止。随着晶闸管 VD_3、VD_4 相控角的减小，整流电压将由 $\frac{1}{2}U_d$ 增大到 $\frac{3}{4}U_d$。整流电压波形如图 9-8(b)所示。

当绕组 a_1—b_1 段整流桥将满开放时，投入绕组 b_1—x_1 段的整流桥，其过程与前类似。整流电压由 $\frac{3}{4}U_d$ 增大至 U_d，整流电压波形如图 9-8(c)所示。

另外，当晶闸管未触发时，即在相控角 α 这一段时间内，牵引电动机的电流将通过二极管元件 VD_1、VD_2、VD_7、VD_8、VD_9 续流。

(3)牵引电动机电路。SS_8 型电力机车牵引工况的简化电路如图 9-9 所示。

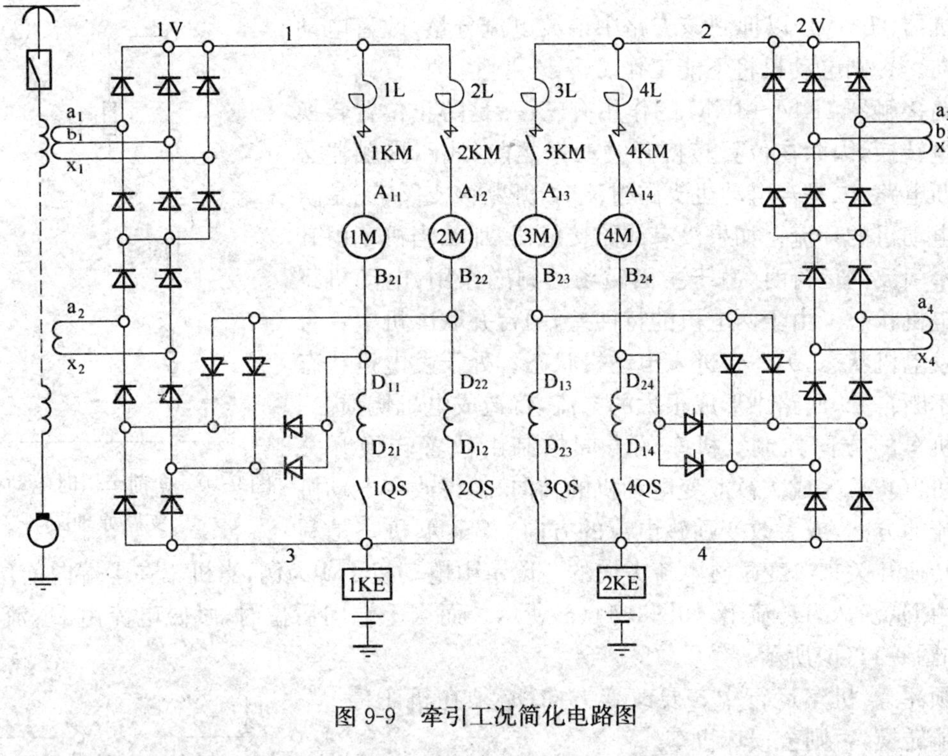

图 9-9　牵引工况简化电路图

由图可知，SS_8 型机车装有 4 台牵引电动机，每一电机各有一条电机支路。第一转向架的 1M 和 2M 牵引电动机支路并联，由主整流器 1 V 供电；第二转向架的 3M 和 4M 牵引电动机支路并联，由主整流器 2 V 供电，两组电路完全相同，并互不相关。

由于各电动机支路电气设备的连接相同，故仅以电动机 1M 支路为例予以说明。图 9-10 表示机车Ⅰ端向前牵引时的电路。

①牵引电动机绕组的连接。牵引电动机共有 4 个绕组，即电枢绕组、补偿绕组、附加极绕组和主极绕组。前 3 个绕组在电机出厂前已固定连接，暂称之为电枢绕组；因此对外连接的就只有电枢绕组和主极绕组，串励电机的转向取决于这两个绕组的连接方式。

由于同一转向架两台电动机为背向布置，其相对旋转方向应相反。以第一转向架前进方向为例，从电动机 1M 的非整流子侧(无齿轮箱侧)看去，应为逆时针转向，从电动机 2M 的非整流子侧看去应为顺时针转向。同样第二转向架电动机 3M 为逆时针转向，电动机 4M 为顺时针转向。

为保证上述电动机的转向，各电动机的电枢绕组与主极绕组的相对接线方式应为：

1M——$A_{11}B_{21}$、$D_{11}D_{21}$；

2M——$A_{12}B_{22}$、$D_{22}D_{12}$；

3M——$A_{13}B_{23}$、$D_{13}D_{23}$；

4M——$A_{14}B_{24}$、$D_{24}D_{14}$；

②电动机支路的电连接。以牵引电动机 1M 为例 SS_8 型电力机车向前牵引时的电路如图 9-10 所示。

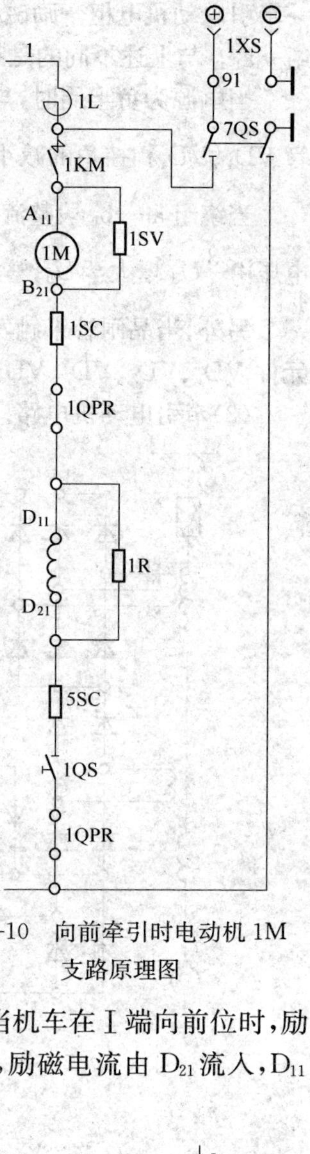

图 9-10　向前牵引时电动机 1M 支路原理图

从图 9-8 可以看到，单相相控电路整流电压波形有很大脉动，即含有相当大的高次谐波电压，因而在电动机支路中串有平波电抗器 1L～4L 以抑制该支路中谐波电流分量，改善电动机的换向。否则电动机将不能工作。

线路接触器 1KM～4KM 的作用有三：一是防止位置转换开关有电转换，因而在位置转换开关动作之前，线路接触器必须先开断电路；二是当电动机支路过流时，开断该支路；三是防止并联电动机的环流。如果没有线路接触器，那么当机车由其他机车牵引反向运行时，由于主极磁场的剩磁作用，电动机将处于发电机状态。由于两电机的特性差，两台并联电机中一台仍处于发电机状态，另一台进入电动机状态。处于发电机状态的电机不断自激，回路中形成很大的电流，将造成电机烧损。

③机车的方向控制。机车的方向控制由位置转换开关 1QPV 和 2QPV 完成。欲改变电动机的转向，就得改变电动机电枢电流的方向，或者改变励磁电流的方向。SS_8 型机车是利用位置转换开关来改变励磁电流方向的。以牵引电动机 1M 为例，当机车在Ⅰ端向前位时，励磁电流由 D_{11} 流入，D_{21} 流出，如图 9-11(a)所示。而当Ⅰ端向后位时，励磁电流由 D_{21} 流入，D_{11} 流出，如图 9-11(b)所示。

必须注意，机车运行中若要改变方向，必须在机车停车后才能转换，否则会损坏机车。

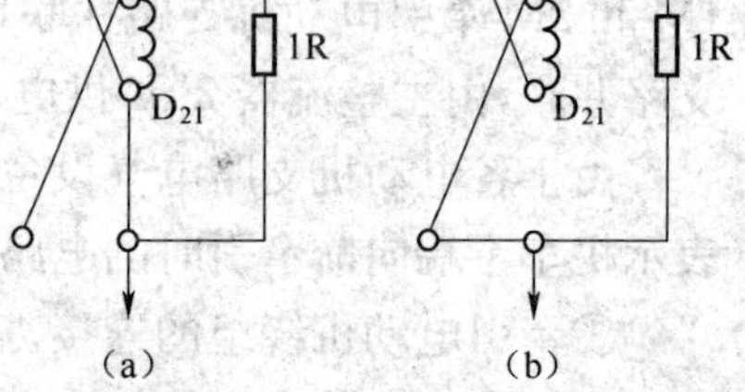

图 9-11　机车方向电路原理图

④库用电路。机车在库内动车时，由库用电源供电。库用开关 7QS、8QS 为双刀双投开关，有两个位置，如图 9-10 所示。在运行位时，其主刀与牵引电路隔离，相应辅助接点接通受电弓电磁阀，方可升弓；放于库用位时，相应辅助接点开断，不能升弓，其主刀将库用插座 1XS 或 2XS 的库用电弓分别与图示位置和母线 1、3 连接，只要合上某一电动机相应的接触器（1KM～4KM）和刀开关（1QS～4QS），即可使该电动机得电，达到动车和试验电机转向的目的。

⑤磁场削弱电路。当电机端电压达到最高值后，若要求机车继续加速，就要进行磁场削弱控制。SS_8 型机车采用晶闸管分路来实现从满磁场到最深削弱磁场的连续平滑控制。

现以牵引电动机1M为例来说明无级磁场削弱的工作原理。如图9-12所示，图中只绘出第二段桥整流电路及磁场削弱电路，第一段桥用整流电压$\frac{U_d}{2}$代替；因为在磁场削弱控制时，不改变第一段桥的控制。

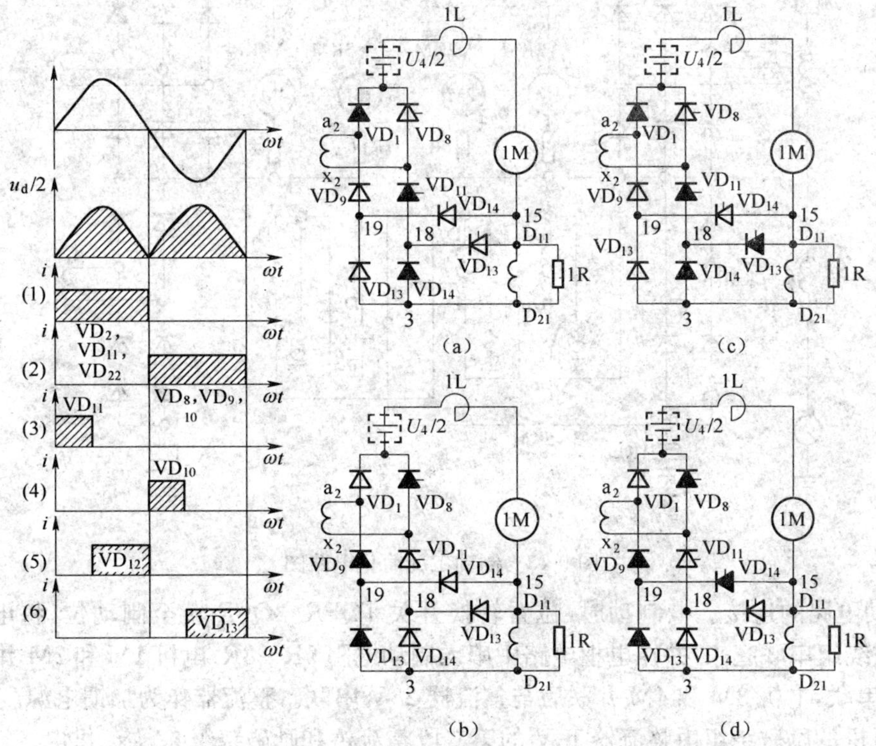

图9-12　磁场削弱电路原理图

图9-12(a)和图9-12(b)为满磁场工作情况，这时与分路晶闸管VD_{13}、VD_{14}连接的整流桥处于满开放输出状态，晶闸管VD_{13}、VD_{14}不参与工作。与前述情况相同。

图9-12(c)和图9-12(d)为磁场削弱晶闸管VD_{13}、VD_{14}参与工作的情况。当电源正半波时，相当于图9-12(c)的工况，在VD_{13}未触发时，与图9-12(a)相同，元件VD_7、VD_{11}、VD_{12}处于导通状态。在某一时刻触发晶闸管VD_{13}，由于励磁绕组的电阻压降，点15的电位高于点3的电位，因而VD_{13}触发后，二极管VD_{12}承受反压而截止。此时流过励磁绕组的电流被分流，即电枢电流直接由晶闸管VD_{13}进入整流桥，原励磁绕组中的电流经固定分路电阻继续流动，按指数曲线下降。

当电源电压过零时，由于元件VD_8、VD_9的导通，晶闸管VD_{11}因承受反向电压而截止，使晶闸管VD_{13}的电流通路被截断而截止。这时电枢电流将全部流经励磁绕组。

电源负半周时的工作情况如图9-12(d)所示，过程如前，不同的是由晶闸管VD_{14}进行分流。

由图9-12所示电流波形可知，晶闸管VD_{13}、VD_{14}导电时间越长，则励磁绕组被分流的时间越长，磁场削弱的程度越深。调节晶闸管VD_{13}、VD_{14}的移相触发角，就能达到所需的磁场削弱系数。

(4)制动电路。SS_8型机车采用加馈电阻制动。在电制动时，各励磁绕组串联后由励磁电源供电。电机的电枢电路除串有制动电阻外，还串入一段整流桥，其制动工况的简化电路如图 9-13 所示。

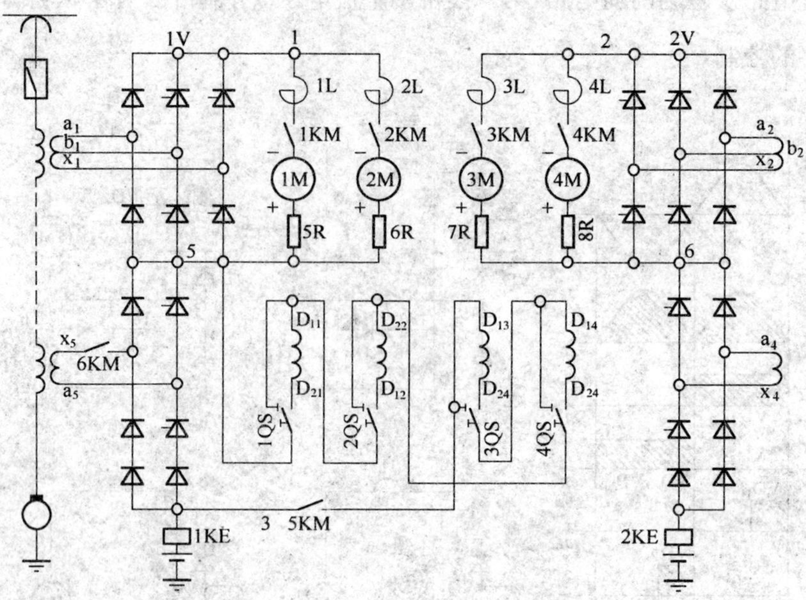

图 9-13　制动工况简化电路图

①制动电路的连接。电制动时，位置转换开关 1QPR、2QPR 转至制动位，将电机 1M～4M 的励磁绕组串联起来，并在电枢电路中串入制动电阻 5R～8R；电机 1M 和 2M 并联后与整流器 1 V 串联，电机 3M 和 4M 并联后与整流器 2 V 串联。整流器作为加馈电源。

4 台电机的励磁绕组由整流器 1 V 的第二段整流桥和励磁绕组 a_5-x_5 供电。

由于电枢电路中串有整流器，因而电阻制动时，电枢电流方向应与牵引时相同。机车进行电制动时，列车的方向不变，电机已从电动机状态转换至发电机状态，为保证电枢电流的方向，制动时励磁电流应与牵引时相反。图示电路由位置转换开关 1QPR 和 2QPR 加以保证。

接触器 6KM 与 7KM 不能同时闭合，否则将使牵引绕组 a_2-x_2 和励磁绕组 a_5-x_5 短路，因而在控制电路中设有电气联锁。

从图 9-13 中可知，接地继电器 1KE 的保护区间为电机的励磁电路、转向架 1 的电机电枢和整流器 1 V 的电路，接地继电器 2KE 的保护区间为剩余部分电路。

②加馈电阻制动原理。加馈电阻制动的等值电路如图 9-14 所示。在励磁电流 I_L 的作用下，产生了主极磁通 Φ，电机电枢在轮对的驱动下产生电势 E，由于电枢电路中串有整流器的整流电压 U_d，所以有如下关系式

$$E=C_1\Phi v \tag{9-3}$$

式中　v ——机车速度；

　　C_1——常数。

制动电流 I_Z 为

$$I_Z=\frac{E+U_d}{R} \tag{9-4}$$

机车的制动力 B 为

$$B=C_Z\Phi I_Z \tag{9-5}$$

式中　C_Z——常数。

加馈电阻制动可分为两个速度控制区，即高速区和加馈区。

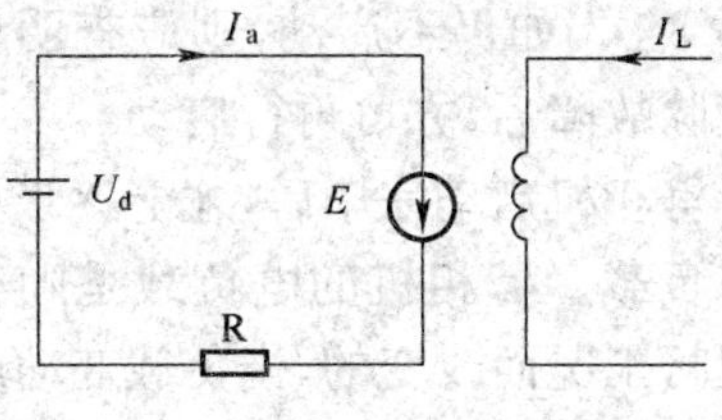

图 9-14　加馈电阻制动等效电路图

制动电流的最大值受整流元件、制动电阻及电枢电流的最大值限制。在高速区，由于电机电势很高，因而整流电压 U_d 必须等于零，即晶闸管处于封锁状态。制动电流的通路为主整流器二极管→平波电抗器 1L～4L→牵引电机 1M～4M 电枢→制动电阻 5R～8R→二极管。

当速度为 73 km/h 时，励磁电流达到最大值。当机车速度高于 73 km/h 时，随着速度增加，必须减少励磁电流值，以保证制动电流不超过规定值。

由式(9-5)可知，在高速区，随着励磁电流的减小，最大制动力随机车速度增加而减小。

在加馈区，励磁电流已达最大值。为维持机车的最大制动力，应保持最大的制动电流。由于机车速度降低，牵引电机的电势不足以维持最大制动电流，制动力将随机车速度线性下降。这时绕组 a_1-x_1、a_3-x_3 投入工作，半控桥的晶闸管轮流导电，相当于牵引电机电势再串联一个整流电压。调节整流电压的大小，可以维持制动电流达到某一数值。

③故障电路。当一台牵引电机或制动电阻故障时，将隔离开关 1QS～4QS 之一置于向下位置(制动故障位)，这时通道隔离开关的联锁触点，开断相应的线路接触器 1KM～4KM，故障电机的电枢被隔离，主极绕组被隔离开关开路。当牵引风机和制动风机之一故障时，则将相应转向架的电机切除。

3. 交-直型电力机车的辅助电路

(1)劈相机供电电路。劈相机是一种将单相电变换成三相电的特殊电机，其实质是由单相电动机和三相发电机组合而成的旋转电机。

劈相机的工作原理：在单相工频交流电力机车的辅助系统中，异步劈相机(简称劈相机)用来将主变压器辅助绕组供给的单相电源"劈成"三相，向辅助系统所有三相异步电动机供电。

劈相机的实质是一种本身只输出一相电流的异步电机。劈相机工作状态实际上是三相异步电机在不对称条件下运行的一个特例。

异步劈相机的启动方法有辅助电动机启动法和分相启动法两种。

辅助电动机启动法是在劈相机的转轴上安装一台辅助电动机，启动时先由辅助电动机带动劈相机转子转动，待劈相机转速达到一定值时，将劈相机投入单相电网，并切除辅助电动机的电源。

分相启动法分为电阻分相启动和电容分相启动两种。这两种启动方法具有线路简单，设备成本低等优点，因而得到广泛的应用。

当劈相机的电动相绕组，接到机车主变压器辅助绕组 a_2-x_2 端子上时，在劈相机气隙中产生一个交变的脉振磁场。该脉振磁场可分解为两个幅值相等、转速相等、转向相反的旋转磁场。这两个磁场在静止的转子导体中感应的电动势和电流的大小相等、方向相反，由此产生的两个转矩也大小相等、方向相反而互相抵消，即启动转矩为零，劈相机不能自行启动。要使它有一定的启动转矩，必须设法使它在启动时能产生一个旋转磁场。在 SS_8 型电力机车上采用电阻进行分相启动，其启动线路如图 9-15 所示。

劈相机启动时间不能过长，在最低网压(19 kV)下不超过 15 s，在高网压(29 kV)下要防止过早切除启动电阻，致使劈相机在低速大电流下单相堵转。在一般情况下，连续启动次数不超过3次，如仍不启动，则应查明原因消除故障后，方可再行启动。

劈相机启动完毕后，才能逐步接通电负载。劈相机的电负载是随机车运行工况而改变的，当负载变动以及单相电网电压在270～460 V内波动时，劈相机的端电压亦要随着改变，这将直接影响辅助机组的可靠运行。如何保持劈相机输出三相线电压的对称性非常重要。为了在负载改变时劈相机的端电压也有较好的对称性，在劈相机输出三相电压时，在它的U_1与W_1端子间并联一定数量的电力电容器C，这些电容器分别接在几个负载电动机上，当电动机启动工作时，它的电容器也随之一起接入。也就是说，电容器的数量是随着负载的改变而作相应的增减，具体数值要视三相线电压的不对称度是否超过有关技术条件的规定而定。由于在电动机的两相之间并接电容以后，会在合闸的瞬间产生较大的合闸电流，因此，对频繁启动的压缩机电动机没有并接电容器。

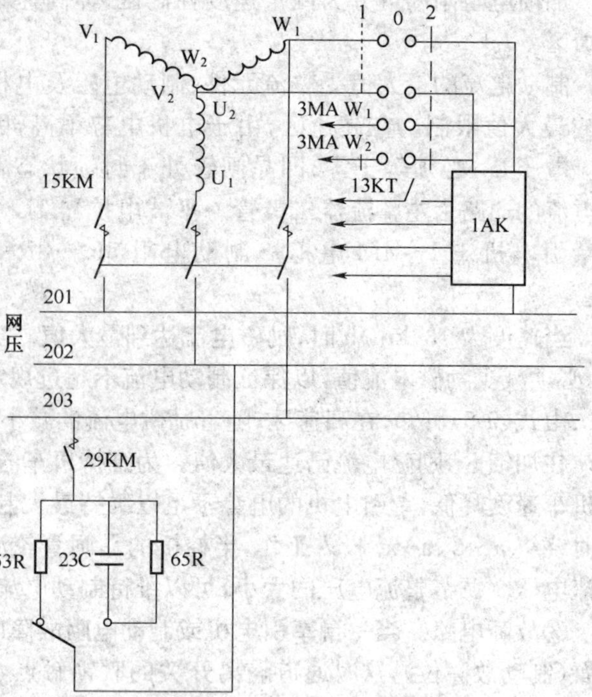

图9-15　劈相机启动电路图

SS_8型电力机车在牵引工况下，可视其在劈相机的U_1与W_1端子间接有4个12kvar的电容器，在制动工况下接有6个12kvar的电容器，改善了辅助回路三相线电压的对称性。

劈相机在停止工作前应先断开各电机负载；在运行中，要防止接触网突然断电后，劈相机转速下降到1 200 r/min以下时不带启动电阻重新启动劈相机。

(2)辅助电动机电路。为了保证电力机车正常运行，在单相工频交流电力机车中装有许多辅助机械，这些辅助机械多采用结构简单、价格低廉的三相异步电动机驱动。

用于驱动辅助机械的三相异步电动机(简称辅助电动机)结构上与普通鼠笼式异步电动机相同。但由劈相机供电时，电压波动范围大、三相电压和电流不对称等，使这些辅助电动机工作在三相不对称，且非额定、非正弦电压下。为保证辅助电动机能正常工作，在选用和设计辅助电动机时，必须考虑电动机额定功率与实际使用功率之间的差异，以满足电动机在电压变化及不对称条件下运行的需要。

SS_8型机车所用辅助电动机的电路如图9-16所示，所用电机均用接触器控制，用自动开关保护，图中的电容用以改善电压的对称性。

三、交流传动电力机车

自1879年出现第一条电气化铁路以来，电力机车主要是直流传动型或交-直传动型。这是因为直流电机有很好的调速性能，特别是串激直流电动机具有与机车牵引特性相类似的力矩—速度特性，再加之可控硅的成功应用，使得整流器型的交—直电力机车成为电力牵引机车的主角。

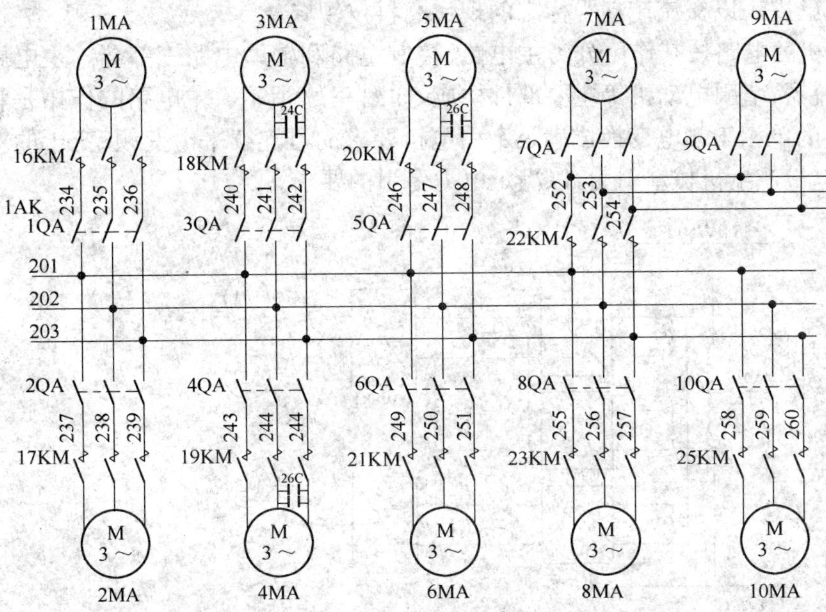

图 9-16　辅助电动机电路图

但是，直流电机具有结构上的缺点：它必须有一个机械换向器与电刷装置。这限制了电机的转速、电枢电压、单位重量的功率和单机功率的提高。与直流电机相比，交流电机特别是三相异步电动机具有以下优点：

(1)功率大、体积小、重量轻、运行可靠。异步电动机没有换向器和电刷装置，它不受换向器电机中所谓的电抗电势与片间电压的限制，能以更高的转速运行。

(2)结构简单，维修工作量很小，环境适应能力更好。

(3)有良好的牵引性能。合理地设计系统的调频调压特性，可以实现大范围的平滑调速；异步电动机的硬机械特性有助于提高黏着利用率并有防止空转的能力；此外，异步电动机过载能力强，可有更大的启动力矩。

与直流电机相比，三相异步电动机的调速困难得多。原因是异步电动机的调速需要同时调节电机的定子频率与电压。在过去很长时期内，由于无法实现高效率、大范围、平滑地频率/电压调节，致使交流传动系统未能得到应用。近几十年来，随着科学技术的进步，电力半导体开关及系统控制理论得到了迅速的发展。体积小、重量轻、功率大、效率高的静止变流器投入应用，为交流传动电力机车的应用与发展奠定了基础。1971 年，原联邦德国研制出了第一批交流传动内燃机车，1980 年又投产了交流传动干线电力机车。目前，世界上的电力牵引动力已转向以交流传动为主体。发达国家新造的高速机车、重载机车及客货通用机车已经全部为交流传动机车。

我国的交流传动研究始于 20 世纪 70 年代，到 90 年代，研制成功 1 000 kW 的电力牵引交流传动系统。1996 年，研制成功第一台 4 轴 4 000 kW 交流传动干线电力机车 AC4 000，这标志着我国电力牵引技术进入了交流传动时代。到 2000 年，首批可供商用的大功率交流传动电力机车投入运营。其中,“熊猫号”交流传动高速客运电力机车与“蓝箭号”交流传动高速动车组动力车是我国目前技术最先进、功率最大、并达到国际先进水平的机车。此外,单轴功率达 300 kW 的动力分散型交流传动高速动车组、文流传动内燃机车等也相继研制成功,这标志着我国铁路机车已进入以交流传动为标志的现代高科技领域。

交-直-交电力机的电路按其作用分为主电路、控制电路和辅助电路三部分。主电路由牵引变压器、牵引变流器、牵引电动机等主要部件构成,如图 9-17 所示。主电路的作用是将来自 25 kV 交流接触网的单相工频电变换成满足牵引电机要求的可连续平滑变频、变压的对称三相交流电,经牵引电机产生机械牵引力,以满足电力牵引的要求。

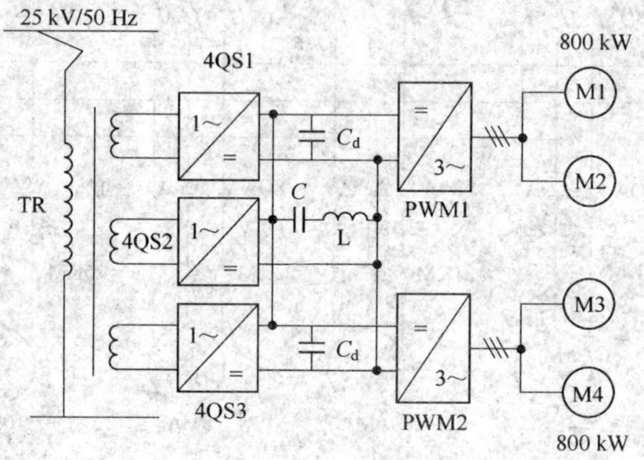

图 9-17　交-直—交电力机车主电路图

控制电路实现对机车的控制。机车控制实质上是对机车的调速特性进行控制,最基础的环节是交流传动电机驱动控制。即根据运行状态(牵引、制动、前进、后退)和负载变化情况,选择异步电机相应的自然特性及其上的稳定工作点。目前,交流电机的控制可分为转差频率控制、磁场矢量定向控制、直接转矩控制等几种。其中,直接转矩控制技术的优点明显,有较好的应用前景。此外,控制电路还必须保证中间直流电压的稳定,确保电网电流的波形为正弦,且与电网电压同相位,完成各种故障的处理。由于交-直-交电力机车(或列车)均由多个驱动单元构成,这就需要上一级(车辆级)控制器来实现对列车的整体控制,传递操作指令、实现人机通信。如果是列车(动车组),还要有列车级控制。它是通过总线实现动力车之间、动力车与车辆之间的指令传递。通过它可实现整个列车的牵引/制动、运行方向、牵引力、速度的统一控制,也可实现对车辆门控、空调、旅客信息、监视、诊断等的控制,使列车控制系统日趋完善。

辅助电路主要有牵引风机、压缩机、热交换用风机、油泵等一系列辅助电机。在交流传动电力机车上均采用异步电机,所以,辅助电路的核心是能产生对称三相交流电的三相逆变器。

1. 交流传动牵引电动机的特性

交-直-交电力机车的牵引电机是三相异步电动机,在逆变器供电时,电机的定子电压与频率均可独立进行调节,这使得速度与力矩的控制非常灵活方便。如果按一定的函数关系对电压与频率进行协调控制,就可以使电机在某种最佳性能指标或经济指标下运行。不同控制方式下的三相异步电动机的特性构成了交流机车的牵引(制动)特性。

图 9-18 是交-直-交电力机车的牵引特性和制动特性示意图。牵引特性分为如下几段:从启动至 5～10 km/h 为低速区。在这一区段内要求牵引力能克服启动阻力,以保持足够的加速度。此时,黏着系数最大,牵引力也最大。随着运行速度的提高,根据列车运行动力学可知,

列车的黏着系数将减小。为防止黏着破坏引起打滑，牵引力必须在黏着限制区内，所以，牵引力应随着运行速度的提高而降低。在恒功区，牵引力与速度 v 成反比。

为得到所需的牵引特性，可在低速启动段对电机进行恒磁通控制，这样，电机有大的恒定牵引力；当机车运行速度提高后，应改变电机的工作点，如减小转差频率值，使电机的力矩变小，机车牵引力下降；当达到机车额定速度 v_e 时，进入恒功区，按转差率 s＝常数控制，使电机恒功率运行，机车也恒功率运行。

再生制动时，通过控制电机的转差频率使其为负值，以实现牵引电机的发电运行。在低速段，采用恒磁通控制，使制动力矩为常值；在高速区段，采用恒功率制动，以防止电机过载。

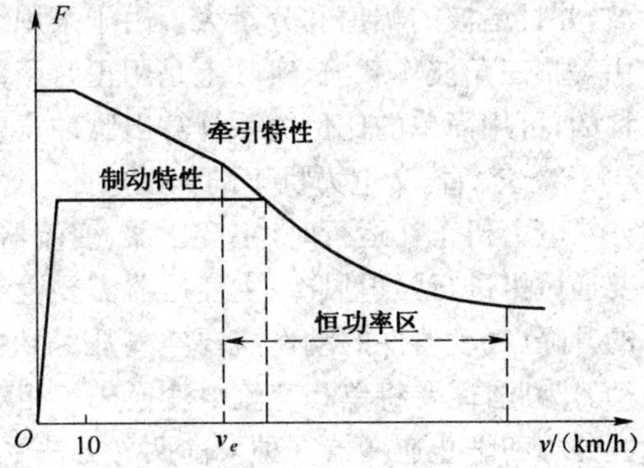

图 9-18　交-直-交机车的牵引特性和制动特性

2. 交-直-交电力机车的主电路

交-直-交电力机车的主电路由牵引变压器、脉冲整流器、逆变器、牵引电机等部件构成，见图 9-17。其中，脉冲整流器与逆变器是关键环节。机车牵引时，脉冲整流器将电网输入的交流电变换成电压稳定的直流电供给牵引逆变器；再生制动时，将中间直流电变换为交流电反馈回电网。由于它可以四象限运行，也称四象限变流器。逆变器的作用是按控制规律的要求，为三相异步电动机提供连续平滑变化的对称三相正弦电压。其电压与频率的变化规律应满足控制要求。

在现代交-直-交电力机车中，变流器(脉冲整流器＋逆变器)均采用自关断的大功率电力半导体开关构成。为使系统有更好的动态特性并尽可能地消除对系统影响最大的谐波，广泛使用了正弦脉宽调制(SPWM)技术。

直-交逆变器的作用是将直流电变换成为交流电，其具体技术可参阅《电力电子技术》。在直-交逆变器中，若直流电源是电压源，则称“电压源型”逆变器；若直流电源是电流源，则称“电流源型”逆变器。由于电压源型逆变器优点突出，因此国内外大都采用它作为交-直-交机车的主电路。

正弦脉宽调制(SPWM)技术实现的方式有 3 种：分离(混合)电路、专用集成电路、计算机(单片机)电路。

分离(混合)电路由三相正弦波发生器、三角波发生器、比较器、分配器、功率放大器及其他电路组成。其中三角信号、正弦信号由计算机用 D/A 变换器产生(或由 EPROM 存储波形数据，通过时钟电路读出)。采用硬件电路实现的主要缺点是不灵活，难以优化波形；同时，电路复杂，可靠性差。

专用集成电路是专门用于产生三相 SPWM 的集成电路。它们可与单片机接口，也可单独使用。专用电路有很好的性能价格比，且构成的系统简单、可靠。其缺点是不灵活，不能优化波形，有的电路要求与单片机接口，在软件支持下才能工作。

近年来专用单片机发展较快。许多单片机中有专用的输出口，可在软件支持下产生 SPWM 波形。电机控制用 DSP 也已经开发出来，并投入商业应用。

规则采样法。规则采样法是一种广泛应用的工程实用方法。在规则采样中，采样点与三角波的中点(负峰值点)重合，这样就简化了计算。规则采样法中有使用锯齿波作载波和使用等腰三角波作载波两种方法。当用锯齿波作载波时，由于锯齿波的一条边是垂直的，它与正弦波的交点固定，因此只需要计算另一个交点即可，所以计算量小。其缺点是波形中有偶次谐波，并且谐波的幅值和分量大。由于采用锯齿波作载波只有一个边可调，故称“单边调制”。采用等腰三角波作载波，实际上是用正弦函数的中点值代替函数值（用直线代替曲线），图形是对称的，可用简单的比例关系计算出脉冲宽度。实际系统中一般多采用这种方法。

3. 交-直-交电力机车的辅助电路

电力机车在运行时，主变压器、变流器、牵引电机、制动电阻等部件都会产生大量的热，需要通风机进行强迫风冷；主变压器需要设油泵强迫变压器油循环；机车与列车的制动、受电弓的升降、气动器件的动作需要空气压缩机提供风源，所有这些都需要用三相异步电动机来驱动。为此，需要将单相交流电变换成三相对称交流电。目前使用的方法有采用旋转劈相机、电容分相和静止逆变器 3 种。前两种方法受负载变化影响较大，很难保证三相交流电源在任何时候都对称，必须在电机投入运行的同时投入补偿元件，结果使系统变得复杂、故障率高、维修量大。为保证机车安全可靠运行，交-直-交电力机车上广泛采用由电力半导体开关组成的静止逆变器。

辅助系统中另一重要的设备是 110 V 直流电源。该直流电源用于系统的控制、检测和给蓄电池组充电，一般由牵引变压器的辅助绕组经整流、滤波、直-直变换后得到。

交-直-交电力机车辅助系统的核心是三相 SPWM 逆变器。机车辅助系统有 2 台三相 SPWM 逆变器，主电路采用二电平逆变器电路结构，主开关用 IGBT 或 IFM。由于辅机一般都采用三相 380 V 的异步电动机，为此，逆变器的输入直流电压应为 600 V。为防止过大的电流冲击，逆变器软启动后进入恒频率运行方式。由于辅机功率不大，因此也允许辅机以突然投入方式工作。辅助逆变器在机车上具有特殊的重要性，要求它可靠性高、过载能力强、谐波分量小、三相对称度好。

图 9-19 为国产交流动车组辅助逆变器的主电路图。图中 R 和 K_2 的作用是限制电容器的充电电流值，以防止电容损坏。当 K_1 闭合后，K_2 先断开，直流电压经 R 给 C 充电；当电容电压达到电源电压后，K_2 闭合，切除电阻。当辅助逆变器发生故障时，K_1 断开，用另一台逆变器给辅助系统供电，以维持机车运行到机务段。

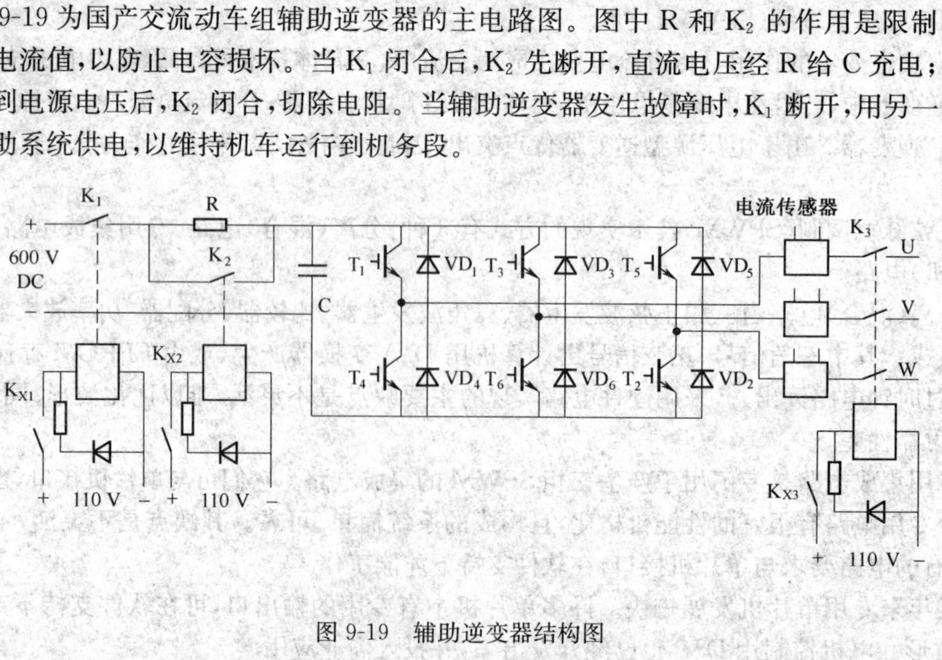

图 9-19　辅助逆变器结构图

第三节　动　车　组

一、概　　述

动车组是铁路旅客列车的一种型式。它是由一辆以上的动车(具有内燃或电动牵引动力的客车)或动车加控制车(无牵引动力但有控制室的客车)与若干辆拖车(普通无动力客车)组成的列车。其特点是不需机车牵引,可双向行驶,往返无须调头,驱动轴较多,启动、制动迅速。

动车组有两种牵引动力的分布方式,一种叫动力分散,一种叫动力集中。

动力分散电动车组的优点是,动力装置分布在列车不同的位置上,能够实现较大的牵引力,编组灵活。由于采用动力制动的轮对多,制动效率高,且调速性能好,制动减速度大,适用于限速区段较多的线路。另外,列车中一节动车的牵引动力发生故障对全列车的牵引指标影响不大。动力分散的电动车组的缺点是:牵引力设备的数量多,总重量大。动力集中的电动车组也有其优点,动力装置集中安装在 2～3 节车上,检查维修比较方便,电气设备的总重量小于动力分散的电动车组。动力集中布置的缺点是动车的轴重较大,对线路不利。

动车的技术发展主要表现在功率、速度和舒适性的提高、单位功率重量的降低以及电子技术的应用等方面。动车组今后还将不断发展,特别是世界各国正在发展市郊铁路与地下铁道过轨互通,构成城市高速铁路网,动车组在其中将会起到主力军的作用。

与用机车拖动普通车辆相比,动车组的优点是:

(1)动车组在两端都有驾驶室,列车掉头时无须先把机车在一端脱钩后再移到另一端挂钩,运转的速度得到加快,同时亦减少车务人员的工作及提高安全。(机车也可以用推拉操作达到一样的效果)

(2)动车组可以容易组合成长短不同的列车。有些地方的动车组会先整成一列,到中途的车站分开成数截,分别开向不同的目的地。

其中动力分散的动车组以下优点特别明显:

(1)动力效率较高,特别是在斜坡上。动车组车辆的重量放置在各个带动力的车轮上,而不会成为拖在机车后面无用的负重。

(2)因为同样的原因,动车组上的动力轴对路轨黏着力的要求较低,每轴的载重亦较少。因此选用动车组的高速铁路路线,对路线的土木工程及路轨的要求都较低。

(3)电力动车组因为有较多的电动机,所以再生制动能力良好。对于停站较多的近郊通勤铁路、地下铁路,这一优点特别明显。

(4)因为动车组运转快、占地小,行走市郊的通勤铁路很多都是动车组。轻便铁路、地下铁路使用的也几乎全是动车组。

动车组的基本构成如下:

(1)编组。动车组是具有固定编组的一组动车(M)和拖车(T)组成的机车车辆。其中牵引动力系统在动车(M)里,全部或部分辅助系统部件在拖车(T)里。动车组分为动力集中型和动力分散型两种。动力集中型由 2M＋9T 组成;动力分散型由 2 组(2M＋1T)单元组成。

(2)车顶设备。车顶设备有空调机组(日本高速列车为改善空气动力学、曲线运行稳定性等高速特性,把以往装在车顶上的空调装到车体地板下)、制动变阻器、受电弓及其附属装置等。每一列车的带弓拖车车顶分别安装受电弓及附属装置,一列动车组正常运行时,采用单弓受流,另一台备用,处于折叠状态。

(3)车端设备。车端设备包括风挡,车钩,空气、电气连接设施等。

(4)车下悬吊设备。包括制动模块,牵引和辅助变流器,牵引电机,空调机组,空调冷凝单元,主风缸,二系弹簧储风缸,空气压缩机,辅助压缩机,主变压器带冷却装备,蓄电池模块,充电机,水箱,厕所集便器等。

二、CRH动车组简介

1. CRH动车组编号规则

动车组的型号和列车编号构成如下:

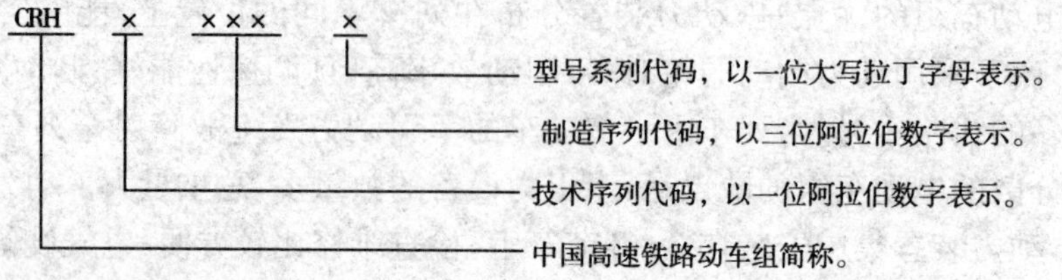

动车组中车辆的车种和编号构成如下:

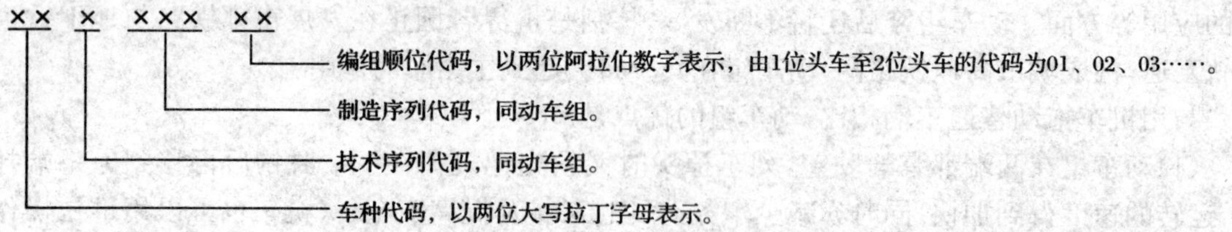

动车组编组中的车种代码是汉语拼音缩写,分别为:一等座车 ZY,二等座车 ZE,软卧车 RW,硬卧车 YW,餐车(含酒吧车)CA,二等座车/餐车 ZEC,餐车卧车合造车 CW。

各型动车组的技术序列代码分配为:BSP 动车组定为 1,四方股份动车组定为 2,中国北车唐山轨道交通装备有限公司动车组定为 3,中国北车长春轨道客车股份有限公司股份动车组定为 5。

各型动车组的制造序列代码按不同的技术序列单独编排,顺序由 001 至 999 依次排列。

各型动车组的型号系列代码按动车组的速度等级、车种确定,对已有的动车组规定如下:

A—运行速度 200 km/h、8 辆编组、座车。

B—运行速度 275 km/h、8 辆编组、座车。

C—运行速度 300 km/h、8 辆编组、座车。

动车组编组顺位代码以两位阿拉伯数字表示,位置排列编号自首车起从 01 开始顺序排列,尾车的排列编号为 00。

例如,动车组的型号和车号表示如下:

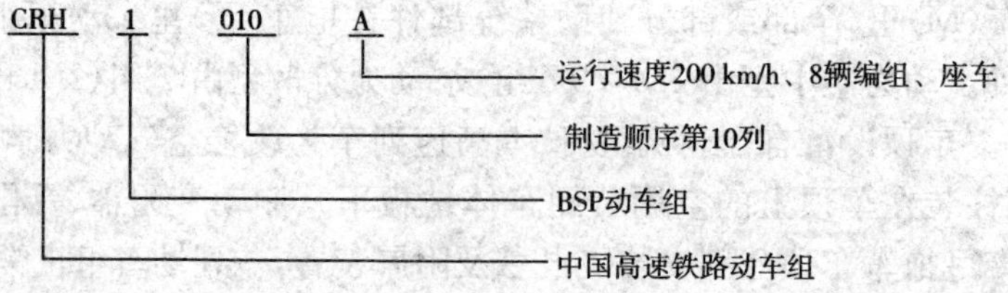

动车组中车辆的车种和编号表示如下：

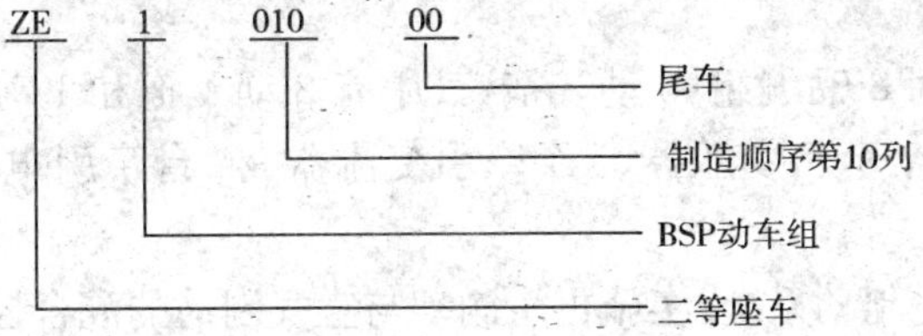

2. CRH$_1$、CRH$_2$、CRH$_3$、CRH$_5$ 动车组简介

CRH$_1$ 动车组（如图 9-20 所示）由青岛四方—庞巴迪—鲍尔铁路运输设备有限公司（BSP）提供。

图 9-20　CRH$_1$ 型动车组

图 9-21　CRH$_2$ 型动车组

CRH$_2$ 动车组（如图 9-21 所示）由南车集团四方机车车辆股份有限公司与国外合作伙伴川崎重工提供。

CRH$_3$ 动车组（如图 9-22 所示）由唐山机车车辆工厂与国外合作伙伴西门子提供。

CRH$_5$ 动车组（如图 9-23 所示）由长春轨道客车股份有限公司与国外合作伙伴阿尔斯通公司提供。

图 9-22　CRH$_3$ 型动车组

图 9-23　CRH$_5$ 型动车组

三、CRH_1 型动车组的系统组成

CRH_1 型动车组采用 8 辆编组，5 动 3 拖，其中有 2 动 1 拖和 1 动 1 拖两种基本动力单元。全列共计 2 个受电弓、3 个牵引变压器、5 个牵引变流器、20 台牵引电动机，列车正常时升单弓运行，另一个受电弓备用。

动车组采用直通电空制动系统，实施再生制动与空气制动的混合控制，在使用空气制动之前最大限度地使用再生制动，并按载重调整制动力，以获得不变的制动距离和最佳的制动效果。

动车组两外端为自动车钩，带空气连接和电气连接器，可在司机室操纵两列动车组之间进行自动连挂，动车组内部为螺栓连接的半永久性车钩，带有空气连接。车钩间没有间隙，在发生碰撞时这种车钩可以通过变形管吸收一定的能量。

动车组控制管理系统 TCMS 采用分布式的，系统不同部件之间的数据通信符合 TCN 标准 IEC 61375，并支持多个列车单元重联时的连挂和分解。TCMS 包括一个列车诊断系统 TDS，用于存储列车上发生的预定义故障和事件。

列车配备音频、视频系统。该系统可以在固定的公共显示屏上播放音乐和电影。

1. 编组情况

由 8 辆车组成，其中 5 辆动车 3 辆拖车(5M3T)，首尾车辆设有司机室，可双向驾驶，编组后结构如图 9-24 所示。

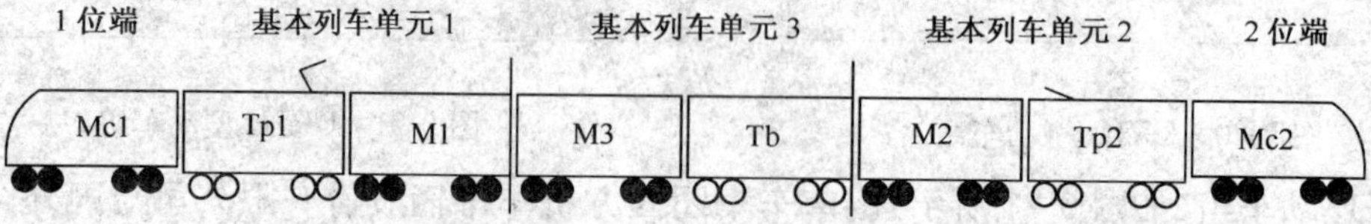

图 9-24 CRH_1 编组结构

Mc—驾驶动车；M—中间动车；Tp—带受电弓的拖车；Tb—带酒吧的拖车

动力配置方式为动力分散式。最大编组车辆 16 辆(2×8 辆)，两个编组连挂运行。

2. 高压供电系统

高压供电系统的功能就是将来自接触网的电能进行变压和滤波处理，再供给列车电气系统各设备使用。这些电气系统是：辅助电源系统、电池系统、电驱动系统。

高压供电系统主要设备有受电弓、高压总线断路器、主断路器、主变压器、网侧变流器、辅助逆变器、电机逆变器、三相变压器、电池充电器等。

编组为 8 节车厢的 CRH_1 型动车组供电系统分为三部分，也被称为三个基本列车单元(如图 9-24 所示)。每个基本列车单元都有一个主变压器供电。

基本列车单元 1：由 3 辆车组成，8 个驱动轴，全部的变压器载荷。

基本列车单元 2：由 3 辆车组成，8 个驱动轴，全部的变压器载荷。

基本列车单元 3：由 2 辆车组成，4 个驱动轴，一半的变压器载荷。

列车基本单元分为以下两类：Mc—Tp—M 和 M—Tb。

本系统由与列车中央电脑系统 TCMS 通信的本地牵引控制系统进行监控。

3. 辅助供电系统

辅助供电系统的功能是向列车提供 AC 和 DC 电源。辅助供电系统的电源是由 AC25 kV 的高压电输入主变压器，再经过辅助逆变器输出三相 AC380 V 和 DC110 V 两路电源，为列车的各设备供电。无电源连接时电池系统可以提供电源启动列车。辅助逆变器提供三相 AC380 V，

50 Hz的电源;电池充电器和电池提供DC110 V的电源;在每辆动车上各设一组辅助变流器、一组蓄电池和一台充电机;在每辆拖车各设一处三相AC380 V外接电源插座。

交流电AC供电系统的主要设备有辅助逆变器(辅助变流器)、辅助变压器、外部3×400 V、50 Hz电源、相序接触器、逆变器输出接触器、三相外部电源隔离接触器、三相总线隔离接触器等。

直流电DC供电系统的主要设备有电池充电器、电池、电池开关、电池接触器、紧急电源断路器、列车线路控制断路器、电池电源总线、紧急电源总线、列车线路电源等。

当列车正常运行时,辅助电源系统的大多数功能自动受到监控,不需要处理。本系统由本地的与列车中央电脑系统TCMS通信的牵引控制系统进行监控。

当启动牵引系统时,辅助逆变器将得到DC环节电压的供电。在DC环节电压达到正确限值以内后,系统自动启动。五个辅助逆变器之一会首先为公用三相总线供电。它闭合自己的三相隔离接触器并实施软启动。三相AC总线得到供电后,其他逆变器将其振幅、频率和相位继电器同步后的电压供给三相AC总线,然后闭合它们的隔离接触器。当关闭系统时,首先关闭逆变器,再断开它们的隔离接触器。

当对三相AC总线供电/断电时,电池充电器会自动启动/关闭。

4. 牵引系统

牵引系统主要设备包括:变流器箱、过滤器箱、牵引电动机、齿轮箱、联轴节、反应杆、速度传感器。

变流器箱和过滤器箱部件属于辅助电源设备。变流器箱和过滤器箱中的某些设备与辅助电源和牵引设备共享。

牵引系统的主要作用是将主变压器牵引线圈的交流电压转换成可变振幅和频率的三相电压,用于与齿轮连接的牵引电动机的驱动和制动。该设备在驱动时向齿轮提供网侧电源;切换至制动时将改变电源方向,并将牵引电动机转变为发电机。

牵引系统还为辅助电源系统供电:"驱动"和停止时,主变压器牵引绕组的AC电压被转换成DC输入电压供给辅助逆变器(通过网侧变流器)。"制动"时,牵引电动机生成的AC电压被转换成DC输入电压供给辅助逆变器(通过电机逆变器)。

5. 司机室

在列车的两端Mc1和Mc2车上各有一个司机室。司机室内主要设施有司机操控台、司机座椅和两个橱柜,一个用于技术设备,另一个用于乘务员设施和安全装备。通过后墙上的拉门进入司机室,从里面使用门把捏手开门,从外面使用一个三角钥匙开门。

司机控制台位于司机室中央,驱动车辆和获取运行状态信息的所有设备都集中于此。司机室操控台的主要部分为两个电气间隔柜,分别位于司机脚靠的左右两侧,其上盖有一个正对司机的带有控制器和面板的操作台面。

这两个电气间隔柜包含支持控制面板功能的必要设备,如计算机装置、电源和布线。

司机操控台是最重要的列车控制组件,操控台需要考虑到所有的系统功能需求。驾驶员无需离开司机室,就可以方便可靠地得到所有的必要信息。牵引、ATP、门、气候、照明、无线通信、广播等系统都应通过操控台与司机接口。

位于司机室中部的司机座椅,安装在一个固定于地面台座上的可旋转和可调高度的升降装置上。台座采用两个快速释放锁扣安装。司机座椅和可调节脚靠的设计使司机调节的位置尽量符合人体工程学,能够对司机座椅坐垫进行臀部支撑和角度的调节。

6. 制动系统

CRH_1 型动车组采用直通电空制动系统，常用制动时平均减速度为 0.8 m/s^2，实施再生制动与空气制动的混合控制，在使用空气制动之前最大限度地使用再生制动，并按载重调整制动力，以获得不变的制动距离和最佳的黏着效果。

7. 列车控制管理系统

列车控制管理系统（TCMS）是对单车和整列车组进行功能控制的分布式计算机系统，控制单元可以放置在其所控制或监控的系统附近。

TCMS 系统的主要组成部分如下：

（1）列车控制中央控制单元（TC CCU），监控列车应用软件整体功能是列车计算机 TCMS 系统中的主要部件。几乎所有其他系统的监督和控制（例如：HVAC、制动、门、灯）均由 TC CCU 控制。TC CCU 应用软件在车辆控制单元（VCU-Lite）硬件装置中运行，硬件装置位于 8 车厢列车的 Mc1、Mc2 和 Tb 车厢内。

（2）列车诊断系统中央控制单元（TDS CCU），是为了在列车上存储诊断数据和与智能显示单元进行通信而设计的。TDS CCU 应用软件在 VCU-Lite 硬件装置中运行，硬件装置位于 8 车厢列车的 Mc1、Mc2 和 Tb 车厢内。TDS CCU 也用作多功能车辆总线（MVB）的主管理器。

（3）自动列车保护中央控制单元（ATP CCU），用于与 ATP 子系统的串行通信（RS485）。ATP CCU 也用作末端 MVB 段中多功能车辆总线（MVB）的备用管理器。ATP CCU 应用软件在 VCU-Lite 硬件装置中运行。

（4）用于串行通信控制的 COMC。COMC 单元位于 8 车厢车组中的 Tb 车厢。COMC 也用作中间 MVB 段中多功能车辆总线（MVB）的备用管理器。

（5）远程访问控制器（AXS CCU），用作列车与地面站之间的无线通信（GSM）。

（6）IDU 智能显示单元，是列车诊断系统（TDS）的一部分，显示列车中出现的故障/事件。

8. 安全系统

安全系统对列车进行自动监测和控制，以防事故发生。一个列车组有几个与操作安全相关的系统。

（1）司机安全装置 DSD。监控司机的警觉性，要求一直显示司机在场，否则列车即被停止。正常运行期间，司机必须保持将脚靠踏板置于中间挡位，或每隔小于 50 s 的间隔就按一次 DSD 按钮。如果做不到这点，司机就会收到要求采取措施的信号：DSD 警告指示灯开始闪亮，3 s 后，蜂鸣器响起。使用脚踏板或司机操控台上的按钮进行确认。如果 7 s 后没有确认，DSD 会启动列车紧急制动。通过脚踏板或司机操控台上的按钮进行确认以缓解紧急制动。

（2）自动列车保护装置 ATP。利用外部（轨道）指示器对列车的运行进行监控，遇到不符合交通规则的情况，就将列车停止。ATP 的主要功能是对运行速度进行监控并防止超速。此系统包含四个子系统，都属于中国铁路安全要求的一部分，不仅仅适用于 CRH_1 动车组。这四个系统包含：ATPLKJ2000，ATPHitachi（日立），TAx2 型安全监控装置，用于 TSC1 机车监控数据的无限传输装置。

ATP LKJ2000 系统对列车的实时运行速度进行监控并防止列车超速，还对实时运行状况和乘务员的操作进行纪录。司机操控台显示屏显示运行速度、时间和路程。

系统具有完全的冗余。一个运行设备带有一个备用预热设备，运行设备故障时，备用预热设备顶替其工作。

ATPHitachi(日立)系统对车载及轨道旁的变量进行监控。其主要功能是在车辆的运行与轨道速度不相符时确保车辆的停止。

TAX2 系统主要有两项功能:机车号码和序号的自动识别,录音。录音装置就是列车调度电话机,主要用于记录乘务员对列车和设备的控制情况。它可以对录音进行检索和重放,由录音探测器或地面上的控制软件进行控制;也可以录下运行期间的呼叫和应答,可用于事故分析。此装置安装在 TAX2 机车的安全信息控制器箱中,运行期间,此装置既进行录音,也接收来自监控装置的操作数据,以使声音数据在时间和路程方面能与操作数据并流。录音装置包含车载设备、测试设备和地面答复设备。

TSC1 系统是用于监控机车数据的无线传输装置,它包含一个车载设备和一个地面设备。车载设备用于收集和传输车载信息,而地面设备则用于对数据进行接收、处理和分配。

(3)火灾探测报警系统。火灾探测系统的功能是探测列车上发生的火灾并向司机和列车员报警。此系统的分布贯通整个列车,包含以下几种单元:司机室、乘务员室和厕所内车顶上的光学烟雾/热度探测器;客室区车顶的吸气式烟雾探测器;Tb 车的厨房区域车顶的热度探测器;乘务员室的控制单元和指示单元。火灾探测系统与 TCMS 系统进行通信,因此与连挂列车组的各单元相连。

第四节　电力机车的机械部分及总体布置

电力机车和电传动内燃机车的机械部分通常是指其车体和转向架两部分。它们之间通过支承装置弹性连接,将车体支承在转向架上,并通过牵引装置驱动动轮对产生牵引力。

电动车辆的车体用来安装各种设备,也可乘坐旅客。转向架是支承车体并担负车辆沿轨道走行的装置,其作用是改善运行品质和满足运行要求。其上安装有牵引电动机,以驱动车辆运行。每台机车至少具有 2 台完全相同且可以互换的二轴或三轴转向架,2 台转向架之间可以有活节连接,也可以没有活节连接。

一、转 向 架

转向架是电力机车的走行部分,它对提高机车运行速度,确保行车安全,改善机车走行品质,提高乘务人员舒适度等均有极其重要的作用。

在铁路运输发展的初期,大多采用将轮对直接安装于车体下面的二轴车结构。但是由于种种原因,例如动力学的性能、通过小曲线半径、轴距的限制等问题,发展到把两个和多个轮对用构架连接,组成一个小车,称为转向架。车体就坐落在 2 个(有时为 3 个)转向架上。

转向架的作用可总结为:

(1)采用转向架可增加车辆的载重、长度和容积。

(2)转向架相对车体可自由回转,使较长的车辆能自由通过小半径曲线,减少运行阻力与噪声,提高运行速度。

(3)便于安装弹簧减振装置,保证车辆具有良好的动力性能和运行品质。

(4)支承车体,承受并传递从车体到轮轨的各种载荷及作用力,使各轴重均匀分配。

(5)便于安装制动装置,传递制动力,满足运行要求。

(6)便于在转向架上安装牵引电动机及减速装置,驱动轮对(或车轮)使车辆沿着轨道运行。

(7)转向架为车辆的一个独立部件,便于转向架的互换、制造和维修。

转向架由构架、轮对、轴箱、弹簧悬挂装置、齿轮传动装置、牵引装置、牵引电动机悬挂装置和基础制动装置等部件组成。为了减少轮缘磨耗,通常还装有一套轮缘润滑装置即自动控制轮缘喷油器。

如图 9-25 所示为一个转向架的总装图。各个部件的作用简述如下。

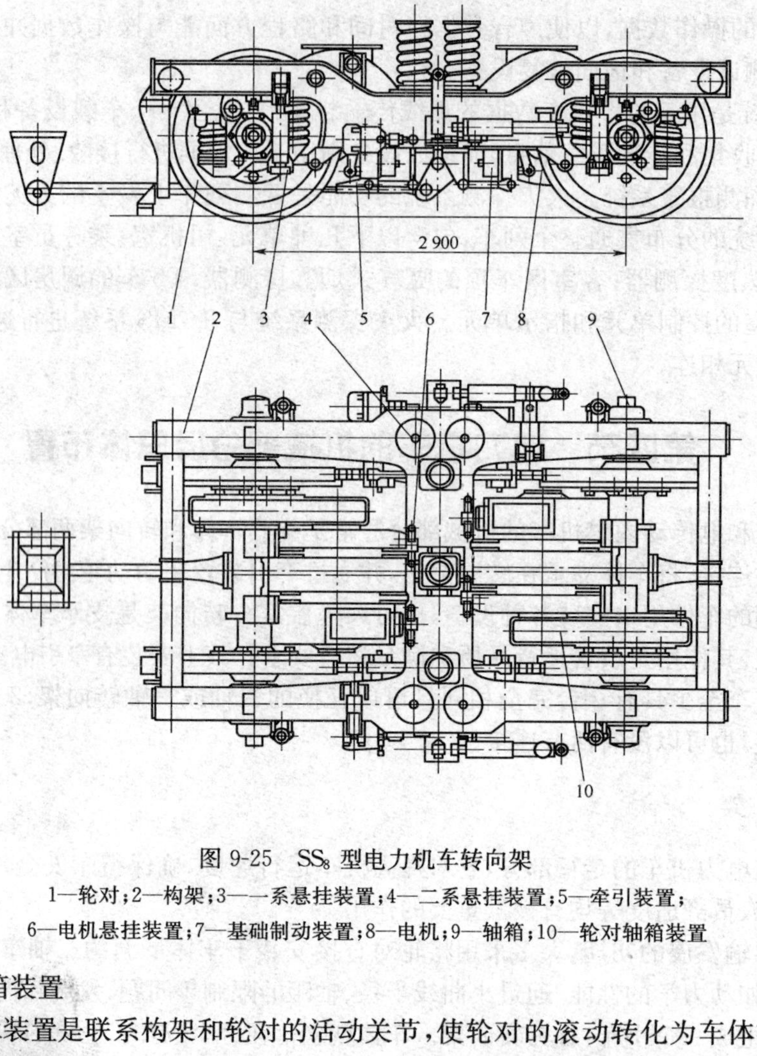

图 9-25　SS_8 型电力机车转向架

1—轮对;2—构架;3—一系悬挂装置;4—二系悬挂装置;5—牵引装置;6—电机悬挂装置;7—基础制动装置;8—电机;9—轴箱;10—轮对轴箱装置

1. 轮对轴箱装置

轴箱与轴承装置是联系构架和轮对的活动关节,使轮对的滚动转化为车体沿着轨道的平动。轮对沿钢轨的滚动,除传递车辆的重力外,还传递轮轨之间的各种作用力。

2. 弹性悬挂装置

如图 9-25 所示,在车体与转向架构架和转向架构架与轮对轴箱间均设有弹性悬挂装置,前者称二系悬挂,后者称一系悬挂。它的作用是减少线路不平顺和轮对动态影响。弹性悬挂装置包括弹簧、减振阻尼及定位装置等。

3. 构架

构架是转向架的基础,它把转向架的各个零部件组成一个整体,故它不仅要承受和传递各种载荷及作用力,而且它的结构、形状和尺寸都应满足各零部件组装的要求。

4. 制动装置

为使运行中的车辆在规定的距离范围内停车，必须安装制动装置，其作用是传递和放大制动缸的制动力，使闸瓦与轮对之间的转向架内摩擦力转换为轮轨之间的外摩擦力（即制动力），产生制动效果。

5. 牵引电动机与齿轮变速传动装置

该装置的作用是使牵引电动机的扭矩转化为轮对或车轮上的转矩，利用轮轨之间的黏着作用产生牵引力，驱动车辆沿着钢轨运行。

6. 转向架支承车体装置

车体与转向架连接部分的结构应能安全可靠地支承车体，并传递各种载荷和作用力，同时车体与转向架之间应能绕不变的旋转中心相对转动，以使车辆顺利通过曲线。

二、车　　体

电力机车的车体用来安放各种设备，同时也是乘务人员的工作场所。车体承受着所有设备的重量，并将转向架传递来的牵引力或制动力传给车钩，去牵引列车或对列车施行制动。

按大件分，电力机车的车体由底架、司机室、侧墙和顶盖等部分组成。底架是车体的基础，司机室和侧墙都焊接在它上面。

1. 底架

(1)侧梁。侧梁位于底架两侧，是主要的承载和传力部件。

(2)牵引梁。牵引梁是承受和传递牵引力、承受制动力的主要部件。在梁中间焊有前、后从板为铸钢的从板座组成，用来安装牵引缓冲装置。在牵引梁左右两侧的箱形空间中装有砂箱。

(3)枕梁。枕梁是承受机车垂直载荷的重要部件，并在机车牵引杆断裂时传递牵引力和制动力。其主要结构由侧上盖板与中上盖板、下盖板、立板以及弯板、隔板和加强筋板等组焊成箱形结构，枕梁的左右两侧直接插入侧梁内部。枕梁两侧上部焊有较厚的上盖板，并焊装引导销，用于安装机车二系圆弹簧。

(4)变压器梁。变压器梁位于底架中部，由纵、横梁组焊构成，用于安装主变压器。

(5)司机室隔墙梁。隔墙梁由压型槽钢构成，开口朝向机车中心，司机室隔墙骨架和台架前端部焊装在此梁上。

2. 司机室

司机室前端有宽大的前窗及圆角窗，视野宽广；司机室侧面装有可移动的侧窗，便于司机瞭望和进行调车作业。司机室后端的中部是一隔墙，两侧设有通向走廊的压型钢板走廊门。隔墙的骨架用角钢、钢板焊接而成，装有木结构及防寒隔音材料。室内铺有活动木地板和固定地板，装有防寒隔音材料。

司机室前窗玻璃内装有电阻丝，寒冷时可加热玻璃，防止前窗玻璃上结冰影响司机视线。司机室的设计应遵循有关标准的规定。

3. 侧墙结构

侧墙结构主要由侧墙板和侧梁及各种纵、横梁组焊构成，它是车体承载结构的重要组成部件。侧墙上部设有固定窗口，用来安装采光用的钢化玻璃。

4. 设备安装骨架

机车各室设备都集中安装在台架上，台架上靠司机室端装有风道和安装风机电机的机座，并焊有用于安装压缩机组等的安装架。

三、总体布置

电力机车除了转向架、车体、空气制动部分外，还有品种繁多的电机、电器、半导体组件、变流装置等电气设备。而这些品种、规格繁多的电气设备又有高压与低压、户内与户外、车上与车下、轻重与大小之分，同时有些设备还需要通风冷却。因此，为使设备运用安全、工作可靠、检修方便、重量均衡、利用空间充分，布线、布管短省，机车上的各种设备应合理地加以布置。

电力机车上所有电气设备及其他设备（辅助机组、各种管道等）的布置应符合下列基本要求：

(1)设备易于安装和拆卸。合理的布置电气设备能使安装方便，减少导线和管道的敷设困难，从而保证最短的机车总装周期。此外还要保证拆卸方便。为此，通常将有关的电气设备组合成组（小型电气设备则组合成柜），这样就可以把电气设备在车体外组装好后，再吊入车体内固定。至于每组电气设备的多寡，可视具体情况而定。但分组的结果不能因此增加其他电气设备。此外，个别电机或电器若发生故障需要拆下时，应尽力保证不必拆除其他设备。

(2)便于维护和检修。必须保证能够方便地接近机车中所有需要进行检修和维护的电机、电器设备。例如电器触头部分（就有触点电器而言）、电空阀、传动机构以及电机换向器等。

(3)保证机车轴重均匀分布。为了达到机车轴重相同的目的，通常总是以机车的纵轴和横轴为基准，对称地布置各种设备，大而重的单独设备（如交流电力机车上的牵引变压器）则放在机车的中间部位，这样有利于均衡重量。

(4)母线、导线、通风管道和压缩空气管道的长度应最短，且通风管道的弯曲要少（避免压力头损失过多）。因此在总体布置时，要尽可能把在电路图和风路系统图上相邻的有关设备靠近一些。但必须保证电气设备带电部分与车体以及带电部分之间的绝缘距离。

(5)保证机车结构简单。为此，不能将车体过多地分成若干个小室，否则会使车体结构复杂化。

(6)乘务人员具有良好的工作环境，操作方便、安全。

根据上述原则，大部分机车车顶上一般安装 25 kV 的高压电器，如受电弓、高压电压互感器、断路器等。但对高速机车和列车有时仅安装受电弓，其他高压电器装于车内，其目的是尽量减少凸出部件，以减少空气阻力。

车下的设备除转向架外，往往还有总风缸、蓄电池柜。蓄电池柜之所以安装于车下，主要是为了方便蓄电池的更换、补液和充电。有的机车还将主变压器安装于车体下部。这样安装的优点是机车的重心低，此外车体有良好的强度结构，特别是可以通过中梁来传递牵引力和制动力。

司机室一般布置于机车的端部，以便于瞭望线路和信号。机车一般采用两端司机室，这样就不需要调头设备（如转盘、三角线等）。电动车组的动力车一般采用一端司机室。

车体内两端司机室之间的地方，用来布置机车的设备，并且根据其功能分成几个室，如变压器室、高压电器室、低压电器室和机械室等。为方便司乘人员检查及巡视各设备是否正常工作，车体内均设置走廊。电力机车的走廊布置通常有三种形式，即单侧走廊、双侧走廊和中间走廊。

复习思考题

1. 电力机车的传动方式有哪几种,分别有什么样的特点?
2. 动力分散式电动车组与动力集中式电动车组有什么不同?
3. 为什么要用交流传动电力机车代替直流传动电力机车?

第十章　电气化铁路的运营管理

第一节　概　　述

一、总　　则

电力是铁路运输生产的重要能源。它与提高运输效率，保证行车安全有着密切关系。自动闭塞电线路，电力贯通线路及铁路变、配电所，电源线路等设施构成的供电网络是铁路重要的行车设备。铁路电力工作是铁路运输的重要组成部分，其主要任务是：不断提高供电质量和可靠性，满足铁路运输生产需要。电力部门全体职工干部必须认真贯彻国家政策、法规，严格遵守各项规章制度和劳动纪律，精通本职工作，努力提高专业管理水平和技术业务水平，更好地为铁路运输生产服务。电力管理必须贯彻安全、质量和效益第一的方针，实行统一领导、分级管理，依靠广大职工做好专业管理工作；设备检修要坚持预防为主、修养并重的方针，不断提高设备和供电质量；要厉行节约，降低成本，充分挖掘设备潜力，提高经济效益；根据铁路发展和负荷增长，有计划地增强供电能力，改善供电条件；采用先进技术和设备，推广应用科技成果，逐步实现现代化、自动化、标准化，以适应铁路运输不断发展的需要。

二、铁路供电与用电

铁路供电与用电单位应有密切配合，组织好生产，充分发挥供用电设备潜力，合理利用电力资源。铁路供电主要为铁路运输生产服务。对于路外用电，原则上不供给。当临近无其他部门电源，又不影响运输生产用电时，经铁路局批准，可少量供电。

自动闭塞电力线路必须保证行车信号用电，原则上不准供给其他负荷用电，若给其他负荷供电，需要经铁路局批准。电力贯通线供电范围：

(1)自动闭塞信号备用电源；中间站信号、小站电气集中、无线列调、车站电台、通信机械室等与行车直接相关的小容量设备；红外线轴温探测设备；车站信号室、通信机械室等处的重要照明设备；道口报警设备。供电能力允许时，可对其他重要的小容量二级负荷供电。

(2)其他负荷需要经铁路局批准。

铁路供用电业务：办理用电申请，电能表的安装、移设、更换、拆除、加封，表计接线、过户、消户及抄表、收费等营业手续，由水电段负责。用电单位在铁路供电系统增加用电设备时，应向供电单位办理用电申请手续，批准后方可供电，并不得擅自转供电力。

供电单位应做好设备安全运行，遇有事故断电应尽快恢复。行车供电设备计划检修停电，应编入铁路运输方案，并提前通知有要求的其他用户，可向供电单位提出申请，供电单位应尽量满足用户要求。

为了确保供电系统的安全，用户总开关的保护整定值或熔丝的容量，必须由供电单位确定，不准随意变更。各单位自备发电机组在安装前须向供电单位提报防止反送电连锁装置方案，批准后方可接入电网。

三、电气化铁路

电气化铁路是由电力机车和牵引供电装置组成的，牵引供电装置一般分成牵引变电所和接触网两部分，所以人们又称电力机车、牵引变电所和接触网为电气化铁道的“三大元件”。铁道部1993年发布的《铁路技术政策》牵引动力与供电一节中做了如下阐述：积极进行牵引动力改革。大力发展电力牵引，合理发展内燃牵引，提高电力牵引承担换算周转量的比重。管好用好蒸汽机车。合理安排牵引动力的布局。在主要繁忙干线，高速铁路煤运专线及长大坡道，长隧道地区等线路上，应采用电力牵引，其他线路逐步采用内燃牵引。大力提高电气化铁道的运行可靠性，提高接触网的结构稳定性和抗蚀能力，采用高强度，耐腐蚀，少维修，无维修的导线及接触网零部件。加强接触网的等电压保护，优化机构与接触网的绝缘匹配，改善引网关系。逐步实现牵引供电系统控制自动化、远动化及运行管理智能化。发展牵引供电系统的实时检测技术，实现故障检测现代化，并逐步建立检测及维修的专家系统。

我国电气化铁路采用工频单相交流制。向电气化铁路供电的牵引供电系统由分布在铁路沿线的牵引变电所及沿铁路架设的牵引网组成。为了保证供电的可靠性，由电力系统送到牵引变电所的高压输电线路均为双回路。

第二节　供　电　段

电气化铁路建成后，相应地也要成立管理部门。铁道部、铁路局、铁路分局均设有业务部门负责系统管理。电气化牵引供电设备的管理主体为供电段，供电段下设领工区（车间）、领工区下设工区（班组），工区具体负责对接触网的日常维护、检修、管理和事故抢救恢复工作。接触网工区定员视其所辖设备多少而定，一般为30人左右。每个交流电气化铁道接触网工区维修接触网换算公里如下：

（1）单线区段为40～60 km（换算后总长度）；

（2）复线区段为50～80 km（换算后总长度）。

各接触网根据检修规程进行日常维修并建立必要的检修记录，保存必要的技术资料，如管内接触网平面图、设备装配图、零件图、安装曲线表等以及设备发生事故的抢修和分析记录。积极为提高设备质量进行合理的技术改革。各接触网工区应配备足够的工具和材料零件及交通工具，各接触网设备的日常运行、检修和事故情况下的检修必须服从电力调度员的统一指挥，电力调度员应由熟悉业务，有实践经验又有理论分析能力的人员担任。接触网工应有熟练的检修技术并熟悉和掌握接触网检修规程及安全规则。

供电段电力设备的运行管理应贯彻岗位责任制、分工负责制和设备保养制度。供电段应加强对运行中的供电设备的监视、检查和养护工作，提高供电质量，保证安全、经济、可靠供电。铁路供电段应有必要的、与运行设备相符合的技术图纸及有关资料，以便系统地、历史地掌握设备状态。为保证供电，供电段应备有事故应急备品、备件，经常保持良好状态，用后及时补充。电力设备事故抢修应急备品储备数量及必须备有的工具、燃料、油脂储备量，由铁路局自行核定。

一、运行管理要求

（一）故障处理要求

1. 迅速排除故障，缩短停电时间，减少对铁路运输造成的损失。

2. 抢修车辆的分布,应能保证设备出现故障时,在规定时间内到达现场。抢修指挥车应随时待命,能够及时出动指挥抢修。

3. 水电调度、配电所、运行班组、沿线故障现场之间的通信联系,需可靠、畅通。

4. 调度室、配电所值班室须有与电业部门联系的电话。

(二)电力运行人员交接班工作

1. 交班人员应向接班人员介绍设备运行情况,接班人员阅读运行日志及有关记录,熟悉上一班情况。

2. 交接班人员共同巡视设备,检查信号装置和安全设施是否良好完备。

3. 检查工具、仪表、安全用具、备品等是否完备。

4. 交接班完毕,由交接班人员在交接记录上签字。正在处理事故或倒闸作业,不得进行交接班。未办完交接班手续,交接班人员不得离开岗位。

(三)电力调度工作职责

1. 掌握设备分布、运行方式及状态。

2. 正确及时发布调度命令。

3. 掌握管内设备作业情况,掌握停、送电和倒闸作业。

4. 正确操作远动装置。

5. 指挥事故处理,掌握安全情况,提出预防事故措施。

6. 掌握系统负荷、供电质量,分布运行中的问题,提出改进意见。

7. 及时传达上级命令和有关指示,及时向上级汇报情况。

8. 运用计算机进行调度管理工作。

(四)发、变、配电所运行值班人员工作职责

1. 熟悉供电系统和用户用电设备使用情况,监视设备的运行和仪表指示。

2. 熟悉供电设备性能和系统的一、二次接线,能迅速处理故障。

3. 按调度命令或工作票填写倒闸作业票,并正确地进行倒闸作业。

4. 正确会签工作票和做好停电作业地安全许可和规定的监护工作。

5. 定期巡回检查和搞好日常养护工作,定期对供电系统进行安全分析,制定预防事故措施。

6. 及时、正确地填写各种记录和表报,妥善保管图纸、资料,管好工具、备品。

7. 值班电力工应熟悉设备,能及时处理故障。

(五)牵引变电所值班要求

1. 牵引变电所及有人值班的开闭所和分区亭,必须设 2 名人员同时值班。1 名为值班员,其安全等级不低于三级;另 1 名为助理值班员,其安全等级不低于二级。

2. 当班值班员不得签发工作票和参加检修工作;当班助理值班员可参加检修工作,但必须根据值班员的要求能随时退出检修组。助理值班员在值班期间受当班值班员的领导;当参加检修工作时,听从作业组工作领导人的指挥。

3. 巡视:除允许有权单独巡视的人员可 1 人巡视外,均须由不少于 2 人同时进行牵引变电所的巡视。

4. 有权单独巡视的人员是:牵引变电所值班员和工长;安全等级不低于四级的检修人员、技术人员和主管的领导干部。

5. 值班员巡视时,要事先通知电力调度或助理值班员;其他人巡视时要经值班员同意。

6. 在巡视时不得进行其他工作。当1人单独巡视时，禁止移开、越过高压设备的防护栅或进入高压分间。如必须移开高压设备的防护栅或进入高压分间时，要与带电部分保持足够的安全距离，并要有安全等级不低于三级的人员在场监护。

7. 在有雷、雨的情况下必须巡视室外高压设备时，要穿绝缘靴、戴安全帽，并不得靠近避雷针和避雷器。

8. 倒闸：对需由电力调度下令倒闸的断路器和隔离开关，在倒闸前要由值班员向电力调度提出申请，电力调度员审查后发布倒闸作业命令；值班员受令复诵，电力调度员确认无误后，方可给予命令编号和批准时间；每个倒闸命令，发令人和受令人双方均要填写倒闸操作命令记录。

9. 电力调度员对1个牵引变电所1次只能下达1个倒闸作业命令，即1个命令完成之前，不得发出另1个命令。

10. 对不需电力调度下令倒闸的断路器和隔离开关，倒闸完毕后要将倒闸的时间、原因和操作人、监护人的姓名记入值班日志或有关记录中。所有的倒闸作业均必须有2人同时进行，助理值班员操作，值班员监护。

11. 值班员在接到倒闸命令后，要立即进行倒闸，用手动操作时操作人和监护人均必须穿绝缘靴、戴安全帽，同时操作人还要戴绝缘手套。隔离开关的倒闸操作要准确迅速，一次开闭到底，中途不得停留和发生冲击。倒闸作业完成后，值班员要立即向电力调度报告，电力调度员要及时发布完成时间，至此倒闸作业方可结束。

12. 倒闸作业要按操作卡片进行，没有操作卡片的由值班员编写倒闸表并记入值班日志中。由电力调度下令倒闸的设备，其倒闸表要经过电力调度员的审查同意。

13. 编写操作卡片及倒闸表要遵守下列原则：

(1)停电时的操作程序：先断开负荷侧后断开电源侧；先断开断路器后断开隔离开关。送电时，与上述操作程序相反。

(2)隔离开关分闸时，先断开主闸刀后闭合接地闸刀；合闸时，与上述程序相反。

(3)禁止带负荷进行隔离开关的倒闸作业和在接地闸刀闭合的状态下强行闭合主闸刀。与断路器并联的隔离开关，只有当断路器闭合时方可操作隔离开关。

(4)当回路中未装断路器时可用隔离开关进行下列操作：

①开、合电压互感器和避雷器；

②开、合母线和直接接在母线上的设备的电容电流；

③开、合变压器中性点的接地线(当中性点上接有消弧线圈时，只有在电力系统没有接地故障的情况下才可进行)。

(5)拆装高压熔断器应由2人同时作业，助理值班员操作，值班员监护。操作人和监护人均要穿绝缘靴、戴防护眼镜，操作人还要戴绝缘手套。

(6)带电更换低压熔断器时，操作人要戴防护眼镜，站在绝缘垫上，并要使用绝缘柄夹钳或戴绝缘手套。

在正常情况下，不应操作脱扣杆进行断路器分闸。电动操作合闸的断路器，除操作机构中具有储能装置外，禁止手动合闸送电。

对需由电力调度下令进行倒闸作业的断路器和隔离开关，遇有危及人身和设备安全的紧急情况，值班人员可先行断开有关的断路器和隔离开关，再报告电力调度，但再合闸时必须有电力调度员的命令。

二、工作安全要求

（一）电力工作人员参加作业的基本条件

1. 经医生诊断无妨碍从事电力工作的病症，体格检查一般两年一次。

2. 具备必要的电力专业知识，熟悉管理和安全规程有关内容，并经考试合格。

3. 应会触电急救法。

（二）技术安全考试

对从事牵引变电所运行和检修工作的人员，要每年定期进行一次安全考试。对电力工作人员必须按下列规定进行技术安全考试：

1. 定期考试：每年一次。对考试合格者发给“电力安全合格证”。

2. 临时考试：

(1)新参加工作已满6个月者；

(2)连续中断工作3个月以上又重新工作者；

(3)工种或职务变更者，但仍从事牵引变电所运行和检修工作并需提高安全等级的人员。

3. 新参加电力工作的人员、实习人员和临时参加劳动的人员（干部、临时工等），必须经过安全知识教育后，方可随同参加指定的工作，但不得单独工作。外单位支援、学习人员参加工作时，应由工作执行人介绍设备情况和有关安全措施。

4. 对违反安全规程受处分的人员，必要时降低其安全等级；需要恢复其原来的安全等级时，必须重新经过考试。

对未按规定参加安全考试和未取得安全合格证的人员，必须经当班的值班员准许，在安全等级不低于三级的人员监护下，方可进入牵引变电所的高压设备区。牵引变电所的值班人员及检修工，要每两年进行一次身体检查，对不适合从事牵引变电所运行和检修作业的人员要及时调整。

（三）作业注意事项

1. 雷电时禁止在室外设备以及与其有电气连接的室内设备上作业。

2. 遇有雨、雪、雾、风（风力在5级及以上）的恶劣天气时，禁止进行带电作业。

3. 高空作业人员要系好安全带。

4. 在作业范围内的地面作业人员必须戴好安全帽。

5. 高空作业时要使用专门的用具传递工具、零部件和材料等，不得抛掷传递。

6. 作业使用的梯子要结实、轻便、稳固并按规定进行试验。

7. 当用梯子作业时，梯子放置的位置要使梯子各部分与带电部分之间保持足够的安全距离，且有专人扶梯。

8. 登梯前作业人员要先检查梯子是否牢靠，梯脚要放稳固，严防滑移；梯子上只能有1人作业。

（四）保证安全的组织措施

1. 工作票制度（包括口头命令或电话命令）。

2. 工作许可制度。

3. 工作监护制度。

4. 工作间断和转移工地制度。

5. 工作结束和送电。

（五）保证安全的技术措施

1. 在全部停电作业和邻近带电作业，必须完成下列安全措施：

（1）停电；

（2）检电；

（3）接地封线；

（4）悬挂标示牌及装设防护物。

上述措施由配电值班员执行，对无人值班的电力设备，由工作执行人指定工作许可人执行。

2. 停电、检电、接地封线工作必须由二人进行（一人操作，一人监护）。操作人员应戴绝缘手套，穿绝缘鞋（靴），戴护目镜，用绝缘杆操作，人体与带电体之间应保持不小于表 10-1 规定的安全距离。

表 10-1　人体与带电体之间最小安全距离

带电体电压/kV	最小安全距离/m	
	有安全遮栏	无安全遮栏
6～10	0.35	0.70
10～35	0.60	1.00
35～66	1.50	2.00

表 10-2　电力线路检修时的安全距离

带电导线电压/kV	安全距离/m	
	检修的线路	邻近、交叉的其他线路
≤1	0.2	0.2
1～10	0.7	1.0
10～35	1.0	2.5
35～66	3.0	3.0

3. 电力线路作业时，必须停电的设备如下：

（1）作业的线路，即断开发电所（车）、变、配电所向作业线路送电的断路器、隔离开关或断开作业线路各端的柱上断路器、隔离开关或熔断器。

（2）断开有可能将低电压返送到高压侧的开关。

（3）工作人员的正常活动范围与带电设备之间的安全距离小于表 10-2 规定的检修线路和邻近、交叉的其他线路。

（4）与接触网合架的高压电力线路必须利用接触网停电"天窗"时间作业。

4. 在发、变、配电所内检修时，必须停电的设备如下：

（1）检修的设备；

（2）工作人员的正常活动范围与带电设备之间的安全距离小于表 10-1 规定的设备；

（3）带电部分在工作人员后面或两侧，且无可靠安全措施的设备。

停电检修时，必须把各方面的电源完全断开（运用中的星形接线设备的中性线，应视为带电设备）。断开断路器、隔离开关的操作电源。断路器、隔离开关的操作机构必须加锁，检查柱上断路器"分、合"指示器。禁止在只经断路器断开电源的设备上工作，必须拉开隔离开关，使各方面至少有一个明显的断开点。与停电设备有关的变压器和电压互感器，还必须从低压侧断开，防止向停电设备返送电。对于低压停电作业，应从各方面断开电源，将配电箱加锁。没有配电箱时应取下熔断器，在多回路的设备上进行部分停电作业时，应该对停电的回路与检修的设备进行确认，严防误停电或停电不彻底。

5. 检电工作应在停电以后进行。检电时应使用电压等级合适的检电器，并先在其他带电设备上试验，确认良好后进行。

变、配电设备的检电工作，应在所有断开的线端进行。对断路器或隔离开关应在进出线上进行。电力线路的检电应逐相进行，同杆架设的多层电力线路，应先验低压，后验高压，先验下层，后验上层。对架空线路局部作业，应在工作区段两端装接地线进行。对低压设备的检电，除使用检电笔外，还可使用携带式电压表进行。用电压表检电时，应在各相之间及每相对地之间进行检验。

检电器上不得装接地线。但在木杆、木梯或木架上使用特殊检电器不装地线不能显示，可不在此限。

高压检电必须戴绝缘手套，并有专人监护，如在室内高压设备上检电，还需穿绝缘靴或站在绝缘台(垫)上。

6. 接地封线。架空线路停电作业时，经验明无电后，应立即将已接地的接地线对已停电的设备进行三相短路封线。短路封线的安装位置如下：

(1)施工区段两端临近断开的电杆；

(2)有可能返送电到作业线路的分歧线和有关开关；

(3)从其他方面无来电可能时，可仅在电源侧接地封线；

(4)施工场所距断路器及接地线处较远，且联系不便时，应加挂接地封线；

(5)有感应电源反映的停电线路应加挂接地封线。

接地线与作业设备之间不应连接开关或熔断器。在分段母线上作业时，应将分段母线分别检电和接地封线。在线路上装设接地线所用的接地棒(接地极)应打入地下，其深度不得少于0.6 m。装设接地线应接触良好，必须先接接地端，后接导体端。同杆架设的多层电力线路同时挂接地线时，应先挂低压后挂高压，先挂下层后挂上层。拆除接地线的顺序与此相反。在导线上装拆接地线时，应使用绝缘棒并戴绝缘手套。

三、工作票制度

1. 在电力设备上工作，应遵守工作票制度，其方式如下：

(1)填用停用工作票。

(2)填用带电作业工作票。

(3)填用倒闸作业票。

(4)以口头或电话命令时，应填入安全工作命令记录簿。安全工作命令记录薄应看作与工作票同等重要。

2. 在下列设备上全部停电、临近带电的作业，应签发停电工作票：

(1)高压变、配电设备上的作业。

(2)高压架空线路和高压电缆线路上的作业。

(3)高压发电所停电检修，或两套以上有并车装置的低压发电机组，其中任一机组停电作业。

(4)在控制屏(台)或高压室内二次接线和照明回路上工作时，需要将高压设备停电或采取安全措施者。

(5)在两路电源供电的低压线路上的作业。

3. 在下列设备上作业，应填写带电作业工作票：

(1)在高压线路和两路电源供电的低压线路上的带电作业。

(2)在控制屏和二次线路上的工作，无须将高压设备停电的作业。

(3)在旋转的高压发电机励磁回路上，或高压电动机转子电阻回路上的工作。

(4)用绝缘棒和电压互感器定相,以及用钳形电流表测量高压回路的电流。

4. 在下列设备上作业,按口头或电话命令执行:

(1)单一电源供电的低压线路停电作业。

(2)测量接地电阻,悬挂杆号牌,修剪树枝,测量电杆裂纹,打绑桩和塔基础上的工作。

(3)低压电缆上的作业。

(4)拉、合线路高压开关,配电变压器一、二次开关和变、配电所内开关的单一操作。

(5)当作业范围涉及相邻铁路局、水电段时,必须取得铁路局电力调度口头或电话命令。当作业范围涉及本段其他配电所时,必须取得水电段电力调度的口头或电话命令;受令人和发令人双方均应认真记录、录音,并复诵无误后方可执行。

5. 工作票所列人员的条件和责任

(1)工作票签发人

由工长、调度员、所主任、技术人员或段总工程师指定人员担任,其责任是:

①确认工作的必要性。

②采取正确、完备的安全措施。

③正确指派各项工作人员。

(2)工作领导人

由所主任、技术人员或工长担任,负责统一指挥两个以上工作组的同时作业和总的作业安全。

(3)工作执行人

由熟悉设备、工作熟练、责任心强、有一定组织能力的人员担任,其责任是:

①检查现场安全措施是否完备。

②向工作组正确布置工作,说明停电区段和带电设备的具体位置。

③监护工作组员的安全,检查工作质量,按时完成任务。

(4)工作监护人

由配电值班员或能独立工作、熟悉设备和有一定工作经验的人员担任,其责任是:

①在现场监护工作人员的安全。

②发现危及人身安全的情况时,应立即采取措施,坚决制止继续作业。

③一旦发生意外情况,应迅速采取正确的措施。

(5)工作许可人

由配电值班员或能独立工作、熟悉设备和有一定工作经验的人员担任。在线路停电作业时,由工作执行人指定工作许可人完成有关安全措施,其责任是:

①完成作业现场的停电、检电、接地封线等安全措施。

②检查停电设备有无突然来电的可能。

③向工作执行人报告允许开工时间。

(6)工作组员

由技术、安全考试合格者担任,其责任是:

①明确所分担的任务,并按时完成。

②严格遵守纪律,执行安全措施,关心组员的安全。

③发现问题及时向工作执行人提出改进意见。

(7)工作票签发人不能兼任工作执行人;工作领导人、工作执行人均不能兼任工作许可人。

(8)工作票应用钢笔、圆珠笔填写，字迹清晰，不得涂改，并于作业前一天交给工作执行人或工作领导人。工作中如需改变工作内容及扩大或变更工作地点时，应更换新的工作票。

(9)工作执行人要求变更工作组员时，应取得工作签发人同意，并在工作票内注明变更理由。

(10)工作票的有效期不得超过 3 天，工作间断超过 24 h 应重新填发工作票。

(11)工作票的填发和管理

①在发、变、配电所内作业或在发、变、配电所停电的线路上作业时，应填发一式两份，其中一份发给值班员，另一份发给工作执行人(在有工作领导人时，发给工作领导人)，上述以外的作业，可填发一份发给工作执行人。

②一般一个工作地点或一个检修区段填发一张工作票。但如在一个发、变、配电所内全部停电或在一个站场内(由配电所依次倒闸停送电时除外)，几条线全部停电，并有两组同时工作时，可仅签发一张工作票发给工作领导人。如上述作业仅有一组工作，需要检修另一线路时，应按转移工地办理。

当一个工作执行负责人的工作尚未结束以前，禁止发给另一张工作票。

③发给工作领导人的工作票，应注明工作组数及各工作执行人的姓名。

④各工作负责人在工作前对工作票中的内容有疑问时，应向签发人询问明白，然后进行工作，工作结束后由作业班组保存半年。

⑤事故紧急处理可不签发工作票，但必须采取安全措施。

⑥施工单位在水电段管辖的电力设备上施工时，应向水电段有关的电力工区或变配电所办理工作票手续。

6. 工作结束和送电制度。完工后工作组应清理工具、材料，工作执行人详细检查工作质量，工作人员全部由作业设备上撤离后，按下列规定恢复送电：

(1)线路局部停电作业，由工作执行人通知工作许可人撤除地线，摘下标示牌，然后合闸送电。

(2)干线停电作业，配电值班员接到工作执行人工作已结束的通知后，将工作执行人姓名、通知时间及方法等记入工作票和工作日志内，然后摘下标示牌，撤离接地线，方可合闸送电。多组作业时，应注意标示牌数目和结束工作的组数相符。

(3)在变、配电设备上作业时，配电值班员接到工作执行人工作已经结束，工作组人员已撤除工地的报告后，将完工的时间记录在两份工作票内，按下列次序恢复送电：

①核对摘下的标示牌数和结束工作组数是否相符。

②撤除临时接地线，并按登记号码核对无遗漏。

③撤除临时防护物及各种标示牌。

④恢复常设栅栏。

⑤合闸送电。

送电后，工作执行人应检查设备运行情况，正常后方可离开现场。

四、电力设备检修

电力设备检修，应贯彻“预防为主，保养与维修、一般修与重点修、状态检测与计划检修相结合”的原则，按标准精检细修，不断提高检修质量。电力设备检修采用状态监测和计划检修方式；根据设备状态确定检修等级及内容；合理安排计划。

(一)电力设备检修等级

电力设备检修分为以下三个等级:

1. 大修

属彻底性修理,对设备进行全部解体,全面检查、试验、探伤、调整,更换全部不合标准零、部件及附属装置。大修应结合运输生产发展的需要进行技术改造。通过大修提高设备的性能与效率,保证质量良好地使用。大修由设备使用年限(表10-3)或状态检测结果确定。

表10-3　设备使用年限

设备名称	使用年限
架空线路	15年
电缆线路	15年
变压器	15年
配电装置	15年
变压器台	15年
投光灯塔(桥)	15年
内燃机	8 000 h
发电机	6年

2. 维修

对设备局部解体,着重恢复设备的电气性能、机械强度和精度,更换主要不合标准零、部件及附属装置,使设备质量达到合格以上要求。维修分为两种:

(1)重点修:有关行车设备或危及供电安全的设备,在巡检或保养时发现缺陷,应马上组织抢修或整治,修后必须达到合格以上质量标准。对关键部件如避雷针、避雷器、跌落保险、低压熔丝等应进行强制性更换。

(2)一般修:不危及供电安全的非重点设备,在发现缺陷后,列入月检修计划。

3. 保养

对电力设备保养周期:全面保养(需停电进行)一般为半年一次,日常保养(不需停电进行)可结合巡检进行。

设备运行虽已达到大修年限,但经试验鉴定确认质量良好时,经总工程师批准,并报铁路局备案,可适当延长大修周期;设备虽未达到大修年限,但经试验鉴定已不能保证安全运行时,经铁路局批准可提前进行大修。

(二)检修的技术管理

1. 修前调查

设备修理前应进行质量状态检查,确定检修项目,认真做好设计文件和材料、工具、备件及劳力的准备工作。

2. 修中检查

检修过程中检修人员必须按工艺精检细修,解决技术关键,加强零、部件的中间检查,保证检修质量。同时对设备的关键部件、主要的技术参数和隐蔽工程,应认真做好记录。

3. 修后验收

按设备鉴定标准进行验收。大修工程验收应按《铁路建筑安装工程质量评定验交标准》的有关规定进行,并提出验收报告。验收报告包括:竣工图纸、试验合格证、各种记录和技术文件,并及时纳入技术档案。

第三节　电力机车机务段

一、概　　述

机车是铁路运输的牵引动力。机车运用工作是铁路运输的重要组成部分。为搞好机车运用管理，更好地为铁路运输业务，必须按照电力机车相关规程进行管理和运作。机车运用工作的基本任务是：管好用好机车，优质高效地全面完成运输生产任务；加强安全管理，确保行车和人身安全；加强职工队伍建设，不断提高职工的政治素质、技术素质和文化知识水平；坚持改革开放，推广先进经验，遵循经济规律，促进资产回报，不断提高机车运用效率。各级机车运用人员应具备高度的责任心和求实精神，热爱本职工作；对工作高标准、严要求，对技术精益求精；顾全大局，联劳协作，服从命令听指挥；深入实际，调查研究，扎扎实实地做好各项工作。机务运用管理要采用现代化管理手段，建立、健全准确无误、反应迅速的通信联络、信息采集、数据处理系统，实行网络管理，实现有序可控。

二、机车运用工作管理

机车运用工作管理实行统一指挥，分级管理。机车运用工作必须贯彻统一指挥、分级管理的原则，充分发挥各级运用组织的职能作用。铁道部对全路机车运用工作统一规划，综合平衡；制定有关机车运用的规章制度及全路机车运用工作人员的培训规划和乘务员任职条件；确定、调整全路机型，审定各铁路局的年度机车配属，编制列车运行图，审批跨局机车周转图、机车交路、牵引定数，掌握乘务制度、机车运转制、乘务员换班方式；负责全路机车及救援列车的调度指挥；审批机车司机驾驶证。

(一)机车交路和乘务制度

1. 机车交路是机车固定担当运输任务的周转区段。

按用途分为客运机车交路和货运机车交路；按区段长度不同分为一般机车交路和长交路；按机车运转制分为循环运转制、半循环运转制、肩回式和环形小运转制交路等。

根据铁路技术政策，内燃、电力机车尽量采用长交路。确定机车交路的基本原则：

(1)适应铁路发展的需要，本着节约投资的方针，有利于提高线路通过能力。

(2)考虑运输组织和编组站的分工，合理发挥内燃、电力机车长距离运行的优势。

(3)统筹安排乘务员劳动和休息时间，合理利用各类机车的性能，提高机车运用效率。

(4)近期与远期相结合，适应铁路发展的远期规划。

2. 机车乘务制度是机车乘务员使用机车的制度，分包乘制、轮乘制和轮包结合制。班制的选择应符合部定机车乘务员劳动时间标准和运输的需要。

(1)为发挥内燃、电力机车的优势，提高运输能力和运输效率，内燃、电力机车应有计划地逐步实行长交路、轮乘制。

(2)根据各区段机车交路、乘务制度、乘务员劳动时间标准和工作条件，合理采用机车运转制和乘务员换班方式。

(二)牵引定数、运行时分、技术作业时分

1. 机车牵引定数、运行时分，应根据线路纵断面、机车类型、地区海拔高度、站场设备及运量等条件，进行周密计算和实地试验查定。铁路局管内的由铁路局确定，并报铁道部备案；跨铁路局的由相邻两铁路局协商，报铁道部批准。

2. 查定机车牵引定数和区间运行时分，应贯彻以下原则：

(1)挖潜提效，在合理使用机车功率的条件下，满足运输需要。

(2)按线、按方向尽可能平衡一致，兼顾邻线衔接，减少车站作业。

(3)遵守线路允许速度、车站线路有效长度，机车、车辆构造速度、下坡道闸瓦压力限制速度、长大下坡道因制动周期限制速度、长大隧道限制速度及机车持续速度，确保行车及人身

安全。

(4)机车牵引定数、区间运行时分确定后，未经批准不得变更。

(5)机车在站段技术作业时分，乘务员出、退勤工作时分，应根据站(段)设备情况、机车类型、乘务制度及技术作业程序等，进行实地查定。

(三)机车牵引定数

1. 波动尾数，旅混列车、行包专列按牵引辆数不上波，货物列车为 81 t以内。线路坡度在 12.5‰以上的区段，长大隧道牵引定数在 1 500 t及其以下的波动尾数。

2. 蒸汽机车逆向牵引时，按牵引定数减 15%。

3. 冬运期间(11 月 1 日至次年 3 月 31 日)凡因天气严寒，必须减吨时，可根据具体情况按牵引定数减 10%～20%；暑期隧道内高温需要减吨时，铁路局管内的由铁路局确定，跨铁路局的报铁道部批准。

4. 因天气不良、施工慢行、列车限速等，需要临时减吨时，铁路局管内的由铁路局确定，跨铁路局的报铁道部批准。

(四)机车周转图

列车运行图和机车周转图是机务部门组织运输生产的基础。机车周转图分为：基本机车周转图、分号机车周转图(独立分号及一、二、三分号)、旬间记名式机车周转图、日计划机车周转图。

1. 基本机车周转图(包括旅混、行包、货物)与列车运行图同时编制。机车周转图编成后，应同时查定机车运转制、乘务员换班方式、机车走行公里、使用台数、全周转时间(包括纯运行、中间站停留及机车在自外段、站停留时间)、日车公里、旅行速度、技术速度、速度系数、机车使用系数等技术指标，经铁道部批准后执行。

2. 分号机车周转图(货车)，是在基本列车运行图的基础上，根据运量波动的不同列车对数编制的。月、旬间运输方案和机车周转图是根据月、旬运量选定的核心列车对数(不少于最低分号运行图列车对数的 70%)编制的。分号和月、旬间机车周转图均须查定货运机车走行公里、使用台数、日车公里等指标，并有机车小(洗)修及辅修安排。其中，日车公里应保证年度机车运用计划的要求。旬间记名式机车周转图还应同时编出旬间机车乘务员工作详明表。

3. 旅客列车机车周转图(客货混编除外)，应实行记名式机车周转图；货物列车车流比较稳定的区段应积极推行旬间记名式机车周转图。

(五)机车运用计划及分析

1. 机车运用计划是铁路局、分局、机务段组织机车运用工作的依据。机车运用计划采取自上而下、上下结合的方法编制。铁路局根据运输工作量下达年度机车运用计划，按各铁路分局工作量，确定铁路分局及机务段的年、季、月度机车运用计划。其中包括：客货机车日车公里、支配机车日车公里、技术速度、货运机车日产量、列车平均牵引总重、配属台数(包括分工作种别的机车使用台数，厂、段修台数，备用和出租台数)、机车乘务员需要人数及补充计划等。

专用调车机车应根据调车工作量进行查定，并列入年度计划，超过年度计划增加调车机车，需经铁路局批准。

2. 机车运用分析，是加强机车运用管理，不断改进工作的重要手段。各铁路局机务处、分局机务分处(科)、机务段运用车间应有专人负责分析工作。机车运用分析分为日常、定期(旬、月、季、年)和专题分析。

(1)日常分析一般在交班会上进行。其内容应包括：安全正点情况，日计划周转图兑现情况，机车供应情况，机车小(洗)、辅修及临修情况，分界口列车交接及机车运用情况，机车乘务员超劳情况等。

(2)定期分析为总结一个阶段的运输生产活动，从中找出存在的问题和规律性，借以改进和提高工作。其分析内容应包括：安全生产情况，机车质量及机车供应情况，主要区段及分界口列车开行及机车供应情况，运输任务及机车运用指标完成情况，超、欠轴情况，列车等线情况，乘务员超劳、出勤率情况等。

(3)专题分析为针对运输生产中出现的特殊情况所进行的分析，分析内容根据实际需要确定。

(六)登乘机车管理

机车上应严格控制非值乘人员登乘，因工作需要必须登乘机车时应按以下规定办理：

1. 机务段直接行车有关人员、机车试运转有关人员和本务运转车长，凭工作证可登乘管内机车。

2. 铁道部、铁路局行车安全监察人员，凭监察证登乘机车。

3. 因抢救急需。

4. 检查工作的领导干部，凭添乘证登乘机车。

5. 信号工长、无线通信检修所主任(工长)、接触网工长凭定期的登乘机车证和工作证登乘机车，其他人员凭有关部门填发的登乘机车证及工作证登乘机车。登乘机车证由所属单位提出书面申请，在分局管内由机务分处(科)、铁路局管内由机务处审核填发。

6. 登乘机车证分为临时、定期登乘机车证。使用期限超过 3 个月(含 3 个月)时可填发定期登乘机车证。

7. 一台机车的登乘人数，除特殊需要外，不得超过 2 人，不得影响乘务员正常工作。登乘电力、内燃机车的人员，不得在非操纵端乘坐。

8. 无上述证明的人员严禁登乘机车。机车乘务员对非法登乘机车的人员劝阻无效时，有权不开车，报请车站处理。

三、安全管理基本要求

安全生产是铁路运输的生命线。机务安全是运输安全的重要组成部分。机务安全工作必须认真贯彻落实国务院、铁道部有关安全生产的决定、命令和指示，全力以赴地抓好运输安全，高质量地完成运输生产任务。

机务安全是机务部门的职工素质、设备质量、基础工作和管理水平的综合反映，是一项复杂的系统工程。抓好机务安全必须统筹兼顾、综合治理，既要重视安全管理和安全教育，又要重视安全设备科技开发。

机务安全要贯彻"标本兼治、预防为主"的方针。各级机务干部和专业技术人员要经常深入第一线，添乘机车，调查研究，掌握信息，针对每个时期出现的关键问题和事故隐患及时采取措施，防患 未然。

各级机务部门要坚持定期的安全分析制度，建立机车乘务员、机车组(轮乘制的机班)、机车队的安全台账，对防止事故有功和创出长期安全成绩的集体和个人要及时进行表彰和奖励，对安全生产中出现的关键问题，要深入分析，找出规律，及时进行处理。

(一)基本制度

1. 机务安全工作应以防止列车冒进信号为主线，除认真贯彻执行《铁路技术管理规程》、《机车操作规程》、《铁路行车事故处理规则》及铁道部所公布的决定、命令之外，还应制定落实下列基本制度：

(1)机务段、运用车间安全例会制度。

(2)机务段干部安全管理工作的五定三率工作及考核奖励制度。

(3)列车运行监控记录装置各项管理制度。

(4)指导司机安全管理制度。

(5)机车乘务员待乘休息管理制度。

(6)一次出乘作业标准。

(7)瞭望及呼唤应答制度。

(8)人身安全及电气化铁路安全制度。

2. 组织乘务人员学习并贯彻执行以下措施：

(1)防止冒进信号措施。

(2)自动闭塞区段防止尾追措施。

(3)防止断钩措施。

(4)防止坡停措施。

(5)蒸汽机车防止锅炉爆炸措施。

(6)机车防火措施。

(7)机车防溜措施。

(8)雨天、雾天行车安全措施。

(9)防止列车折角塞门关闭措施。

3. 教育与考核。机务段应经常对机车乘务员进行安全教育和规章教育，特别要针对本部门安全工作中存在的问题，结合发生的典型事故案例，对乘务员进行规章教育，以增强安全意识和对规章制度的理解。

4. 各级机务部门必须建立严格的制度，用好管好机车信号、列车运行监控记录装置、列车无线调度电话，并与电务部门协调配合，保证出段机车安全装置作用良好，运行途中严禁擅自关机，入段机车应进行台台检测和数据转储、分析。机务段每季、铁路局每年应组织一次机车信号、列车运行监控记录装置、列车无线调度电话的使用和管理情况的检查，并将检查情况逐级上报。机务部门必须认真贯彻执行“车机联控”制度，并与运输部门协调配合，不断完善和发展这项制度。

5. 事故处理及分析。

(1)发生事故时，应根据调度员的命令，迅速出动救援列车，积极进行救援和抢修，争取尽快开通线路及最大限度地减少损失。

(2)发生事故后，应通过机车调度系统，及时把事故概况逐级报至铁道部。路局机务处应参与险性及以上事故的调查和分析，认真吸取教训。

(二)救援列车的管理与出动

各铁路局所属的救援列车由所在机务段机务分处(科)管理。组成救援列车的车辆最大允许速度应与轨道起重机最大允许速度相适应，不得使用报废车辆。救援列车的设备、工具和备品应保持齐全，性能、作用良好，以保证出动时使用。

救援列车的出动，在分局管内的由分局行车调度发令，跨分局救援时由铁路局机车调度发令，需要邻局出动救援列车时由铁道部机车调度发令，机务段和救援列车接到出动命令时，应迅速作好准备，保证在规定时间内出动。

救援轨道起重机不应做非救援工作。遇特殊情况必须使用时，按出租办理，具体办法由铁路局制定，但不得影响救援任务。

四、机车配属及使用

1. 机车配属应根据下列原则确定：

(1)近期与远期相结合，满足运输需要，符合牵引动力发展规划的要求。

(2)力求机型集中统一，便于使用、修理。

(3)合理使用机车，注意平衡相邻区段的牵引定数。

(4)适应列车编组计划的分工及运输设备的基本条件。

(5)担当旅混、行包、货物、小运转、补机的机车，必须按列车运行图和机车周转图的规定使用。担当货物列车的机车，除列车运行图规定的列车外，不应在中间站、岔线及有专用调车机车的车站进行调车工作。

(6)各铁路局应将本局机车配置情况每半年汇总一次，并按规定格式要求制表，于1月10日前及7月10日前报铁道部。

2. 机车调拨

(1)调拨机车：铁路局间由铁道部决定；铁路局管内各机务段间由铁路局决定，并报铁道部核备。机车调拨的依据为机车运用部门拍发的电报和机调命令。铁路局间调拨以部运输局的电报和部机车调度命令为准；铁路局管内调拨以局机务处的电报和局机车调度命令为准。机车调拨交接地点，原则上在机务段进行，机车状态应符合运用条件。原配属段要做好交接准备工作，填写移交记录，并将交接完了时刻拍发电报告知有关铁路局和机务段机车调度。

(2)调拨机车应在原配属段按其最低一级修程范围和相应工艺标准做一次整修，并由交接双方共同提出整修活票，交驻段验收室备案。原配属段应认真按验收室意见进行整修；因受检修台位或其他条件限制，不能按上述要求整修时，经双方协商，可由双方人员共同检查，提出活票，修竣后经验收员签字办理交接手续。

(3)机车交接时，如因个别技术问题双方有不同意见，其处理标准应以原配属局、段的明文规定为准；若无明文规定，应以段修规程有关条文为基础，双方协商，实事求是地加以解决。

(4)机车在承修工厂或机务段修理期间进行调拨时，新配属段应履行原配属段与厂(段)方签订的协议；原配属段应派人参加接车，并办理工具交接。调拨机车的质量状态，由驻厂(段)验收员签认。交接完了，由驻厂(段)机车验收室及时拍发电报，告知原、新配属局、机务段及机车调度。

(5)调拨机车配件应齐全、完好，但原配属局(段)有明文规定的技术改造项目，按其规定交接；同时技术改造方案及使用情况资料连同进行改造工作时拆下的原装配件一并交接；对于国内无条件修复、进口数量不足等特殊情况造成的缺损配件，在铁道部核准的条件下，可按现状交接。

(6)调拨机车的随车工具、备品应作用良好、数量齐全；对不良不足者，亦可计价，由调出段支付给调入段(进口机车的随车工具备品自然损耗者，可用国产代替)。

(7)铁路局之间相互调拨机车，国产机车(进口机车比照办理)调出局应根据调拨机车的实际走行公里调拨。

总之，在机车使用和管理上都应该严格遵守铁路有关机车的使用和管理规程，彻底为运输服务，确保铁路安全运行。

复习思考题

1. 电气化铁路供电段运行管理有哪些方面的要求?
2. 牵引变电所值班运行有哪些方面的要求?
3. 在电力设备上工作,保证安全的组织措施和安全措施有哪些?
4. 电力设备检修的原则是什么? 类型有哪些? 技术管理措施有哪些?
5. 机车的运用工作管理措施有哪些?
6. 机务安全工作的基本制度有哪些?
7. 试述机车配属及使用的原则。

参考文献

[1] 马开国．电力机车概论[M]．北京：中国铁道出版社，1990.

[2] 贺威俊，高仕斌，张淑琴，等．电力牵引供变电技术[M]．成都：西南交通大学出版社，1998.

[3] 郑瞳炽，张明锐．城市轨道交通牵引供电系统[M]．北京：中国铁道出版社，2000.

[4] 连级三．电传动机车概论[M]．成都：西南交通大学出版社，2001.

[5] 陈兴华．地铁设备监理[M]．北京：中国铁道出版社，2007.

[6] 周平．铁道概论[M]．北京：中国铁道出版社，2007.

[7] 宋雷鸣．动车组传动与控制[M]．北京：中国铁道出版社，2007.

[8] 佟立本．铁道概论[M]．北京：中国铁道出版社，2006.

[9] 丁松伟，杨兴山，韩连祥，等．城市轨道交通供电系统设计原理与应用[M]．成都：西南交通大学出版社，2008.

[10] 林莘．现代高压电器技术[M]．北京：机械工业出版社，2002.

[11] 西安高压电器研究所．高压电器产品样本[M]．北京：机械工业出版社，2003.

[12] 刘涤尘．电气工程基础[M]．武汉：武汉理工大学出版社，2002.

[13] 张惠刚．变电站综合自动化原理及系统[M]．北京：中国电力出版社，2006.

[14] 黄益庄．变电站综合自动化技术[M]．北京：中国电力出版社，1998.

[15] 许建安．水电站自动化技术[M]．北京：中国水利水电出版社，2005.

[16] 丁坚勇，程建翼．电力系统自动化[M]．北京：中国电力出版社，2006.

[17] 韩富春．电力系统自动化技术[M]．北京：中国水利水电出版社，2003.

[18] 翟纯玉，唐志勇，张本川．铁路电力自动化技术[M]．北京：中国铁道出版社，2006.

[19] 陈堂，等．配电系统及其自动化技术[M]．北京：中国电力出版社，2003.

[20] 程逢科，王毅刚，侯清河．中小型火力发电厂生产设备及运行[M]．北京：中国电力出版社，2006.

[21] 周浩，王慧芳，杨莉，等．电力工程[M]．杭州：浙江大学出版社，2007.

[22] 李群湛，连级三，高仕斌．高速铁路电气化工程[M]．成都：西南交通大学出版社，2006.

[23] 华东交通大学交通信息工程及控制研究所．陇海线远动更新改造设备工程技术规格书[Z]．2003.

[24] 李彦哲．电气化铁道供电系统与设计[M]．兰州：兰州大学出版社，2006.

[25] 张保会，尹项根．电力系统继电保护[M]．北京：中国电力出版社，2005.

[26] 潘启敬．牵引供电系统继电保护[M]．北京：中国铁道出版社，1996.

[27] 高仕斌．高速铁路牵引供电系统新型保护原理研究[D]．成都：西南交通大学，2004.

[28] 高仕斌，王毅非，张劲．牵引变电所异相短路故障及常规馈线保护动作行为分析[J]．铁道学报，2000，22(4)：24-27.